名师名校名校长

凝聚名师共识
回应名师关怀
打造名师品牌
培育名师群体

　　　　　顾明远题

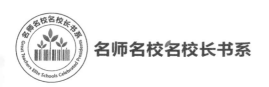

名师名校名校长书系

给高中数学
教与学的建议

卢镇豪 著

吉林人民出版社

图书在版编目（CIP）数据

　　给高中数学教与学的建议／卢镇豪著. — 长春：
吉林人民出版社，2019.9
　　ISBN 978-7-206-16295-4

　　Ⅰ.①给… Ⅱ.①卢… Ⅲ.①中学数学课—教学研究
—高中 Ⅳ.①G633.602

　　中国版本图书馆CIP数据核字（2019）第198354号

给高中数学教与学的建议
GEI GAOZHONG SHUXUE JIAO YU XUE DE JIANYI

著　　者：卢镇豪　　　　　　封面设计：姜　龙
责任编辑：郝晨宇　崔剑昆
吉林人民出版社出版发行（长春市人民大街7548号　　邮政编码：130022）
印　　刷：北京虎彩文化传播有限公司
开　　本：787mm×1092mm　　1/16
印　　张：18.5　　　　　　　字　　数：333千字
标准书号：ISBN 978-7-206-16295-4
版　　次：2022年6月第1版　　印　　次：2022年6月第1次印刷
定　　价：45.00元

如发现印装质量问题，影响阅读，请与出版社联系调换。

序 言
PREFACE

卢镇豪老师敲开了我的家门，笑意可掬地把一叠稿件交给我，轻声细语地告诉我，这是他的第二本书，请我这位老校长作序。望着那一如既往略带腼腆的真诚笑容，我心里有所期待，镇豪的新书又将给我什么惊喜呢？

也许是缘分，我见证了镇豪从一名高校毕业生成长为广东知名数学教育专家的全过程，对他也有着更为深入全面的了解和熟悉。然而，挑灯夜读书稿，我还是被惊艳，被征服。思考再三，我把我的感悟分享给各位读者，也请读者体会老校长的欣慰和喜悦。

第一，镇豪的研究是实用简朴的。数学作为中小学教育的老牌大科，教师教学的实用性是教育界一直聚焦的问题。作者从教 30 多年来，咬定这个"青山"不放松。他的教学和研究，有着鲜明的可实用、可操演、可实战的风格。同时，策略和方法又浅显、直白、巧妙和多元。而这一切都蕴藏在简单朴实的包容之中，让学生获得"看得见、摸得着、用得上"的教学实惠。

第二，镇豪的研究是前瞻大气的。众所周知，教学的实用性强调过头，会使教学显得眼光短浅，因而显得小气。而在书中，你会发现作者的着眼点前瞻大气，始终把"培养学生的数学思想"摆在核心位置，顺应了当前教育教学改革的大方向，顺应了学生的思维发展和未来的成长需求。也正因为如此，数学在这里成为着眼学生未来成才图景，助力学生全面发展的大计策和大动力，而不是一项算来算去的雕虫小技。

第三，镇豪的研究是理性深刻的。数学作为一门古老的学科，理性深刻是其核心特征。作者紧紧地抓住了这一点，旗帜鲜明地提出"教数学育思维"的主张，并且在自己的教学和研究中强化了严肃、严谨、严密、严格的个性。学生在这种教育个性的哺育下，会更为自主，更能探究，同时也更敢直面困难，从而更敢直面未来，直面人生。

第四，镇豪的研究是灵动有趣的。数学的学科外壳常常给外行人刻板、繁杂和枯燥的感觉。因此，如何把数学教得简易、灵动和有趣几乎成了每一位数学教师的梦想。作者向我们展示了他有效的探索、主张和办法。30 多年来，镇

1

豪就是用自己长盛不衰的数学教育质量向人们述说：教数学，因为有趣，所以有效。

第五，镇豪的研究是卓有价值的。一位教师的职业生涯，其价值何在？我们可在作者的研究成果中寻得答案：除了教书育人，一名更有作为的教师是可以也应该为祖国的教育事业添上教育科研成果的一砖一瓦，同时也使自己的教育专业成长更上一个台阶，打开大教师、名教师的更阔、更高的境界。我想，这正是镇豪 30 多年来教育教学及其研究的追求和价值所在。

潮汕工夫茶的茗香混合着数学教育的话题，使一向"做多说少"的卢镇豪老师谈锋颇健。同样笑意可掬，同样轻声细语，镇豪告诉我，正在策划和构想自己的第三本书……

让我们一同期待和祝福吧！

黄晖阳

2018 年中秋

（作者曾任广东汕头金山中学校长，中学高级教师，汕头市教育局局长、党委书记，汕头市人大常委会副主任）

《普通高中数学课程标准》（2017 年版）强调：数学在形成人的理性思维、科学精神和促进个人智力发展的过程中发挥着不可替代的作用。数学素养是现代社会每一个人应该具备的基本素养。数学教育承载着落实立德树人根本任务、发展素质教育的功能。数学教育帮助学生掌握现代生活和进一步学习所必需的数学知识、技能、思想和方法。[1]

高中数学课程以学生发展为本，落实立德树人根本任务，培育科学精神和创新意识，提升数学学科核心素养。高中数学教学以发展学生数学学科核心素养为导向，创设合适的教学情境，启发学生思考，引导学生把握数学内容的本质。因此，数学课堂教学中应注重让学生在概念学习中经历创造，在解题教学中渗透数学思想和方法，在数学自主探究活动中体会并提炼解决问题的思想。

基于上面的基本理念，本书的设计结构是：

第一章　我的数学教学理念。在第一节，谈我的专业成长历程及感悟。在第二节，谈我的数学教学和教研理念，其内涵主要包括以下几点：①提升课堂教学质量的理念，即讲一做三；②讲解解题方法及技巧的理念，即举一反三；③数学课堂教学理念，即教数学育思维，教好书育好人；④营造课堂教学氛围的理念，即在严谨中欢笑；⑤课题研究的理念，即要立足服务于中学教学工作。在第三节，谈数学教学重在培养数学思维。在第四节，谈相关理念的理论依据。

第二章　我的数学教学建议。在第一节，讲述数学例题的选择依据和教学功能，备例题一般可分为三类：基础类、思想方法类、"问题解决"能力类。在第二节，讲解选择题、填空题、解答题的解法。在第三节，介绍常用的数学解题方法。在第四节，进行解题方法的专题教学。在第五节，谈数学思想的教学建议。中学数学的四大重要数学思想：数形结合思想、函数与方程思想、分类讨论思想、化归与转化的思想。在第六节，谈数学错例剖析教学建议。在第七节，谈数学分层次教学建议。对于例题教学，可以适当修改设问或对问题进行变式，从而降低或提高难度，以便适合不同层次的学生的学习。在第八节，谈数学试卷讲评的建议。在第九节，谈高考数学题研究建议。在第十节，列举相关问题的一些理论。本章从教学实践中感悟教学理论。

第三章　数学自主探究学习。在第一节，先指导高一新生学习数学。在第二节，谈高中数学课堂自主探究式教学设计与反思。在第三节，讲基于深度学习的数学自主探究学习。在第四节，从概念学习、定理学习、例题学习、一节课学习指导学生进行自主探究学习。在第五节，列举深度学习和自主探究学习的一些理论。

阅读本书需要初步掌握高中数学教学内容的一部分（如函数），才不会太吃力。当然，我很欣赏你的自学能力和自主探究能力，坚持读下去，一定会豁然开朗，原来高中数学是这样的。学习数学不单是为了解题和考试，而是培育科学精神和创新意识，提升数学学科核心素养，更是培育能够进入伟大的社会历史实践进程的具体的社会的人，培育有历史感、责任感和担当意识的现代社会的人。本书的读者可以是中学数学教师、中学生和数学爱好者。

编写本书时得到了汕头市金山中学领导和老师的支持，特别是金山中学数学组和名师工作室的老师提供了大约 25% 的稿件，提供稿件的老师有张海兵、张学昭、蔡振奕、陈钢端、肖冬璇、艾志明、许伟亮、柯春兰、郑少珊、李丙铮、张应楷、廖国达，在此表示感谢！由于时间仓促，水平有限，书中难免有不足，敬请读者批评指正。

📖 参考文献

[1] 中华人民共和国教育部. 普通高中数学课程标准（2017 年版）[S]. 北京：人民教育出版社，2018.

卢镇豪

目　录

CONTENTS

第一章　我的数学教学理念

第二章　我的数学教学建议

第三章　数学自主探究学习

第一章
我的数学教学理念

第一节　我的专业成长历程及感悟

我（卢镇豪老师）出生于 1963 年 9 月，1987 年 7 月于华南师范大学本科毕业并参加教育教学工作，是广东省第六批特级教师，现为汕头市金山中学数学正高级教师，广东省名教师工作室主持人。

1987 年，毕业于华南师范大学数学教育专业，获理学学士学位。

1988 年 10 月，被评为中学数学二级教师。

1992 年 12 月，被评为中学数学一级教师。

感悟：这个阶段属于入职适应阶段，是每一位教师成长所不可跨越的阶段。这一阶段，教师要实现两个转变：一是由师范生向教师的角色转变，二是教学知识向教学能力的转变。这在教师成长的全部历程中是最主要和最关键的阶段。在这一阶段，我认为教学是主战场，在课堂教学中要勇于探索和实践，锤炼自身，形成有效的且深受学生喜爱的教学特点。为了适应教育教学工作的需要，根据教育实践的要求、自己的兴趣和确立的目标等，我认为必须努力调整自己的知识结构，尝试将所学的知识与实践相结合，并逐渐掌握教育教学规律，形成技能，增强教育教学能力，为日后的发展打下坚实的基础。我认为这个阶段必须做到两点：听课和解题。

1994 年 9 月，被评为汕头市优秀青年教师。

1998 年 11 月，被评为中学数学高级教师。

1999 年 9 月，获"南粤教书育人优秀教师"荣誉称号。

2001 年 9 月，获"全国优秀教师"荣誉称号。

2001—2004 年，在全国教育科研"十五"规划重点课题之子课题《师生发展：教育信息化网络化条件下变革课堂教学模式的实验研究》的研究中任副组长，是该课题研究的前三位研究人员。该课题的终期结题成果鉴定为二等奖。

2002 年 12 月，被评为广东省特级教师。

感悟：这个阶段属于"成熟胜任期"的阶段，完全适应了教师工作，完全融入了学校组织，也有了良好的人际环境，已经熟练掌握教育教学技术，具有较高的工作能力，在学校也已站稳脚跟，在学生心目中也已树立起较高的威信。我认为在这一阶段，教师职业成就意识的自我培养非常重要。要加强自我教育，坚持在工作中学习，不断反思自身的教学行为，努力提高自己的专业水平，积极参加各种培训班的学习。例如，参加数学竞赛辅导员的培训，又如 2001 年 10 月至 2002 年 11 月到华东师范大学参加中学数学科骨干教师国家级培训。正是这一时期的进修、深造，使自己打下扎实的业务基础，获得专业知识水平的提升，迅速有效地成长为深受领导、学生及家长信任的老师。

2003 年 7 月，由我撰写的论文《例谈中学生的数学自主探究学习》发表于全国中等教育类核心期刊《数学通讯》（2003 年第 14 和 16 期，ISSN0488—7395，CN42—1152/O1）。

2005 年 9 月获"苏步青数学教育奖"。同年被中国基础教育研究所授予"全国基础教育科研先进个人"称号。

2006 年 9 月，被广东省教育厅聘为第七批中小学特级教师评审委员会委员。

2006 年开始编写高考备考复习用书，如《状元 360 理科数学》《高考二轮专题析与练·理科数学》等书，至 2015 年共编写 10 套，由广东人民出版社出版。

2009 年 1 月，被评为"汕头市优秀拔尖人才"。

2010 年 3 月起至今，担任广东省第一、二、三、四轮中小学名师工作室主持人。

2010 年，主持省厅课题之子课题《高中数学骨干教师专业发展研究》，此课题于 2015 年结题，其成果被鉴定为优秀。

2011 年 9 月，论文《在教师工作室工作实践中感悟教师专业发展》发表于《广东教育》［2011 年第 9 期（总第 627 期）ISSN1005—1422，CN44—1145/G4］。

2013 年 1 月，论文《同题异教之比较及其反思》发表于《中学数学研究》第 1 期（刊号 CN44—1140/01，ISSN1671—4164）。

2015 年 6 月，主编《教师专业成长印迹》一书，由南方出版传媒新世纪出版社出版。

2016 年 5 月，被韩山师范学院聘为兼职教授。

2017 年 4 月至 2020 年 4 月，被汕头市人民政府教育督导室聘请为督学。

2017 年 12 月，被评为高中数学正高级教师。

2018 年，被韶关学院省级中小学教师发展中心聘为兼职教授。

2019 年，被汕头大学聘请为汕头大学教育硕士（数学）导师。

感悟：这一阶段属于成功创造期阶段，处于成功创造期阶段的教师的特征是有创新精神和能力，教学风格与模式个性化，开始总结、提炼自己的教育教学观点和教学科研成果，在校内外已产生较大影响，实施自己的个性化教学。我认为，这一阶段教师的心理需要主要是成就需要，希望发挥潜能，形成特色，成为同辈中的佼佼者，孜孜不倦，乐此不疲。事实上，处于这一阶段的学者型名师不仅实现了教育理论与教育实践的融合，而且反过来推动了教育理论与教育实践的发展，他们的讲学、示范课或教学经验、教育论文等会产生很大的社会效益，会使教育科研转化为生产力，从而决定了这一阶段的学者型名师已真正成为教育改革与发展的排头兵和领头雁。[1]

参考文献

[1] 卢镇豪. 教师专业成长印迹［M］. 广州：南方出版传媒新世纪出版社，2015.

第二节　数学教学理念

从 1987 年 9 月参加教学工作以来，教了 30 多年中学数学，其中教高一年级数学 6 年，教高二年级数学 7 年，教高三年级数学 20 年。在这 30 多年中学数学教学中逐步走向成熟，逐步形成自己的教学风格，从一级教师发展到高级教师再到正高级教师，其中有成功的体验，也有失败的教训。

经过多年的教育教学实践，我体会到要当好一位好教师，必须做到政治思想好，不忘初心，牢记"教书育人，为人师表"的使命，忠诚党的教育事业，热爱中国共产党，热爱学校，爱岗敬业，遵规守纪，有较高的职业道德和素养，踏实工作。在教学工作中，必须积极进行教育教学研究，认真总结教育教学经验，起到教研教学带头作用，在教学实践中不断提升自己的专业能力。下面谈一谈我在教学实践中所秉持的教学理念。

一、提升课堂教学质量的理念：讲一做三

作为数学老师，数学课堂教学是主战场，在课堂教学中必须勇于实践，锤炼自身，形成有效的深受学生喜爱的教学风格。为了打好主战场，树立威信，快速成长的捷径有两条：听课和解题。这些年我坚持做到经常听课和解题。

通过听课学习讲课老师的教育教学的技巧，听课之后还进一步思考这样一些问题：该老师对教材或题目为何这样处理？换成自己该如何处理？教师是怎样把复杂问题转化为简单问题的？自己应怎样对"闪光点"活学活用？思考之后，和自己的备课思路、讲解思路进行对比分析，发现自己教学中需要弥补和改进的地方，并扬长避短，调整教学思路，完善教学方案。可见，坚持听课，课后反思，改进教学方案是教师提高教学能力的一种重要手段，是教师快速成长的必由之路，也是教师专业成长的重要途径。[1]

解数学题是数学老师的基本功，著名的数学教育家波利亚有句名言："掌握数学就是意味着善于解题"。作为"掌握数学"的数学教师时时刻刻都离不开解题，通过解题，明确解题思路，明确解决问题需要用到的基础知识，发现题目解答过程的易错点、重点和难点，发现其他解题技巧或解题方法，发现原来题目还可以进行怎样的改编或延伸拓展，从而归纳总结出解题方法和数学思想。数学教师讲课经常要讲解数学题，目的是教学生学会解题。

数学教学是教师向学生讲授数学概念、数学定理与公式，讲授数学的四基知识，然后举例说明如何运用所学知识解决问题的过程。在"问题解决"的过程中，要着重培养学生的数学思维能力。应该说，教学过程很多时间是投放在讲解例题上的。牛顿说："在数学中，例子比定律更重要。"为了讲好例题，用好例题，发挥例题的学与教的功能，教师必须先做一下教学内容相关的数学题，研究题目的教学功能，精选例题。讲解数学题一定要让学生从中学到东西，还要让学生容易接受且满意。

例题一般可分为三类：基础类，思想方法类，能力类。基础类的例题用于巩固数学概念、基础知识、基本技能和基本方法；思想方法类的例题用于讲授数学思想方法；能力类的例题用于提高学生应用数学知识解决问题的综合能力。例题要依据所讲内容的教学要求、学生的实际情况以及教学目标来选定，并注

意精选，使之具有针对性、代表性、层次性、思考性和科学性。

我的讲题理念是"讲一做三"，也就是说，要讲清楚一个问题，自己先多做几个相关问题，理清楚这类问题的不同解法并加以比较，选择适合学生思维的解法教会学生。有时也可以一题多解，延伸拓展。

二、讲解解题方法和技巧的理念：举一反三

如何进行解题方法和技巧的教学呢？本人很赞同罗增儒的观点："分析典型例题的解题过程是学会解题的有效途径。"分析典型例题的解题方法和技巧是进行解题方法和技巧教学的有效方法。这些年我坚持做到经常研究解题方法和技巧。

由于目前数学题型的设计出现了选择题、填空题、解答题三种题型，因此必须对这三种题型的解法进行教学。在教学过程中应该有意识地强调各种题型的解法和解题技巧。例如，选择题的解法有直接演算法、特殊化法、数形结合法、逆推验证法、特征分析法；填空题的解法同样可以考虑用直接演算法、数形结合法和特殊化法等等。

我的教学理念是"举一反三"，也就是说，授人以鱼不如授人以渔，教会一道题的同时要让学生学会解决这一类问题的方法。

三、数学课堂教学理念：教数学育思维，教好书育好人

解决数学问题特别是做数学题是数学学习的基本形式之一，通过数学问题的讲解可揭示数学概念、法则、结论的发展过程和本质。通过典型例子的分析和学生的自主探究活动，使学生理解数学概念和结论逐步形成的过程，体会蕴涵在其中的数学思想方法。这些年我坚持做到经常强调数学思想与方法的学习。

中学数学教学内容是由数学课本中的概念、法则、性质、公式、公理、定理、例题等这些表层知识以及由其内容所反映出的数学思想和方法这些深层知识组成的。课本中，除个别思想方法外，大量的、较高层次的思想方法是蕴涵于表层知识之中的，处于潜形态。学习数学思想和方法才是终身有用的。教师应该将深层知识揭示出来，将这些深层知识由潜形态转变为显形态，使学生由对数学思想方法的朦胧感受转变为明晰的理解和掌握，从而提高自身的数学素质。

一般来说，数学思想方法的形成有一个过程，学生通过具体表层知识的学习，对于蕴涵其中的某些数学思想方法开始产生感性的认识，经过多次反复，在比较丰富的感性认识的基础上逐渐概括并形成理性认识，然后在应用中对形

成的数学思想方法进行验证和发展，加深并形成理性认识。在学习过程中，必须经过多次的反复，逐渐提高认识的层次，从低级到高级螺旋上升，才能使大多数学生真正领会。所以我主张把数学思想方法的教学分散在整个教学过程之中，贯穿于整个学习过程，让学生在学习例题与做练习的过程中慢慢领悟。当然，这需要教师的有意引导与提醒，使学生有意识地思考这个问题。贯彻这个问题的关键是教师的备课与讲课。备课时要设计一些能体现重要数学思想（如数形结合思想、分类讨论思想、化归思想、函数方程思想）和数学方法（如配方方法、待定系数法、换元法、赋值法、反证法等）的例题。教师讲课时，对例题进行分析不但要分析解题思路，还要引导学生发现其中的数学思想方法。解完题目后还要加以总结，说明所用到的主要知识、解题方法和数学思想。时间允许的话，还要进行拓展。讲完一章内容以后再对本章所用到的主要思想方法加以总结。在教学过程中，有意识地向学生反复展示利用数学思想方法解决问题的精彩实例，能促使学生逐步领悟到数学思想方法的重要性，使学生自觉增强并培养灵活运用数学思想方法的意识和能力，从而提高学生的数学素质。

我的数学教学理念是"教数学育思维"，即教数学不是简单地教学生会解题，而是通过解题学会解决问题的思想和方法，培养学生的数学思维能力。因此，在数学教学过程中，要注重培养学生的解题方法和数学思想，提高学生的综合素质，为学生以后参加工作打下坚实的基础。

四、营造课堂教学氛围的理念：在严谨中欢笑

数学课的一大特点是推理论证比较严谨，所以听起来比较枯燥，学生比较容易走神，从而影响学习效果，因此我喜欢讲课过程中加入一些小插曲、小幽默、冷笑话来吸引学生的注意力。我的课堂理念是"在严谨中欢笑"，这应该也是一种教学艺术吧！

来自老师和学生的听后感：

一线骨干教师张海兵老师眼中的卢镇豪老师

豪哥的幽默

学生经常称卢镇豪老师为豪哥。如果说豪哥的课有什么让我印象最深的话，除了严谨细致，简约理性，我想应该是豪哥的"冷笑话"吧！那是另一番的课堂享受，那是一种与生活紧紧相连的数学课。

片段一：胜利属于你们

高一某节课，豪哥在讲函数 $y=|x|$ 的图像时，讲完 $y=|x|$ 作出图像后，豪哥问同学们，这图叫作什么图呢？有的说 $y=|x|$ 的图像，有的说 v 图。"很好！我叫它胜利图，哟！我把学习上的成功胜利送给你，祝同学们学习进步，取得更多的胜利"。豪哥还配上 v 的手势等肢体语言，使学生哄堂大笑，热烈鼓掌。这很好地让学生加深了对图像的印象且调动了学习气氛，学生非常喜欢。

片段二：飘然亭

某节课，豪哥在对高一的学生讲到数形结合法解参数范围的问题时，由于题目中涉及 $y=\left(\dfrac{1}{2}\right)^{|x|}$ 的图像，豪哥在画完它的图像后，突然转身对着学生讲，这图像你们见过吧？学生有的摇头，有的低声说没有，这时豪哥不慌不忙地说："天天待在这风景区里，居然不认得飘然亭"，学生先是愣了一会，接着纷纷笑起来，一阵笑声过后，学生才陆续安静下来。原来豪哥所任教的金山中学位于汕头著名的礐石风景区，而礐石风景区最著名的景点就是飘然亭了，而 $\left(\dfrac{1}{2}\right)^{|x|}$ 的图像就是一个抽象的飘然亭顶部。于是，当这些学生每次画 $\left(\dfrac{1}{2}\right)^{|x|}$ 的图像时，他们都会不由自主地想起飘然亭。

片段三：美丽的"晨曦"

还是高一的课，讲的内容是直线与圆的位置关系，豪哥先是在讲台上画了三个圆圈，分别表示直线和圆的三种关系，接着他问学生："这些长得像什么？"学生们一下子被问住了，不知道要回答什么，接着豪哥自问自答起来，这不就是早上刚刚升起的太阳吗？你们的成长阶段就是这个阶段，你们要好好学习，吸收能量，逐步成长。这不仅很形象地引出直线和圆的三种关系，调动了学生的学习兴趣，而且对学生进行了思想教育。

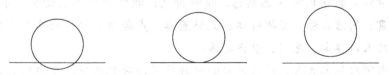

片段四：两心相遇的爱情故事

豪哥在讲两圆位置关系时，边讲边画图，把它讲成一个爱情故事：在一个风和日丽的中午，有两颗心，圆心 C_1（男的）和圆心 C_2（女的）在一次活动中相遇了，此时他俩还没有握手（相离：两心距离大于半径和），终于有机会了，他们第一次握手（外切：两心距离刚好等于半径和）。由于第一印象很好，两心越走越近，所以有了第二次握手（相交：此时两心距离小于半径和且大于半径差的绝对值）。由于兴趣爱好相同，彼此加深了解，彼此向往对方，达到首次我在你心中，你心中有我（内切：两心距离等于半径差的绝对值），很快地进一步你心中有我（内含：两心距离小于半径差的绝对值），最后两颗心达到共心，心心相爱。豪哥很形象地讲解"两心相遇的爱情故事"，让学生觉得数学很有趣，慢慢爱上了数学。

片段五：三万块的硬座票

某一节的数学课，坐在后排的某个男同学趴在座位上睡着了，豪哥先是让其同桌将其叫醒，然后面带笑容地讲："你爸妈花了三万块（择校费），就给你买个硬座票，让你来这睡觉的吗？"接着全班哄堂大笑起来。

感悟

豪哥的课堂让我们感受到了一位数学教育名师的课堂魅力，在学生开怀大笑中，活跃了课堂气氛，也学到了知识。

数学来源于生活，我们的生活实践其实也就是我们的数学实验，人们在实际的生产活动中概括抽象并创设了数学，一句话，如果没有了生活实践，也就没有了数学。豪哥的冷笑话不仅只为了博得学生的一个开怀大笑，更重要的是活跃课堂气氛，更是将生活与数学联系起来，还原数学来自生活实践并指导生活实践的根本属性。让生活和数学联系起来，用冷笑话的形式呈现给学生，引发学生的思考。这就是豪哥的幽默。

一线名师张学昭老师眼中的卢镇豪老师

严谨细致，简约理性

卢老师的教学严谨细致，简约理性，跟随卢老师学习，受益匪浅。

卢老师的教学内容深思熟虑，组织讲究；教学过程层次清楚、条分缕析、首尾连贯、简洁匀称、安排得体、完整紧凑。卢老师对学生的要求严格、一丝不苟，给人以稳定、充实、整齐之感。

卢老师对基本概念、通法通则的讲解严谨细致且到位，为学生创造性地使用通法通则奠定了坚实的基础，构建了学生自主解决问题的平台。让我最佩服的是，卢老师擅长选择恰当的题目作为载体，向学生讲清楚基本概念、通法通则。在讲解抽象的概念时，卢老师从内容处理、方法选用、表达方式上考虑，通过严谨缜密的教学，化解了难点。还记得讲分析综合法时，他给出了一道例题：a、b、$c \in \mathbf{R}^+$，求证：$a+b+c-3\sqrt[3]{abc} \geq a+b-2\sqrt{ab}$，这道题目他先分析，由要证明的结论出发，一般地不等式中尽量避开出现负号，所以要化"负"为"正"，要移项作转换，移项以后就是证明 $c+2\sqrt{ab} \geq 3\sqrt[3]{abc}$，然后运用三个正数的算数平均数不小于几何平均数就行了，这就是综合法。这么一道简单的题目，让听的人豁然开朗，"哇，原来分析综合法就是这样！"印象深刻。在处理难题时，每当使用分析综合法，就会想起卢老师的讲解。

又如，把典型的题目编成题组，应用一题多解、多题一解、题型变式，帮助学生构建知识体系，理清各种方法之间的关系，形成数学能力，从而解决问题。我听了卢老师一年的课，就有这样的一些课例。记忆犹新的几节课是，他由基本不等式的应用引发了求函数值域与最值方法的思考，整合了求函数值域和最值的重要方法。高三时，在复习求值域的问题时，想起卢老师的这几节课，高度浓缩了知识与方法，脉络清晰，相信学生认真听，踏实做，在高考中遇到求函数最值和值域题目都会得心应手。比学到知识更重要的是，学生通过这几节课的学习，一定会尝试像这样去整合、学习、掌握知识和方法，从而学会自学。如同文学大师准确、生动的用词写文章一样，正是卢老师严谨细致的教学，让基本概念、通法通则栩栩如生，活灵活现，成了有生命的精灵，学生也变得好学乐学。课堂教学中运用已有的教学资源做出创造性的设计已经很不容易，更值得一提的是在具体教学中卢老师尊重学生的想法，善于抓住课堂学生突发的错误，激发课堂生成。回想起卢老师与学生的互动，有这样的感觉，学生面对这样的高手，可以大胆地说出自己的想法，卢老师给人这样的信心，无论你是怎样想的，知识渊博、富有经验的他都会引导你到正确的道路上，他总是一语中的，直击要害。

卢老师的课简约理性，不管是教学内容还是语言、书面表达，都简约理性。题目精炼、典型，讲解内容逻辑清晰，层次分明，不枝不蔓。

卢老师为人真诚，语速舒缓，每每听到他的潮汕普通话会感到很亲切，像森林里的溪流缓缓地流入大家的心田，激发了大家学习数学的积极性，让大家有信心有动力去探索和解决数学问题。

卢老师就是这样一位教学高手，严谨细致、简约理性。深入他的教学，仿佛欣赏轻音乐，流连忘返。

一线名师肖冬璇老师眼中的卢镇豪老师

卢镇豪老师是广东省特级教师，听卢老师的课，我经常会被他精湛的教学艺术所折服。在课堂上，卢老师以生动形象的语言，优雅、亲切的姿态，充实丰富的教学内容，高超娴熟的教学艺术，创新独特的教学风格，清楚、漂亮的板书，准确、精当的讲评，吸引了学生们的注意力，激发了学生学习的兴趣，交给了学生打开知识大门的金钥匙，赢得了学生们的好感与尊敬。

卢老师有丰富的知识积累，很好的教学"功底"，能引领学生走出"题海"。比如，他在高三教学中，常常不限于原来知识的简单重复，却体现出一定的"新意"，以新异的形式去重新组织，引起学生的兴趣，吸引学生积极参与教学过程。又如，变换角度，在认识上出新意；挖掘深度，在理解上出新意；沟通联系，在知识体系上出新意；开拓新题型，在应用上出新意，等等。他能正确认识旧与新的辩证关系，把握旧与新的适度平衡，不拘泥于常规方法，让学生从不同角度、不同方向上思考，寻求变异，勇于创新，培养学生的发散性思维，使学生的认知水平和解题能力登上新台阶。

卢老师讲课深入浅出、条理清楚、层层剖析、环环相扣、论证严密、结构严谨，用思维的逻辑力量吸引学生的注意力，用理智控制课堂教学过程。他精于教学的技巧，充满机智，各种教学方法技巧可信手拈来，运用自如，恰到好处。他的课堂上常常会有疑问——老师创设问题情境，用疑问开启学生思维的心扉；有惊讶——老师善于释疑学生的迷惘，轻轻点拨后茅塞顿开，惊讶中有说不出的喜悦之情；有笑声——老师讲述生动有趣，幽默诙谐，使得学生不时发出会心的笑声；有争议——老师鼓励学生大胆质疑，让学生围绕中心各抒己见，把问题弄明白。卢老师总是以自己独有的艺术风格教学，激起学生对所学知识肯定的、积极的情绪体验，引发学生热爱知识、追求知识的情感。

学生眼中的卢镇豪老师

2014级第一学期高一（3）班学生根据同学们的部分留言整理如下：

学生一：标新立异吸引90后，紧跟潮流做好60后。现在的学生都是90后，喜欢时尚的东西，作为一名老师如果因循守旧，课堂就没有吸引力，学生不听你的话，教育就无从下手，因此卢老师从多个角度去树立自己时尚的形象，这种时尚不是邯郸学步，而是用数学的美去包装。比如，第一堂课进行自我介绍时，卢老师喜欢把自己的签名进行镜面反射，让学生们产生研究兴趣，觉得老师很有趣。

学生二：语言活泼调动气氛，板书严谨确保准确。课堂有两大信息传递过程，一个是语言，一个是文字，二者的格调处理卢老师进行了有效区分，语言力求活泼，板书力求严谨。课堂活泼的气氛是必需的，但是课堂的最终目的是让学生掌握知识，启迪思维，所以知识的准确传递通过严谨的板书来实现，卢老师虽然语言上活泼风趣，但是板书严谨全面，解题思路清晰，解题过程分明。

例如，卢老师给大家讲"log 买鸡蛋的故事"：学生在做数学题时，到最后一步经常出现计算上的错误，卢老师把它打比方为你妈妈叫你去市场买鸡蛋，拿到家门口时不小心鸡蛋摔满地，两个的结果都是 $\log_a 1$ 的结果。这个"log 买鸡蛋的故事"成了班里的流行语。

学生三：课上幽默照顾全体，课下严肃强化个人。课上课下都是教学过程中不可忽视的部分，课上课下面对不同的群体，教育形式也是不同的，课堂因为彼此关注，在现在自尊心很强的 90 后群体下，严格上课乃至点名批评的形式不太适合了，容易让学生觉得没面子打击了积极性，所以卢老师课堂上尽量照顾群体，用宽松的形式来管理，用幽默的语言吸引学生。

例如，在讲函数 $y = \tan x$ 的图像时，卢老师会问学生："这个图像像一幅什么样的风景画？像山水在流吗？"卢老师把它叫作花果山水帘画。在讲函数 $y = \tan|x|$ 的图像时，卢老师会问学生："这个图像像一幅什么样的画案？像奖励品吗？"让学生进行想象。最后卢老师把它叫作奖杯，用自己的双手捧起一个奖杯，此时学生大笑，卢老师还说："我把奖杯送给你们，请你们用自己的聪明才智去创造成绩，拿到奖杯"，这让学生非常感兴趣，也增加了学生的形象记忆。

而课下，面对单独的学生，则严厉对待，例如面谈、单独讲题时，给予学生被关注感，对学生的不足明确指出。例如，学生常用"男神""萌""高冷"（卢老师身高 182cm，外表严肃、威严）来形容卢老师。

学生四：先讲稳健的解题方法，补充多样的解题思路，渗透数学思想。班里的学生学习能力程度不同，要尽量照顾所有学生，所以卢老师讲题时，先讲稳健的解题方法，最后再补充更多的解题思路，让学霸们用更加巧妙的方法解题。通过一题多解、延伸拓展教学，开拓学生的解题思路，同时也渗透数学思想，使学生学到更加有用的发现问题、解决问题的方法，从而让学生终身受益。

五、课题研究的理念：要服务于中学教学工作

我的课题研究理念是：中学教师的课题研究要立足服务于中学教学工作，

也就是说，在搞好中学教学的基础上进行中学教学研究并服务于中学教学工作，在所教课程中确定研究领域、研究方向和研究课题。

中学教师一定要树立教学第一的观念，这是中学教师的中心工作，特别是在参加工作的前几年，一定要全方位把教学工作做好，并把教学的点滴感悟积累下来，到一定程度时一定要做书面整理，形成自己的见解，经过多次教学实践的考证，认为有用的就可以形成文章。认真做好教学工作有利于教师拓宽知识面，讲课、备课过程中遇到的很多问题启发了自身的思考，实际上对教育科研工作很有帮助。没有教学工作这个环节就不可能搞好教育科研。

中学教师要恰当搞教育科研以促进教学。中学教师的教育科研除了要服务于自身发展（如晋升高一级职称）之外，还需要服务于教育教学，促进教育教学水平的提高。一个科研实力强的教师，其对所教学科的理论前沿和实际问题都比较清楚，而且有科学的思维、研究和创新方法。这样的教师不仅能教给学生最新的知识，而且能教给学生获取知识和创新知识的方法。在教育科研方面，我做得不够，项目少，档次也不高。在这里给青年教师一个建议：在搞好常规教育教学工作的同时，一定要主动参与课题研究，为自己的专业发展创造更好的条件。

参考文献

[1] 卢镇豪. 教师专业成长印迹 [M]. 广州：南方出版传媒新世纪出版社，2015.

第三节　数学教学重在培养数学思维

思维是在表象、概念的基础上进行分析、综合、判断、推理等认识活动的过程，思维是人类特有的一种精神活动[1]。数学是思维的体现，它直接影响人的思维方式。思维方式影响着一个人的素养。

从认识论的角度分析，可以把思维方式看作人的认识定式和认识运行模式的总和。从个体的角度分析，思维方式是个体思维的层次、结构、方向的综合表现，是一个人认知素质的核心。教育面临的最大挑战是发现新的思维方式。

从学生学习的角度分析，思维方式反映了学生认识事物的立场和视角，也决定了他们解决问题的思路和方向，对学生的学习质量和水平具有根本的制约作用。当前，学生思维方式的问题突出表现在对立化（简单化、绝对化）和封闭化（模式化、僵固化）上。对立化思维是一种非此即彼、非好即坏的简单的线性思维方式。封闭式思维是一种走"套路"的思维模式，即用既有的套路和模式来解释和分析所有的认识对象和问题。它就是本质主义的思维方式。生命是一种开放性、生成性的存在，人的思维也应该具有开放性、生成性的特点。这是人的能力得以不断发展的内在机制。思维一旦模式化、格式化，就不可能有创新，能力发展也就停止了。思维的模式化、格式化导致原创思维的欠缺和丧失。在应试教育中，学生只会解题，不会发现问题和提出问题，只会解常规题，不会解非常规题，只会求同，不会求异。[3]

学校和教师要将培养学生的科学思维方式提升到奠基学生能力、关乎人生长远发展的高度来认识。当前，要从以下三点着力：第一，要注重科学精神和客观性思维能力的培养，即培养学生用事实进行论证、用逻辑进行推理的思维能力。第二，要注重批判性思维和能力的培养，即注重培养学生独立、个性、新颖的思维和想象能力。第三，要注重把单向思维的培养改为双向思维的培养。具体来说，就是要把我国多年来偏重的演绎思维的培养变成演绎与归纳两种思维并重的培养。[3]

在数学教学中，结合数学科的特点必须培养学生如下的数学思维，以提升数学学科的核心素养。

（1）转化思维，既是一种方法，也是一种思维。转化思维，是指在解决问题的过程中遇到障碍时，通过改变问题的方向，从不同的角度，把问题由一种形式转换成另一种形式，寻求最佳方法，使问题变得更简单、更清晰。

（2）逻辑思维，是人们在认识过程中借助于概念、判断、推理等思维形式对事物进行观察、比较、分析、综合、抽象、概括、判断、推理的思维过程。逻辑思维，在解决逻辑推理问题时使用广泛。

（3）逆向思维也叫求异思维，它是对司空见惯的似乎已成定论的事物或观点反过来思考的一种思维方式。敢于"反其道而思之"，让思维向对立面的方向发展，从问题的相反面深入地进行探索，树立新思想，创立新形象。

（4）对应思维是在数量关系之间（包括量差、量倍、量率）建立一种直接联系的思维方法。比较常见的是一般对应（如两个量或多个量的和差倍之间的对应关系）和量率对应。

（5）系统思维也叫整体思维，系统思维法是指在解题时对具体题目所涉及的知识点有一个系统的认识，即拿到题目先分析、判断属于什么知识点，然后回忆这类问题分为哪几种类型，以及对应的解决方法。

（6）创新思维是指以新颖独创的方法解决问题的思维过程，通过这种思维能突破常规思维的界限，以超常规甚至反常规的方法、视角去思考问题，提出与众不同的解决方案。可分为差异性、探索式、优化式及否定性四种。

（7）类比思维是指根据事物之间某些相似性质，将不熟悉的问题与熟悉的问题或其他事物进行比较，发现知识的共性，找到其本质，从而解决问题的思维方法。

（8）形象思维，主要是指人们在认识世界的过程中，对事物表象进行取舍时形成的，是指用直观形象的表象，解决问题的思维方法。想象是形象思维的高级形式也是其一种基本方法。[2]

思维能力是学习能力、工作能力的核心。智能时代的竞争，将是思维能力优劣的竞争。数学教育的初心并不是简单地教学生会解题，更重要的是通过解决数学题学会解决实际问题的思想和方法，培养学生的数学思维能力，培养学科核心素养，落实立德树人的根本任务。数学题只是数学学习的载体，解数学题只是数学学习的一个过程。我们不能因解题而解题，而是在解数学题的过程中学会解决问题的思想和方法，提升数学思维能力，才是数学教育的最终目的，才是人人有用的数学学习。

人的天性对数学思维能力有影响，但后天的数学教育与数学训练对人的思维能力影响更大、更深。数学教师的教学问题设计也直接影响学生的数学思维能力。在依纲靠本的教学模式下，如何学会解决问题的思想和方法，如何激活数学思维呢？教师可以通过教材的数学问题进行变式探究教学或一题多解，引导学生学习解决问题的思想和方法，激活学生的思维，提升学生的数学思维能力。我对课本例题的使用理念是：适当地多变多解，突出方法，激活思维。

一道好的例题背后常常隐含着较广泛的学习功能，只要我们充分去挖掘，一定能收到很好的教与学的效果。在探究教学过程中，根据题目的特点，可以考虑适当的一题多变、一题多解等方法进行灵活探究教学。如学习一元二次不等式及其解法时，人教版必修课本 5 有简单例题：求不等式 $-x^2 + 2x - 3 > 0$ 的解集。例题虽然简单，但是有必要利用它讲解配方法、求根公式法和二次函数图像法三种解法，同时还要利用它的变式（见后面 11 种变式）讲解转化与化归思想、函数与方程思想、分类讨论思想和数形结合的思想。这些方法和思想才是学习者需要掌握的，有了这些方法和思想，同类的问题就能解决。学习的过程需要由浅入深，由表象到实质，由低阶思维到高阶思维，学习者的知识才能逐步建构、内化，解决问题的能力才能逐步提升。

变式 1：如果把不等式改为 $-x^2+2x+3>0$ 还可以讲解利用十字相乘法进行因式分解。

变式 2：如果改为 $-x^2+2|x|+3>0$ 还可以讲解换元法和分类讨论思想。

变式 3：如果改为解关于 x 的不等式 $-x^2+2x-c>0$，那么可以讲解分类讨论思想。

变式 4：如果改为解关于 x 的不等式 $-x^2+bx-3>0$，那么可以讲解分类讨论思想。

变式 5：如果改为解关于 x 的不等式 $ax^2+2x-3>0$，那么可以讲解分类讨论思想。

上述几个变式，引进了参数，从常数项到一次项系数再到二次项系数逐个变化，难度一步一步提高，学生的思维一步一步地激活，能力一步一步地提高。

变式 6：关于 x 的不等式 $ax^2+2x-3>0$ 的解集为空集，则实数 a 的取值范围是_____。本题可以讲解分类讨论思想和数形结合思想。

变式 7：是否存在实数 a 使关于 x 的不等式 $ax^2+2x-3>0$ 的解集为（-1，3）。本题可以讲解函数与方程思想，或者逆向思维与比较系数法。

变式 8：是否存在实数 a 使关于 x 的不等式 $ax^2+2x-3>0$ 在区间（0，$+\infty$）上有解？若有，求 a 的取值范围。

分析：不等式有解问题可以转化为函数的最值问题。本题可以通过一题多解讲解函数与方程思想、分类讨论思想、转化与化归思想和数形结合的思想。

方法一为分类讨论；方法二为分离参数；方法三为数形结合。

变式 9：关于 x 的不等式 $-x^2+bx-3>0$ 在区间 [1，4] 上恒成立，求实数 b 的取值范围。

分析：不等式恒成立问题，可以转化为函数的最值问题。本题通过不同解题方法可以讲解函数与方程思想、分类讨论思想、转化与化归思想和数形结合的思想。

变式 10：关于 x 的不等式 $-x^2+bx-3>0$ 在区间（0，$+\infty$）上的解集含有唯一整数，求实数的取值范围。

变式 11：已知函 $f(x)=-x^2+bx+3$，函数 $g(x)=x^2-2x-1$，对于任意 $x_1\in[-1，2]$，存在 $x_2\in[-1，2]$，使 $f(x_1)\geqslant g(x_2)$ 成立，求实数 b

的取值范围。

分析：本题主要讲解等价转化思想、分类讨论思想，对于任意 $x_1 \in [-1,$ $2]$，存在 $x_2 \in [-1, 2]$，使 $f(x_1) \geqslant g(x_2)$ 成立，转化为在区间 $[-1, 2]$ 上，$f(x)_{\min} \geqslant g(x)_{\min}$，求出 $g(x)_{\min} = -2$，求 $f(x)_{\min}$ 时需要分类讨论，

通过变式教学，我们能把一类问题讲深讲透、学深学透，还能渗透数学思想与方法的学习，这不但能达到深度学习的效果，还能学习到更多有用的解决问题的方法和思想，落实数学学科的核心素养。

对于数学核心素养，高中数学课程标准修订组组长史宁中教授将其概括为："会用数学的眼光观察现实世界，会用数学的思维思考现实世界，会用数学的语言表达现实世界。而数学的眼光就是抽象，数学的思维就是推理，数学的语言就是模型。"抽象、推理、模型是数学的基本思想，是指向数学学科的关键能力。数学学科的简洁、严谨则是指向人的必备品质。两者的有机结合构成了数学学科的核心素养。具体而言：①用数学的眼光观察世界，发展数学抽象、直观想象素养；②用数学的思维分析世界，发展逻辑推理、数学运算素养；③用数学的语言表达世界，发展数学建模、数据分析素养。[3]

参考文献

[1] 张奠宙，宋乃庆. 数学教育概论 [M]. 北京：高等教育出版社，2009.

[2] 唐瑞芬，朱成杰. 数学教学理论选讲 [M]. 上海：华东师范大学出版社，2000.

[3] 余文森. 核心素养导向的课堂教学 [M]. 上海：上海教育出版社，2017.

第四节　相关理念的理论依据

一、"四化"促进"数学化"学习

1. 学习数学就是让学生学习"数学化"

荷兰著名数学教育家弗赖登塔尔曾经提出，与其说让学生学习数学，不如说让学生学习"数学化"。在他看来，所谓的"数学化"，是指人们在观察、认

识和改造客观世界的过程中，运用数学的思想、方法来分析和研究客观世界的种种现象，并加以整理和组织的过程。简单地说，就是数学地组织现实世界的过程。[1] "数学化"学习，就是学生就自己的数学现实进一步抽象、提升的学习过程。

"数学化"分为两大类：一是水平数学化，就是从真实生活和经验世界走向符号世界，即对客观世界的数学化，形成基本的数学概念、运算法则、规律、定理，以及为解决实际问题而构造的数学模型等；二是垂直数学化，就是在符号世界中进行移动，即对数学本身的数学化，就是深化数学知识，或者使数学知识系统化，形成不同层次的公理体系和形式体系。[2]

2. "初等化"促进"数学化"

唐瑞芬与朱成杰编著的《数学教学理论选讲》就"数学初等化"进行了论述：有一种流派认为，准备要教的数学就是把要教的数学初等化。美国学者吉姆·费（Jim Fey）提出："把数学的概念、原理、技能和说理方法从它们被发现和证实的样子翻译成可以为大多数学生所掌握的样子。"这个想法包括了每个实施步骤，如开发教学材料、培训教师、说服决策者，以及评价。

为了实现数学教学的"初等化"，至少包括两项基本工作：要选取对年轻人的学习最重要的那些数学概念；同时还需要寻找方法以使那些概念能融合于有吸引力的有效且具体的学习经验之中。

简而言之，"初等化"就是为学生准备合适的数学，以适合学生的形式讲授数学。

3. "生活化"促进"数学化"

"数学生活化"是指以"生活化"的素材与方式展开数学教学，让学生基于生活经验学习数学知识，提炼数学关系，训练数学思维，发展数学能力，感受数学价值，让学生经历生活问题"数学化"的过程，积累"数学化"的经验，学会以"数学化"的方法解决现实生活中的问题。"数学生活化"包含了"生活化"和"数学化"两个维度，前者是手段，后者是目的，两者相互依存、不可隔离。[3]

4. "通俗化"促进"数学化"

何为"数学通俗化"？目前仍没有一个公认的概念。不过，我们可以从通俗歌曲与通俗小说的概念类比得到。

百度百科中介绍通俗歌曲是指通俗易懂、轻松活泼、易于流传、拥有广大听众和广阔市场的歌曲。而通俗小说则是满足社会上最广泛的读者群需要，适应大众的兴趣爱好、阅读能力和接受心理，以娱乐价值和消遣性为创作目的的一类小说。

从中可以概括出通俗歌曲与通俗小说两个最主要的共同特征：①受众广阔。②受众乐于接受。由此，可以将广义的"数学通俗化"概括为"以广大学习者乐于接受的形式，如幽默笑话、比喻、故事、游戏、动画、魔术等，普及数学思想方法与文化的过程。"像俄国别莱利曼的《趣味魔术与数学故事》，美国马丁·加德纳的《趣味数学集锦之一（悖论、谬论、多联骨牌及其他)》，张景中院士的《数学与哲学》《数学杂谈》等著作都是"数学通俗化"的代表作品。

那么，针对中学数学课堂教学的狭义的"数学通俗化"就应该是指"以广大学生乐于接受的形式，如幽默笑话、比喻、故事、游戏、动画、魔术等，进行数学课堂教学的过程"。

简而言之，"通俗化"就是以学生乐于接受的形式教授数学。

5. "思想化"促进"数学化"

前面提到的"初等化""生活化"和"通俗化"更多的是在水平数学化层面起作用，对于更高难度的垂直数学化，如解决一个从来没有遇到过的数学难题，这时就必须要有数学思想方法的引导与帮助。

而且数学思想不仅仅在解决数学内部高层次问题上起到至关重要的作用，还对我们以后的生活和工作有着重要的影响。日本著名数学教育家米山国藏指出：多数学生进入社会后，几乎没有机会应用他们在学校学到的数学知识，因而这种作为知识的数学，通常在学生毕业后不到一两年就忘掉. 然而不管人们从事什么工作，那种铭刻于大脑的数学精神和数学思想方法却长期在他们的生活和工作中发挥着重要作用.[4]

二、罗增儒教授解题理论

罗增儒教授认为学会解题通常需要经历以下四个阶段：[5]

1. 简单模仿

即模仿教师或教科书的示范去解决一些识记性的问题。这是一个通过被模仿者的行为，获得相应的表象，从而产生类似的过程。这里已有体验性的初步理解。

2. 变式练习

即在简单模仿的基础上迈出主动实践的一步，主要表现为做数量足够、形式变化的习题，本质是进行操作性活动与初步应用。其作用首先是通过变换方式或添加次数而增强效果、巩固记忆、熟练技能（使之达到自动化反应的程度）；其次是通过必要的实践来积累理解所需的操作数量、活动强度和经验体会。学习数学不能单靠模仿和练习，但缺少这两步又是不行的。[6] 没有亲身体验、没有足够的过程、没有过硬的双基，数学理解就被架空了。[7] 模仿和变式练习应是学生获得本质领悟的基础或必要前提。但对解题学习来说，更重要的是跨越这两步而产生理解。

3. 自发领悟

即在模仿与练习的基础上产生理解。指当事者在解题实践中领悟到知识的深层结构，表现为豁然开朗、恍然大悟，但这种领悟常常是直觉的，"只可意会、不可言传"。因而，这是一个潜意识与显意识交错，由"双基"升华为能力的过程，也是各人自己去体会"解题思路的探求""解题能力的提高""解题策略的形成"，从而获得能力的自身性增长与实质性提高过程。这一阶段中会存在"高原现象"。

4. 自觉分析

这是一个理解从自发到自觉、从被动到主动、从感性到理性、从内隐到外显的飞跃阶段，表现为解题思路的主动设计、知识资源的理性分配、解题策略的自觉调控。尽快进入这个阶段的一个基本途径是对解题过程进行自觉的分析（元认知开发），弄清问题的知识基础、逻辑结构、信息流程，弄清题解中用到哪些知识、哪些方法，这些知识和方法又是怎样组成一个和谐的逻辑结构的。这是一个通过已知学未知、通过分析"怎样解题"而领悟"怎样学会解题"的过程。

📑 参考文献

[1] 张奠宙，宋乃庆. 数学教育概论 [M]. 北京：高等教育出版社，2009.

[2] 唐瑞芬，朱成杰. 数学教学理论选讲 [M]. 上海：华东师范大学出版社，2000.

[3] 相艳华. 新课标理念下高中数学生活化回归教学. [D]. 长春：吉林大学，2007.

[4] 侯维民. "数学精神"与数学教育 [J]. 数学教育学报，2004，13 (3)：23~23.

[5] 罗增儒. 作为数学教育任务的数学解题 [J]. 数学教育学报，2005，2

(14)：1.

[6] 涂荣豹. 数学解题学习中的元认知田 [J]. 数学教育学报，2002，11 (4)：6.

[7] 陈琼，翁凯庆. 试论数学学习中的理解学习 [J]. 数学教育学报，2003，12 (1)：17

（第四节由汕头市金山中学许伟亮供稿）

第二章

我的数学教学建议

第一节　数学例题的教学建议

　　从短期目标看，数学复习课的教学，应该是一种备考教育，使学生掌握数学的基础知识、基本技能、基本思想和基本活动经验（简称"四基"），提高解数学题的能力，为顺利通过高考做好准备。从远期目标来看，它又是一种素质教育，通过高三学段的数学复习和训练，可强化"四基"知识，提高学生数学发现问题的能力、提出问题的能力、分析问题的能力和"问题解决"的能力，培养学生数学的应用意识和创新意识，从而提高了学生的数学素质。

　　近几年，国考数学试题考查考生的"问题解决"能力较为突出，表现在不少数学试题的情境信息陌生、新颖，对考生信息接收、加工、运用能力要求很高，信息通常以图表的形式呈现，需要考生对已知概念内涵的深刻理解及能力的迁移。要解决以"问题解决能力"为立意的试题，不但要求考生掌握"四基"知识，还要培养学生"问题解决"的能力，这一点不能单靠大量的"日常练习"来提高，还要靠师生精心挑选"问题"进行训练。

　　"日常练习"：如果由 A 到 B 存在一定障碍，但是我们知道逾越这个障碍的途径，那么这个就是"日常练习"，如 $2019 \times 1963 = ?$

　　"问题"：如果由 A 到 B 存在一定障碍，但是我们不知道逾越这个障碍的途径，那么这个就是"问题"。

　　数学老师的任务是使学生的数学"问题"转化为数学"日常练习"，帮助学生总结数学解题方法和数学思想。

·◆ 关于备例题 ◆·

　　数学复习总结课的课型主要是复习课，教学方法以讲授法与练习法为主，教学过程是教师向学生重新讲授数学概念、数学定理与公式，讲授数学的"四基"知识，然后举例说明如何运用所学知识解决问题。在"问题解决"的过程中，培养学生的数学思维能力。

复习课的绝大多数时间是讲例题的过程，在数学教与学过程中，数学例题比定律更重要，数学例题是培养学生数学思维能力的重要载体，通过一个又一个的数学问题的解决，提高学生解决问题的能力。为讲好例题、用好例题，老师必须精选例题，例题的准备是上好复习课的关键。

数学备例题要依据数学学科的核心素养，所讲内容的教学要求，考试说明、考点来选定，并注意精选，使之具有针对性、代表性、层次性、思考性和科学性。

备例题一般可分为三类：基础类、思想方法类以及"问题解决"能力类。基础类的例题用于复习数学概念、基础知识、基本技能和基本方法；思想方法类的例题用于复习数学思想方法；"问题解决"能力类的例题用于提高学生应用数学知识解决问题的综合能力。

下面举例说明选用例题的三个层次及其教学功能。

一、复习函数基本性质的例题

题组（1）基础类：

1. 如果定义在区间 $[3-a, 5]$ 上的函数 $f(x)$ 为奇函数，那么 $a = $ _____ _____，$f(0) = $ _____。

教学功能：复习奇（偶）函数的定义，区间必须关于原点对称，奇函数的定义式 $f(-x) = -f(x)$ 以及赋值法。

2. 若函数 $f(x) = x\ln(x + \sqrt{a + x^2})$ 为偶函数，则 $a = $ _____。

解：方法 1：转化与定义，由题知 $y = \ln(x + \sqrt{a + x^2})$ 是奇函数，所以 $\ln(x + \sqrt{a + x^2}) + \ln(-x + \sqrt{a + x^2}) = \ln(a + x^2 - x^2) = \ln a = 0$，解得 $a = 1$.

方法 2：定义与赋值法，由 $f(-1) = f(1)$ 解得 $a = 1$.

教学功能：复习偶函数的定义与赋值法。

3. 已知偶函数 $f(x)$ 在 $[0 +\infty)$ 单调递减，$f(2) = 0$. 若 $f(x-1) > 0$，则 x 的取值范围是 _____。

解：转化为 $f(|x-1|) > f(2)$，再利用单调递减得 $|x-1| < 2$。教学功

能：复习转化思想。

题组（2）思想方法类：

1. 定义在区间（$-\infty$，$+\infty$）上的奇函数 $f(x)$ 为增函数，偶函数 $g(x)$ 在区间 $[0$，$+\infty$）上的图像与 $f(x)$ 的图像重合。设 $a>b>0$，给出下列不等式：①$f(b)-f(-a)>g(a)-g(-b)$；②$f(b)-f(-a)<g(a)-g(-b)$；③$f(a)-f(-b)>g(b)-g(-a)$；④$f(a)-f(-b)<g(b)-g(-a)$，其中成立的是（　　）。

A. ①与④　　　　B. ②与③　　　　C. ①与③　　　　D. ②与④

教学功能：复习特殊值判定法，取 $f(x)=x$，$g(x)=|x|$，或结合图像。

2. 【2016 年新课标 I 卷·理 7 文 9】函数 $y=2x^2-e^{|x|}$ 在 $[-2，2]$ 上的图像大致为（　　）。

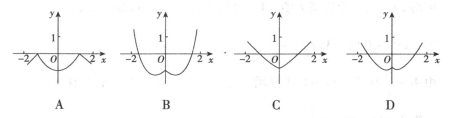

A　　　　　　　B　　　　　　　C　　　　　　　D

分析：根据已知中函数的解析式，分析函数的奇偶性，最大值及单调性，利用排除法，可得答案。

解：∵ $f(x)=y=2x^2-e^{|x|}$，

∴ $f(-x)=2(-x)^2-e^{|-x|}=2x^2-e^{|x|}$，故函数为偶函数。

当 $x=\pm2$ 时，$y=8-e^2\in(0，1)$，故排除选项 A，B。

当 $x\in[0，2]$ 时，$f(x)=y=2x^2-e^x$，

∴ $f'(x)=4x-e^x=0$ 有解，

故函数 $y=2x^2-e^{|x|}$ 在 $[0，2]$ 不是单调的，排除选项 C，故选 D。

教学功能：复习排除方法、导数方法、分类讨论思想、函数与方程思想、数形结合思想。

3. 【2016 年新课标 I 卷·文 12】若函数 $f(x)=x-\dfrac{1}{3}\sin2x+a\sin x$ 在（$-\infty$，$+\infty$）上单调递增，则 a 的取值范围是（　　）。

A. $[-1，1]$　　B. $\left[-1，\dfrac{1}{3}\right]$　　C. $\left[-\dfrac{1}{3}，\dfrac{1}{3}\right]$　　D. $\left[-1，-\dfrac{1}{3}\right]$

分析：求出 $f(x)$ 的导数，由题意可得 $f'(x) \geq 0$ 恒成立，设 $t = \cos x$ （ $-1 \leq t \leq 1$ ），即有 $5 - 4t^2 + 3at \geq 0$ ，对 t 讨论，分 $t = 0$ ， $0 < t \leq 1$ ， $-1 \leq t < 0$ ，分离参数，运用函数的单调性可得最值，解不等式即可得到所求范围。

解：函数 $f(x) = x - \dfrac{1}{3}\sin 2x + a\sin x$ 的导数为 $f'(x) = 1 - \dfrac{2}{3}\cos 2x + a\cos x$ ，由题意可得 $f'(x) \geq 0$ 恒成立，即为 $1 - \dfrac{2}{3}\cos 2x + a\cos x \geq 0$ ，即有 $\dfrac{5}{3} - \dfrac{4}{3}\cos^2 x + a\cos x \geq 0$.

设 $t = \cos x$ （ $-1 \leq t \leq 1$ ），即有 $5 - 4t^2 + 3at \geq 0$ ，

当 $t = 0$ 时，不等式显然成立；

当 $0 < t \leq 1$ 时， $3a \geq 4t - \dfrac{5}{t}$ ，由 $4t - \dfrac{5}{t}$ 在 （ 0 ， 1 ］ 递增，

可得 $t = 1$ 时，取得最大值 -1 ，可得 $3a \geq -1$ ，即 $a \geq -\dfrac{1}{3}$ ；

当 $-1 \leq t < 0$ 时， $3a \leq 4t - \dfrac{5}{t}$ ，

由 $4t - \dfrac{5}{t}$ 在 ［ -1 ， 0 ） 上递增，可得 $t = -1$ 时，取得最小值 1 ，

可得 $3a \leq 1$ ，即 $a \leq \dfrac{1}{3}$.

综上可得 a 的取值范围是 ［ $-\dfrac{1}{3}$ ， $\dfrac{1}{3}$ ］，故选 C。

教学功能：本题复习导数的运用：求单调性，复习不等式恒成立问题的解法，注意运用参数分离和换元法，复习函数的单调性的运用。

4. 设函数 $y = f(x)$ （ $x \in \mathbf{R}$ 且 $x \neq 0$ ）对于任意非零实数 x_1 ， x_2 满足 $f(x_1 \cdot x_2) = f(x_1) + f(x_2)$ ，求证 $y = f(x)$ 是偶函数。

教学功能：复习赋值法。

5. 【2017 年理科 I 卷·第21题】已知函数 $f(x) = ae^{2x} + (a-2)e^x - x$ ，讨论 $f(x)$ 的单调性。

分析： $f'(x) = (2e^x + 1)(ae^x - 1)$

当 $a \leq 0$ 时， $f'(x) < 0$ ；当 $a > 0$ 时，令 $f'(x) = 0$ ，得 $x = -\ln a$ ，即可解之。

教学功能：复习求导方法，分类讨论思想。

6.【2017 年文科 I 卷·第 21 题】已知函数 $f(x) = e^x(e^x - a) - a^2x$，讨论 $f(x)$ 的单调性。

分析：$f'(x) = (e^x - a)(2e^x + a)$ 对 a 进行分类讨论，

分 $a = 0$，$a < 0$，$a > 0$ 即可。

教学功能：复习求导方法，分类讨论思想。

题组（3）"问题解决"能力类：

1. 设函数 $f(x) = e^x(2x - 1) - ax + a$，其中 $a < 1$，若存在唯一的整数 x_0，使得 $f(x_0) < 0$，则 a 的取值范围是（　　）。

A. $\left[-\dfrac{3}{2e}, 1\right)$　　　B. $\left[-\dfrac{3}{2e}, \dfrac{3}{4}\right)$　　　C. $\left[\dfrac{3}{2e}, \dfrac{3}{4}\right)$　　　D. $\left[\dfrac{3}{2e}, 1\right)$

解：设 $g(x) = e^x(2x - 1)$，$y = ax - a$，由题意知存在唯一的整数 x_0，使得 $g(x_0)$ 在直线 $y = ax - a$ 的下方。因为 $g'(x) = e^x(2x + 1)$，所以当 $x < -\dfrac{1}{2}$ 时，$g'(x) < 0$，当 $x > -\dfrac{1}{2}$ 时，$g'(x) > 0$，所以当 $x = -\dfrac{1}{2}$ 时，$[g(x)]_{\min} = -2e^{-\frac{1}{2}}$.

当 $x = 0$ 时，$g(0) = -1$，当 $x = 1$ 时，$g(1) = e > 0$，直线 $y = ax - a$ 恒过定点 $(1, 0)$ 且斜率为 a，故 $-a > g(0) = -1$，且 $g(-1) = -3e^{-1} \geqslant -a - a$，解得 $\dfrac{3}{2e} \leqslant a < 1$，故选 D。

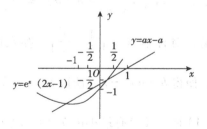

图 2 - 1 - 1

教学功能：本题主要通过导数研究函数的图像与性质，解决不等式成立问题。复习导数方法、构造法以及数形结合思想。

2.（1）讨论函数 $f(x) = \dfrac{x - 2}{x + 2}e^x$ 的单调性，并证明当 $x > 0$ 时，$(x - 2)e^x + x + 2 > 0$.

（2）证明：当 $a \in [0, 1)$ 时，函数 $g(x) = \dfrac{e^x - ax - a}{x^2}$（$x > 0$）有最小

值。设 $g(x)$ 的最小值为 $h(a)$，求函数 $h(a)$ 的值域。

解：（1）$f(x)$ 的定义域为 $(-\infty, -2) \cup (-2, +\infty)$．

$$f'(x) = \frac{(x-1)(x+2)e^x - (x-2)e^x}{(x+2)^2} = \frac{x^2 e^x}{(x+2)^2} \geqslant 0,$$ 且仅当 $x=0$ 时，

$f'(x)=0$，所以 $f(x)$ 在 $(-\infty, -2)$，$(-2, +\infty)$ 单调递增，因此当 $x \in (0, +\infty)$ 时，$f(x) > f(0) = -1$，所以 $(x-2)e^x > -(x+2)$，$(x-2)e^x + x + 2 > 0$．

（2）$g'(x) = \dfrac{(x-2)e^x + a(x+2)}{x^3} = \dfrac{x+2}{x^3}(f(x)+a)$，由（1）知，

$f(x)+a$ 单调递增，对任意 $a \in [0, 1)$，$f(0)+a = a-1 < 0$，$f(2)+a = a \geqslant 0$，因此，存在唯一 $x_0 \in (0, 2]$，使得 $f(x_0)+a=0$，即 $g'(x_0)=0$.
当 $0 < x < x_0$ 时，$f(x)+a < 0$，$g'(x) < 0$，$g(x)$ 单调递减；当 $x > x_0$ 时，$f(x)+a > 0$，$g'(x) > 0$，$g(x)$ 单调递增。

因此 $g(x)$ 在 $x=x_0$ 处取得最小值，最小值为

$$g(x_0) = \frac{e^{x_0} - a(x_0+1)}{x_0^2} = \frac{e^{x_0} + f(x_0)(x_0+1)}{x_0^2} = \frac{e^{x_0}}{x_0+2}.$$

于是 $h(a) = \dfrac{e^{x_0}}{x_0+2}$，由 $\left(\dfrac{e^x}{x+2}\right)' = \dfrac{(x+1)e^x}{(x+2)^2} > 0$，$\dfrac{e^x}{x+2}$ 单调递增，

所以，由 $x_0 \in (0, 2]$，得 $\dfrac{1}{2} = \dfrac{e^0}{0+2} < h(a) = \dfrac{e^{x_0}}{x_0+2} \leqslant \dfrac{e^2}{2+2} = \dfrac{e^2}{4}$.

因为 $\dfrac{e^x}{x+2}$ 单调递增，对任意 $\lambda \in \left(\dfrac{1}{2}, \dfrac{e^2}{4}\right]$，存在唯一的 $x_0 \in (0, 2]$，

$a = f(x_0) \in [0, 1)$，使得 $h(a) = \lambda$，所以 $h(a)$ 的值域是 $\left(\dfrac{1}{2}, \dfrac{e^2}{4}\right]$.

综上，当 $a \in [0, 1)$ 时，$g(x)$ 有最小值 $h(a)$，$h(a)$ 的值域是 $\left(\dfrac{1}{2}, \dfrac{e^2}{4}\right]$.

点评：求函数单调区间的步骤。

（1）确定函数 $f(x)$ 的定义域。

（2）求导数 $f'(x)$。

（3）由 $f'(x) > 0$（$f'(x) < 0$）解出相应的 x 的范围。

当 $f'(x) > 0$ 时，$f(x)$ 在相应的区间上是增函数；当 $f'(x) < 0$ 时，$f(x)$ 在相应的区间上是减函数，还可以列表，写出函数的单调区间。

教学功能：复习求函数单调区间的步骤和求函数最值的方法，注意不可想

当然地认为极值点就是最值点，要通过认真比较才能下结论；另外要注意函数最值是个"整体"概念，而极值是个"局部"概念。

3.【2017 课标 I · 理 21】已知函数 $f(x) = ae^{2x} + (a-2)e^x - x$.

（1）讨论 $f(x)$ 的单调性。

（2）若 $f(x)$ 有两个零点，求 a 的取值范围。

分析：（1）讨论 $f(x)$ 单调性，首先进行求导，发现式子特点后要及时进行因式分解，再对 a 按 $a \leqslant 0$，$a > 0$ 进行讨论，写出单调区间；（2）根据第（1）题，若 $a \leqslant 0$，$f(x)$ 至多有一个零点。若 $a > 0$，当 $x = -\ln a$ 时，$f(x)$ 取得最小值，求出最小值 $f(-\ln a) = 1 - \dfrac{1}{a} + \ln a$，然后根据 $a = 1$，$a \in (1, +\infty)$，$a \in (0, 1)$ 进行讨论，可知当 $a \in (0, 1)$ 时有 2 个零点，设正整数满足 $n_0 > \ln\left(\dfrac{3}{a} - 1\right)$，则 $f(n_0) = e^{n_0}(ae^{n_0} + a - 2) - n_0 > e^{n_0} - n_0 > 2^{n_0} - n_0 > 0$. 由于 $\ln\left(\dfrac{3}{a} - 1\right) > -\ln a$，因此 $f(x)$ 在 $(-\ln a, +\infty)$ 上有一个零点，所以 a 的取值范围为 $(0, 1)$。

点评：研究函数零点问题常常与研究对应方程的实根问题相互转化。已知函数 $f(x)$ 有 2 个零点求参数取值范围，第一种方法是分离参数，构造不含参数的函数，研究其单调性、极值和最值，判断 $y = a$ 与其交点的个数，从而求出 a 的范围；第二种方法是直接对含参函数进行研究，研究其单调性、极值、最值，要注意的是若 $f(x)$ 有 2 个零点，且函数先减后增，则只需其最小值小于 0，且后面还需验证最小值两边存在大于 0 的点。

教学功能：用本题复习含参函数的单调性，利用函数零点求参数取值范围的解题方法。复习等价转化思想、分类讨论思想，提高学生解决问题的综合能力。

二、复习二项式定理的例题

复习考点：二项展开式的通项公式及赋值法。

题组（1）基础类：

1. $\left(x^2 + \dfrac{1}{x}\right)^6$ 的展开式中 x^3 的系数为 _____（用数字作答）。（基础类）

解析：由通项公式得 $T_{r+1} = C_6^r (x^2)^{6-r}\left(\dfrac{1}{x}\right)^r = C_6^r x^{12-3r}$，令 $12 - 3r = 3$，得 $r = 3$，故 $T_4 = C_6^3 x^3$，所以系数为 20。

2. $(x^2+2)\left(\dfrac{1}{x^2}-1\right)^5$ 的展开式的常数项是_____。（方法类）

解：分类讨论：

第一个因式取 x^2，第二个因式取 $\dfrac{1}{x^2}$，得 $1\times C_5^1\ (-1)^4=5$.

第一个因式取 2，第二个因式取 $(-1)^5$，得 $2\times(-1)^5=-2$.

所以展开式的常数项是 $5+(-2)=3$.

教学功能：复习二项式定理的基础知识和分类讨论思想。

3. 若 $\left(ax^2+\dfrac{b}{x}\right)^6$ 的展开式中 x^3 项的系数为 20，则 a^2+b^2 的最小值为_____。（小综合类）

$T_{r+1}=C_6^r\ (ax^2)^{6-r}\left(\dfrac{b}{x}\right)^r=C_6^r a^{6-r}b^r x^{12-3r}$，令 $12-3r=3$，$r=3$. 由 $C_6^3 a^{6-3}b^3=20$，可得 $ab=1$，$a^2+b^2\geqslant 2\sqrt{ab}=2$.

教学功能：复习二项式定理的基础知识和小综合。

4. 若 $f(x)=(1+2x)^m+(1+3x)^n$（m,n 为正整数）的展开式中 x 的系数为 13，则 x^2 的系数为_____。（小综合类）

解：$f(x)$ 的展开式中含 x 的项为 $C_m^1 1^{m-1}\ (2x)^1+C_n^1 1^{n-1}\ (3x)^1=(2m+3n)\ x$，故 $2m+3n=13$，又 $m,n\in \mathbf{N}^*$，故 $\begin{cases}m=2,\\n=3\end{cases}$ 或 $\begin{cases}m=5,\\n=1.\end{cases}$

$f(x)$ 的展开式中含 x^2 的项为 $C_m^2 1^{m-2}\ (2x)^2+C_n^2 1^{n-2}\ (3x)^2=\left[2m(m-1)+\dfrac{9}{2}n(n-1)\right]x^2$，

将 $\begin{cases}m=2,\\n=3\end{cases}$ 或 $\begin{cases}m=5,\\n=1,\end{cases}$ 代入，可得 x^2 的系数是 31 或 40.

教学功能：复习二项式定理的基础知识和小综合。

题组（2）思想方法类：

1. 已知 $\left(\sqrt{x}+\dfrac{3}{3\sqrt{x}}\right)^n$ 展开式中，各项系数的和与其各项二项式系数的和之比为 64，则 $n=$_____。

解：赋值法，令 $x=1$，则各项系数的和为 4^n，二项式系数和为 2^n。故有 $\dfrac{4^n}{2^n}=64$，解得 $n=6$。

2. $(x-1) - (x-1)^2 + (x-1)^3 - (x-1)^4 + (x-1)^5 - (x-1)^6 + (x-1)^7 - (x-1)^8$ 的展开式中 x^2 的系数为 _____ 。

解：方法一，分类：所求展开式中 x^2 的系数为 $-C_2^2 - C_3^2 - C_4^2 - \cdots - C_8^2 = -C_9^3 = -\dfrac{9 \times 8 \times 7}{3 \times 2 \times 1} = -84$.

方法二，转化：$(x-1) - (x-1)^2 + (x-1)^3 - (x-1)^4 + \cdots + (x-1)^7 - (x-1)^8 = \dfrac{(x-1) - (x-1)^9}{1 + (x-1)} = \dfrac{1}{x} \left[(x-1) + (1-x)^9 \right]$，

故所求展开式中 x^2 的系数为 $-C_9^3 = -84$.

教学功能：复习二项式定理的基础知识和分类讨论思想、等价转化思想。

3. $\left(x + \dfrac{a}{x}\right)\left(2x - \dfrac{1}{x}\right)^5$ 的展开式中各项系数之和为 2，则展开式中常数项是（　　）。

A. -40　　　　B. -20　　　　C. 20　　　　D. 40

解：赋值法、分类讨论。

在 $\left(x + \dfrac{a}{x}\right)\left(2x - \dfrac{1}{x}\right)^5$ 中，令 $x=1$，得 $(1+a)(2-1)^5 = 1+a = 2$，故 $a=1$.

原式 $= \left(x + \dfrac{1}{x}\right)\left(2x - \dfrac{1}{x}\right)^5 = x(2x - x^{-1})^5 + x^{-1}(2x - x^{-1})^5$.

第一个式子中，$T_{r+1} = xC_5^r (2x)^{5-r} (-x^{-1})^r = (-1)^r 2^{5-r} C_5^r x^{6-2r}$，令 $6 - 2r = 0$，得 $r=3$，故常数项为 $T_4 = (-1)^3 2^2 C_5^3 = -40$；

第二个式子中，$T_{r+1} = x^{-1} C_5^r (2x)^{5-r} (-x^{-1})^r = (-1)^r 2^{5-r} C_5^r x^{4-2r}$，

令 $4 - 2r = 0$，得 $r=2$，故常数项为 $T_3 = (-1)^2 2^3 C_5^2 = 80$.

所以，原展开式的常数项为 $-40 + 80 = 40$.

教学功能：复习二项式定理的基础知识和分类讨论思想、等价转化思想。

4. 已知 $(1-2x)^7 = a_0 + a_1 x + a_2 x^2 + \cdots + a_7 x^7$. ①求 $a_1 + a_2 + a_3 + a_4 + \cdots + a_7$ 的值；②求 $a_1 + a_3 + a_5 + a_7$ 的值；③求 $a_0 + a_2 + a_4 + a_6$ 的值；④求 $|a_0| + |a_1| + \cdots + |a_7|$ 的值。

解：赋值法、方程（组）思想。

①令 $x=0$，$(1-0)^7 = a_0$，

$\therefore a_0 = 1$；令 $x=1$，$(1-2)^7 = a_0 + a_1 + a_2 + \cdots + a_7$，

$\therefore a_0 + a_1 + a_2 + \cdots + a_7 = -1$.

$\therefore a_1 + a_2 + \cdots + a_7 = (a_0 + a_1 + a_2 + \cdots + a_7) - a_0 = -1 - 1 = -2$.

②令 $x = 1$，$(a_1 + a_3 + a_5 + a_7) + (a_0 + a_2 + a_4 + a_6) = (1-2)^7$．

令 $x = -1$，$-(a_1 + a_3 + a_5 + a_7) + (a_0 + a_2 + a_4 + a_6) = (1+2)^7$．

$\therefore a_1 + a_3 + a_5 + a_7 = \dfrac{1}{2}(-1 - 3^7)$．

③由②得，$a_0 + a_2 + a_4 + a_6 = \dfrac{1}{2}(-1 + 3^7)$．

④令 $x = -1$，$|a_0| + |a_1| + \cdots + |a_7| = (1+2)^7 = 3^7$．

教学功能：复习二项式定理的基础知识和赋值法、方程（组）思想。

题组（3）"问题解决"能力类：

1. 已知 $(1+2x)^4 = a_0 + a_1 x + a_2 x^2 + a_3 x^3 + a_4 x^4$，则 $a_1 - 2a_2 + 3a_3 - 4a_4 = \underline{\qquad}$．

解：求导法，对 $(1+2x)^4 = a_0 + a_1 x + a_2 x^2 + a_3 x^3 + a_4 x^4$ 等号两边进行求导，

得 $8(1+2x)^3 = a_1 + 2a_2 x + 3a_3 x^2 + 4a_4 x^3$．

令 $x = -1$，得 $a_1 - 2a_2 + 3a_3 - 4a_4 = -8$．

教学功能：复习二项式定理问题中的求导法、赋值法。

2. 设 $m, n \in \mathbf{N}^*$，$n \geqslant m$，求证：$(m+1)\,\mathrm{C}_m^m + (m+2)\,\mathrm{C}_{m+1}^m + (m+3)\,\mathrm{C}_{m+2}^m + \cdots + n\mathrm{C}_{n-1}^m + (n+1)\,\mathrm{C}_n^m = (m+1)\,\mathrm{C}_{n+2}^{m+2}$．

证明：当 $n = m$ 时，结论显然成立。当 $n > m$ 时，

$(k+1)\,\mathrm{C}_k^m = \dfrac{(k+1) \cdot k!}{m!\,(k-m)!} = (m+1) \cdot \dfrac{(k+1)!}{(m+1)!\,[(k+1)-(m+1)]!}$

$= (m+1)\,\mathrm{C}_{k+1}^{m+1}$，$k = m+1, m+2, \cdots, n$．

又因为 $\mathrm{C}_{k+1}^{m+1} + \mathrm{C}_{k+1}^{m+2} = \mathrm{C}_{k+2}^{m+2}$，

所以 $(k+1)\,\mathrm{C}_k^m = (m+1)(\mathrm{C}_{k+2}^{m+2} - \mathrm{C}_{k+1}^{m+2})$，$k = m+1, m+2, \cdots, n$．

因此，

$(m+1)\,\mathrm{C}_m^m + (m+2)\,\mathrm{C}_{m+1}^m + (m+3)\,\mathrm{C}_{m+2}^m + \cdots + (n+1)\,\mathrm{C}_n^m$

$= (m+1)\,\mathrm{C}_m^m + [(m+2)\,\mathrm{C}_{m+1}^m + (m+3)\,\mathrm{C}_{m+2}^m + \cdots + (n+1)\,\mathrm{C}_n^m]$

$= (m+1)\,\mathrm{C}_{m+2}^{m+2} + (m+1)[(\mathrm{C}_{m+3}^{m+2} - \mathrm{C}_{m+2}^{m+2}) + (\mathrm{C}_{m+4}^{m+2} - \mathrm{C}_{m+3}^{m+2}) + \cdots + (\mathrm{C}_{n+2}^{m+2} - \mathrm{C}_{n+1}^{m+2})]$

$= (m+1)\,\mathrm{C}_{n+2}^{m+2}$．

教学功能：从性质上考查组合数性质，组合数性质不仅有课本上介绍的 $\mathrm{C}_k^m + \mathrm{C}_k^{m+1} = \mathrm{C}_{k+1}^{m+1}$，$\mathrm{C}_k^m = \mathrm{C}_k^{k-m}$，更有 $k\mathrm{C}_n^k = n\mathrm{C}_{n-1}^{k-1}$，现在又有 $(k+1)\,\mathrm{C}_k^m = (m+1)\,\mathrm{C}_{k+1}^{m+1}$，$(k = m, m+1, \cdots, n)$，这些性质不需要记忆，但需要会推导，更要会应用。

三、离散型随机变量的分布列与数学期望

题组（1）基础类：

1. 端午节吃粽子是我国的传统习俗，设一盘中装有 10 个粽子，其中豆沙粽 2 个，肉粽 3 个，白粽 5 个，这三种粽子的外观完全相同，从中任意选取 3 个。

（1）求三种粽子各取到 1 个的概率。

（2）设 X 表示取到的豆沙粽个数，求 X 的分布列与数学期望。

解：（1）令 A 表示事件"三个粽子各取到 1 个"，则由古典概型的概率计算公式有 $P(A) = \dfrac{C_2^1 C_3^1 C_5^1}{C_{10}^3} = \dfrac{1}{4}$.

（2）X 的所有可能取值为 0，1，2，则 $P(X=0) = \dfrac{C_8^3}{C_{10}^3} = \dfrac{7}{15}$，$P(X=1) = \dfrac{C_2^1 C_8^2}{C_{10}^3} = \dfrac{7}{15}$，$P(X=2) = \dfrac{C_2^2 C_8^1}{C_{10}^3} = \dfrac{1}{15}$.

综上可知，X 的分布列见下表：

X	0	1	2
P	$\dfrac{7}{15}$	$\dfrac{7}{15}$	$\dfrac{1}{15}$

故 $EX = 0 \times \dfrac{7}{15} + 1 \times \dfrac{7}{15} + 2 \times \dfrac{1}{15} = \dfrac{3}{5}$.

教学功能：复习古典概型、互斥事件、离散型随机变量的分布列与数学期望等基础知识，提高数据处理能力与运算求解能力。

2. 为推动乒乓球运动的发展，某乒乓球比赛允许不同协会的运动员组队参加。现有来自甲协会的运动员 3 名，其中种子选手 2 名；乙协会的运动员 5 名，其中种子选手 3 名。从这 8 名运动员中随机选择 4 人参加比赛。

（1）设 A 为事件"选出的 4 人中恰有 2 名种子选手，且这 2 名种子选手来自同一个协会"，求事件 A 发生的概率。

（2）设 X 为选出的 4 人中种子选手的人数，求随机变量 X 的分布列和数学期望。

解：（1）由已知，有 $P(A) = \dfrac{C_2^2 C_3^2 + C_3^2 C_3^2}{C_8^4} = \dfrac{6}{35}$，所以事件 A 发生的概率为 $\dfrac{6}{35}$.

（2）随机变量的所有可能取值为 $P(X=k) = \dfrac{C_5^k C_3^{4-k}}{C_8^4}$（$k=1$，2，3，4），所以随机变量 X 的分布列见下表：

X	1	2	3	4
P	$\dfrac{1}{14}$	$\dfrac{3}{7}$	$\dfrac{3}{7}$	$\dfrac{1}{14}$

所以随机变量 X 的数学期望 $EX = 1 \times \dfrac{1}{14} + 2 \times \dfrac{3}{7} + 3 \times \dfrac{3}{7} + 4 \times \dfrac{1}{14} = \dfrac{5}{2}$.

教学功能：复习古典概型、互斥事件、离散型随机变量的分布列与数学期望等基础知识。

题组（2）思想方法类：

1. 某市 A、B 两所中学的学生组队参加辩论赛，A 中学推荐了 3 名男生，2 名女生，B 中学推荐了 3 名男生，4 名女生，两校推荐的学生一起参加集训，由于集训后队员的水平相当，从参加集训的男生中随机抽取 3 人，女生中随机抽取 3 人组成代表队。

（1）求 A 中学至少有 1 名学生入选代表队的概率。

（2）某场比赛前，从代表队的 6 名队员中随机抽取 4 人参赛，设 X 表示参赛的男生人数，求 X 得分布列和数学期望。

解：（1）由题意，参加集训的男女生各有 6 名。

参赛学生全从 B 中学抽取（等价于 A 中学没有学生入选代表队）的概率为 $\dfrac{C_3^3 C_4^3}{C_6^3 C_6^3} = \dfrac{1}{100}$.

因此，A 中学至少有 1 名学生入选代表队的概率为 $1 - \dfrac{1}{100} = \dfrac{99}{100}$.

（2）根据题意，X 的可能取值为 1，2，3.

$$P(X = 1) = \dfrac{C_3^1 C_3^3}{C_6^4} = \dfrac{1}{5},$$

$$P(X = 2) = \dfrac{C_3^2 C_3^2}{C_6^4} = \dfrac{3}{5},$$

$$P(X = 3) = \dfrac{C_3^3 C_3^1}{C_6^4} = \dfrac{1}{5},$$

所以 X 的分布列见下表：

X	1	2	3
P	$\dfrac{1}{5}$	$\dfrac{3}{5}$	$\dfrac{1}{5}$

因此，X 的期望为 $EX = 1 \times \dfrac{1}{5} + 2 \times \dfrac{3}{5} + 3 \times \dfrac{1}{5} = 2$.

教学功能：复习对立事件的概率关系、古典概型、随机变量的分布列、数学期望等基础知识。复习求离散型随机变量均值的步骤：（1）理解随机变量 X 的意义，写出 X 可能取得的全部值；（2）求 X 的每个值的概率；（3）写出 X 的分布列；（4）由均值定义求出 EX。

2. 设某校新、老校区之间开车单程所需时间为 T，T 只与道路畅通状况有关，对其容量为 100 的样本进行统计，结果见下表：

T（分钟）	25	30	35	40
频数（次）	20	30	40	10

（1）求 T 的分布列与数学期望 ET。

（2）刘教授驾车从老校区出发，前往新校区做一个 50 分钟的讲座，结束后立即返回老校区，求刘教授从离开老校区到返回老校区共用时间不超过 120 分钟的概率。

解：（1）由统计结果可得 T 的频率分布列见下表：

T（分钟）	25	30	35	40
频率	0.2	0.3	0.4	0.1

以频率估计概率得到的分布列见下表：

T	25	30	35	40
P	0.2	0.3	0.4	0.1

从而 $ET = 25 \times 0.2 + 30 \times 0.3 + 35 \times 0.4 + 40 \times 0.1 = 32$（分钟）。

（2）设 T_1、T_2 分别表示往、返所需时间，T_1、T_2 的取值相互独立，且与 T 的分布列相同。设事件 A 表示"刘教授共用时间不超过 120 分钟"，由于讲座时间为 50 分钟，所以事件 A 对应于"刘教授在途中的时间不超过 70 分钟"。

解法一：$P(A) = P(T_1 + T_2 \leq 70) = P(T_1 = 25, T_2 \leq 45) + P(T_1 = 30, T_2 \leq 40) + P(T_1 = 35, T_2 \leq 35) + P(T_1 = 40, T_2 \leq 30) = 1 \times 0.2 + 1 \times 0.3 + 0.9 \times 0.4 + 0.5 \times 0.1 = 0.91$.

解法二：$P(\overline{A}) = P(T_1 + T_2 > 70) = P(T_1 = 35, T_2 = 40) + P(T_1 = 40, T_2 = 35) + P(T_1 = 40, T_2 = 40) = 0.4 \times 0.1 + 0.1 \times 0.4 + 0.1 \times 0.1 = 0.09$，故 $P(A) = 1 - P(\overline{A}) = 0.91$.

教学功能：复习离散型随机变量的分布列与数学期望，独立事件的概率。利用对立事件的概率关系进行解题的方法。

题组（3）"问题解决"能力类：

1. 若 n 是一个三位正整数，且 n 的个位数字大于十位数字，十位数字大于百位数字，则称 n 为"三位递增数"（如 137，359，567 等）。在某次数学趣味活动中，每位参加者需从所有的"三位递增数"中随机抽取 1 个数，且只能抽取一次。得分规则如下：若抽取的"三位递增数"的三个数字之积不能被 5 整除，参加者得 0 分；若能被 5 整除，但不能被 10 整除，得 –1 分；若能被 10 整除，得 1 分。

（1）写出所有个位数字是 5 的"三位递增数"。

（2）若甲参加活动，求甲得分 X 的分布列和数学期望 EX.

解：明确随机变量的所有可能取值及取每一个值的含义，结合组合的知识，利用古典概型求出 X 的分布列和数学期望 EX.

（1）个位数是 5 的"三位递增数"有：125，135，145，235，245，345.

（2）由题意知，全部"三位递增数"的个数为 $C_9^3 = 84$（在 1 至 9 中任选 3 个），随机变量 X 的取值为 0，–1，1，因此，

$$P(X=0) = \frac{C_8^3}{C_9^3} = \frac{2}{3},$$

$$P(X=-1) = \frac{C_4^2}{C_9^3} = \frac{1}{14},$$

$$P(X=1) = 1 - \frac{1}{14} - \frac{2}{3} = \frac{11}{42},$$

所以 X 的分布列见下表：

X	0	–1	1
P	$\dfrac{2}{3}$	$\dfrac{1}{14}$	$\dfrac{11}{42}$

因此 $EX = 0 \times \dfrac{2}{3} + (-1) \times \dfrac{1}{14} + 1 \times \dfrac{11}{42} = \dfrac{4}{21}$.

教学功能：本题考点包括新定义、互斥事件、古典概型、离散型随机变量的分布列与数学期望、组合的应用。通过本题可提高离散型随机变量的分布列与数学期望的问题解决能力。

2.【2018 年新课标 I 卷·理科 20】某工厂的某种产品成箱包装，每箱 200 件，每一箱产品在交付用户之前要对产品做检验，如检验出不合格品，则更换为合格品。检验时，先从这箱产品中任取 20 件做检验，再根据检验结果决定是否对余下的所有产品做检验，设每件产品为不合格品的概率都为 p（$0 < p < 1$），

且各件产品是否为不合格品相互独立。

（1）记 20 件产品中恰有 2 件不合格品的概率为 $f(p)$，求 $f(p)$ 的最大值点 p_0.

（2）现对一箱产品检验了 20 件，结果恰有 2 件不合格品，以（1）中确定的 p_0 作为 p 的值。已知每件产品的检验费用为 2 元，若有不合格品进入用户手中，则工厂要对每件不合格品支付 25 元的赔偿费用。

①若不对该箱余下的产品做检验，这一箱产品的检验费用与赔偿费用的和记为 X，求 EX.

②以检验费用与赔偿费用和的期望值为决策依据，是否该对这箱余下的所有产品做检验？

解：（1）20 件产品中恰有 2 件不合格品的概率为 $f(p) = C_{20}^2 p^2(1-p)^{18}$. 因此，

$$f'(p) = C_{20}^2 \left[2p(1-p)^{18} - 18p^2(1-p)^{17}\right] = 2C_{20}^2 p(1-p)^{17}$$

$(1-10p)$. 令 $f'(p) = 0$，得 $p = 0.1$. 当 $p \in (0, 0.1)$ 时，$f'(p) > 0$；当 $p \in (0.1, 1)$ 时，$f'(p) < 0$.

所以 $f(p)$ 的最大值点为 $p_0 = 0.1$.

（2）由（1）知，$p = 0.1$.

①令 Y 表示余下的 180 件产品中的不合格品件数，依题意知 Y：$B(180, 0.1)$，$X = 20 \times 2 + 25Y$，即 $X = 40 + 25Y$.

所以，$EX = E(40 + 25Y) = 40 + 25EY = 490$.

②如果对余下的产品做检验，则这一箱产品所需要的检验费为 400 元。

由于 $EX > 400$，故应该对余下的产品做检验。

教学功能：复习概率与频率的关系、二项分布、导数的应用、数学期望、概率的意义及其应用。通过本题可提高解决应用问题的能力。

◆·· 关于讲例题 ··◆

讲解例题一般步骤：（1）阅读理解题意；（2）对问题进行模型识别；（3）分析问题所涉及的知识点、解题方法；（4）抓住模型，套用模型，组织解答；（5）解答后反思，总结解题方法和数学思想。

一道好的例题背后常常隐含着较广泛的教学功能，除了常规讲解，教师还要充分挖掘有价值的信息，利用它把例题拓展讲大。例如，在教学过程中，根据题目的特点，可以考虑一题多解（证），一题多变，一题多衍生，考察命题的逆命题等方法灵活讲解例题，培养学生的创新意识，启发学生进行深度学习。

请解决下列问题：

例1：已知函数 $f(x) = \begin{cases} x^2 + (4a-3)x + 3a, & x < 0, \\ \log_a(x+1) + 1, & x \geq 0 \end{cases}$ $(a > 0,$ 且 $a \neq 1)$

在 **R** 上单调递减，且关于 x 的方程 $|f(x)| = 2 - x$ 恰好有两个不相等的实数解，则 a 的取值范围是（ ）。

A. $\left(0, \dfrac{3}{2}\right]$

B. $\left[\dfrac{2}{3}, \dfrac{3}{4}\right]$

C. $\left[\dfrac{1}{3}, \dfrac{2}{3}\right] \cup \left\{\dfrac{3}{4}\right\}$

D. $\left[\dfrac{1}{3}, \dfrac{2}{3}\right) \cup \left\{\dfrac{3}{4}\right\}$

解题步骤：

（1）阅读理解题意。

明确题目的有关概念、关键词及其要求。单调递减，恰好有两个不相等的实数解，a 的取值范围。

（2）对问题进行模型识别。

函数与方程模型，已知函数存在零点求参数取值范围的问题。

（3）分析问题所涉及的知识点、解题方法。

知识点：单调性，方程恰好有两个不相等的实数解。解题方法：直接法与图像法，直接根据题设条件，结合二次函数和对数函数的大致图像，构建关于参数的不等式组，再通过解不等式组确定参数范围。

（4）抓住模型，套用模型，组织解答。

解：结合 $f(x)$ 的大致图像，由 $f(x)$ 在 **R** 上递减可知 $\begin{cases} 3 - 4a \geq 0 \\ 3a \geq 1, \ 0 < a < 1 \end{cases} \Rightarrow$

$\dfrac{1}{3} \leq a \leq \dfrac{3}{4}$，由方程 $|f(x)| = 2 - x$ 恰好有两个不相等的实数解，可知 $f(x)$

与 y 轴交点的纵坐标为 $3a$，$f(x)$ 与 x 轴交点的横坐标 $\dfrac{1}{a} - 1$，必须满足

$\begin{cases} 3a \leq 2, \\ \dfrac{1}{a} - 1 \leq 2 \end{cases} \therefore \dfrac{1}{3} \leq a \leq \dfrac{2}{3}.$

又 $\because a = \dfrac{3}{4}$ 时，抛物线 $y = x^2 + (4a-3)x + 3a$ 与直线 $y = 2 - x$ 相切，也符

合题意，∴ 实数 a 的取值范围是 $\left[\frac{1}{3}, \frac{2}{3}\right] \cup \{\frac{3}{4}\}$，故选 C。

（5）解答后反思，总结解题方法和数学思想。

本题的易错点是区间端点值的取舍以及 $a = \frac{3}{4}$ 的情况判断，这一定要注意细节。本题的解题方法主要是结合图像方法，数学思想有主要是数形结合思想。

此外，这种类型的一些题目还可以考虑分离参数法：先将参数分离，转化成求函数值域问题加以解决；或者数形结合法：先对解析式变形，在同一平面直角坐标系中，画出函数的图像，然后数形结合求解。

例 2：【2017 课标 1·理 10】已知 F 为抛物线 $C: y^2 = 4x$ 的焦点，过 F 作两条互相垂直的直线 l_1，l_2，直线 l_1 与 C 交于 A，B 两点，直线 l_2 与 C 交于 D，E 两点，则 $|AB| + |DE|$ 的最小值为（　　　）。

A. 16　　　　　B. 14　　　　　C. 12　　　　　D. 10

步骤：

（1）阅读理解题意。明确题目的有关概念、关键词及其要求。

（2）对问题进行模型识别。这是直线与抛物线相交的弦长以及最小值问题。

（3）分析问题所涉及的知识点、解题方法。知识点：抛物线的简单性质。对于抛物线弦长问题，要重点抓住抛物线定义，到定点的距离要转化到准线上。另外，直线与抛物线联立，求判别式、韦达定理是通法。

（4）抓住模型，套用模型，组织解答。

解法 1：设两条直线的方程，直线方程与抛物线方程联立方程组，消去 y 得到 x 的二次方程，利用根与系数的关系及抛物线的定义可以得到 $|AB| + |DE|$ 的表达式，利用基本不等式可求出结果为 16。

（5）解答后反思，总结解题方法和数学思想。

反思：直线 l_1，l_2 的斜率存在且不为零吗？是否需要分类讨论？依题意，两直线与抛物线相交说明斜率存在且不为零。对于抛物线弦长问题，要重点抓住抛物线定义。另外，直线与抛物线联立，求判别式、韦达定理是通法，需要重点掌握。求最值问题时要能想到用函数方法和基本不等式进行解决。本题涉及的数学思想有等价转化思想、方程与函数思想。解题方法有定义法、基本不等式法以及设而不求的方法。

解法 2：此题还可以利用弦长公式，设直线的倾斜角为 α，则 $|AB| = \frac{2p}{\cos^2 \alpha}$，

则 $|DE| = \dfrac{2p}{\cos^2\left(\alpha - \dfrac{\pi}{2}\right)} = \dfrac{2p}{\sin^2\alpha}$，所以

$$|AB| + |DE| = \dfrac{2p}{\cos^2\alpha} + \dfrac{2p}{\sin^2\alpha} = 4\left(\dfrac{1}{\cos^2\alpha} + \dfrac{1}{\sin^2\alpha}\right)$$

$$= 4\left(\dfrac{1}{\cos^2\alpha} + \dfrac{1}{\sin^2\alpha}\right)(\cos^2\alpha + \sin^2\alpha) = 4\left(2 + \dfrac{\sin^2\alpha}{\cos^2\alpha} + \dfrac{\cos^2\alpha}{\sin^2\alpha}\right) \geqslant 4\cdot(2+2) = 16.$$

请思考下列问题的一题多解和一题多变。

例3：求 $\sin^2 10° + \cos^2 40° + \sin 10°\cos 40°$ 的值。

除了常规讲解之外，教师还可以启发学生思考下列解法，拓展学生的思路。

解法1：构造对偶式。

设 $x = \sin^2 10° + \cos^2 40° + \sin 10°\cos 40°$，

$y = \cos^2 10° + \sin^2 40° + \cos 10°\sin 40°$，

则 $x + y = 2 + \sin 50°$，$x - y = -\sin 50° - \dfrac{1}{2}$，

两式相加得 $x = \dfrac{3}{4}$.

解法2：采用具有对偶性的双元代换处理。

设 $\sin 10° = x + y$，$\cos 40° = x - y$，

则 $x = \dfrac{1}{2}\cos 20°$，$y = -\dfrac{\sqrt{3}}{2}\sin 20°$，

$\therefore$ 原式 $= (x+y)^2 + (x-y)^2 + (x+y)(x-y) = 3x^2 + y^2 = \dfrac{3}{4}$.

解法3：构造三角形的三个内角，先转化为

$$\sin^2 10° + \sin^2 50° + \sin 10°\sin 50° = \sin^2 10° + \sin^2 50° - 2\sin 10°\sin 50°\cos 120°,$$

联想三角形中的余弦定理和正弦定理便有：原式 $= \sin^2 120° = \dfrac{3}{4}$.

由解法3，我们还可以得到启发，把问题加以拓广，可引申出许多与例题相似的题目。

例如：求证：（1）$\sin^2 8° + \cos^2 38° + \sin 8°\cos 38° = \dfrac{3}{4}$；

（2）$\sin^2\alpha + \cos^2(60° + \alpha) + \sqrt{3}\sin\alpha\cos(60° + \alpha) = \dfrac{1}{4}$；（$\alpha$ 为任意角）

（3）$\sin^2\alpha + \cos^2(\alpha + \beta) + 2\sin\alpha\cos(\alpha + \beta)\sin\beta = \cos^2\beta$.

事实上，只要在 $\triangle ABC$ 中由余弦定理 $b^2 + c^2 - 2bc\cos A = a^2$，用正弦定理消

去边就得 $\sin^2 B + \sin^2 C - 2\sin B\sin C\cos A = \sin^2 A$，令 $B = \alpha$，$A = \dfrac{\pi}{2} + \beta$，$C = \dfrac{\pi}{2} - (\alpha + \beta)$，代入即可。

例题教学建议：通过变换题目条件和结论，培养类比、逆向及创造性思维能力，通过一题多变的教学形式，可以引导学生积极思维，改变静止孤立地思考问题的习惯，逐步使思维向广阔的方向联想，向纵深方向发展，达到由此及彼，触类旁通的目的。在例题教学中，从一个题目入手，通过不断变换题目的条件和结论，由浅入深，循序渐进，举一反三，层层深化的做法，在开拓和发展学生思维的灵活性和深刻性方面能发挥积极作用。常见的变换方式有：

（1）类比变换，培养类比思维。

类比变换主要是指提出与所给问题具有某种相似的问题，加以比较分析，以实现知识的正迁移，防止负迁移。

问题 1：设 $a > 0$，$b > 0$，且 $a + b = 1$，则有：（1）$ab + (ab)^{-1} \geqslant 4 + 4^{-1}$；（2）$(ab)^2 + (ab)^{-2} \geqslant 4^2 + 4^{-2}$；（3）$(ab)^3 + (ab)^{-3} \geqslant 4^3 + 4^{-3}$，引导学生联想类比可得如下习题：

变换 1：设 $a > 0$，$b > 0$，且 $a + b = 1$，$n \in \mathbf{N}^*$，则有 $(ab)^n + (ab)^{-n} \geqslant 4^n + 4^{-n}$；

变换 2：设 $a > 0$，$b > 0$，且 $a + b = 1$，$t \in \mathbf{R}$，则有 $(ab)^t + (ab)^{-t} \geqslant 4^t + 4^{-t}$.

像这种将题目的某些条件作适当变化而形成的新题，对培养学生的数学解题能力，实现知识的迁移具有很好的促进作用。如果在教学中能时常培养学生的类比思维，使学生遇到新问题时能从具有类似属性的另一问题的研究上得到启发，去推测新问题的可能结论，就能培养学生丰富的联想能力及敏锐的目光，通过联想，举一反三，不断发现、不断创新。

（2）逆向变换，培养逆向思维。

逆向变换是指将已知条件和未知条件进行转换，或将一些数学概念、定理、公式进行逆向应用。逆向变换对于锻炼学生的逆向思维具有很大的作用。

问题 2：过抛物线焦点的一条直线与它交于两点 P、Q，通过 P 和抛物线顶点的直线交准线于点 M，求证：直线 MQ 平行于抛物线的对称轴。

变换题：设抛物线 $y^2 = 2px$（$p > 0$），焦点为 F，过点 F 的直线与它交于两点 P、Q，点 M 在抛物线的准线上，且 MQ 平行于轴，求证：直线 PM 经过原点 O。

（3）延伸变换，培养创造性思维。

创造性思维是建立在丰富的知识的基础上，尽可能地联想和猜测的开放式的思维活动。作为教师，要保护学生的创新苗头，培养学生勇于探索、勇于求异的创造性思维潜质。

延伸变换是指在原问题上进一步挖掘和深化。如果例题教学中能引导学生对习题进行延伸变换，可以培养学生的创造性思维能力。

问题 3：在椭圆 $4x^2 + 9y^2 = 180$ 上求一点 P，使它到两焦点 F_1，F_2 的连线互相垂直。

对上例进行分析，是否任何椭圆上都存在一点 P，使得它与两焦点 F_1，F_2 的连线互相垂直呢？延伸可得到如下习题：

延伸：已知椭圆 $b^2x^2 + a^2y^2 = a^2b^2$（$a > b > 0$）上存在一点 P，使 P 与椭圆两焦点 F_1，F_2 的连线互相垂直，求此椭圆的离心率的取值范围。

通过上面的延伸变换，调动了学生的积极性，启发了学生的思维，提高了学生的解题能力和数学素质。

（例题教学建议部分习题由汕头市金山中学肖冬璇供稿）

第二节　数学解题方法教学建议

数学复习课必须加强解题方法及技巧的教学，提高学生的解题技能。

如何进行解题方法和技巧的教学呢？这一直是数学教育工作者在研讨的问题. 本人很赞同罗增儒先生的观点："分析典型例题的解题过程是学会解题的有效途径。"分析典型例题的解题方法和技巧是进行解题方法和技巧教学的有效方法。

由于目前高考数学题型的设计为选择题、填空题、解答题三种题型，因此必须分别对这三种题型的解法进行教学。在教学过程中应该有意识地强调各种题型的解法和解题技巧，并且要及时对选择题、填空题、解答题的解法进行小结。

❖ 选择题的常用解法 ❖

1. 直接演算法

涉及数学定理、定义、法则和公式应用的问题，通常通过直接演算得出结果，与各选择项进行对照，做出选择，称之为直接演算法。

例1：已知集合 $P = \{y \mid y = -x^2 + 2,\ x \in \mathbf{R}\}$，$Q = \{y \mid y = 2^x,\ x \in \mathbf{R}\}$，那么 $P \cap \complement_{\mathbf{R}} Q$ 等于（　　）。

A. $(0, 2]$　　　　B. $(-\infty, 2]$　　　C. $(-\infty, 0]$　　D. $(2, +\infty)$

解：用直接演算法即可。

$P = \{y \mid y \leqslant 2\}$，$Q = \{y \mid y > 0\}$，$\complement_{\mathbf{R}} Q = \{y \mid y \leqslant 0\}$，

所以 $P \cap \complement_{\mathbf{R}} Q = \{y \mid y \leqslant 0\} = (-\infty, 0]$．故选 C。

例2：平面向量 $\boldsymbol{a}$ 与 $\boldsymbol{b}$ 的夹角为 $60°$，$\boldsymbol{a} = (2, 0)$，$|\boldsymbol{b}| = 1$，则 $|\boldsymbol{a} + \boldsymbol{b}| = $（　　）。

A. $\sqrt{3}$　　　　　　B. $\sqrt{7}$　　　　　C. 3　　　　　　D. 7

解：$|\boldsymbol{a} + \boldsymbol{b}| = \sqrt{a^2 + 2ab + b^2} = \sqrt{7}$，故选 B。

2. 特殊化法

从题干或选择项出发，通过选择特殊值代入，将问题特殊化或构造满足题设条件的特殊函数或特殊位置图形等，利用问题在某一特殊情况下不真则它在一般情况下也不真这一原理，达到否定三项，从而肯定一项的目的，这种方法称为特殊化法。特殊化法是解答选择题的重要策略。

例3：【2016 高考新课标 I 卷】若 $a > b > 1$，$0 < c < 1$，则（　　）。

A. $a^c < b^c$　　B. $ab^c < ba^c$　　C. $a \log_b c < b \log_a c$　　D. $\log_a c < \log_b c$

解：特殊值法，令 $a = 3$，$b = 2$，$c = \dfrac{1}{2}$，可知选项 A、B、D 错误，所以选择 C。

例4：函数 $f(x) = ax^2 - ax - 1$（$x \in \mathbf{R}$）的值恒为负数，则实数 a 的取值范围是（　　）。

A. $-4 < a < 0$　　B. $-4 \leqslant a \leqslant 0$　　C. $-4 < a \leqslant 0$　　D. $0 < a \leqslant 4$

解：本题的解法可用特殊值法。

取 $a = 0$，则 $y = -1$ 满足已知，故否定选项 A、D。

取 $a = -4$，则 $y = -4x^2 + 4x - 1 = -(2x - 1)^2 \leqslant 0$，不符合题意，故否定选项 B，从而肯定选项 C，故选 C。

例5：定义在 $\mathbf{R}$ 上的奇函数 $f(x)$ 为减函数，设 $a + b \leqslant 0$，给出下列不等式：①$f(a) \cdot f(-a) \leqslant 0$；②$f(b) \cdot f(-b) \geqslant 0$；③$f(a) + f(b) \leqslant f(-a) + f(-b)$；④$f(a) + f(b) \geqslant f(-a) + f(-b)$．

其中正确的不等式序号是（　　）。

A. ①②④　　　　B. ①④　　　　　C. ②④　　　　　D. ①③

解：本题的解法可用特殊函数法。

取 **R** 上的奇函数，减函数 $f(x) = -x$，逐项检验可知②③错误，所以否定选项 A、C、D，故选 B。

例6：各项均为正数的等差数列 $\{a_n\}$ 中，前 n 项和为 S_n，当 $n \in \mathbf{N}^*$，$n \geq 2$ 时，有 $S_n = \dfrac{n}{n-1}(a_n{}^2 - a_1{}^2)$，则 $S_{20} - 2S_{10}$ 的值为（   ）。

A. 50　　　　　　B. 100　　　　　　C. 150　　　　　　D. 200

解：特殊值方法。化简 $S_{20} - 2S_{10} = 100d$，令 $n = 2$，可得 $a_1 + a_2 = 2(a_2^2 - a_1^2)$，$\therefore a_2 - a_1 = \dfrac{1}{2} = d$，$S_{20} - 2S_{10} = 50$，故选择 A。

例7：已知四面体 $ABCD$ 中有 5 条棱长为 1，另一条棱长为 x，其体积 $V = f(x)$，则 V 的最大值是（   ）。

A. $\dfrac{3}{8}$　　　　　　B. $\dfrac{\sqrt{3}}{12}$　　　　　　C. $\dfrac{1}{2}$　　　　　　D. $\dfrac{1}{8}$

解：本题的解法可用特殊位置法。

如图 2-2-1 所示，设 $AC = x$，当 x 变化到使平面 ABD 垂直平面 BCD 时，四面体 $ABCD$ 的体积 V 最大，最大值为 $\dfrac{1}{3} \cdot \dfrac{\sqrt{3}}{4} \cdot 1^2 \cdot \dfrac{\sqrt{3}}{2} = \dfrac{1}{8}$，故选 D。

例8：已知 $f(x)$ 的图像，如图 2-2-2 所示，则 $f(-|x|)$ 的图像是（   ）。

图 2-2-1

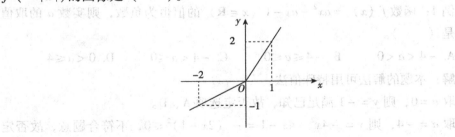

图 2-2-2

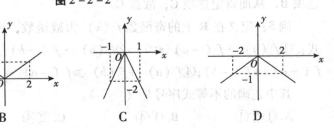

A　　　　　　B　　　　　　C　　　　　　D

解：本题的解法可以用特殊点法。

由图 $2-2-2$ 知，$f(1)=2$，$f(-2)=-1$，又 $f(-|x|)$ 是偶函数，图像关于 y 轴对称，当 $x=-2$，$f(-|-2|)=f(-2)=-1$，所以 $f(-|x|)$ 的图像必经过点 $(-2,-1)$，所以选项 A、B、C 错，故选 D。

3. 数形结合法

将抽象的代数式转化为有关图形，或将直观的几何事实翻译成代数式进行求解，这种解法称之为数形结合法。

例 9：设 $f(x)=\begin{cases}\sqrt{x}, & 0<x<1 \\ 2(x-1), & x\geq 1\end{cases}$，若 $f(a)=f(a+1)$，则 $f\left(\dfrac{1}{a}\right)$ 为（　　）。

A. 2　　　　　　B. 4　　　　　　C. 6　　　　　　D. 8

解：数形结合方法。只需作 $f(x)=\begin{cases}\sqrt{x}, & 0<x<1 \\ 2(x-1), & x\geq 1\end{cases}$ 的图像，由 $f(a)=f(a+1)$ 可得 $\sqrt{a}=2a$，$\therefore a=\dfrac{1}{4}$，$f\left(\dfrac{1}{a}\right)=6$，选择 C。

例 10：设二次函数 $f(x)=x^2+x+a\ (a>0)$，若存在实数 m，使 $f(m)<0$，则必有（　　）。

A. $f(m-1)<0,\ f(m+1)>0$　　　B. $f(m-1)<0,\ f(m+1)<0$

C. $f(m-1)>0,\ f(m+1)>0$　　　D. $f(m-1)>0,\ f(m+1)<0$

解：本题的解法可以利用二次函数图像求解。

如图 $2-2-3$ 所示，可知 $-1<m<0$，所以
$-2<m-1<-1$，$0<m+1<1$，

$\therefore f(m-1)>0$，$f(m+1)>0$，故选 C。

例 11：函数 $f(x)=x+|\log_a(x+1)|-1$（$a>1$）在定义域内的零点个数是（　　）。

A. 0　　　　　　B. 1　　　　　　C. 2　　　　　　D. 3

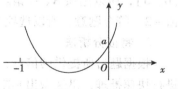

图 $2-2-3$

解：本题的解法可以用数形结合法。

由 $f(x)=0$，得 $|\log_a(x+1)|=1-x$，作 $y=|\log_a(x+1)|$ 及 $y=1-x$ 的图像如图 $2-2-4$ 所示，由图可知两图像有两个交点，所以 $f(x)$ 有两个零点，故选 C。

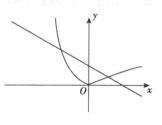

图 $2-2-4$

例 12：函数 $s = \begin{cases} 3t, & t < 1 \\ 4t - t^2, & t \geqslant 1 \end{cases}$，当 $t \in [0, m]$ 时，$s \in [0, 4]$，则实数 m 的最大值为（　　）。

A. 1　　　　　　B. 2　　　　　　C. 3　　　　　　D. 4

解：数形结合方法。当 $t < 1$ 时，$s = 3t$，当 $t \geqslant 1$ 时，$s = 4t - t^2$，只需做出它的图像，可知 m 最大值为 4。所以选择 D。

4. 逆推验证法

当题干提供的信息较少或结论是一些具体数字时，可以从选择项入手，逐一检验是否与题干相容，这种方法称为逆推验证法。

例 13：若函数 $y = \log_a(x + b)$（$a > 0$ 且 $a \neq 1$）的图像过两点（2，2）和（6，3），则（　　）。

A. $a = 2$，$b = 2$　　　　　　B. $a = \sqrt{2}$，$b = 2$

C. $a = 2$，$b = 1$　　　　　　D. $a = \sqrt{2}$，$b = \sqrt{2}$

解：依题意得方程组 $\begin{cases} \log_a(2 + b) = 2 \\ \log_a(6 + b) = 3 \end{cases}$，即 $\begin{cases} 2 + b = a^2 \\ 6 + b = a^3 \end{cases}$，解方程组有困难，可用逆推验证法。把 $a = 2$，$b = 2$ 代入验证知适合。故选 A。

例 14：已知函数 $y = x^2 + ax - 1$ 在区间 $[0, 3]$ 上有最小值 -2，则 a 的值为（　　）。

A. 2　　　　　　B. -2　　　　　　C. ± 2　　　　　　D. $-\dfrac{10}{3}$

解：用逆推验证法，当 $a = 2$ 时，$y = x^2 + 2x - 1$，令 $y = -2$ 得 $x = -1 \notin [0, 3]$，所以选项 A、C 错。若 $a = -2$，则 $y = x^2 - 2x - 1$ 在 $[0, 3]$ 上有最小值 -2，符合题意，所以选项 D 错，故选 B。

5. 特征分析法

根据题目所提供的信息，如数值特征、图形特征、结构特征、位置特征等，进行快速推理，迅速做出判断的方法，称为特征分析法。

例 15：【2017 浙江，7】函数 $y = f(x)$ 的导函数 $y = f'(x)$ 的图像，如图 2-2-5 所示，则函数 $y = f(x)$ 的图像可能是（　　）。

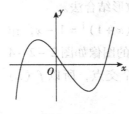

图 2-2-5

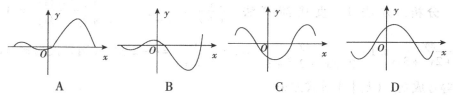

| A | B | C | D |

解：原函数先减再增，再减再增，且由增变减时，极值点大于 0，因此选 D。

本题主要考查导数图像与原函数图像的关系：若导函数图像与 x 轴的交点为 x_0，且图像在 x_0 两侧附近连续分布于 x 轴上下方，则 x_0 为原函数单调性的拐点，运用导数知识来讨论函数单调性时，由导函数 $f'(x)$ 的正负，可得出原函数 $f(x)$ 的单调区间。

例 16：如图 $2-2-6$ 所示，阴影部分的面积 S 是 h 的函数（$0 \leqslant h \leqslant H$），则该函数的大致图像是（　　）。

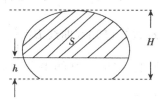

图 $2-2-6$

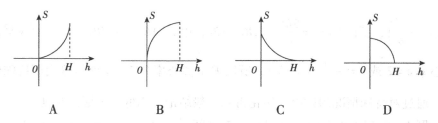

| A | B | C | D |

解：面积 S 随高度 h 的增大而减少，且开始时减得快，后来越来越慢，这就是本题的特征，结合四个选项知选项 C 正确，故选 C。

◆ 填空题的解法 ◆

填空题的解法同样可以考虑用直接演算法、数形结合法和特殊值（位置）法。当填空题的已知条件具有一般性且结论是确定的，此时可以考虑用特殊值法。

例 1：若实数 x，y 满足 $xy>0$，则 $\dfrac{x}{x+y}+\dfrac{2y}{x+2y}$ 的最大值为＿＿＿＿。

分析：方法 1：直接演算法。$\dfrac{x}{x+y}+\dfrac{2y}{x+2y}=\dfrac{x^2+2y^2+4xy}{x^2+2y^2+3xy}=1+$

$\dfrac{xy}{x^2+2y^2+3xy}\leqslant 1+\dfrac{xy}{2\sqrt{x^2\cdot 2y^2}+3xy}=1+\dfrac{1}{2\sqrt{2}+1}=4-2\sqrt{2}.$（当且仅当 $x^2=2y^2$

时等号成立）（基本不等式方法）

方法 2：换元法。令 $x+y=t$，$x+2y=s$，即 $x=2t-s$，$y=s-t$，$st>0$，所

以 $\dfrac{x}{x+y}+\dfrac{2y}{x+2y}=\dfrac{2t-s}{t}+\dfrac{2s-2t}{s}=4-\left(\dfrac{s}{t}+\dfrac{2t}{s}\right)\leqslant 4-2\sqrt{2}.$

例 2：已知点 F_1，F_2 是椭圆 $\dfrac{x^2}{9}+\dfrac{y^2}{4}=1$ 的两个焦点，点 P 为椭圆上的动点，若 $\angle F_1PF_2$ 为钝角，则点 P 的横坐标的取值范围是_____。

分析：可用特殊位置法，当 $\angle F_1PF_2$ 为直角时，求出点 P 的横坐标，结合

图像可得点 P 的横坐标的取值范围为 $\left(-\dfrac{3\sqrt{5}}{5},\ \dfrac{3\sqrt{5}}{5}\right).$

例 3：【2016 高考山东理数】已知双曲线 $E:\dfrac{x^2}{a^2}-\dfrac{y^2}{b^2}=1$（$a>0$，$b>0$），若

矩形 $ABCD$ 的四个顶点在 E 上，AB，CD 的中点为 E 的两个焦点，且 $2|AB|=3|BC|$，则 E 的离心率是_____。

分析：假设点 A 在第一象限，点 B 在第二象限，则 $A\left(c,\ \dfrac{b^2}{a}\right)$，

$B\left(c,\ -\dfrac{b^2}{a}\right)$，所以 $|AB|=\dfrac{2b^2}{a}$，$|BC|=2c$，由 $2|AB|=3|BC|$，$c^2=a^2+b^2$，得

离心率 $e=2$ 或 $e=-\dfrac{1}{2}$（舍去），所以 E 的离心率为2。本题解答利用特殊化方

法，通过对特殊情况的讨论，转化得到一般结论，降低了解题的难度。

例 4：已知函数 $f(x)=|\log_3 x|$ 在区间 $[a,b]$ 上的值域为 $[0,1]$，则 $b-a$ 的最小值为_____。

分析：可用数形结合法，作出函数 $f(x)=|\log_3 x|$ 的图像，如图 2-2-7 所示，可知 $(b-a)_{\min}=1-\dfrac{1}{3}=\dfrac{2}{3}.$

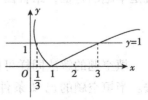

例 5：设函数 $f(x)$ 表示 $2x^2-4x-4$ 和 $x-4$ 中的较大者，则函数 $f(x)$ 的最小值是_____。

图 2-2-7

分析：作出函数 $y=2x^2-4x-4$ 及 $y=x-4$ 的图像，由图像知函数 $f(x)$

的最小值是 -4。如图 $2-2-8$ 所示。

例 6：已知 F_1，F_2 分别是椭圆 $\dfrac{x^2}{a^2} + \dfrac{y^2}{b^2} = 1$ $(a > b > 0)$ 的左、右焦点，P 是椭圆上一点（异于左、右顶点），过点 P 作 $\angle F_1PF_2$ 的角平分线交 x 轴于点 M，若 $2|PM|^2 = |PF_1| \cdot |PF_2|$，则该椭圆的离心率为_____。

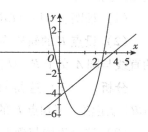

分析：特殊位置法。依题意知 P 是椭圆上的点时也成立，当 P 是椭圆的短轴端点时，$2b^2 = a^2$，

$\therefore e = \dfrac{\sqrt{2}}{2}$.

图 $2-2-8$

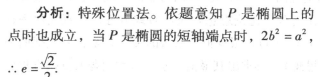

·• 解答题的解法 •·

对于解答题，则要判断其问题是关于哪一部分教学内容的问题（要尽量具体些），先对问题进行模型识别，然后抓住模型，套用模型，从而求出结果。

例 1：已知 $f(x)$ 是定义在 $(-1,1)$ 上的偶函数，且在 $[0,1)$ 上为增函数，若 $f(a-2) - f(4-a^2) < 0$，求 a 的取值范围。

分析：首先要知道该问题是函数中奇偶性、单调性及解不等式的问题，然后引导学生联想这些问题的有关知识及其一般解法，并作例题分析：对于偶函数就要想到"$f(-x) = f(x)$"，对于增函数就要想到"设 x_1、$x_2 \in D$，则 $x_1 < x_2 \Leftrightarrow f(x_1) < f(x_2)$"，对于 $f(a-2) < f(4-a^2) = f(a^2-4)$，求 a 的取值范围，一般解法是利用单调性"脱去" f，但必须是 $a-2 \in [0,1)$，$a^2 - 4 \in [0,1)$，而题目未告知，只是 $a-2$，$a^2-4 \in (-1,1) \Rightarrow \sqrt{3} < a < \sqrt{5}$，从而知 $a-2$ 与 a^2-4 同号，同正时 $2 < a < \sqrt{5}$，同负时 $\sqrt{3} < a < 2$，所以必须针对这两种情况进行分类解答，这就萌芽了分类讨论的思想，也就有了第一种解法。

在考察 $a-2$ 和 $4-a^2$ 是否在区间 $[0,1)$ 内时，联想到偶函数的性质 $f(|x|) = f(x)$，从而把 $f(a-2) < f(4-a^2)$ 等价转化为 $f(|a-2|) < f(|4-a^2|)$，再结合单调性得 $|a-2| < |4-a^2| < 1$，然后再解之，这种思路很好地运用了等价转化的思想，把本来需要分类讨论解答的问题化为较简单的问题来解答，这应该是一种技巧解法，从而有了第二种解法。

例 2：【2016 高考新课标 I 卷】设圆 $x^2 + y^2 + 2x - 15 = 0$ 的圆心为 A，直线 l 过点 $B(1,0)$ 且与 x 轴不重合，l 交圆 A 于 C，D 两点，过 B 作 AC 的平行线

交 AD 于点 E。

（1）证明 $|EA| + |EB|$ 为定值，并写出点 E 的轨迹方程。

（2）设点 E 的轨迹为曲线 C_1，直线 l 交 C_1 于 M、N 两点，过 B 且与 l 垂直的直线与圆 A 交于 P、Q 两点，求四边形 $MPNQ$ 面积的取值范围。

分析：（1）这是解析几何中圆与椭圆的轨迹方程问题，根据 $|EA| + |EB|$ 为定值，可知点 E 的轨迹为椭圆，利用椭圆定义求方程（定义法）。

（2）这是直线与椭圆相交且四边形 $MPNQ$ 面积的取值范围问题，一般要引进直线方程，按斜率是否存在（分类讨论思想）设出直线方程，当直线斜率存在时设其方程为 $y = k(x-1)$（$k \neq 0$），根据根与系数的关系和弦长公式把面积表示为斜率 k 的函数（函数思想），再求出其最值。解决这类问题要重视方程思想、函数思想及化归思想的应用。

当 l 与 x 轴不垂直时（分类讨论思想），设 l 的方程为 $y = k(x-1)$（$k \neq 0$），$M(x_1, y_1)$，$N(x_2, y_2)$.

由 $\begin{cases} y = k(x-1) \\ \dfrac{x^2}{4} + \dfrac{y^2}{3} = 1 \end{cases}$ 得，$(4k^2 + 3)x^2 - 8k^2 x + 4k^2 - 12 = 0$.（方程思想）

则 $x_1 + x_2 = \dfrac{8k^2}{4k^2 + 3}$，$x_1 x_2 = \dfrac{4k^2 - 12}{4k^2 + 3}$.

所以 $|MN| = \sqrt{1 + k^2}\, |x_1 - x_2| = \dfrac{12(k^2 + 1)}{4k^2 + 3}$.

过点 $B(1, 0)$ 且与 l 垂直的直线 m：$y = -\dfrac{1}{k}(x-1)$，A 到 m 的距离为

$\dfrac{2}{\sqrt{k^2 + 1}}$，所以 $|PQ| = 2\sqrt{4^2 - \left(\dfrac{2}{\sqrt{k^2+1}}\right)^2} = 4\sqrt{\dfrac{4k^2 + 3}{k^2 + 1}}$. 故四边形 $MPNQ$ 的面

积 $S = \dfrac{1}{2}|MN||PQ| = 12\sqrt{1 + \dfrac{1}{4k^2 + 3}}$.（函数思想）

可得当 l 与 x 轴不垂直时，四边形 $MPNQ$ 面积的取值范围为 $[12, 8\sqrt{3})$.

当 l 与 x 轴垂直时，其方程为 $x = 1$，$|MN| = 3$，$|PQ| = 8$，四边形 $MPNQ$ 的面积为 12.（分类讨论）

综上，四边形 $MPNQ$ 面积的取值范围为 $[12, 8\sqrt{3})$.

例3：已知函数 $f(x) = \ln x - ax + \dfrac{1-a}{x} - 1$（$a \in \mathbf{R}$）.

（1）当 $a \leq \dfrac{1}{2}$ 时，讨论 $f(x)$ 的单调性。

（2）设 $g(x) = x^2 - 2bx + 4$。当 $a = \dfrac{1}{4}$ 时，若对任意 $x_1 \in (0, 2)$，存在 $x_2 \in [1, 2]$，使 $f(x_1) \geq g(x_2)$，求实数 b 的取值范围。

分析：（1）这是含参数的函数单调性问题，首先注意定义域为 $(0, +\infty)$，其次求导 $f'(x) = \dfrac{1}{x} - a - \dfrac{1-a}{x^2} = \dfrac{-ax^2 + x + a - 1}{x^2}$，再次需要分类讨论：

①当 $a = 0$ 时，$f'(x) = \dfrac{x-1}{x^2}$，令 $f'(x) = \dfrac{x-1}{x^2} > 0$ 得 $x > 1$，所以，此时函数 $f(x)$ 在 $(1, +\infty)$ 上是增函数，在 $(0, 1)$ 上是减函数。

②当 $a = \dfrac{1}{2}$ 时，$f'(x) = \dfrac{-\dfrac{1}{2} \times x^2 + x + \dfrac{1}{2} - 1}{x^2} = \dfrac{-x^2 + 2x - 1}{2x^2} = \dfrac{-(x-1)^2}{2x^2} \leq 0$，所以，此时函数 $f(x)$ 在 $(0, +\infty)$ 是减函数。

③当 $a < 0$ 时，令 $f'(x) = \dfrac{-ax^2 + x + a - 1}{x^2} > 0$ 得 $-ax^2 + x - 1 + a > 0$，解得 $x > 1$ 或 $x < \dfrac{1}{a} - 1$（舍去），此时函数 $f(x)$ 在 $(1, +\infty)$ 上是增函数，在 $(0, 1)$ 上是减函数。

④当 $0 < a < \dfrac{1}{2}$ 时，令 $f'(x) = \dfrac{-ax^2 + x + a - 1}{x^2} > 0$ 得 $-ax^2 + x - 1 + a > 0$，解得 $1 < x < \dfrac{1}{a} - 1$，此时函数 $f(x)$ 在 $\left(1, \dfrac{1}{a} - 1\right)$ 上是增函数，在 $(0, 1)$ 和 $\left(\dfrac{1}{a} - 1, +\infty\right)$ 上是减函数。

（2）这是不等式有解问题和不等式恒成立问题。相关解题方法是最大值、最小值方法。

这一类的问题首先必须学会转换，将其转换为函数的最值问题（转化与化归思想）。具体的转化方式如下：

① $\forall x_1 \in D$ 和 $\forall x_2 \in I$，都有 $f(x_1) \leq g(x_2)$ 恒成立 $\Leftrightarrow f_{\max}(x) \leq g_{\min}(x)$；

② $\forall x_1 \in D$ 和 $\exists x_2 \in I$，都有 $f(x_1) \leq g(x_2)$ 恒成立 $\Leftrightarrow f_{\max}(x) \leq g_{\max}(x)$；

③ $\exists x_1 \in D$ 和 $\forall x_2 \in I$，都有 $f(x_1) \leq g(x_2)$ 恒成立 $\Leftrightarrow f_{\min}(x) \leq g_{\min}(x)$；

④ $\exists x_1 \in D$ 和 $\exists x_2 \in I$，有 $f(x_1) \leq g(x_2)$ 成立 $\Leftrightarrow f_{\min}(x) \leq g_{\max}(x)$。

当 $a = \frac{1}{4}$ 时，$f(x)$ 在 $(0, 1)$ 上是减函数，在 $(1, 2)$ 上是增函数，所以对任意 $x_1 \in (0, 2)$，有 $f(x_1) \geq f(1) = -\frac{1}{2}$，又已知存在 $x_2 \in [1, 2]$，使 $f(x_1) \geq g(x_2)$，所以 $-\frac{1}{2} \geq g(x_2)$，$x_2 \in [1, 2]$，即存在 $x \in [1, 2]$，使 $g(x) = x^2 - 2bx + 4 \leq -\frac{1}{2}$，即 $2bx \geq x^2 + \frac{9}{2}$（分离参数法），即 $2b \geq x + \frac{\frac{9}{2}}{x}$ $\in \left[\frac{17}{4}, \frac{11}{2} \right]$，所以 $2b \geq \frac{17}{4}$，解得 $b \geq \frac{17}{8}$，即实数 b 取值范围是 $\left[\frac{17}{8}, +\infty \right)$。

通过典型例题的剖析，引导学生发现解题方法和技巧，有利于提高学生的解题技能。

第三节　常用数学解题方法

◆ 消元法 ◆

对于含有多个变数的问题，有时可以利用题设条件和某些已知恒等式（代数恒等式或三角恒等式），通过适当的变形，消去一部分变数，使问题得以解决，这种解题方法，通常称为消元法，又称消去法。消元法是解方程组的基本方法，在推证条件等式和将参数方程化成普通方程等问题中，也有着重要的应用。用消元法解题，具有较强的技巧性，常常需要根据题目的特点，灵活选择合适的消元方法。

例1： 直角三角形两直角边的和是 m，斜边上的高是 h，则斜边是_____。

分析： 设直角三角形两直角边长为 a，b，斜边长为 c，则由已知条件得：

$a + b = m \cdots\cdots$①

$a^2 + b^2 = c^2 \cdots\cdots$②

$ab = ch \cdots\cdots$③

由②得 $(a + b)^2 - 2ab = c^2 \cdots\cdots$④

把①③代入④得 $m^2 - 2ch = c^2 \cdots\cdots$⑤

$\because c > 0$，$\therefore$ 解得 $c = \sqrt{h^2 + m^2} - h$．

点评：本题的解法是列方程组方法、消元法。

例2：已知 $x > 0$，$y > 0$，$z > 0$，且 $x - 2y + 3z = 0$，则 $\dfrac{y^2}{xz}$ 的最小值是_____。

分析：由 $x - 2y + 3z = 0$ 得 $2y = x + 3z$，代入 $\dfrac{y^2}{xz}$ 消去 y 得 $\dfrac{(x + 3z)^2}{4xz} =$

$\dfrac{x^2 + 6xz + 9z^2}{4xz} = \dfrac{x}{4z} + \dfrac{6}{4} + \dfrac{9z}{4x} \geq 2\sqrt{\dfrac{9}{4 \times 4}} + \dfrac{3}{2} = 3$（当且仅当 $\dfrac{x}{4z} = \dfrac{9z}{4x}$，即 $x = 3z$ 时等

号成立），所以 $\dfrac{y^2}{xz}$ 的最小值是 3。

点评：本题的解法是消元法、基本不等式法。

例3：设 $m \in \mathbf{R}$，过定点 A 的动直线 $x + my = 0$ 和过定点 B 的动直线 $mx - y - m + 3 = 0$ 交于点 P（x，y），则 $|PA|^2 + |PB|^2$ 的值是_____，点 P（x，y）的轨迹方程是_____。

分析：由题意可知，定点 A（0，0），B（1，3），且两条直线互相垂直，则其交点 P（x，y）落在以 AB 为直径的圆周上，所以 $|PA|^2 + |PB|^2 = |AB|^2 = 10$，由方程 $x + my = 0$ 和 $mx - y - m + 3 = 0$，联立方程组消去 m 得 $x^2 + y^2 - x - 3y = 0$，即为点 P（x，y）的轨迹方程。

点评：求轨迹方程的关键是消去参数 m。

例4：已知双曲线 $\dfrac{x^2}{2} - y^2 = 1$ 的左、右顶点分别为 A_1、A_2，点 P（x_1，y_1），Q（x_1，$-y_1$）是双曲线上不同的两个动点，求直线 A_1P 与 A_2Q 的交点的轨迹 E 的方程。

分析：由点 A_1、A_2 为双曲线的左、右顶点，知 A_1（$-\sqrt{2}$，0），A_2（$\sqrt{2}$，0）．

$\therefore A_1P$：$y = \dfrac{y_1 - 0}{x_1 + \sqrt{2}}(x + \sqrt{2})$，

A_2Q：$y = \dfrac{-y_1 - 0}{x_1 - \sqrt{2}}(x - \sqrt{2})$．

两式相乘，得 $y^2 = \dfrac{-y_1^2}{x_1^2 - 2}(x^2 - 2)$．

而点 P（x_1，y_1）在双曲线上，

$\therefore \dfrac{x_1^2}{2} - y_1^2 = 1$，即 $\dfrac{y_1^2}{x_1^2 - 2} = \dfrac{1}{2}$．

故 $y^2 = -\dfrac{1}{2}(x^2 - 2)$，即轨迹 E 的方程为 $\dfrac{x^2}{2} + y^2 = 1$.

点评：本题利用了整体消元法。

◆· **比 较 系 数 法** ·◆

比较系数法，指的是若两个多项式相等恒成立，则这两个多项式对应项的系数相等。比如 $f(x) = a_n x^n + a_{n-1} x^{n-1} + \cdots + a_1 x + a_0$，$g(x) = b_n x^n + b_{n-1} x^{n-1} + \cdots + b_1 x + b_0$，若有 $f(x) = g(x)$ 对于任意的 x 成立（或者表示为 $f(x) \equiv g(x)$），则有 $a_i = b_i$，其中 $i = 0, 1, 2, \cdots, n$. 这个方法依托多项式恒等定理，是待定系数法的重要理论支撑，在高中数学中能很好地解决一些求函数系数和曲线过定点的问题。

1. 求函数系数

例1：（1）已知函数 $f(x)$ 为一次函数，且 $f[f(x)] = 4x - 3$，求 $f(x)$。

（2）已知函数 $f(x) = x^3 + ax^2 + 3bx + c - 2$ 是奇函数，求 a，c 的值。

解：（1）设 $f(x) = ax + b\ (a \neq 0)$，则 $f(ax + b) = a(ax + b) + b = a^2 x + ab + b$，

依题意有，$a^2 x + ab + b = 4x - 3$ 对于任意的 x 都成立，故比较两边对应项系数得 $\begin{cases} a^2 = 4 \\ ab + b = -3 \end{cases}$，解之得 $\begin{cases} a = 2 \\ b = -1 \end{cases}$ 或 $\begin{cases} a = -2 \\ b = 3 \end{cases}$，即 $f(x) = 2x - 1$ 或 $f(x) = -2x + 3$.

（2）由奇函数得 $f(-x) = -f(x)$ 对于任意的 x 都成立，

即有 $-x^3 + ax^2 - 3bx + c - 2 \equiv -x^3 - ax^2 - 3bx - c + 2$，比较两边对应项系数得 $\begin{cases} a = -a \\ c - 2 = -c + 2 \end{cases}$，得到 $\begin{cases} a = 0 \\ c = 2 \end{cases}$.

点评：两个例题都是利用已知条件构造多项式恒等，相当于是同一函数的等价条件，此时直接比较系数即可。

2. 直线过定点问题

例2：（1）已知点 $A(2, -1)$，$B(1, 2)$，若直线 l: $y = kx - 2$ 与线段 AB 有交点，求实数 k 的取值范围。

（2）已知圆 C: $(x - 2)^2 + (y - 3)^2 = 4$ 以及直线 l: $(m + 2)x + (2m + 1)y = 7m + 8$.

证明：无论 m 为任何实数，直线 C 恒与圆 C 相交。

解：（1）直线 l: $y = kx - 2$ 必过定点 $C(0, -2)$，故 l 是绕着 C 点旋转的

一系列直线，因此 k 的取值范围为 $k_{AC} \leqslant k \leqslant k_{BC}$，即有 $\dfrac{1}{2} \leqslant k \leqslant 4$.

（2）证明：对于直线 l，方程变形为 $(x+2y) m + (2x+y) = 7m+8$，比较系数可得 $\begin{cases} x+2y=7 \\ 2x+y=8 \end{cases}$，解得 $\begin{cases} x=3 \\ y=2 \end{cases}$，即直线 l 必过定点 A（3，2）.

∴ $(3-2)^2 + (2-3)^2 < 4$，故点 A 在圆内，

∴ 无论 m 为任何实数，直线 l 恒与圆 C 相交。

点评：（1）中直线 l 的方程只有一个参数 k，故应为定斜率或者过定点，由 $kx-y-2=0$ 对于任意 k 恒成立，比较系数可得 $\begin{cases} x=0 \\ -y-2=0 \end{cases}$，即直线必过定点（0，$-2$）；（2）中判断直线与圆的位置关系通常采用"$\Delta \ni$ 法"或"比较 d 与 r 法"，特别是"Δ 法"运算量很大，当发现直线 l 过定点，且此定点又在圆内部时，妙解应运而生。

例3：在平面直角坐标系 xOy 中，动点 M 到两定点 F_1（-1，0）和 F_2（1，0）的距离为 4，设点 M 的轨迹是曲线 C.

（1）求曲线 C 的方程。

（2）若直线 l：$y=kx+m$ 与曲线 C 相交于不同两点 A，B（A，B 不是曲线 C 和坐标轴的交点），以 AB 为直径的圆过点 D（2，0），试判断直线 l 是否经过一定点，若是，求出定点坐标；若不是，说明理由。

解：（1）略。可得曲线 C 的方程为 $\dfrac{x^2}{4} + \dfrac{y^2}{3} = 1$.

（2）设 A（x_1，y_1），B（x_2，y_2），则

联立 $\begin{cases} \dfrac{x^2}{4} + \dfrac{y^2}{3} = 1 \\ y=kx+m \end{cases}$，可得 $(3+4k^2) x^2 + 8mkx + 4 (m^2-3) = 0$，

∴ $x_1 + x_2 = -\dfrac{8mk}{3+4k^2}$，$x_1 x_2 = \dfrac{4 (m^2-3)}{3+4k^2}$，

$y_1 y_2 = (kx_1+m)(kx_2+m) = \dfrac{3 (m^2-4k^2)}{3+4k^2}$.

∵ 以 AB 为直径的圆经过 D（2，0），

∴ $\overrightarrow{DA} \cdot \overrightarrow{DB} = 0$，即有 $(x_1-2)(x_2-2) + y_1 y_2 = 0$，代入化简可得 $7m^2 + 16mk + 4k^2 = 0$，

∴ $m = -2k$ 或 $m = -\dfrac{2k}{7}$，均满足 $\Delta = 3 + 4k^2 - m^2 > 0$.

当 $m = -2k$ 时，l 的方程为 $y = k(x - 2)$，直线过点 $(2，0)$，与已知矛盾；

当 $m = -\dfrac{2k}{7}$ 时，l 的方程为 $y = k\left(x - \dfrac{2}{7}\right)$，直线过点 $\left(\dfrac{2}{7}，0\right)$，

∴ 直线 l 过定点，定点坐标为 $\left(\dfrac{2}{7}，0\right)$.

点评：根据例题 2，直线 l：$y = kx + m$ 中的两个参数 k，m，只要能化掉一个，即可用比较系数法判断定点，因此此题的关键是根据已知条件寻找 k，m 间的关系式.

3. 圆过定点问题

例 4：（1）求圆 $x^2 + y^2 - 2ax + 4ay - 5 = 0$ 所过的定点.

（2）如图 2-3-1 所示，已知椭圆 C：$\dfrac{x^2}{4} + y^2 = 1$ 的上、下顶点分别为 A、B，点 P 在椭圆上，且异于 A、B 两点，直线 AP、BP 与直线 l：$y = -2$ 分别交于点 M、N. ①设直线 AP、BP 的斜率分别为 k_1、k_2，求证：$k_1 \cdot k_2$ 为定值；②当点 P 运动时，以 MN 为直径的圆是否经过定点？请证明你的结论。

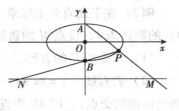

图 2-3-1

解：（1）方程整理为 $(-2x + 4y)a + x^2 + y^2 - 5 = 0$，比较系数可得 $\begin{cases} -2x + 4y = 0 \\ x^2 + y^2 - 5 = 0 \end{cases}$，解得 $\begin{cases} x = 2 \\ y = 1 \end{cases}$ 或 $\begin{cases} x = -2 \\ y = -1 \end{cases}$，即圆经过定点 $(2，1)$，$(-2，-1)$.

（2）①略，可得 $k_1 \cdot k_2 = -\dfrac{1}{4}$；②以 MN 为直径的圆恒过定点 $(0，-2 + 2\sqrt{3})$，$(0，-2 - 2\sqrt{3})$.

直线 AP 的方程为 $y - 1 = k_1(x - 0)$，直线 BP 的方程为 $y - (-1) = k_2(x - 0)$，

由 $\begin{cases} y - 1 = k_1 x \\ y = -2 \end{cases}$，解得 $\begin{cases} x = -\dfrac{3}{k_1} \\ y = -2 \end{cases}$. 由 $\begin{cases} y + 1 = k_2 x \\ y = -2 \end{cases}$，解得 $\begin{cases} x = -\dfrac{1}{k_2} \\ y = -2 \end{cases}$.

所以，直线 AP 与直线 l 的交点 $M\left(-\dfrac{3}{k_1}，-2\right)$，直线 BP 与直线 l 的交点 N

$\left(-\dfrac{1}{k_2},\ -2\right)$.

设点 $Q\,(x,\ y)$ 是以 MN 为直径的圆上的任意一点，则 $\overrightarrow{QM}\cdot\overrightarrow{QN}=0$，

故有 $\left(x+\dfrac{3}{k_1}\right)\left(x+\dfrac{1}{k_2}\right)+(y+2)\,(y+2)=0$，又 $k_1\cdot k_2=-\dfrac{1}{4}$，

$\therefore$ 以 MN 为直径的圆的方程为 $x^2+(y+2)^2-12+\left(\dfrac{3}{k_1}-4k_1\right)x=0$.

比较系数可得 $\begin{cases}x=0\\x^2+(y+2)^2-12=0\end{cases}$，解得 $\begin{cases}x=0\\y=-2+2\sqrt{3}\end{cases}$ 或 $\begin{cases}x=0\\y=-2-2\sqrt{3}\end{cases}$.

即有，以 MN 为直径的圆恒过定点 $(0,\ -2+2\sqrt{3})$，$(0,\ -2-2\sqrt{3})$.

点评：对于带参数的圆过定点问题，实际上就是对于该参数来说等式恒成立，我们只需要将方程按参数的降幂进行重新整理，比较系数即可获得所过的定点。

4. 复数和向量中的比较系数法

例5：（1）已知 x 是实数，y 是纯虚数，且满足 $2x-1+i=3+y$，求 x 和 y。

（2）设 a，b 是两个不共线的向量，已知 $\overrightarrow{AB}=2a+kb$，$\overrightarrow{CB}=a+3b$，$\overrightarrow{CD}=2a-b$，若 A，B，D 三点共线，求实数 k 的值。

解：（1）因为 y 是纯虚数，可设 $y=bi\,(b\in\mathbf{R},\ b\neq0)$，则有

$2x-1+i=3+bi$，由复数相等的充要条件得 $\begin{cases}2x-1=3\\1=b\end{cases}$，$\begin{cases}x=2\\b=1\end{cases}$

所以，$x=2$，$y=i$.

（2）$\because A$，B，D 三点共线，$\therefore\overrightarrow{AB}$ 与 $\overrightarrow{BD}$ 共线，则存在实数 λ，使得 $\overrightarrow{AB}=\lambda\,\overrightarrow{BD}$.

由于 $\overrightarrow{BD}=\overrightarrow{CD}-\overrightarrow{CB}=(2a-b)-(a+3b)=a-4b$，所以有 $\overrightarrow{AB}=2a+kb=\lambda(a-4b)=\lambda a-4\lambda b$，根据向量基本定理可得 $\begin{cases}2=\lambda\\k=-4\lambda\end{cases}$，因此 $k=-8$.

点评：在复数相等充要条件以及向量基本定理的支撑下，比较系数法也可以在相应的问题中使用。

5. 数列问题中的比较系数法

例6：设 $\{a_n\}$ 是首项为 a，公差为 d 的等差数列 $(d\neq0)$，S_n 是其前 n 项和。记 $b_n=\dfrac{nS_n}{n^2+c}$，$n\in\mathbf{N}^*$，其中 c 为实数。若 $\{b_n\}$ 是等差数列，证明：$c=0$。

证明：$\because$ $\{a_n\}$ 是首项为 a，公差为 d 的等差数列（$d \neq 0$），S_n 是其前 n 项和，

$\therefore S_n = na + \dfrac{n(n-1)}{2}d.$

$\because$ $\{b_n\}$ 是等差数列，$\therefore$ 设其公差为 d_1，

$\therefore b_n = b_1 + (n-1)d_1$，代入 $b_n = \dfrac{nS_n}{n^2 + c}$ 得：$b_1 + (n-1)d_1 = \dfrac{nS_n}{n^2+c}$，

$\therefore \left(d_1 - \dfrac{1}{2}d\right)n^3 + \left(b_1 - d_1 - a + \dfrac{1}{2}d\right)n^2 + cd_1 n = c(d_1 - b_1)$，对 $n \in \mathbf{N}^*$ 恒成立，

$$\therefore \begin{cases} d_1 - \dfrac{1}{2}d = 0 \cdots\cdots ① \\ b_1 - d_1 - a + \dfrac{1}{2}d = 0 \cdots\cdots ② \\ cd_1 = 0 \cdots\cdots ③ \\ c(d_1 - b_1) = 0 \cdots\cdots ④ \end{cases}$$

由①式得：$d_1 = \dfrac{1}{2}d.$ $\because d \neq 0$，$\therefore d_1 \neq 0$，由③式得 $c = 0.$

点评：数列中对于任意正整数 $n \in \mathbf{N}^*$ 恒成立问题也可以用比较系数法。

（本节比较系数法由原金山中学南区学校张应楷供稿）

◆· **配方法** ·◆

配方法是对数学式子进行一种定向变形的技巧，通常配成"完全平方"，通过配方找到已知和未知的联系，从而化繁为简。它主要适用于：二次函数的值域等性质研究、二次代数式的计算、二次方程的转化以及利用平方的非负性证明不等式等。常用配方公式：$a^2 + 2ab + b^2 = (a+b)^2$，$a^2 - 2ab + b^2 = (a-b)^2$.

1. 二次函数等性质研究

例 1：求下列函数的值域。

（1）$f(x) = 2x^2 - 8x + 3$，$x \in [0, 3]$.

（2）$f(x) = \cos^2 x - \sin x + 1$，$x \in \mathbf{R}$.

解：（1）配方得 $f(x) = 2(x-2)^2 - 5$，

函数 $f(x)$ 开口向上，对称轴为 $x = 2.$

$\because x \in [0, 3]$, $\therefore f_{\max}(x) = f(0) = 3$, $f_{\min}(x) = f(2) = -5$,

因此 $f(x)$ 的值域为 $[-5, 3]$.

(2) $f(x) = 1 - \sin^2 x - \sin x + 1 = -\sin^2 x - \sin x + 2 = -\left(\sin x + \dfrac{1}{2}\right)^2 + \dfrac{9}{4}$,

$\because \sin x \in [-1, 1]$, $\therefore$ 当 $\sin x = -\dfrac{1}{2}$ 时, $f_{\max}(x) = \dfrac{9}{4}$,

当 $\sin x = 1$ 时, $f_{\min}(x) = 0$,

因此 $f(x)$ 的值域为 $\left[0, \dfrac{9}{4}\right]$.

2. 二次代数式的计算

例2：（1）对于等比数列 $\{a_n\}$，满足 $a_1 a_5 + 2a_3 a_5 + a_3 a_7 = 49$，则 $a_3 + a_5 = $

_____.

（2）已知 $\sin\alpha - \cos\alpha = \dfrac{1}{3}$，求 $\sin\alpha\cos\alpha$, $\sin^4\alpha + \cos^4\alpha$.

解：（1）$a_1 a_5 + 2a_3 a_5 + a_3 a_7 = a_3^2 + 2a_3 a_5 + a_5^2 = (a_3 + a_5)^2 = 49$,

所以 $a_3 + a_5 = \pm 7$.

（2）$\because (\sin\alpha - \cos\alpha)^2 = 1 - 2\sin\alpha\cos\alpha = \dfrac{1}{9}$,

$\therefore \sin\alpha\cos\alpha = \dfrac{4}{9}$,

$\sin^4\alpha + \cos^4\alpha = (\sin^2\alpha + \cos^2\alpha)^2 - 2\sin^2\alpha\cos^2\alpha = 1 - 2 \times \dfrac{16}{81} = \dfrac{49}{81}$.

3. 二次方程的转化

例3：（1）已知圆 C_1: $x^2 + y^2 + 2x + 6y + 9 = 0$,

圆 C_2: $x^2 + y^2 - 4x + 2y - 4 = 0$，试判断两圆的位置关系。

（2）已知点 $P(x, y)$ 是抛物线 $y^2 = 4x$ 上的任意一点，求点 P 到点 $A(3, 0)$ 的距离的最小值。

解：（1）配方得，圆 C_1: $(x+1)^2 + (y+3)^2 = 1$,

圆 C_2: $(x-2)^2 + (y+1)^2 = 9$，得到 $C_1(-1, -3)$, $C_2(2, -1)$ 以及 $r_1 = 1$, $r_2 = 3$.

$\because |C_1 C_2| = \sqrt{(-1-2)^2 + (-3+1)^2} = \sqrt{13}$, $r_2 - r_1 < \sqrt{13} < r_1 + r_2$,

$\therefore$ 两圆相交。

（2）$|PA|^2 = (x-3)^2 + y^2 = (x-3)^2 + 4x = x^2 - 2x + 9 = (x-1)^2 + 8$,

$\because x \geqslant 0$，$\therefore$ 当 $x=1$ 时，$|PA|_{\min}=2\sqrt{2}$.

4. 利用平方的非负性证明不等式

例4：（1）证明：$a^2+b^2+c^2 \geqslant ab+bc+ca$.

（2）已知 $a+b+c=1$，求证：$ab+bc+ca \leqslant \dfrac{1}{3}$.

证明：（1）不等式两边乘以2，配方得，$2a^2+2b^2+2c^2-2ab-2bc-2ca = (a-b)^2+(b-c)^2+(c-a)^2 \geqslant 0$.

（2）利用完全平方式 $(a+b+c)^2=a^2+b^2+c^2+2ab+2bc+2ca$，以及（1）的结论，可得 $(a+b+c)^2=a^2+b^2+c^2+2ab+2bc+2ca \geqslant 3(ab+bc+ca)$，

即有 $1 \geqslant 3(ab+bc+ca)$，得证。

❖ 换元法 ❖

在解题过程中，有时需要把某个数学式子看成一个整体，并用一个符号表示，这样的解题方法叫作换元法。换元时，一定要注意新元的取值范围。

例1：已知 $f(3\sqrt{x}-4)=2x+1$，求 $f(x)$.

解：设 $t=3\sqrt{x}-4$（换元法），$x=\dfrac{(t+4)^2}{9}$，且 $t \geqslant -4$，

$\therefore f(t)=2 \times \dfrac{(t+4)^2}{9}+1$，

即 $f(x)=\dfrac{2(x+4)^2}{9}+1$. $(x \geqslant -4)$

例2：求函数 $f(x)=2x-\sqrt{x-2}+3$ 的最小值。

解：设 $t=\sqrt{x-2}$（换元法），则 $x=t^2+2$，$t \geqslant 0$，

所以 $g(t)=f(x)=2(t^2+2)-t+3=2t^2-t+7=2\left(t-\dfrac{1}{4}\right)^2+\dfrac{55}{8}$，

当 $t=\dfrac{1}{4}$ 时，$g(t)_{\min}=f(x)_{\min}=\dfrac{55}{8}$.

例3：求函数 $f(x)=6x+\dfrac{800}{3x+5}$ 的最小值。$(0 \leqslant x \leqslant 10)$

解：设 $t=3x+5$（换元法），则 $6x=2t-10$，$5 \leqslant t \leqslant 35$，

所以，$g(t)=f(x)=2t-10+\dfrac{800}{t}$，$(5 \leqslant t \leqslant 35)$，

$2t+\dfrac{800}{t}-10 \geqslant 2\sqrt{2t \times \dfrac{800}{t}}-10=70$，（$t=20$ 时取得等号，$x=5$）

所以函数 $f(x) = 6x + \dfrac{800}{3x+5}$ 的最小值为 70。

例 4：若实数 x，y 满足 $xy > 0$，则 $\dfrac{x}{x+y} + \dfrac{2y}{x+2y}$ 的最大值为 _____。

解：换元法，令 $x + y = t$，$x + 2y = s$，即 $x = 2t - s$，$y = s - t$，$st > 0$。

所以，$\dfrac{x}{x+y} + \dfrac{2y}{x+2y} = \dfrac{2t-s}{t} + \dfrac{2s-2t}{s} = 4 - \left(\dfrac{s}{t} + \dfrac{2t}{s}\right) \leq 4 - 2\sqrt{2}$。

例 5：已知实数 x，y 满足 $3x^2 + 4y^2 = 12$，求 $2x + \sqrt{3}y$ 的最值。

解：由 $3x^2 + 4y^2 = 12$，得 $\dfrac{x^2}{4} + \dfrac{y^2}{3} = 1$。

设 $\begin{cases} x = 2\cos\theta \\ y = \sqrt{3}\sin\theta \end{cases}$，（三角换元）

则 $2x + \sqrt{3}y = 4\cos\theta + 3\sin\theta = 5\sin(\theta + \varphi)$.

∵ $-1 \leq \sin(\theta + \varphi) \leq 1$，

∴ $-5 \leq 5\sin(\theta + \varphi) \leq 5$，

∴ $(2x + \sqrt{3}y)_{\max} = 5$，$(2x + \sqrt{3}y)_{\min} = -5$.

◆· **方 程 法** ·◆

方程法，也称方程思想，是为了求未知量，利用已知条件构建方程（组）解决问题的一种非常有效的方法。一般来说，n 个未知数，需要列 n 个方程才能求出未知量的值，而如果为了消掉参数，则是 n 个参数需要 $n + 1$ 个方程才能完全消去。伟大的数学家笛卡尔曾经提出一种解决一切问题的"万能方法"：把任何种类的问题转化为数学问题，再将任何种类的数学问题转化为方程（组）问题。由此可见，方程法在处理数学问题时确有广泛的应用。

1. 在函数中的应用

例 1：已知函数 $f(x) = x^3 + ax^2 + bx + c$ 经过原点，且在 $x = 1$ 处取得极小值 -2.

（1）求函数 $f(x)$ 的解析式。

（2）过点（0，16）作曲线 $y = f(x)$ 的切线，求切线的方程。

解：（1）$f'(x) = 3x^2 + 2ax + b$，依题意有：

$\begin{cases} f(0) = 0 \\ f'(1) = 0 \\ f(1) = -2 \end{cases} \Rightarrow \begin{cases} c = 0 \\ 3 + 2a + b = 0 \\ 1 + a + b + c = -2 \end{cases} \Rightarrow \begin{cases} a = 0 \\ b = -3, \\ c = 0 \end{cases}$

$\therefore f(x) = x^3 - 3x.$

(2) $f'(x) = 3x^2 - 3$，设切点为 (x_0, y_0)，切线斜率为 k，则

$$\begin{cases} k = f'(x_0) \\ y_0 = f(x_0) \\ k = \dfrac{y_0 - 16}{x_0} \end{cases} \Rightarrow \begin{cases} k = 3x_0^2 - 3 \\ y_0 = x_0^3 - 3x_0 \\ k = \dfrac{y_0 - 16}{x_0} \end{cases} \Rightarrow \begin{cases} x_0 = -2 \\ y_0 = -2, \\ k = 9 \end{cases}$$

$\therefore$ 切线方程为 $y + 2 = 9(x + 2)$，即 $9x - y + 16 = 0$.

点评：（1）中有 a，b，c 三个未知数，故三个方程可以解出；（2）中设了切点和斜率，也出现了三个未知数 x_0，y_0，k，通过导数的几何意义以及切点在曲线、切线上，即可得到三个方程。

例 2：已知 $4f(x) + 3f\left(\dfrac{1}{x}\right) = x$，求 $f(x)$ 的解析式。

解：用 $\dfrac{1}{x}$ 代换 x 可得：$4f\left(\dfrac{1}{x}\right) + 3f(x) = \dfrac{1}{x}$，

即有 $\begin{cases} 4f(x) + 3f\left(\dfrac{1}{x}\right) = x \\ 4f\left(\dfrac{1}{x}\right) + 3f(x) = \dfrac{1}{x} \end{cases} \Rightarrow \begin{cases} 16f(x) + 12f\left(\dfrac{1}{x}\right) = 4x \\ 12f\left(\dfrac{1}{x}\right) + 9f(x) = \dfrac{3}{x} \end{cases}$，

相减得：$7f(x) = 4x - \dfrac{3}{x} = \dfrac{4x^2 - 3}{x}$，所以 $f(x) = \dfrac{4x^2 - 3}{7x}$.

点评：本题中将 $f(x)$，$f\left(\dfrac{1}{x}\right)$ 当成两个未知的函数，因此需要构造两个方程，利用 x 与 $\dfrac{1}{x}$ 的对称代换即可获得。类似的情况还有 $f(x)$ 与 $f(-x)$，$f(x)$ 与 $f\left(\dfrac{x}{x-1}\right)$ 等。

2. 在三角中的应用

例 3：（1）已知 $\sin\theta + \cos\theta = \dfrac{1}{5}$，$\theta \in (0, \pi)$，求 $\tan\theta$ 的值。

（2）在 $\triangle ABC$ 中，内角 A，B，C 所对的边分别是 a，b，c. 已知 $b - c = \dfrac{1}{4}a$，$2\sin B = 3\sin C$，则 $\cos A$ 的值为_____。

解：（1）$\begin{cases} \sin\theta + \cos\theta = \dfrac{1}{5} \\ \sin^2\theta + \cos^2\theta = 1 \end{cases} \Rightarrow \begin{cases} \sin\theta = \dfrac{4}{5} \\ \cos\theta = -\dfrac{3}{5} \end{cases}$ 或 $\begin{cases} \sin\theta = -\dfrac{3}{5} \\ \cos\theta = \dfrac{4}{5} \end{cases}$，

$\because \theta \in (0, \pi)$，$\therefore \sin\theta > 0$，故 $\sin\theta = \dfrac{4}{5}$，$\cos\theta = -\dfrac{3}{5}$，

则 $\tan\theta = \dfrac{\sin\theta}{\cos\theta} = -\dfrac{4}{3}$.

（2）由正弦定理得 $2b = 3c$，又 $b - c = \dfrac{1}{4}a$，故有 $b = \dfrac{3}{4}a$，$c = \dfrac{1}{2}a$，

由余弦定理得 $\cos A = \dfrac{b^2 + c^2 - a^2}{2bc} = \dfrac{\left(\dfrac{3}{4}a\right)^2 + \left(\dfrac{1}{2}a\right)^2 - a^2}{2 \times \dfrac{3}{4}a \times \dfrac{1}{2}a} = -\dfrac{1}{4}$.

点评：三角函数中可化为基本量 $\sin\theta$ 和 $\cos\theta$ 之间的关系，（1）中只有一个方程，需要隐藏的同角三角函数关系 $\sin^2\theta + \cos^2\theta = 1$ 来构造方程组；（2）中虽然是三个未知数 a，b，c，但因为所求的 $\cos A$ 只是三边的比例关系，所以只需要两个方程即可求出 a，b，c 的关系。

3. 在数列中的应用

例4：（1）公差不为零的等差数列 $\{a_n\}$ 的前 n 项和为 S_n，$S_3 = 12$，且 a_2，a_4，a_9 成等比数列，求数列 $\{a_n\}$ 的通项公式。

（2）等比数列 $\{a_n\}$ 的前 n 项和为 $S_n = 3^n + k$，求 k 的值。

解：（1）依题意有：

$$\begin{cases} S_3 = a_1 + a_2 + a_3 = 12 \\ a_4^2 = a_2 a_9 \end{cases} \Rightarrow \begin{cases} 3a_1 + 3d = 12 \\ (a_1 + 3d)^2 = (a_1 + d)(a_1 + 8d) \end{cases},$$

解得 $a_1 = 1$，$d = 3$，故 $a_n = 1 + (n - 1) \times 3 = 3n - 2$.

（2）$a_1 = S_1 = 3 + k$，$a_2 = S_2 - S_1 = (3^2 + k) - (3 + k) = 6$，

$a_3 = S_3 - S_2 = (3^3 + k) - (3^2 + k) = 18$，$\{a_n\}$ 是等比数列，

$\therefore a_2^2 = a_1 a_3$，即 $6^2 = 18(3 + k)$，$k = -1$.

点评：把握住了等差等比这两类基本数列的基本量 a_1，d 和 a_1，q，也就抓住了数列题的通用通法，也就能做到"万变不离其宗"；（2）中因为只有一个未知数 k，故用前三项构造一个方程即可。需要特别指出的是，这是从一般到特殊的演绎推理，是成立的；而如果要用前三项的关系来说明等比，则只能算是猜想，是不能用来证明的。

4. 在解析几何中的应用

例5：已知椭圆 C：$\dfrac{x^2}{a^2} + \dfrac{y^2}{b^2} = 1$（$a > b > 0$）的两个焦点为 F_1，F_2，

（1）P 是椭圆上一点，若 $\triangle PF_1F_2$ 是以 F_2 为直角顶点的等腰直角三角形，求椭圆 C 的离心率。

（2）若椭圆 C 经过点 $\left(2\sqrt{2}, \dfrac{2}{3}\right)$，且离心率为 $\dfrac{\sqrt{5}}{3}$，求椭圆 C 的标准方程。

（3）对于（2）中所确定的椭圆，若动点 $Q\left(x_0, y_0\right)$ 为椭圆外一点，且点 Q 到椭圆 C 的两条切线相互垂直，求点 Q 的轨迹方程。

解：（1）解法一：$\because \triangle PF_1F_2$ 是以 F_2 为直角顶点的等腰直角三角形，

$\therefore |PF_2| = |F_1F_2| = 2c$，$|PF_1| = \sqrt{2}|F_1F_2| = 2\sqrt{2}c$，

而 $|PF_1| + |PF_2| = 2a$，故 $2c + 2\sqrt{2}c = 2a$，即有 $e = \dfrac{c}{a} = \sqrt{2} - 1$。

解法二：令 $x = c$，得到 $y^2 = b^2\left(1 - \dfrac{c^2}{a^2}\right) = \dfrac{b^4}{a^2}$，$\therefore |PF_2| = \dfrac{b^2}{a}$，

依题意得 $|PF_2| = |F_1F_2| = 2c$，即 $\dfrac{b^2}{a} = 2c$，化简为 $c^2 + 2ac - a^2 = 0$，

两边除以 a^2 得，$\dfrac{c^2}{a^2} + \dfrac{2c}{a} - 1 = 0$，即 $e^2 + 2e - 1 = 0$，$e = -1 \pm \sqrt{2}$（舍去负值）。

（2）由题意可知 $\begin{cases} \dfrac{8}{a^2} + \dfrac{\frac{4}{9}}{b^2} = 1 \\ e = \dfrac{c}{a} = \dfrac{\sqrt{5}}{3} \\ a^2 = b^2 + c^2 \end{cases} \Rightarrow \begin{cases} a = 3 \\ b = 2 \\ c = \sqrt{5} \end{cases}$，椭圆 C 的标准方程为 $\dfrac{x^2}{9} + \dfrac{y^2}{4} = 1$.

（3）设两切线为 l_1，l_2，①当 $l_1 \perp x$ 轴或 $l_1 \parallel x$ 轴时，对应 $l_2 \parallel x$ 轴或 $l_2 \perp x$ 轴，可知 $Q\left(\pm 3, \pm 2\right)$；②当 l_1 与 x 轴既不垂直又不平行时，$x_0 \neq \pm 3$，设 l_1 的斜率为 k，则 $k \neq 0$，l_2 的斜率为 $-\dfrac{1}{k}$，l_1 的方程为 $y - y_0 = k\left(x - x_0\right)$，联立 $\dfrac{x^2}{9} + \dfrac{y^2}{4} = 1$，

得 $\left(9k^2 + 4\right)x^2 + 18\left(y_0 - kx_0\right)kx + 9\left(y_0 - kx_0\right)^2 - 36 = 0$，

因为直线与椭圆相切，所以 $\Delta = 0$，得 $9\left(y_0 - kx_0\right)^2 k^2 - \left(9k^2 + 4\right)\left[\left(y_0 - kx_0\right)^2 - 4\right] = 0$，

$\therefore \left(x_0^2 - 9\right)k^2 - 2x_0y_0k + y_0^2 - 4 = 0$，

所以 k 是方程 $\left(x_0^2 - 9\right)k^2 - 2x_0y_0k + y_0^2 - 4 = 0$ 的一个根，

同理 $-\dfrac{1}{k}$ 是方程 $(x_0^2-9)k^2-2x_0y_0k+y_0^2-4=0$ 的另一个根，

$\therefore k\cdot\left(-\dfrac{1}{k}\right)=\dfrac{y_0^2-4}{x_0^2-9}=-1$，得 $x_0^2+y_0^2=13$，其中 $x_0\neq\pm3$，

所以点 Q 的轨迹方程为 $x^2+y^2=13$（$x\neq\pm3$），因为 Q（±3，±2）满足上式。综上可知：点 P 的轨迹方程为 $x^2+y^2=13$.

点评：椭圆的离心率也是一个比值，因此不一定要将 a，b，c 求出，只需由已知条件得到它们的一个关系式即可，$2c+2\sqrt{2}c=2a$ 或者 $\dfrac{b^2}{a}=2c$ 都能得到离心率；待定系数法求椭圆方程则需要三个方程，其中 $a^2=b^2+c^2$ 是现成的，因此需要两个条件即可；方程法求动点的轨迹方程其实是参数方程的消参，本例中只有 k 一个参数，因此需要两个方程（两次 $\Delta=0$）来消去参数，而后利用韦达定理消参的方式也是方程思想的一种体现。

5. 在立体几何中的应用

例6：如图 $2-3-2$ 所示，在四棱锥 $P-ABCD$ 中，$PA\perp$ 底面 $ABCD$，$AD\perp AB$，$AB/\!/DC$，$AD=DC=AP=2$，$AB=1$，若 E 为棱 PC 上一点，满足 $BE\perp AC$，求二面角 $E-AB-P$ 的余弦值。

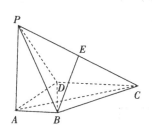

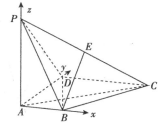

图 $2-3-2$ 图 $2-3-3$

解：如图 $2-3-3$ 所示，以 A 为原点建立空间直角坐标系，可得 B（1，0，0），C（2，2，0），P（0，0，2），则 $\overrightarrow{BC}=(1,2,0)$，$\overrightarrow{AB}=(1,0,0)$，$\overrightarrow{CP}=(-2,-2,2)$，$\overrightarrow{AC}=(2,2,0)$，设 $\overrightarrow{CE}=\lambda\overrightarrow{CP}$，$0\leqslant\lambda\leqslant1$，故 $\overrightarrow{BE}=\overrightarrow{BC}+\overrightarrow{CE}=\overrightarrow{BC}+\lambda\overrightarrow{CP}=(1-2\lambda,2-2\lambda,2\lambda)$，由 $\overrightarrow{BE}\perp\overrightarrow{AC}$ 得 $\overrightarrow{BE}\cdot\overrightarrow{AC}=0$，

因此 $2(1-2\lambda)+2(2-2\lambda)=0$，解得 $\lambda=\dfrac{3}{4}$，即 $\overrightarrow{BE}=\left(-\dfrac{1}{2},\dfrac{1}{2},\dfrac{3}{2}\right)$.

设 $\boldsymbol{n}_1=(x,y,z)$ 为平面 EBA 的法向量，

则 $\begin{cases} \boldsymbol{n}_1 \cdot \overrightarrow{AB} = 0 \\ \boldsymbol{n}_1 \cdot \overrightarrow{BE} = 0 \end{cases}$，即 $\begin{cases} x = 0 \\ -\dfrac{1}{2}x + \dfrac{1}{2}y + \dfrac{3}{2}z = 0 \end{cases}$，不妨令 $z = 1$，可得 $\boldsymbol{n}_1 = (0,$

$-3, 1)$ 为平面 EBA 的一个法向量。

取平面 ABP 的法向量 $\boldsymbol{n}_2 = (0, 1, 0)$，则二面角 $E-AB-P$ 的平面角满足

$$\cos <\boldsymbol{n}_1, \boldsymbol{n}_2> = \frac{|\boldsymbol{n}_1 \cdot \boldsymbol{n}_2|}{|\boldsymbol{n}_1||\boldsymbol{n}_2|} = \frac{3}{\sqrt{10}} = \frac{3\sqrt{10}}{10}.$$

故二面角 $E-AB-P$ 的余弦值为 $\dfrac{3\sqrt{10}}{10}$。

点评：平面的法向量的求法用的就是方程法，因为我们只需要求出诸多法向量中的一个，故可以令 $z=1$ 来凑齐三个方程；关于未知点 E 的坐标，如果盲目地假设为 (x, y, z)，则需要寻找三个方程才能确定，显然比较烦琐。利用向量共线的条件可以只设比例系数 λ，那么只需要一个方程就可以。

6. 在平面向量中的应用

例7：【2017 江苏·12】如图 $2-3-4$ 所示，在同一个平面内，向量 $\overrightarrow{OA}$，$\overrightarrow{OB}$，$\overrightarrow{OC}$ 的模分别为 1，1，$\sqrt{2}$，$\overrightarrow{OA}$ 与 $\overrightarrow{OC}$ 的夹角为 α，且 $\tan\alpha = 7$，$\overrightarrow{OB}$ 与 $\overrightarrow{OC}$ 的夹角为 $45°$。若 $\overrightarrow{OC} = m\overrightarrow{OA} + n\overrightarrow{OB}$（$m, n \in \mathbf{R}$），则 $m+n = $ _____。

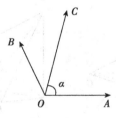

图 $2-3-4$

解：由 $\tan\alpha = 7$，可得 $\sin\alpha = \dfrac{7\sqrt{2}}{10}$，根据向量的分解，

易得 $\begin{cases} n\cos45° + m\cos\alpha = \sqrt{2} \\ n\sin45° - m\sin\alpha = 0 \end{cases}$，即 $\begin{cases} \dfrac{\sqrt{2}}{2}n + \dfrac{\sqrt{2}}{10}m = \sqrt{2} \\ \dfrac{\sqrt{2}}{2}n - \dfrac{7\sqrt{2}}{10}m = 0 \end{cases}$，则 $\begin{cases} 5n + m = 10 \\ 5n - 7n = 0 \end{cases}$，

解得 $m = \dfrac{5}{4}$，$n = \dfrac{7}{4}$，所以 $m+n = 3$.

$$\cdot\bullet\ 特殊值法\ \bullet\cdot$$

特殊值法，是指某些数学式子在一定范围内恒成立，然后通过取字母的一些特定数据值代入恒等式（或不等式），由左右两边数值相等得到关于待定系数的若干关系式，由此求得待定系数的值（或者由左右两边数值不相等关系来进行推理论证）。

例1：设函数 $f(x)$ 是定义在 **R** 上且周期为 2 的函数，在区间 $[-1, 1]$ 上，函数 $f(x) = \begin{cases} ax+1, & -1 \leqslant x < 0, \\ \dfrac{bx+2}{x+1}, & 0 \leqslant x \leqslant 1, \end{cases}$ 其中 $a, b \in \mathbf{R}$. 若 $f\left(\dfrac{1}{2}\right) = f\left(\dfrac{3}{2}\right)$，则 $a + 3b$ 的值为 _____。

解：$\because f(x)$ 是定义在 **R** 上且周期为 2 的函数，

$\therefore f(x+2) = f(x)$ 恒成立。令 $x = -1$，

$\therefore f(1) = f(-1)$，即 $\dfrac{b+2}{2} = -a+1$. ①

令 $x = -\dfrac{1}{2}$，$\therefore f\left(\dfrac{3}{2}\right) = f\left(-\dfrac{1}{2}\right) = f\left(\dfrac{1}{2}\right)$，

$\therefore -\dfrac{1}{2}a + 1 = \dfrac{b+4}{3}$. ②

联立①②，解得 $a = 2$，$b = -4$.

$\therefore a + 3b = -10$.

答案：-10

点评：解答的关键是利用 $f(x+2) = f(x)$ 恒成立进行特殊值代入。

例2：函数 $f(x) = \dfrac{1}{\ln(x+1)} + \sqrt{4-x^2}$ 的定义域为（　　）。

A. $[-2, 0) \cup (0, 2]$　　　　　　B. $(-1, 0) \cup (0, 2]$

C. $[-2, 2]$　　　　　　　　　　　D. $(-1, 2]$

解：当 $x = -2$ 时，$f(x)$ 中的 $\ln(x+1)$ 无意义，排除选项 A、C. 当 $x = 0$ 时，$\ln(0+1) = \ln 1 = 0$，不能充当分母，排除选项 D，所以选 B。

答案：B

点评：方法是利用特殊值法进行检验。

例3：已知定义在区间 $[0, 2]$ 上的函数 $y = f(x)$ 的图像如图 $2-3-5$ 所示，则 $y = -f(2-x)$ 的图像为（　　）。

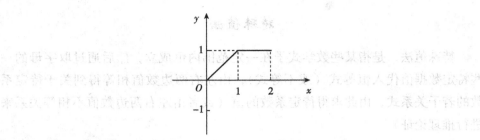

图 2 - 3 - 5

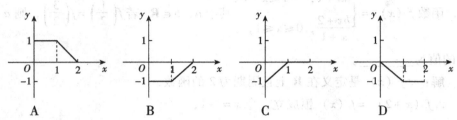

A   B   C   D

解：特殊值法：当 $x=2$ 时，$y=-f(x-2)=-f(2-2)=-f(0)=0$，故可排除 D 项；当 $x=1$ 时，$y=-f(x-2)=-f(2-1)=-f(1)=-1$，故可排除 A、C 项；所以由排除法知选 B。

答案：B

点评：本题考查函数图像的识别。有些函数图像题，从完整的性质并不好去判断，可以利用特殊值法（特殊点）和特性法（奇偶性、单调性、最值）结合排除法求解，既可以节约时间，又事半功倍。

例4：若 $a>0$，$b>0$，且 $a+b=4$，则下列不等式恒成立的是（   ）。

A. $\dfrac{1}{ab}>\dfrac{1}{2}$ B. $\dfrac{1}{a}+\dfrac{1}{b}\leqslant 1$ C. $\sqrt{ab}\geqslant 2$ D. $\dfrac{1}{a^2+b^2}\leqslant\dfrac{1}{8}$

解：当 $a=3$，$b=1$ 时，选项 A、B、C 都错误，所以选择 D。

或者因为 $2=\dfrac{a+b}{2}\leqslant\sqrt{\dfrac{a^2+b^2}{2}}$，所以 $a^2+b^2\geqslant 8$，所以 $\dfrac{1}{a^2+b^2}\leqslant\dfrac{1}{8}$。

点评：不等式恒成立的问题可以利用特殊值法进行检验。

例5：设 a，b，c，x，y，z 是正数，且 $a^2+b^2+c^2=10$，$x^2+y^2+z^2=40$，$ax+by+cz=20$，则 $\dfrac{a+b+c}{x+y+z}=$（   ）。

A. $\dfrac{1}{4}$ B. $\dfrac{1}{3}$ C. $\dfrac{1}{2}$ D. $\dfrac{3}{4}$

解：方法1：由于 $(a^2+b^2+c^2)(x^2+y^2+z^2)\geqslant(ax+by+cz)^2$，

等号成立当且仅当$\dfrac{a}{x}=\dfrac{b}{y}=\dfrac{c}{z}=t$，则$a=tx$，$b=ty$，$c=tz$，

所以$a^2+b^2+c^2=t^2\left(x^2+y^2+z^2\right)$，即$t^2\left(x^2+y^2+z^2\right)=10$，

所以由题知$t=\dfrac{1}{2}$，又$\dfrac{a}{x}=\dfrac{b}{y}=\dfrac{c}{z}=\dfrac{a+b+c}{x+y+z}$，所以$\dfrac{a+b+c}{x+y+z}=t=\dfrac{1}{2}$.

答案：C

方法2：取适合条件的一组数据代入即可，例如$a=b=c=\sqrt{\dfrac{10}{3}}$，$x=y=z=$

$\sqrt{\dfrac{40}{3}}$，代入可得$\dfrac{a+b+c}{x+y+z}=\dfrac{1}{2}$，所以选项 A、B、D 错误。

点评：选择的结论是一个确定的值，所以可以用适合条件的一组数据进行检验。

例6：小王从甲地到乙地的时速分别为a和b（$a<b$），其全程的平均时速为v，则（　　）。

A. $a<v<\sqrt{ab}$ 　　　　　　　B. $v=\sqrt{ab}$

C. $\sqrt{ab}<v<\dfrac{a+b}{2}$ 　　　　　　D. $v=\dfrac{a+b}{2}$

解：方法1：设甲乙两地相距s，则小王用时为$\dfrac{s}{a}+\dfrac{s}{b}$，

所以$v=\dfrac{2s}{\dfrac{s}{a}+\dfrac{s}{b}}=\dfrac{2ab}{a+b}$.

$\because 0<a<b$，

$\therefore \sqrt{ab}<\dfrac{a+b}{2}$，$\dfrac{2ab}{a+b}>\dfrac{2ab}{2b}=a$，

$\therefore \dfrac{2}{a+b}<\dfrac{1}{\sqrt{ab}}$，

$\therefore a<v<\sqrt{ab}$.

答案：A

方法2：取$a=1$，$b=4$，则$\sqrt{ab}=2$，$\dfrac{a+b}{2}=2.5$，$v=\dfrac{2}{\dfrac{1}{1}+\dfrac{1}{4}}=\dfrac{8}{5}$，所以选

项 B、C、D 错误。故选 A。

例7：下列不等式一定成立的是（　　）。

A. lg $\left(x^2+\dfrac{1}{4}\right)$ > lg$x$ $(x>0)$ B. $\sin x+\dfrac{1}{\sin x}\geq2$ $(x\neq k\pi,\ k\in\mathbf{Z})$

C. $x^2+1\geq2|x|$ $(x\in\mathbf{R})$ D. $\dfrac{1}{x^2+1}>1$ $(x\in\mathbf{R})$

解： 此类题目多选用特殊值法进行筛选，对于选项 A，当 $x=\dfrac{1}{4}$ 时，两边相等，故选项 A 错误；对于选项 B 具有基本不等式的形式，但是 $\sin x$ 不一定大于零，故选项 B 错误；对于选项 C，$x^2+1\geq2|x|\Leftrightarrow x^2\pm2x+1\geq0\Leftrightarrow(x\pm1)^2\geq0$，显然成立；对于选项 D，任意 x 都不成立。故选 C。

例8： 在 $\triangle ABC$ 中，点 M，N 满足 $\overrightarrow{AM}=2\overrightarrow{MC}$，$\overrightarrow{BN}=\overrightarrow{NC}$. 若 $\overrightarrow{MN}=x\overrightarrow{AB}+y\overrightarrow{AC}$，则 $x=$ _____ ；$y=$ _____ 。

解析： 特殊化，不妨设 $AC\perp AB$，$AB=4$，$AC=3$ 利用坐标法，以 A 为原点，AB 为 x 轴，AC 为 y 轴，建立直角坐标系，如图 2-3-6 所示。A $(0,0)$，M $(0,2)$，C $(0,3)$，B $(4,0)$，N $\left(2,\dfrac{3}{2}\right)$，$\overrightarrow{MN}=\left(2,-\dfrac{1}{2}\right)$，$\overrightarrow{AB}=(4,0)$，$\overrightarrow{AC}=$

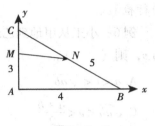

图 2-3-6

$(0,3)$，则 $\left(2,-\dfrac{1}{2}\right)=x(4,0)+y(0,3)$，

$4x=2$，$3y=-\dfrac{1}{2}$，$\therefore x=\dfrac{1}{2}$，$y=-\dfrac{1}{6}$.

答案： $\dfrac{1}{2}$，$-\dfrac{1}{6}$

例9： 已知双曲线 $E:\dfrac{x^2}{a^2}-\dfrac{y^2}{b^2}=1$ $(a>0,\ b>0)$，若矩形 $ABCD$ 的四个顶点在 E 上，AB，CD 的中点为 E 的两个焦点，且 $2|AB|=3|BC|$，则 E 的离心率是 _____ 。

解： 假设点 A 在第一象限，点 B 在第二象限，则 $A\left(c,\dfrac{b^2}{a}\right)$，$B\left(c,-\dfrac{b^2}{a}\right)$，所以 $|AB|=\dfrac{2b^2}{a}$，$|BC|=2c$，由 $2|AB|=3|BC|$，$c^2=a^2+b^2$，得离心率 $e=2$ 或 $e=-\dfrac{1}{2}$（舍去），所以 E 的离心率为 2。

点评： 本题主要考查双曲线的几何性质。解答本题，利用特殊化思想，通过对特殊情况的讨论，转化得到一般结论，降低了解题的难度。本题能较好地考查考生转化与化归思想、一般与特殊思想以及基本运算能力。

❖ 图像法 ❖

在解题过程中，有时需要把问题转化为考察函数的图像，利用图像的直观性得到结论。这样的解题方法叫作图像法。利用图像时要注意图像的准确性及图像的走向。

例1：不等式 $3^x \leq 2x+1$ 的解集是_____。

解：在同一平面直角坐标系中分别画出 $y=3^x$ 及 $y=2x+1$ 的图像，可知不等式的解集是区间 $[0,1]$，如图 $2-3-7$ 所示。

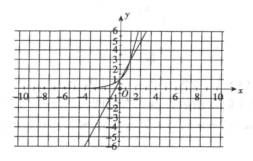

图 $2-3-7$

例2：函数 $f(x) = x^{\frac{1}{2}} - \left(\dfrac{1}{2}\right)^x$ 的零点个数为_____。

解：$f(x) = x^{\frac{1}{2}} - \left(\dfrac{1}{2}\right)^x$ 的零点，即令 $f(x) = 0$，可得 $x^{\frac{1}{2}} = \left(\dfrac{1}{2}\right)^x$，在同一平面直角坐标系中分别画出幂函数 $y = x^{\frac{1}{2}}$ 和指数函数 $y = \left(\dfrac{1}{2}\right)^x$ 的图像，可得交点只有一个，所以零点只有一个。如图 $2-3-8$ 所示。

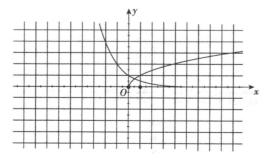

图 $2-3-8$

例3：已知函数 $f(x) = -x^2 + 2x + 5$ 在区间 $[0, m]$ 上有最大值6，最小值5，则实数 m 的取值范围是_____。

解：函数 $f(x)$ 的图像是一条开口向下的抛物线，对称轴 $x=1$，如图 $2-3-9$ 所示。

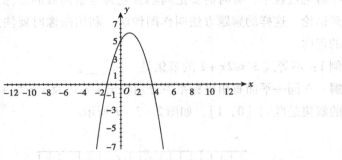

图 $2-3-9$

$\therefore f(x) = -(x-1)^2 + 6$，$\therefore x = 1 \in [0, m]$，

$\therefore m \geqslant 1$. 当 $m > 1$ 时，函数 $f(x)$ 在区间 $(1, m]$ 上单调递减，

$\therefore f(m) = -m^2 + 2m + 5 \geqslant 5$，解得 $0 \leqslant m \leqslant 2$. $\therefore 1 \leqslant m \leqslant 2$.

答案：$[1, 2]$

例4：已知 x_0 是函数 $f(x) = 2^x + \dfrac{1}{1-x}$ 的一个零点。若 $x_1 \in (1, x_0)$，$x_2 \in (x_0, +\infty)$，则（　　　）。

A. $f(x_1) < 0, f(x_2) < 0$　　　　B. $f(x_1) < 0, f(x_2) > 0$

C. $f(x_1) > 0, f(x_2) < 0$　　　　D. $f(x_1) > 0, f(x_2) > 0$

解：令 $f(x) = 2^x + \dfrac{1}{1-x} = 0$，得 $2^x = \dfrac{1}{x-1}$. 考察 $y = 2^x$，$y = \dfrac{1}{x-1}$ 的图像，在第一象限的交点横坐标为 x_0，如图 $2-3-10$ 所示，知 $f(x_1) < 0$，$f(x_2) > 0$，故选 B。

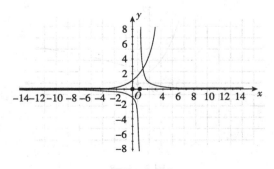

图 $2-3-10$

· 待定系数法 ·

待定系数法，就是把具有某种确定形式的数学问题，通过引入一些待定的系数，转化为方程组来解决的解题方法。要判断一个问题是否可用待定系数法求解，主要是看所求解的数学问题是否具有某种确定的数学表达式，如果具有，就可以用待定系数法求解。例如求函数式、递推数列求通项、求复数、解析几何中求曲线方程等，这些问题都具有确定的数学表达形式，所以都可以用待定系数法求解。

例1：（1）已知对数函数 $f(x)$ 经过点 $(8，-3)$，则 $f\left(\dfrac{1}{32}\right)$ _____。

（2）已知二次函数 $y=f(x)$ 满足：①不等式 $f(x)>-2x$ 的解集为 $(1，3)$；②方程 $f(x)+\dfrac{3}{2}=0$ 有两个相等的实根，求 $f(x)$ 的解析式。

（3）设函数 $f(x)=ae^x\ln x+\dfrac{be^{x-1}}{x}$，曲线 $y=f(x)$ 在点 $(1，f(1))$ 处的切线方程为 $y=e(x-1)+2$，求 $a，b$。

解：（1）设 $f(x)=\log_a x$，则有 $\log_a 8=-3$，即 $a=\dfrac{1}{2}$，

所以 $f\left(\dfrac{1}{32}\right)=\log_{\frac{1}{2}}\dfrac{1}{32}=5.$

（2）设 $f(x)=ax^2+bx+c\,(a\neq0)$，则 $ax^2+(b+2)x+c>0$ 的解集为 $(1，3)$，

得到 $\begin{cases} a<0 \\ -\dfrac{b+2}{a}=1+3=4. \\ \dfrac{c}{a}=3 \end{cases}$ 由 $ax^2+bx+c+\dfrac{3}{2}=0$ 有两个相等的实根，得到

$\Delta=b^2-4a\left(c+\dfrac{3}{2}\right)=0$，综上解得 $\begin{cases} a=-\dfrac{1}{2} \\ b=0 \\ c=-\dfrac{3}{2} \end{cases}$ 或 $\begin{cases} a=-2 \\ b=6 \\ c=-6 \end{cases}$，

即 $f(x)=-\dfrac{1}{2}x^2-\dfrac{3}{2}$ 或 $f(x)=-2x^2+6x-6.$

（3）函数 $f(x)$ 的定义域为 $(0, +\infty)$，

则 $f'(x) = ae^x\ln x + \dfrac{a}{x}e^x - \dfrac{b}{x^2}e^{x-1} + \dfrac{b}{x}e^{x-1}$，

由题意可得 $f(1) = 2$，$f'(1) = e$，即有 $a=1$，$b=2$.

点评：当函数的表达形式确定（例如指数函数、对数函数、幂函数、正弦函数等）时，可用待定系数法求解，后面只需要用方程思想思考需要列几个方程即可。

例2：（1）已知数列 $\{a_n\}$ 中，$a_1=1$，$a_{n+1}=2a_n+3$，求 a_n.

（2）已知数列 $\{a_n\}$ 中，$a_1=4$，$a_n=3a_{n-1}+2n-1$（$n\geq 2$，$n\in\mathbf{N}^*$），求 a_n.

（3）已知数列 $\{a_n\}$ 中，$3a_{n+2}-5a_{n+1}+2a_n=0$（$n\geq 1$，$n\in\mathbf{N}^*$），$a_1=a$，$a_2=b$（$a\neq b$），求 a_n.

解：（1）设 $a_{n+1}+A=2(a_n+A)$，整理得 $a_{n+1}=2a_n+A$，对比已知得 $A=3$，即有 $a_{n+1}+3=2(a_n+3)$，$\therefore$ $\{a_n+3\}$ 是以 $a_1+3=4$ 为首项，2 为公比的等比数列，$a_n+3=4\cdot 2^{n-1}=2^{n+1}$，则 $a_n=2^{n+1}-3$.

（2）设 $a_n+An+B=3[a_{n-1}+A(n-1)+B]$，整理得 $a_n=3a_{n-1}+2An-3A+2B$，对比已知得 $\begin{cases}2A=2\\-3A+2B=-1\end{cases}$，解得 $A=1$，$B=1$.

即有 $a_n+n+1=3[a_{n-1}+(n-1)+1]$，

$\therefore$ $\{a_n+n+1\}$ 是以 $a_1+1+1=6$ 为首项，3 为公比的等比数列，

$\therefore$ $a_n+n+1=6\cdot 3^{n-1}=2\cdot 3^n$，则 $a_n=2\cdot 3^n-n-1$.

（3）$a_{n+2}=\dfrac{5}{3}a_{n+2}-\dfrac{2}{3}a_n$，设 $a_{n+2}-Aa_{n+1}=B(a_{n+1}-Aa_n)$，

整理得 $a_{n+2}=(A+B)a_{n+1}-ABa_n$，对比已知可得 $\begin{cases}A+B=\dfrac{5}{3}\\-AB=-\dfrac{2}{3}\end{cases}$，解得

$\begin{cases}A=1\\B=\dfrac{2}{3}\end{cases}$ 或 $\begin{cases}A=\dfrac{2}{3}\\B=1\end{cases}$. 取 $a_{n+2}-a_{n+1}=\dfrac{2}{3}(a_{n+1}-a_n)$，故数列 $\{a_{n+1}-a_n\}$ 是以

$a_2-a_1=b-a$ 为首项，$\dfrac{2}{3}$ 为公比的等比数列，于是 $a_{n+1}-a_n=(b-a)$

$\left(\dfrac{2}{3}\right)^{n-1}$，把 $n=1$，2，3，$\cdots$，n 代入，得 $a_2-a_1=b-a$，$a_3-a_2=(b-a)\cdot$

$\left(\dfrac{2}{3}\right)$，$a_4-a_3=(b-a)\cdot\left(\dfrac{2}{3}\right)^2$，$\cdots$，$a_n-a_{n-1}=(b-a)\left(\dfrac{2}{3}\right)^{n-2}$，把以上

各式相加，得 $a_n-a_1=(b-a)\left[1+\dfrac{2}{3}+\left(\dfrac{2}{3}\right)^2+\cdots+\left(\dfrac{2}{3}\right)^{n-2}\right]=\dfrac{1-\left(\dfrac{2}{3}\right)^{n-1}}{1-\dfrac{2}{3}}$

$(b-a)$

$$=3(b-a)\left[1-\left(\dfrac{2}{3}\right)^{n-1}\right].$$ 综上，$a_n=a+3(b-a)\left[1-\left(\dfrac{2}{3}\right)^{n-1}\right].$

点评：数列中递推求通项公式的题型中，形如 $a_{n+1}=pa_n+q$，$a_{n+1}=pa_n$ $+f(n)$，$a_{n+2}=pa_{n+1}+qa_n$ 的类型基本上都可以通过待定系数法构造新数列，其中的关键是要了解构造的新数列的表达形式。

例3：已知椭圆 C 的中心在原点，左焦点 F_1（-2，0），过左焦点且垂直于长轴的弦长 $\dfrac{2\sqrt{6}}{3}$。

（1）求椭圆 C 的标准方程。

（2）过点（-3，0）的直线 l 与椭圆 C 相交于 A，B 两点，若以线段 AB 为直径的圆经过椭圆 C 的左焦点，求直线 l 的方程。

解：（1）设椭圆 C 的方程为 $\dfrac{x^2}{a^2}+\dfrac{y^2}{b^2}=1$（$a>b>0$），半焦距为 c.

令 $x=-c$，代入椭圆方程得：$y=\pm\dfrac{b^2}{a}$.

所以 $\begin{cases}\dfrac{b^2}{a}=\dfrac{\sqrt{6}}{3}\\ c=2\\ a^2=b^2+c^2\end{cases}$，解得 $\begin{cases}a=\sqrt{6}\\ b=\sqrt{2}\end{cases}.$

$\therefore$ 椭圆 C 的标准方程为 $\dfrac{x^2}{6}+\dfrac{y^2}{2}=1.$

（2）设直线 l 的方程为 $x=my-3$，A（x_1，y_1），B（x_2，y_2），

联立 $\begin{cases}\dfrac{x^2}{6}+\dfrac{y^2}{2}=1\\ x=my-3\end{cases}$，得（$m^2+3$）$y^2-6my+3=0$，

$y_1 + y_2 = \dfrac{6m}{m^2+3}$，$y_1 y_2 = \dfrac{3}{m^2+3}$，由题意可知 $AF_1 \perp BF_1$，即 $k_{AF_1} \cdot k_{BF_1} = -1$，

$\therefore \dfrac{y_1}{x_1+2} \cdot \dfrac{y_2}{x_2+2} = \dfrac{y_1 y_2}{(my_1-1)(my_2-1)} = \dfrac{y_1 y_2}{m^2 y_1 y_2 - m(y_1+y_2)+1} = -1$，

整理得：$(m^2+1)y_1 y_2 - m(y_1+y_2)+1 = 0$，

$\therefore \dfrac{3(m^2+1)}{m^2+3} - \dfrac{6m^2}{m^2+3} + 1 = 0$，解得 $m = \pm\sqrt{3}$.

代入 $\Delta = 36m^2 - 12(m^2+3) = 36 > 0$，

所以直线 l 的方程为 $x + \sqrt{3}y + 3 = 0$ 或 $x - \sqrt{3}y + 3 = 0$.

点评：解析几何中，直线、圆以及圆锥曲线的方程表示形式是确定的，因此经常可以用待定系数法来解决求方程的问题。

例 4：（1）设 z 的共轭复数是 $\bar{z}$，若 $z + \bar{z} = 4$，$z \cdot \bar{z} = 8$，则 $\dfrac{\bar{z}}{z} = ($ 　　$)$。

A. i　　　　　　B. $-$i　　　　　　C. ± 1　　　　　　D. $\pm$i

（2）若 $x \in \mathbf{C}$，则方程 $|x| = 1 + 3\mathrm{i} - x$ 的解是（ 　　）。

A. $\dfrac{1}{2} + \dfrac{\sqrt{3}}{2}\mathrm{i}$　　　　B. $-4+\mathrm{i}$　　　　C. $-4+3\mathrm{i}$　　　　D. $\dfrac{1}{2} - \dfrac{\sqrt{3}}{2}\mathrm{i}$

解：（1）设 $z = x + y\mathrm{i}$，$(x, y \in \mathbf{R})$，则 $\bar{z} = x - y\mathrm{i}$，由 $z + \bar{z} = 4$，$z \cdot \bar{z} = 8$ 得

$$\begin{cases} x + y\mathrm{i} + x - y\mathrm{i} = 4 \\ (x+y\mathrm{i})(x-y\mathrm{i}) = 8 \end{cases} \Rightarrow \begin{cases} x = 2 \\ x^2 + y^2 = 8 \end{cases} \Rightarrow \begin{cases} x = 2 \\ y = \pm 2 \end{cases},$$

$\therefore \dfrac{\bar{z}}{z} = \dfrac{x - y\mathrm{i}}{x + y\mathrm{i}} = \dfrac{x^2 - y^2 - 2xy\mathrm{i}}{x^2 + y^2} = \pm\mathrm{i}$. 选 D.

（2）设 $x = a + b\mathrm{i}$，则有 $\sqrt{a^2+b^2} = 1 - a + (3-b)\mathrm{i}$，

故有 $\begin{cases} \sqrt{a^2+b^2} = 1 - a \\ 3 - b = 0 \end{cases} \Rightarrow \begin{cases} a = -4 \\ b = 3 \end{cases}$，

$\therefore x = -4 + 3\mathrm{i}$. 选 C。

点评：复数的代数形式也是确定的（$a + b\mathrm{i}$），因此也可以使用待定系数法来假设未知的复数，再根据复数相等的等价条件或者是相关的概念来列方程（组）。

❖ 常数代换法 ❖

常数代换法就是在处理某些特殊型的问题时，可以根据它的形式特征，将

问题中的某个或某些特殊的已知数值换元，从而将"已知"暂时化为"未知"，使问题获得巧妙解决的一种方法。

例1：化简 $\dfrac{1-\tan24°}{1+\tan24°}$.

解：$\dfrac{1-\tan24°}{1+\tan24°}=\dfrac{\tan45°-\tan24°}{1+\tan45°\tan24°}=\tan$（$45°-24°$）$=\tan21°$.

点评：解题的关键是把"1"换为"$\tan45°$".

例2：若正数 x，y 满足 $x+3y=5xy$，则 $3x+4y$ 的最小值是（　　　）。

A. $\dfrac{24}{5}$ B. $\dfrac{28}{5}$ C. 5   D. 6

解：$\because x+3y=5xy$，$\dfrac{1}{y}+\dfrac{3}{x}=5$，

$\therefore 3x+4y=1\times$（$3x+4y$）$=\dfrac{1}{5}\left(\dfrac{1}{y}+\dfrac{3}{x}\right)$（$3x+4y$）$=\dfrac{1}{5}\left(\dfrac{3x}{y}+\dfrac{12y}{x}\right)+\dfrac{13}{5}\geq$

$\dfrac{1}{5}\times2\times\sqrt{36}+\dfrac{13}{5}=5$.

答案：C

点评：解题的关键是把"1"换为 $\dfrac{1}{5}\left(\dfrac{1}{y}+\dfrac{3}{x}\right)$.

例3：已知实数 a，b，c 满足 $2a-\sqrt{2}b+c=0$，求证：$b^2\geq4ac$.

证明：设 $x=\sqrt{2}$，则由 $2a-\sqrt{2}b+c=0$，得 $ax^2-bx+c=0$. 当 $a=0$ 时，$b^2\geq 4ac$；当 $a\neq0$ 时，二次方程 $ax^2+bx+c=0$ 有实根，所以 $\Delta=b^2-4ac\geq0$，所以 $b^2\geq4ac$.

点评：解题的关键是把"$\sqrt{2}$"换为变量 x.

例4：若 $9\cos B+3\sin A+\tan C=0$，$\sin^2A-4\cos B\tan C=0$，

求证：$\tan C=9\cos B$.

证明：设 $3=x$，则由 $9\cos B+3\sin A+\tan C=0$，得 $x^2\cos B+x\sin A+\tan C=0$，因为 $\sin^2A-4\cos B\tan C=0$，

所以 $x^2\cos B+x\sin A+\tan C=0$ 有重根，

所以 $x=-\dfrac{\sin A}{2\cos B}=3$，即 $\sin A=-6\cos B$，

所以 $9\cos B+3$（$-6\cos B$）$+\tan C=0$，即 $\tan C=9\cos B$.

点评：解题的关键是把"3"换为变量。

◆• 基本不等式法 •◆

在解题过程中利用基本不等式进行解题的方法，称为基本不等式法。利用基本不等式法时一定要注意基本不等式成立的前提条件，如果用 $a+b \geq 2\sqrt{ab}$ 求最值，一定要注意"一正二定三相等"的原则。

例1：已知向量 $\boldsymbol{a} = \left(\dfrac{1}{x} - 1, \ 1 \right)$，$\boldsymbol{b} = \left(1, \ \dfrac{1}{y} \right)$ $(x>0, \ y>0)$，若 $\boldsymbol{a} \perp \boldsymbol{b}$，则 $x+4y$ 的最小值为_____。

解：由 $\boldsymbol{a} \perp \boldsymbol{b}$ 得，$\dfrac{1}{x} - 1 + \dfrac{1}{y} = 0$，$\dfrac{1}{x} + \dfrac{1}{y} = 1$，$(x+4y) \cdot \left(\dfrac{1}{x} + \dfrac{1}{y} \right) = 5 +$

$\dfrac{4y}{x} + \dfrac{x}{y} \geq 2\sqrt{\dfrac{4y}{x} \cdot \dfrac{x}{y}} + 5 = 9.$（当且仅当 $\dfrac{4y}{x} = \dfrac{x}{y}$，即 $x = 2y$ 时等号成立）

点评：由 $\boldsymbol{a} \perp \boldsymbol{b}$ 得，$\dfrac{1}{x} - 1 + \dfrac{1}{y} = 0$，$\dfrac{1}{x} + \dfrac{1}{y} = 1$，利用基本不等式 $\sqrt{ab} \leq \dfrac{a+c}{2}$ 求出．

例2：若 $\triangle ABC$ 的内角满足 $\sin A + \sqrt{2}\sin B = 2\sin C$，则 $\cos C$ 的最小值是_____。

解：设 $\triangle ABC$ 的内角 A，B，C 所对的边分别是 a，b，c，则由正弦定理得 $a + \sqrt{2}b = 2c.$ 故

$$\cos C = \frac{a^2 + b^2 - c^2}{2ab} = \frac{a^2 + b^2 - \left(\frac{a+\sqrt{2}b}{2} \right)^2}{2ab} = \frac{\frac{3}{4}a^2 + \frac{1}{2}b^2 - \frac{\sqrt{2}}{2}ab}{2ab} = \frac{\frac{3}{4}a^2 + \frac{1}{2}b^2}{2ab} - \frac{\sqrt{2}}{4}$$

$$\geq \frac{2\sqrt{\frac{3}{4}a^2 \cdot \frac{1}{2}b^2}}{2ab} - \frac{\sqrt{2}}{4} = \frac{\sqrt{6} - \sqrt{2}}{4}, \ \text{当且仅当} \ 3a^2 = 2b^2, \ \text{即} \ \frac{a}{b} = \frac{\sqrt{2}}{\sqrt{3}} = \frac{\sqrt{6}}{3} \ \text{时等号成立。}$$

点评：三角形问题一般要考虑正、余弦定理的应用，求二元式子 $\dfrac{\frac{3}{4}a^2 + \frac{1}{2}b^2}{2ab}$ 的最值，一般要考虑基本不等式的应用。

例3：对于 $c > 0$，当非零实数 a，b 满足 $4a^2 - 2ab + b^2 - c = 0$ 且使 $|2a+b|$ 最大时，$\dfrac{1}{a} + \dfrac{2}{b} + \dfrac{4}{c}$ 的最小值为_____。

解：因为 $4a^2 - 2ab + b^2 - c = 0$，所以 $(2a+b)^2 - c = 6ab = 3 \times 2ab \leq 3 \times$

$\dfrac{(2a+b)^2}{4}$，所以 $(2a+b)^2 \leqslant 4c$，当且仅当 $b=2a$，$c=4a^2$ 时，$|2a+b|$ 取得最

大值. 故 $\dfrac{1}{a}+\dfrac{2}{b}+\dfrac{4}{c}=\dfrac{2}{a}+\dfrac{1}{a^2}=\left(\dfrac{1}{a}+1\right)^2-1$，其最小值为 -1。

点评：解题关键是将已知式子 $4a^2-2ab+b^2-c=0$ 转化的 $|2a+b|$ 的不等关

系式，中间过程需要使用基本不等式 $2ab \leqslant \dfrac{(2a+b)^2}{4}$ 进行转化。

例 4：若 $a>0$，$b>0$，且 $\dfrac{1}{a}+\dfrac{1}{b}=\sqrt{ab}$.

（1）求 a^3+b^3 的最小值。

（2）是否存在 a，b，使得 $2a+3b=6$？并说明理由。

解：（1）由 $\sqrt{ab}=\dfrac{1}{a}+\dfrac{1}{b} \geqslant \dfrac{2}{\sqrt{ab}}$，得 $ab \geqslant 2$，且当 $a=b=\sqrt{2}$ 时等号成立，

故 $a^3+b^3 \geqslant 3\sqrt{a^3 \cdot b^3}=4\sqrt{2}$，且当 $a=b=\sqrt{2}$ 时等号成立，

$\therefore a^3+b^3$ 的最小值为 $4\sqrt{2}$。

（2）由 $6=2a+3b \geqslant 2\sqrt{6}\sqrt{ab}$，得 $ab \leqslant \dfrac{3}{2}$，又由（1）知 $ab \geqslant 2$，二者矛盾，

所以不存在 a，b，使得 $2a+3b=6$ 成立。

点评：解题关键是正确使用基本不等式进行求解。

◆ 分离参数法 ◆

对于含有多个变量的问题，例如含有 a 和 x 的问题，有时可以通过适当的

变形，把 a 和 x 分离到左右两边，使它转化为左边含 a 的式子，右边含 x 的式

子，以便解决问题，这种解题方法通常称为分离参数法。

例 1：对于任意实数 k，曲线 $y=kx^2-(2k+1)x-2$ 恒过定点的坐标

是_____。

解：把曲线方程转化为 $k(x^2-2x)=x+y+2$，令 $x^2-2x=0$，则 $x+y+2$

$=0$，所以，$x=0$，$y=-2$，或 $x=2$，$y=-4$，即定点的坐标是（0，-2）或

（2，-4）.

点评：解题的关键是分离参数 k，由 k 的任意性列方程组。

例 2：已知函数 $f(x)=ax^3-3x^2+1$，若 $f(x)$ 存在唯一的零点 x_0，且 x_0

>0，则 a 的取值范围为（   ）。

　　A.（2，$+\infty$）　　B.（$-\infty$，-2）　C.（1，$+\infty$）　　D.（$-\infty$，-1）

解：由已知 $a \neq 0$，$f(x) = ax^3 - 3x^2 + 1$ 有唯一的正零点，等价于 $a = 3 \cdot \dfrac{1}{x} - \dfrac{1}{x^3}$ 有唯一的正零根，令 $t = \dfrac{1}{x}$，则问题又等价于 $a = -t^3 + 3t$ 有唯一的正零根，即 $y = a$ 与 $y = -t^3 + 3t$ 有唯一的交点且交点在 y 轴右侧。记 $f(t) = -t^3 + 3t$，$f'(t) = -3t^2 + 3$，由 $f'(t) = 0$，$t = \pm 1$，当 $t \in (-\infty, -1)$，$f'(t) < 0$；当 $t \in (-1, 1)$，$f'(t) > 0$；当 $t \in (1, +\infty)$，$f'(t) < 0$，要使 $a = -t^3 + 3t$ 有唯一的正零根，只需 $a < f(-1) = -2$，选 B。

点评：本解法利用分离参数法和换元法，把问题转化为直线 $y = a$ 与曲线 $y = -t^3 + 3t$ 有唯一的交点且交点在 y 轴右侧的问题，并结合单调性、图像特征进行求解。

例3：当 $x \in [-2, 1]$ 时，不等式 $ax^3 - x^2 + 4x + 3 \geq 0$ 恒成立，则实数 a 的取值范围是（　　）。

A. $[-5, -3]$ 　 B. $[-6, -\dfrac{9}{8}]$ 　 C. $[-6, -2]$ 　 D. $[-4, -3]$

解：当 $-2 \leq x < 0$ 时，不等式可转化为 $a \leq \dfrac{x^2 - 4x - 3}{x^3}$，令 $f(x) = \dfrac{x^2 - 4x - 3}{x^3}$ $(-2 \leq x < 0)$，则 $f'(x) = \dfrac{-x^2 + 8x + 9}{x^4} = \dfrac{-(x-9)(x+1)}{x^4}$，故函数 $f(x)$ 在 $[-2, -1]$ 上单调递减，在 $(-1, 0)$ 上单调递增，此时有 $a \leq f_{\min}(x) = f(-1) = \dfrac{1 + 4 - 3}{-1} = -2$.

当 $x = 0$ 时，不等式恒成立。

当 $0 < x \leq 1$ 时，$a \geq \dfrac{x^2 - 4x - 3}{x^3}$，令 $g(x) = \dfrac{x^2 - 4x - 3}{x^3}$ $(0 < x \leq 1)$，

则 $g'(x) = \dfrac{-x^2 + 8x + 9}{x^4}$，故函数 $g(x)$ 在 $(0, 1]$ 上单调递增，此时有 $a \geq g_{\max}(x) = g(1) = \dfrac{1 - 4 - 3}{1} = -6$.

综上，$-6 \leq a \leq -2$.

答案：C

点评：不等式恒成立问题有一个常用解法是分离参数法，把 a 和 x 分离到左右两边，注意等价转化和分类讨论。

◆◆ **构造法** ◆◆

在解题时，我们常常会采用这样的方法，通过对条件和结论的分析，构造

辅助元素，它可以是一个图形、一个方程（组）、一个等式、一个函数、一个等价命题等，架起一座连接条件和结论的桥梁，从而使问题得以解决，这种解题的数学方法，我们称为构造法。运用构造法解题，可以使代数、三角、几何等各种数学知识互相渗透，有利于问题的解决。

1. 构造函数

例1：设函数 $f(x) = \frac{1}{e}x^2 e^x - \frac{1}{3}x^3 - x^2$，$g(x) = \frac{2}{3}x^3 - x^2$，试比较函数 $f(x)$ 与 $g(x)$ 的大小。

解：$\because f(x) - g(x) = \frac{1}{e}x^2 e^x - x^3 = x^2\left(\frac{1}{e}e^x - x\right)$，而 $x^2 \geq 0$，

$\therefore$ 令函数 $h(x) = \frac{1}{e}e^x - x$，则 $h'(x) = \frac{1}{e}e^x - 1 = e^{x-1} - 1$.

$\because$ 当 $x > 1$ 时，$e^{x-1} - 1 > 0$，函数 $h(x)$ 单调递增，

当 $x < 1$ 时，$e^{x-1} - 1 < 0$，函数 $h(x)$ 单调递减，

$\therefore h(x) \geq h(1) = \frac{1}{e} \times e - 1 = 0$，即 $f(x) - g(x) \geq 0$.

$\therefore f(x) \geq g(x)$，当且仅当 $x = 1$ 或 $x = 0$ 时，$f(x) = g(x)$.

点评：要比较函数 $f(x)$ 与 $g(x)$ 的大小，可以先作差 $f(x) - g(x)$，然后构造函数 $h(x) = f(x) - g(x)$，或者先将 $f(x) - g(x)$ 作适当变形后，再构造函数 $h(x)$，然后通过求导数 $h'(x)$，得到函数 $h(x)$ 的单调性和极值，从而得到函数 $f(x)$ 与 $g(x)$ 的大小关系。

例2：【2016 江西五校联考·理11】已知函数 $y = f(x)$ 对任意的 $x \in \left(-\frac{\pi}{2}, \frac{\pi}{2}\right)$ 满足 $f'(x)\cos x + f(x)\sin x > 0$（其中 $f'(x)$ 是函数 $f(x)$ 的导函数），则下列不等式成立的是（　　　）。

A. $\sqrt{2}f\left(-\frac{\pi}{3}\right) < f\left(-\frac{\pi}{4}\right)$　　　　　B. $\sqrt{2}f\left(\frac{\pi}{3}\right) < f\left(\frac{\pi}{4}\right)$

C. $f(0) > 2f\left(\frac{\pi}{3}\right)$　　　　　D. $f(0) > \sqrt{2}f\left(\frac{\pi}{4}\right)$

分析：构造函数 $g(x) = \frac{f(x)}{\cos x}$，判断单调性即可得

$\sqrt{2}f\left(-\frac{\pi}{3}\right) < f\left(-\frac{\pi}{4}\right)$.

答案：A

2. 构造数列

例3：求证：（1）当 $x>1$ 时，$\ln x + \dfrac{2}{x+1} > 1$.

（2）$\ln(n+1) > \dfrac{1}{3} + \dfrac{1}{5} + \dfrac{1}{7} + \cdots + \dfrac{1}{2n+1}$（$n \in \mathbf{N}^*$）.

证明：（1）令 $h(x) = \ln x + \dfrac{2}{x+1} - 1$，

$\therefore h'(x) = \dfrac{1}{x} - \dfrac{2}{(x+1)^2} = \dfrac{x^2+1}{x(x+1)^2} > 0$，$x \in (0, +\infty)$，

$\therefore$ 函数 $h(x)$ 在区间 $(0, +\infty)$ 上是增函数。

当 $x>1$ 时，$h(x) > h(1) = 0$，即 $\ln x + \dfrac{2}{x+1} > 1$.

（2）构造数列 $\{a_n\}$ 且它的前 n 项和为 $S_n = \ln(n+1)$，

则可得 $a_n = \ln \dfrac{n+1}{n}$，

下面只需证明 $\ln \dfrac{k+1}{k} > \dfrac{1}{2k+1}$（$k \in \mathbf{N}^*$）.

根据（1）的结论，当 $x>1$ 时，$\ln x + \dfrac{2}{x+1} > 1$，即 $\ln x > \dfrac{x-1}{x+1}$.

令 $x = \dfrac{k+1}{k}$，则有 $\ln \dfrac{k+1}{k} > \dfrac{1}{2k+1}$，$\therefore \displaystyle\sum_{k=1}^{n} \ln \dfrac{k+1}{k} > \sum_{k=1}^{n} \dfrac{1}{2k+1}$，

$\because \ln(n+1) = \displaystyle\sum_{k=1}^{n} \ln \dfrac{k+1}{k}$，$\therefore \ln(n+1) > \dfrac{1}{3} + \dfrac{1}{5} + \cdots + \dfrac{1}{2n+1}$.

点评：第一问是构造函数，第二问是构造数列以及换元方法。

3. 构造曲线方程

例4：已知实数 a，b，c 满足 $a+b+c=0$，$a^2+b^2+c^2=1$，则 a 的最大值是 _____。

解：令 $b=x$，$c=y$，则 $x+y=-a$，$x^2+y^2=1-a^2$，此时直线 $x+y=-a$ 与圆 $x^2+y^2=1-a^2$ 有交点，则圆心到直线的距离 $d = \dfrac{|a|}{\sqrt{2}} \leqslant \sqrt{1-a^2}$，解得 $a^2 \leqslant \dfrac{2}{3}$，所以 a 的最大值为 $\dfrac{\sqrt{6}}{3}$.

点评：本题构造了直线 $x+y=-a$ 与圆 $x^2+y^2=1-a^2$ 有交点的问题。

4. 构造三角形

例5：求值：$\sin^2 80° + \sin^2 40° - 2\sin 80° \sin 40° \cos 60°$.

解：构造一个三角形 ABC 使它三个内角分别为 $80°$，$40°$，$60°$，由余弦定理得 $\sin^2 80° + \sin^2 40° - 2\sin 80° \sin 40° \cos 60° = \sin^2 60° = \dfrac{3}{4}$。

点评：本题的解题关键是构造了一个三角形 ABC，使它三个内角分别为 $80°$，$40°$，$60°$。

•• 定 义 法 ••

所谓定义法，就是直接用数学定义解题。定义、定理、公式和法则是解题的依据，我们在解题过程中经常利用定理、公式和法则进行解题，往往忽视了定义。其实有些数学问题利用定义进行解答，往往能达到化繁为简、事半功倍的效果。

例1：已知双曲线 $\dfrac{x^2}{16} - \dfrac{y^2}{9} = 1$ 的左、右焦点分别为 F_1、F_2，过 F_2 的直线与该双曲线的右支交于 A、B 两点，若 $|AB| = 5$，则 $\triangle ABF_1$ 的周长为（　　）。

A. 16　　　　B. 20　　　　C. 21　　　　D. 26

解：由双曲线的方程可知 $a = 4$，

则 $|AF_1| - |AF_2| = 8$，$|BF_1| - |BF_2| = 8$，

则 $|AF_1| + |BF_1| - (|BF_2| + |AF_2|) = 16$，

即 $|AF_1| + |BF_1| = |BF_2| + |AF_2| + 16 = |AB| + 16 = 5 + 16 = 21$，

则 $\triangle ABF_1$ 的周长为 $|AF_1| + |BF_1| + |AB| = 21 + 5 = 26$，故选 D。

点评：本题主要考查双曲线的定义，根据双曲线的定义得到 A、B 到两焦点距离之差是个常数，这是解决本题的关键。

例2：如图 $2-3-11$ 所示，已知圆 C：$(x+1)^2 + y^2 = 8$，定点 A（1，0），点 M 为圆上一动点，点 P 在 AM 上，点 N 在 CM 上，且满足 $\overrightarrow{AM} = 2\overrightarrow{AP}$，$\overrightarrow{NP} \cdot \overrightarrow{AM} = 0$，点 N 的轨迹为曲线 E，则曲线 E 的方程是_____。

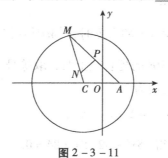

图 $2-3-11$

解：$\because \overrightarrow{AM} = 2\overrightarrow{AP}$，$\overrightarrow{NP} \cdot \overrightarrow{AM} = 0$.

$\therefore NP$ 为线段 AM 的垂直平分线，即 $|NA| = |NM|$.

$\because |CN| + |NM| = 2\sqrt{2}$，$\therefore |CN| + |AN| = 2\sqrt{2} > 2$.

$\therefore$ 动点 N 的轨迹是以点 C（-1，0），A（1，0）为焦点的椭圆且椭圆长轴长为 $2a = 2\sqrt{2}$，焦距 $2c = 2$. $\therefore a = \sqrt{2}$，$c = 1$，$b = 1$. $\therefore$ 曲线 E 的方程为 $\dfrac{x^2}{2} + y^2 = 1$.

例3：设圆 C 与两圆 $(x + \sqrt{5})^2 + y^2 = 4$，$(x - \sqrt{5})^2 + y^2 = 4$ 中的一个内切，另一个外切.

（1）求圆 C 的圆心轨迹 L 的方程.

（2）已知点 $M\left(\dfrac{3\sqrt{5}}{5}, \dfrac{4\sqrt{5}}{5}\right)$，$F(\sqrt{5}, 0)$ 且点 P 为曲线 L 上的动点，求 $|MP| - |FP|$ 的最大值及此时点 P 的坐标.

解：（1）由题设条件，可知两圆 $(x + \sqrt{5})^2 + y^2 = 4$ 和 $(x - \sqrt{5})^2 + y^2 = 4$ 的圆心分别为 F_1（$-\sqrt{5}$，0）和 F（$\sqrt{5}$，0），其半径均为 2.

设圆 C 的圆心为 P（x，y），则点 P 到点 F_1、F 的距离分别为

$|PF_1| = \sqrt{(x + \sqrt{5})^2 + y^2}$，$|PF| = \sqrt{(x - \sqrt{5})^2 + y^2}$.

由圆 C 与两圆 $(x + \sqrt{5})^2 + y^2 = 4$，$(x - \sqrt{5})^2 + y^2 = 4$ 中的一个内切，另一个外切，所以 $|PF_1| - |PF| = 4$.

由双曲线定义知，轨迹 L 是以 F_1（$-\sqrt{5}$，0），F（$\sqrt{5}$，0）为焦点的双曲线. 由于 $2a = 4$，$c = \sqrt{5}$，可得 $b = \sqrt{c^2 - a^2} = 1$.

故轨迹 L 的方程为 $\dfrac{x^2}{4} - y^2 = 1$.

（2）当点 P 在双曲线 $\dfrac{x^2}{4} - y^2 = 1$ 的左支时，$|MP| - |FP| < |MF| = 2$；

当点 P 在双曲线 $\dfrac{x^2}{4} - y^2 = 1$ 的右支时，$|MP| - |FP| \leqslant |MF| = 2$.

当且仅当点 P 在线段 MF 的延长线上时，取等号.

故 $|MP| - |FP|$ 的最大值为 2.

又直线 MF 的方程为 $y = -2(x - \sqrt{5})$，

将其代入 $\dfrac{x^2}{4} - y^2 = 1$，得 $15x^2 - 32\sqrt{5}x + 84 = 0$.

解得 $x_1 = \dfrac{6\sqrt{5}}{5}$，$x_2 = \dfrac{14\sqrt{5}}{15}$.

因为 $\dfrac{14}{15}\sqrt{5} < \sqrt{5} < \dfrac{6}{5}\sqrt{5}$，所以 $|MP| - |FP|$ 取得最大值 2 时，点 P 的坐标为 $\left(\dfrac{6\sqrt{5}}{5}, -\dfrac{2\sqrt{5}}{5} \right)$.

例4：【2017 课标Ⅱ·理16】已知 F 是抛物线 $C : y^2 = 8x$ 的焦点，M 是 C 上一点，FM 的延长线交 y 轴于点 N. 若 M 为 FN 的中点，则 $|FN| = $ _____。

解：不妨设点 M 位于第一象限，设抛物线的准线与 x 轴交于点 F'，作 $MB \perp l$ 于点 B，$NA \perp l$ 于点 A，利用抛物线的定义即可。

答案：6

点评：抛物线的定义是解决抛物线问题的基础，它能将两种距离（抛物线上的点到焦点的距离、抛物线上的点到准线的距离）进行等量转化。如果问题中涉及抛物线的焦点和准线，又能与距离联系起来，那么用抛物线定义就能方便地解决问题。因此，涉及抛物线的焦半径、焦点弦问题，可以优先考虑利用抛物线的定义转化为点到准线的距离，这样就可以使问题简单化。

◆◆ 判别式法 ◆◆

一元二次方程 $ax^2 + bx + c = 0$（a，b，c 都为实数，$a \neq 0$）根的判别式为 $\Delta = b^2 - 4ac$，当 $\Delta = b^2 - 4ac \geq 0$ 时，方程 $ax^2 + bx + c = 0$ 有实数解，反之，方程 $ax^2 + bx + c = 0$ 没有实数解，则 $\Delta = b^2 - 4ac < 0$. 它不仅可用来判定根的性质，而且作为一种解题方法，在代数式变形，解方程（组），解不等式，研究函数乃至几何、三角运算中都有非常广泛的应用。

例1：已知关于 x 的不等式 $x^2 - ax + 2a > 0$ 在 **R** 上恒成立，则实数 a 的取值范围是 _____。

解：$x^2 - ax + 2a > 0$ 恒成立 $\Leftrightarrow \Delta < 0$，即 $a^2 - 4 \times 2a < 0$，易得 $0 < a < 8$.

点评：一元二次不等式在 **R** 上恒成立问题，常用判别式法求解。

例2：已知实数 a，b，c 满足 $a + b + c = 0$，$a^2 + b^2 + c^2 = 1$，则 a 的最大值是 _____。

解：将 $c = -(a+b)$ 代入 $a^2 + b^2 + c^2 = 1$ 得 $2b^2 + 2ab + 2a^2 - 1 = 0$，此时关于 b 的二次方程有实数解，则 $\Delta = (2a)^2 - 8(2a^2 - 1) \geq 0$，整理得 $a^2 \leq \dfrac{2}{3}$，

所以 a 的最大值为 $\dfrac{\sqrt{6}}{3}$.

点评：涉及多参数的问题，可以利用消元法消去一些参数，构造二次方程有实数解，再利用判别式法求解。

例3：求函数 $y=\dfrac{3x^2-6x+2}{x^2-2x+2}$ 的值域。

解：将函数整理成关于 x 的二次方程为 $(y-3)x^2-(2y-6)x+2y-2=0$，

当 $y=3$ 时，x 不存在，所以 $y\neq 3$. 因为整理的二次方程有实数 x，

所以 $\Delta=(2y-6)^2-4(y-3)(2y-2)\geqslant 0$，得 $-1\leqslant y<3$，

所以函数的值域为 $[-1,3)$.

点评：把函数问题转化为方程问题，利用关于 x 的二次方程有实数解，得 $\Delta\geqslant 0$。

✦ 归 纳 法 ✦

归纳是数学中常见的推理形式，归纳法是一种从特殊到一般的证明方法。归纳法分为不完全归纳法和完全归纳法，而数学归纳法是完全归纳法的一种。不完全归纳法是对个别命题或特殊论断的探讨与分析中预见普遍命题或一般结论的方法。它不是数学中严格的论证方法，但是可以从中发现解题线索。完全归纳法是在研究一切特殊情况后得到普遍命题或一般结论的推理方法。

用数学归纳法证明的步骤：

（1）证明当 n 取第一个值 n_0 时结论正确；

（2）假设当 $n=k$（$k\in \mathbf{N}$，且 $k\geqslant n_0$）时结论正确，证明当 $n=k+1$ 时，结论正确。

这两个步骤缺一不可，第（1）步 $p(n_0)$ 成立是推理的基础，第（2）步 $p(k)\Rightarrow p(k+1)$ 是推理的依据（n_0 成立，则 n_0+1 成立，n_0+2 也成立……从而断定命题对所有的自然数均成立）。

例1：观察下列等式：

$1-\dfrac{1}{2}=\dfrac{1}{2}$；

$1-\dfrac{1}{2}+\dfrac{1}{3}-\dfrac{1}{4}=\dfrac{1}{3}+\dfrac{1}{4}$；

$1-\dfrac{1}{2}+\dfrac{1}{2}-\dfrac{1}{4}+\dfrac{1}{5}-\dfrac{1}{6}=\dfrac{1}{4}+\dfrac{1}{5}+\dfrac{1}{6}$；

…

据此规律，第 n 个等式为 _____。

解：观察等式知：第 n 个等式的左边有 $2n$ 个数相加减，奇数项为正，偶数项为负，且分子为 1，分母是 1 到 $2n$ 的连续正整数，等式的右边是 $\dfrac{1}{n+1} + \dfrac{1}{n+2}$ $+ \cdots + \dfrac{1}{2n}.$

故答案为 $1 - \dfrac{1}{2} + \dfrac{1}{3} - \dfrac{1}{4} + \cdots + \dfrac{1}{2n-1} - \dfrac{1}{2n} = \dfrac{1}{n+1} + \dfrac{1}{n+2} + \cdots + \dfrac{1}{2n}.$

例 2：观察下列各式：

$C_1^0 = 4^0;$

$C_3^0 + C_3^1 = 4^1;$

$C_5^0 + C_5^1 + C_5^2 = 4^2;$

$C_7^0 + C_7^1 + C_7^2 + C_7^3 = 4^3;$

…

照此规律，当 $n \in \mathbf{N}$ 时，

$C_{2n-1}^0 + C_{2n-1}^1 + C_{2n-1}^2 + \cdots + C_{2n-1}^{n-1} = $ _____。

解：因为第一个等式右端为：$4^0 = 4^{1-1}$；第二个等式右端为：$4^1 = 4^{2-1}$；第三个等式右端为：$4^2 = 4^{3-1}$，由归纳推理得：第 n 个等式为：$C_{2n-1}^0 + C_{2n-1}^1 + \cdots + C_{2n-1}^{n-1} = 4^{n-1}$，所以答案应填：$4^{n-1}$.

点评：归纳推理是指由某类事物的部分对象具有某些特征，推出该类事物的全部对象都具有这些特征的推理或由个别事实概括出一般结论的推理。归纳推理和类比推理都是根据已有的事实，经过观察、分析、比较、联想，再进行归纳、类比，然后提出猜想的推理，我们把它们统称为合情推理。

归纳推理应注重观察、猜想、推理、验证，通常可观察出前几项的规律后，得出一般的规律。归纳推理题型重在猜想，不一定要证明，但猜想需要有一定的经验与能力，不能凭空猜想。今后需注意类比推理以及创新性问题的考查。

例 3：如图 $2-3-12$ 所示的 5 个图形及相应点的个数的变化规律，试猜测第 n 个图形中有 _____ 个点。

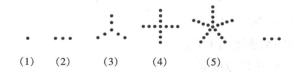

(1)　(2)　(3)　(4)　(5)

图 $2-3-12$

解：由 $a_3 = 1 + 3 \times 2$，$a_4 = 1 + 4 \times 3$，$a_5 = 1 + 5 \times 4$，得 $a_n = 1 + n(n-1)$.

答案：$1 + n\,(n-1)$

点评：本题的解法是归纳法，由前面 5 个图形及相应点的个数变化规律，归纳出 $a_n = 1 + n\,(n-1)$.

例 4：有 10 个乒乓球，将它们任意分成两堆，求出这两堆乒乓球个数的乘积，再将每堆乒乓球任意分成两堆并求出这两堆乒乓球个数的乘积，如此下去，直到不能再分为止，则所有乘积的和为（ ）。

A. 45   B. 55   C. 90   D. 100

解：用特殊值法，假设每次分堆时都是分出 1 个球，第一次分完后应该一堆是 1 个球，另一堆 $n-1$ 个，则乘积为 $1 \times (n-1) = n-1$；第二次分完后应该一堆是 1 个球，另一堆 $n-2$ 个，则乘积为 $1 \times (n-2) = n-2$；依此类推最后一次应该是应该一堆是 1 个球，另一堆 1 个，则乘积为 $1 \times 1 = 1$. 设乘积的和为 T_n，则 $T_n = 1 + 2 + \cdots + (n-1) = \dfrac{1}{2}n\,(n-1)$，当 $n = 10$ 时，$T_{10} = \dfrac{1}{2} \times 10 \times (10 - 1) = 45$. 故选 A。

点评：本解法利用了特殊值法、归纳推理方法进行解答。

例 5：设 $a_1 = 1$，$a_{n+1} = \sqrt{a_n^2 - 2a_n + 2} + b\ (n \in \mathbf{N}^*)$.

（1）若 $b = 1$，求 a_2，a_3 及数列 $\{a_n\}$ 的通项公式。

（2）若 $b = -1$，问：是否存在实数 c，使得 $a_{2n} < c < a_{2n+1}$ 对所有 $n \in \mathbf{N}^*$ 成立？证明你的结论。

解：（1）方法一：$a_2 = 2$，$a_3 = \sqrt{2} + 1$.

再由题设条件知：

$(a_{n+1} - 1)^2 = (a_n - 1)^2 + 1$，

从而 $\{(a_n - 1)^2\}$ 是首项为 0，公差为 1 的等差数列，

故 $(a_n - 1)^2 = n - 1$，即 $a_n = \sqrt{n-1} + 1\ (n \in \mathbf{N}^*)$.

方法二：$a_2 = 2$，$a_3 = \sqrt{2} + 1$.

可写为 $a_1 = \sqrt{1-1} + 1$，$a_2 = \sqrt{2-1} + 1$，$a_3 = \sqrt{3-1} + 1$.

因此猜想 $a_n = \sqrt{n-1} + 1$.

下面用数学归纳法证明上式。

当 $n = 1$ 时，结论显然成立。

假设 $n = k$ 时结论成立，即 $a_k = \sqrt{k-1} + 1$，则

$a_{k+1} = \sqrt{(a_k - 1)^2 + 1} + 1 = \sqrt{(k-1) + 1} + 1 = \sqrt{(k+1) - 1} + 1$，

这就是说，当 $n=k+1$ 时结论成立。

所以 $a_n = \sqrt{n-1}+1$ （$n\in\mathbf{N}^*$）.

证明：（2）方法一：设 $f(x) = \sqrt{(x-1)^2+1}-1$，则 $a_{n+1}=f(a_n)$.

令 $c=f(c)$，即 $c=\sqrt{(c-1)^2+1}-1$，解得 $c=\dfrac{1}{4}$.

下面用数学归纳法证明命题，

$a_{2n}<c<a_{2n+1}<1$.

当 $n=1$ 时，$a_2=f(1)=0$，$a_3=f(0)=\sqrt{2}-1$，所以 $a_2<\dfrac{1}{4}<a_3<1$，结论成立；

假设 $n=k$ 时结论成立，即 $a_{2k}<c<a_{2k+1}<1$.

易知 $f(x)$ 在 （$-\infty$，1] 上为减函数，从而 $c=f(c)>f(a_{2k+1})>f(1)=a_2$，即 $1>c>a_{2k+2}>a_2$.

再由 $f(x)$ 在 （$-\infty$，1] 上为减函数，得 $c=f(c)<f(a_{2k+2})<f(a_2)=a_3<1$，

故 $c<a_{2k+3}<1$，因此 $a_{2(k+1)}<c<a_{2(k+1)+1}<1$，这就是说，当 $n=k+1$ 时结论成立。

综上，存在 $c=\dfrac{1}{4}$，使 $a_{2n}<c<a_{2a+1}$ 对所有 $n\in\mathbf{N}^*$ 成立。

方法二：设 $f(x) = \sqrt{(x-1)^2+1}-1$，则 $a_{n+1}=f(a_n)$.

先证：$0\leqslant a_n\leqslant 1$ （$n\in\mathbf{N}^*$）. ①

当 $n=1$ 时，结论明显成立。

假设 $n=k$ 时结论成立，即 $0\leqslant a_k\leqslant 1$，

易知 $f(x)$ 在 （$-\infty$，1] 上为减函数，

从而 $0=f(1)\leqslant f(a_k)\leqslant f(0)=\sqrt{2}-1<1$.

即 $0\leqslant a_{k+1}\leqslant 1$，这就是说，当 $n=k+1$ 时结论成立。故①成立。

再证：$a_{2n}<a_{2n+1}$ （$n\in\mathbf{N}^*$）. ②

当 $n=1$ 时，$a_2=f(1)=0$，$a_3=f(a_2)=f(0)=\sqrt{2}-1$，所以 $a_2<a_3$，即 $n=1$ 时②成立。

假设 $n=k$ 时，结论成立，即 $a_{2k}<a_{2k+1}$.

由①及 $f(x)$ 在 （$-\infty$，1] 上为减函数，得

$a_{2k+1}=f(a_{2k})>f(a_{2k+1})=a_{2k+2}$，

$a_{2(k+1)} = f(a_{2k+1}) < f(a_{2k+2}) = a_{2(k+1)+1}.$

这就是说，当 $n = k+1$ 时②成立。所以②对一切 $n \in \mathbf{N}^*$ 成立。

由②得 $a_{2n} < \sqrt{a_{2n}^2 - 2a_{2n} + 2} - 1$，

即 $(a_{2n} + 1)^2 < a_{2n}^2 - 2a_{2n} + 2$，

因此 $a_{2n} < \dfrac{1}{4}$. ③

又由①②及 $f(x)$ 在 $(-\infty, 1]$ 上为减函数，得 $f(a_{2n}) > f(a_{2n+1})$，

即 $a_{2n+1} > a_{2n+2}$.

所以 $a_{2n+1} > \sqrt{a_{2n+1}^2 - 2a_{2n+1} + 2} - 1$，解得 $a_{2n+1} > \dfrac{1}{4}$. ④

综上，由②③④知，存在 $c = \dfrac{1}{4}$，使 $a_{2n} < c < a_{2n+1}$ 对一切 $n \in \mathbf{N}^*$ 成立。

点评：（1）方法一利用定义法，方法二利用归纳法并用数学归纳法证明。
（2）先猜想后用数学归纳法证明。

◆ 类比法 ◆

类比是根据两个（或两类）对象之间某些方面的相似或相同而推出它们在其他方面也可能相似或相同的逻辑方法。它是通过比较找出它们相似点或相同点，然后以此为根据把关于某一个对象的某些知识或结论迁移到另一对象中去。在数学中它曾经与归纳法一起被人们视为发现真理的主要工具。

例1：设等差数列 $\{a_n\}$ 的前 n 项和为 S_n，则 S_4，$S_8 - S_4$，$S_{12} - S_8$，$S_{16} - S_{12}$ 成等差数列。类比以上结论，设等比数列 $\{b_n\}$ 的前 n 项积为 T_n，则 T_4，_____，_____，$\dfrac{T_{16}}{T_{12}}$ 成等比数列。

解：对于等比数列，通过类比，有等比数列 $\{b_n\}$ 的前 n 项积为 T_n，则 T_4，$\dfrac{T_8}{T_4}$，$\dfrac{T_{12}}{T_8}$，$\dfrac{T_{16}}{T_{12}}$ 成等比数列。

答案： $\dfrac{T_8}{T_4}$，$\dfrac{T_{12}}{T_8}$

例2：类比下面平面几何中的结论，写出立体几何中的一个结论。

平面几何：三角形内心到三边的距离相等且 $S = \dfrac{1}{2}(a + b + c) r$，其中 S 是三角形的面积，a，b，c 是各边长，r 是内切圆半径。

立体几何：_____

_____。

答案：四面体内切球的球心到各面的距离相等且 $V = \dfrac{1}{3} \left(S_1 + S_2 + S_3 + S_4 \right)$ r，其中 V 为四面体的体积，S_1，S_2，S_3，S_4 是各面面积，r 是内切球半径。

例 3：在平面几何中，正三角形外接圆半径等于内切圆半径的 2 倍。用类比的方法写出立体几何中相似的命题。

解：如图 2 – 3 – 13 所示，正四面体的外接球半径等于内切球半径的 3 倍。

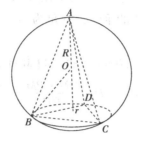

图 2 – 3 – 13

解：$V_{A-BCD} = \dfrac{1}{3} S_{\triangle BCD} \cdot \left(R + r \right) = \dfrac{1}{3} S_{\triangle BCD} \cdot 4r$，

$\therefore R + r = 4r$，$\therefore R = 3r.$

点评：类比推理是指由两类对象具有某些类似特征和其中一类对象的某些已知特征，推出另一类对象也具有这些特征的推理。

平面几何问题类比立体几何问题，通常是平面几何的点、线、面类比立体几何的线、面、体，等差数列类比等比数列，通常是等差的和差类比等比的积商。例如，在平面几何中，边数最少的多边形是三角形；在立体几何中，面数最少的多面体是四面体。故三角形与四面体可做一些类比。

◆ 参数法 ◆

参数法是指在解题过程中，通过适当引入一些与题目研究的数学对象发生联系的新变量（参数），以此作为媒介，再进行分析和综合，从而解决问题。直线与二次曲线的参数方程都是用参数法解题的例证。换元法也是引入参数的典型例子。参数法解题的关键是恰到好处地引进参数，沟通已知和未知之间的内在联系，利用参数提供的信息，顺利地解答问题。

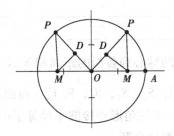

图 2 - 3 - 14

例1：如图2－3－14所示，圆O的半径为1，A是圆上的定点，P是上半圆上的动点，过点P作直线OA的垂线，垂足为M，点M到直线OP的距离为d，则d的最大值是_____。

解：如图：设$\angle AOP = x$（$0 \leq x \leq \pi$），过M作$MD \perp OP$于D，则$PM = \sin x$，$OM = |\cos x|$，在 Rt$\triangle OMP$中，$MD = \dfrac{OM \cdot PM}{OP} = \dfrac{|\cos x| \cdot |\sin x|}{1} = |\cos x \sin x| = \dfrac{1}{2}|\sin 2x|$，

$\therefore d = \dfrac{1}{2}|\sin 2x| \leq \dfrac{1}{2}$，即$d$的最大值是$\dfrac{1}{2}$.

点评：本解法利用$\angle AOP = x$为变量（参数），把d表示为$d = \dfrac{1}{2}|\sin 2x|$的函数，利用函数求最大值。

例2：设$m \in \mathbf{R}$，过定点A的动直线$x + my = 0$和过定点B的动直线$mx - y + m + 3 = 0$交于点P（x，y），则$|PA| \cdot |PB|$的最大值是_____。

分析：该题所给的直线含有未知数，要从动中找定，点P是变化的，也要从轨迹的角度把握问题。由于所分析的P点轨迹是一个圆，所以可从三角换元的角度入手。

解：$\because$直线$x + my = 0$过定点A，$\therefore A$（0，0），$\because$直线$mx - y - m + 3 = m(x - 1) - y + 3 = 0$过定点$B$，$\therefore B$（1，3），$\because$两条直线垂直，$\therefore AB$为直径，$P$在圆周上，$AB = \sqrt{1+9} = \sqrt{10}$. 设$a = PA$，$b = PB$，$a^2 + b^2 = 10$，令$a = \sqrt{10}\sin\theta$，$b = \sqrt{10}\cos\theta$，$\theta \in [0, \dfrac{\pi}{2}]$，则$ab = \sqrt{10}\sin\theta \cdot \sqrt{10}\cos\theta = 5\sin 2\theta \in [0, 5]$，所以$|PA| \cdot |PB|$的最大值是5.

答案：5

点评：本解法利用三角换元引进参数θ，并把$|PA| \cdot |PB|$表示为θ的函

数，再求解。

例 3：如图 2-3-15 所示，已知抛物线 P：$y^2 = x$，直线 AB 与抛物线 P 交于 A，B 两点，$OA \perp OB$，$\overrightarrow{OA} + \overrightarrow{OB} = \overrightarrow{OC}$，$OC$ 与 AB 交于点 M. 求点 M 的轨迹方程。

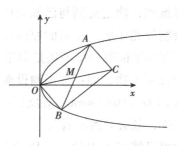

图 2-3-15

解：依题意，知直线 OA，OB 的斜率存在，设直线 OA 的斜率为 k，由于 $OA \perp OB$，则直线 OB 的斜率为 $-\dfrac{1}{k}$. 故直线 OA 的方程为 $y = kx$，直线 OB 的方程为 $y = -\dfrac{1}{k}x$.

由 $\begin{cases} y = kx, \\ y^2 = x, \end{cases}$ 消去 y，得 $k^2 x^2 - x = 0$.

解得 $x = 0$ 或 $x = \dfrac{1}{k^2}$，$\therefore$ 点 A 的坐标为 $\left(\dfrac{1}{k^2}, \dfrac{1}{k} \right)$.

同理，得点 B 的坐标为 $(k^2, -k)$.

$\because \overrightarrow{OA} + \overrightarrow{OB} = \overrightarrow{OC}$，

$\therefore M$ 是线段 AB 的中点，设点 M 的坐标为 (x, y)，

则 $\begin{cases} x = \dfrac{\dfrac{1}{k^2} + k^2}{2} \\ y = \dfrac{\dfrac{1}{k} - k}{2} \end{cases}$，消去 k，得 $y^2 = \dfrac{1}{2}(x - 1)$.

$\therefore$ 点 M 的轨迹方程为 $y^2 = \dfrac{1}{2}(x - 1)$.

点评：本题的解法通过设参数 k，建立参数方程，再消去参数，即利用参数法求轨迹方程。

◆• 反证法 •◆

反证法就是从否定命题的结论入手，并把对命题结论的否定作为推理的已知条件，进行正确的逻辑推理，使之得到与已知条件、已知公理、定理、法则或者已经证明为正确的命题等相矛盾，矛盾的原因是假设不成立，所以肯定了命题的结论，从而使命题获得了证明。反证法是属于"间接证明法"一类，是从反面的角度思考问题的证明方法，即：肯定题设而否定结论，从而导出矛盾推理而得。法国数学家阿达玛（Hadamard）对反证法的实质做过概括："若肯定定理的假设而否定其结论，就会导致矛盾"。

反证法所依据的是逻辑思维规律中的"矛盾律"和"排中律"，在同一思维过程中，两个互相矛盾的判断不能同时都为真，至少有一个是假的，这就是逻辑思维中的"矛盾律"；两个互相矛盾的判断不能同时都假，简单地说"A 或者非 A"，这就是逻辑思维中的"排中律"。反证法在其证明过程中，得到矛盾的判断，根据"矛盾律"，这些矛盾的判断不能同时为真，必有一假，而已知条件、已知公理、定理、法则或者已经证明为正确的命题都是真的，所以"否定的结论"必为假。再根据"排中律"，结论与"否定的结论"这一对立的互相否定的判断不能同时为假，必有一真，于是我们得到原结论必为真。所以反证法是以逻辑思维的基本规律和理论为依据的，反证法是可信的。

反证法的证题模式可以简要的概括为"否定→推理→否定"。即从否定结论开始，经过正确无误的推理导致逻辑矛盾，达到新的否定，可以认为反证法的基本思想就是"否定之否定"，应用反证法证明的主要三步是：否定结论→推导出矛盾→结论成立。实施的具体步骤是：

第一步，反设：作出与求证结论相反的假设；

第二步，归谬：将反设作为条件，并由此通过一系列的正确推理导出矛盾；

第三步，结论：说明反设不成立，从而肯定原命题成立。

在应用反证法证题时，一定要用到"反设"进行推理，否则就不是反证法。用反证法证题时，如果欲证明的命题的方面情况只有一种，那么只要将这种情况驳倒了就可以，这种反证法又叫"归谬法"；如果结论的方面情况有多种，那么必须将所有的反面情况一一驳倒，才能推断原结论成立，这种证法又叫"穷举法"。

在数学解题中经常使用反证法，牛顿曾经说过："反证法是数学家最精当的武器之一"。一般来讲，反证法常用来证明的题型有：命题的结论以"否定形式""至少"或"至多""唯一""无限"形式出现的命题；或者否定结论更明显、具体、简单的命题；或者直接证明难以下手的命题，改变其思维方向，从结论入手进行反面思考，问题可能解决得十分干脆。

例1：用反证法证明命题："已知 a，b 为实数，则方程 $x^2 + ax + b = 0$ 至少有一个实根"时，要做的假设是（　　　）。

A. 方程 $x^2 + ax + b = 0$ 没有实根

B. 方程 $x^2 + ax + b = 0$ 至多有一个实根

C. 方程 $x^2 + ax + b = 0$ 至多有两个实根

D. 方程 $x^2 + ax + b = 0$ 恰好有两个实根

答案：A

例2：设 $a > 0$，$b > 0$，$c > 0$，求证：三个数 $a + \dfrac{1}{b}$，$b + \dfrac{1}{c}$，$c + \dfrac{1}{a}$ 中至少有一个不小于 2。

证明：用反证法，假设三个数 $a + \dfrac{1}{b}$，$b + \dfrac{1}{c}$，$c + \dfrac{1}{a}$ 都小于 2，则 $a + \dfrac{1}{b} + b + \dfrac{1}{c} + c + \dfrac{1}{a} < 6$，

而 $a + \dfrac{1}{b} + b + \dfrac{1}{c} + c + \dfrac{1}{a} = a + \dfrac{1}{a} + b + \dfrac{1}{b} + c + \dfrac{1}{c} \geqslant 2 + 2 + 2 = 6.$

上下两式出现矛盾，所以假设不成立，因此三个数 $a + \dfrac{1}{b}$，$b + \dfrac{1}{c}$，$c + \dfrac{1}{a}$ 中至少有一个不小于 2.

例3：已知：$a + b + c > 0$，$ab + bc + ca > 0$，$abc > 0$.

求证：$a > 0$，$b > 0$，$c > 0$.

证明：用反证法：

假设 a，b，c 不都是正数，由 $abc > 0$ 可知，这三个数中必有两个为负数，一个为正数，不妨设 $a < 0$，$b < 0$，$c > 0$，则由 $a + b + c > 0$，可得 $c > -(a + b)$，又 $a + b < 0$，$\therefore c(a + b) < -(a + b)(a + b)$，$ab + c(a + b) < -(a + b)(a + b) + ab$，

即 $ab + bc + ca < -a^2 - ab - b^2$.

$\because a^2 > 0$，$ab > 0$，$b^2 > 0$，$\therefore -a^2 - ab - b^2 = -(a^2 + ab + b^2) < 0$，即 $ab + bc + ca < 0$，这与已知 $ab + bc + ca > 0$ 矛盾，所以假设不成立。

因此 $a > 0$，$b > 0$，$c > 0$ 成立。

例 4：已知实数 a，b，c，d 满足 $a+b=c+d=1$，$ac+bd>1$，求证：a，b，c，d 中至少有一个是负数。

证明：假设 a，b，c，d 都是非负实数，因为 $a+b=c+d=1$，

所以 a，b，c，$d\in[0,1]$，所以 $ac\leqslant\sqrt{ac}\leqslant\dfrac{a+c}{2}$，$bd\leqslant\sqrt{bd}\leqslant\dfrac{b+d}{2}$，

所以 $ac+bd\leqslant\dfrac{a+c}{2}+\dfrac{b+d}{2}=1.$

这与已知 $ac+bd>1$ 相矛盾，所以原假设不成立，即证得 a，b，c，d 中至少有一个是负数。

例 5：若 x，y 都是正实数且 $x+y>2$，求证：$\dfrac{1+x}{y}<2$ 与 $\dfrac{1+y}{x}<2$ 中至少有一个成立。

证明：假设 $\dfrac{1+x}{y}\geqslant 2$ 且 $\dfrac{1+y}{x}\geqslant 2$，

$\because x>0$，$y>0$，$\therefore 1+x\geqslant 2y$ 且 $1+y\geqslant 2x$.

$\therefore 1+x+1+y\geqslant 2(x+y)$，即 $x+y\leqslant 2$，这与 $x+y>2$ 矛盾。

$\therefore \dfrac{1+x}{y}<2$ 与 $\dfrac{1+y}{x}<2$ 中至少有一个成立。

第四节　数学解题方法专题教学案例

◆ 常用不等式的解法 ◆

代数问题的解题过程经常遇到解不等式或解不等式组。解不等式是解题过程的重要环节，是完成解题的基础，是运算过程中的常客。我们有必要研究常见不等式的解法，例如一元二次不等式、高次不等式、分式不等式的解法，应该说解不等式是解题的工具，我们必须掌握好这个工具，为后面的解题奠定基础。

一、一元二次不等式的解法

例1：解下列关于 x 的不等式。

（1）不等式 $x^2 + x - 2 < 0$ 的解集为_____。

（2） $-2x^2 - 5x + 3 > 0$.

（3） $ax^2 - (a+1) x + 1 < 0$.

（4）不等式组 $\begin{cases} x(x+2) > 0 \\ |x| < 1 \end{cases}$ 的解集为（　　　）

A. $\{x \mid -2 < x < -1\}$　　　　　B. $\{x \mid -1 < x < 0\}$

C. $\{x \mid 0 < x < 1\}$　　　　　D. $\{x \mid x > 1\}$

分析：（1）求对应方程的两根，结合图像可得其解。

（2）把二次项系数化为正数，然后用因式分解法。

（3）本题主要考查一元二次不等式的解法及分类讨论的思想方法，可分 $a \neq 0$ 及 $a = 0$ 进行讨论。

（4）先解不等式组中的每一个不等式，再求二者的交集。

解：（1）方程 $x^2 + x - 2 = 0$ 的两根为 -2，1，结合二次函数 $y = x^2 + x - 2$ 的图像可知解集为 $(-2，1)$.

（2）由题可得 $2x^2 + 5x - 3 < 0$，$(2x-1)(x+3) < 0$，解得 $-3 < x < \dfrac{1}{2}$，

$\therefore$ 不等式的解集为 $\{x \mid -3 < x < \dfrac{1}{2}\}$.

（3）原不等式可化为 $(ax-1)(x-1) < 0$.

①当 $a = 0$ 时，$x > 1$.

②当 $a < 0$ 时，不等式化为 $\left(x - \dfrac{1}{a}\right)(x-1) > 0$. $\because \dfrac{1}{a} < 1$，$\therefore x < \dfrac{1}{a}$ 或 $x > 1$.

③ $a > 0$ 时，不等式化为 $\left(x - \dfrac{1}{a}\right)(x-1) < 0$.

若 $\dfrac{1}{a} < 1$，即 $a > 1$，则 $\dfrac{1}{a} < x < 1$；若 $\dfrac{1}{a} = 1$，即 $a = 1$，则 $x \in \varnothing$；

若 $\dfrac{1}{a} > 1$，即 $0 < a < 1$，则 $1 < x < \dfrac{1}{a}$. 综上所述，原不等式的解集为

$a < 0$ 时，$\{x \mid x < \dfrac{1}{a}$ 或 $x > 1\}$；$a = 0$ 时，$\{x \mid x > 1\}$；

$0 < a < 1$ 时，$\{x \mid 1 < x < \dfrac{1}{a}\}$；$a = 1$ 时，$x \in \varnothing$；

$a > 1$ 时，$\{x \mid \dfrac{1}{a} < x < 1\}$.

（4）由第一式得 $x > 0$ 或 $x < -2$，由第二式得 $-1 < x < 1$，求交集得选项 C。

方法总结： 解一元二次不等式的一般思考顺序：（1）把二次项的系数化为正数，如果系数含字母参数，则可能要分类讨论，需要讨论的情况主要有三种：①对二次项系数为零与不为零，是正还是负进行讨论，以便确定解集的形式；②对判别式 $\Delta > 0$，$\Delta = 0$，$\Delta < 0$ 分别进行讨论，以便确定相应二次方程根的个数；③对相应的一元二次方程根的大小进行讨论，确定好根的大小，以便写出解集。（2）先考虑因式分解法，否则考虑求根公式法或配方法。（3）写出相应的解集。

二、分式不等式与高次不等式的解法

例2： 解下列关于 x 的不等式。

（1）$\dfrac{16}{x-1} \leqslant x - 1$.

（2）$-\dfrac{1}{x^2} + \dfrac{2}{x} + 3 < 0$.

（3）$\dfrac{2x^2 + 3}{x - a} < 2x \ (a \neq 0)$.

分析：（1）移项通分法，转化为三次不等式或分类去分母化为不等式组；

（2）可以用换元法，也可以去分母（注意 $x^2 > 0$）转化为二次不等式；

（3）移项通分法，注意分类讨论。

解：（1）方法一：移项通分，得 $\dfrac{16 - (x-1)^2}{x-1} \leqslant 0$，

即 $(x-1)(5-x)(3+x) \leqslant 0$ 且 $x \neq 1$，

即 $(x-1)(x-5)(x+3) \geqslant 0$ 且 $x \neq 1$.

根据数轴标根法，得解集为 $\{x \mid -3 \leqslant x < 1$ 或 $x \geqslant 5\}$.

方法二：由原不等式，得 $\begin{cases} x - 1 > 0, \\ 16 \leqslant (x-1)^2. \end{cases}$ 或 $\begin{cases} x - 1 < 0, \\ 16 \geqslant (x-1)^2. \end{cases}$

$\therefore \begin{cases} x > 1, \\ x \geqslant 5 \ \text{或} \ x \leqslant -3 \end{cases}$ 或 $\begin{cases} x < 1, \\ -3 \leqslant x \leqslant 5. \end{cases}$

$\therefore$ 不等式的解集为 $\{x \mid -3 \leqslant x < 1 \ \text{或} \ x \geqslant 5\}$.

（2）方法一：原方程可变形为 $\dfrac{1}{x^2} - \dfrac{2}{x} - 3 > 0$，

设 $t = \dfrac{1}{x}$，则 $t^2 - 2t - 3 > 0$，$(t-3)(t+1) > 0$，即 $t > 3$ 或 $t < -1$.

$\therefore \dfrac{1}{x} > 3$ 或 $\dfrac{1}{x} < -1$.

$\therefore$ 原不等式的解集为 $\{x \mid 0 < x < \dfrac{1}{3} \ \text{或} -1 < x < 0\}$.

方法二：$\because x \neq 0$，$\therefore x^2 > 0$，

$\therefore$ 由原不等式，得 $-1 + 2x + 3x^2 < 0$，

即 $(3x-1)(x+1) < 0$，$-1 < x < \dfrac{1}{3}$（$x \neq 0$）.

$\therefore$ 原不等式的解集为 $\{x \mid -1 < x < 0 \ \text{或} \ 0 < x < \dfrac{1}{3}\}$.

（3）原不等式等价于 $\dfrac{2x^2 + 3 - 2(x^2 - ax)}{x - a} < 0$，即 $\dfrac{2ax + 3}{x - a} < 0$.

当 $a > 0$ 时，$\{x \mid -\dfrac{3}{2a} < x < a\}$；

当 $a < 0$ 时，$\{x \mid x > -\dfrac{3}{2a} \ \text{或} \ x < a\}$.

方法总结：对于（1）解分式不等式一般先等价变形为标准形式，就是右边为零，左边为分式的形式，再等价转化为不等式组或高次不等式求解。分式不等式含等号，等价转化为整式不等式时，其分母不为零最易丢掉，这一点一定要切记。当分式不等式分母正负不确定时，不可通过不等式两边同乘分母的方法转化为整式不等式；对于（2）用方法二较方便；对于（3）抓住 a 的正负分类讨论是关键。分式不等式的常用解法：①移项通分，转化为高次不等式，再利用数轴标根法求解；②对分母的符号进行分类，然后去分母，转化为不等式组求解。

三、简单绝对值不等式的解法

例3：解下列不等式。

（1） $|x-1|<2$.

（2） $|2x-1|-x<1$.

（3） $|x+2|-|x|\leqslant1$.

分析：（1）根据解集公式去绝对值号。

（2）讨论绝对值符号里的 $2x-1$ 大于等于零还是小于零，去绝对值号。

（3）利用零点分段讨论法解绝对值不等式。

解：（1） $\because |x-1|<2$，$\therefore -2<x-1<2$，得 $-1<x<3$.

$\therefore$ 不等式的解集为 $\{x\mid -1<x<3\}$.

（2）方法一：当 $2x-1\geqslant0$ 时，不等式为 $2x-1-x<1$，$\therefore \dfrac{1}{2}\leqslant x<2$.

当 $2x-1<0$ 时，不等式为 $1-2x-x<1$，$\therefore 0<x<\dfrac{1}{2}$.

$\therefore$ 不等式解集为 $\{x\mid 0<x<2\}$.

方法二：$\because |2x-1|-x<1$，$\therefore |2x-1|<1+x$.

去绝对值得 $-x-1<2x-1<1+x$，

解得 $0<x<2$. $\therefore$ 不等式解集为 $\{x\mid 0<x<2\}$.

（3）当 $x\leqslant-2$ 时，原不等式可化为 $-x-2+x\leqslant1$，该不等式恒成立；

当 $-2<x<0$ 时，原不等式可化为 $x+2+x\leqslant1$，$x\leqslant-\dfrac{1}{2}$，$\therefore -2<x\leqslant -\dfrac{1}{2}$；

当 $x\geqslant0$ 时，原不等式可化为 $x+2-x\leqslant1$，不成立。

综上，不等式的解集为 $\{x\mid x\leqslant-\dfrac{1}{2}\}$.

例4：若不等式 $|x-1|-|x-3|\geqslant a$ 解集是空集，则实数 a 的取值范围是_____。

解：由绝对值的几何意义或函数 $f(x)=|x-1|-|x-3|$ 图像可知 $|x-1|-|x-3|\in[-2,2]$，因为不等式 $|x-1|-|x-3|\geqslant a$ 的解集是 $\varnothing$，所以 $a\in(2,+\infty)$.

点评：解本题的关键是求出函数 $f(x)=|x-1|-|x-3|$ 的值域，根据不

等式的解集为空集，转化为 a 大于 $f(x)$ 的最大值。

例5：【2018 全国试卷·理科23】已知 $f(x) = |x+1| - |ax-1|$.

（1）当 $a=1$ 时，求不等式 $f(x) > 1$ 的解集。

（2）若 $x \in (0, 1)$ 时，不等式 $f(x) > x$ 成立，求 a 的取值范围。

解：（1）当 $a=1$ 时，$f(x) = |x+1| - |x-1|$，

即 $f(x) = \begin{cases} -2, & x \leqslant -1, \\ 2x, & -1 < x < 1, \\ 2, & x \geqslant 1. \end{cases}$

故不等式 $f(x) > 1$ 的解集为 $\left\{ x \mid x > \dfrac{1}{2} \right\}$.

（2）当 $x \in (0, 1)$ 时，$|x+1| - |ax-1| > x$ 成立，等价于当 $x \in (0, 1)$ 时 $|ax-1| < 1$ 成立。若 $a \leqslant 0$，则当 $x \in (0, 1)$ 时 $|ax-1| \geqslant 1$；若 $a > 0$，$|ax-1| < 1$ 的解集为 $0 < x < \dfrac{2}{a}$，所以 $\dfrac{2}{a} \geqslant 1$，故 $0 < a \leqslant 2$.

综上，a 的取值范围为 $(0, 2]$.

方法总结：解绝对值不等式时，首先分析绝对值不等式的类型，再根据对应的等价变形方法求解。解绝对值不等式的关键是去绝对值号，用绝对值的意义去绝对值号再进行分类讨论是解绝对值不等式的一般方法。

四、利用函数性质解不等式

例6：【2017 江苏·11】已知函数 $f(x) = x^3 - 2x + e^x - \dfrac{1}{e^x}$，其中 e 是自然对数的底数。若 $f(a-1) + f(2a^2) \leqslant 0$，则实数 a 的取值范围是_____。

分析：利用函数的奇偶性、单调性，脱掉 f。

解：因为 $f(-x) = -f(x)$，所以 $f(x) = x^3 - 2x + e^x - \dfrac{1}{e^x}$ 是奇函数。

因为 $f'(x) = 3x^2 - 2 + e^x + e^{-x} \geqslant 3x^2 - 2 + 2\sqrt{e^x \cdot e^{-x}} \geqslant 0$，

所以 $f(x) = x^3 - 2x + e^x - \dfrac{1}{e^x}$ 在 **R** 上单调递增，

由 $f(a-1) + f(2a^2) \leqslant 0$，脱掉 f 可得 $a \in \left[-1, \dfrac{1}{2} \right]$.

方法总结：解函数不等式，首先根据函数的性质把不等式转化为 $f(g(x)) > f(h(x))$ 的形式，然后根据函数的单调性去掉 "f"，转化为具体的

不等式（组），此时要注意 $g(x)$ 与 $h(x)$ 的取值应在外层函数的定义域内。

·◆·◆ **函数值域的求法** ◆·◆·

求函数的值域是一个比较复杂的问题，首先要考虑其定义域，再化简函数解析式，然后观察函数解析式的结构特征再选择恰当的方法。常用的方法有直接观察法、配方法、反解法、换元法、单调性法、不等式法、判别式法、数形结合法、导数法。复杂的值域问题常常要综合运用这些方法，关键要记住具有什么结构特点的函数用什么样的方法求值域。要特别注意定义域和对应法则对值域的约束作用。

一、观察法

根据函数图像、性质能较容易得出值域（最值）的简单函数。

例1：求 $y = |-x^2 + 4| - 2$ 的值域。

解：$\because |-x^2 + 4| \geq 0$，$\therefore y \geq 0 - 2 = -2$（$x = \pm 2$ 时取得等号），故原函数的值域是 $[-2, +\infty)$.

例2：求函数 $y = \dfrac{1}{\sqrt{x+1} + 1}$ 的值域。

分析：首先由 $\sqrt{x+1} \geq 0$，得 $\sqrt{x+1} + 1 \geq 1$，然后在求其倒数即得答案。

解：$\because \sqrt{x+1} \geq 0$，

$\therefore \sqrt{x+1} + 1 \geq 1$，

$\therefore 0 < \dfrac{1}{\sqrt{x+1} + 1} \leq 1$，

$\therefore$ 函数的值域为 $(0, 1]$.

二、配方法

当所给函数是二次函数或可化为二次函数的复合函数时，可利用配方法求值域。

例3：函数 $y = \sin^2 x + \cos x$ 的值域是（　　　　）。

A. $[-1, 1]$　　　B. $[1, \dfrac{5}{4}]$　　　C. $[-1, \dfrac{3}{4}]$　　　D. $[-1, \dfrac{5}{4}]$

分析：先化为关于 $\cos x$ 的二次函数，然后结合二次函数图像求解。

解：$y = 1 - \cos^2 x + \cos x = -\left(\cos x - \dfrac{1}{2}\right)^2 + \dfrac{5}{4}$.

$\because -1 \leq \cos x \leq 1$,

$\therefore 1 - (-1)^2 + (-1) \leq y \leq \dfrac{5}{4}$.

$\therefore$ 所求值域为 $\left[-1, \dfrac{5}{4}\right]$.

答案：D

例 4：求函数 $y = e^{-x^2 + 4x - 3}$ 的值域。

解：此题可以看作是 $y = e^u$ 和 $u = -x^2 + 4x - 3$ 两个函数复合而成的函数，对 u 配方可得：$u = -(x-2)^2 + 1$，得到函数 u 的最大值 $u = 1$，再根据 $y = e^u$ 可知 y 为增函数，且 $y > 0$，故函数 $y = e^{-x^2 + 4x - 3}$ 的值域为 $y \in (0, e]$.

三、反解法

利用某种结构的"有界性"，如 $a^x > 0$，$|\sin x| \leq 1$，$|\cos x| \leq 1$，$x^2 \geq 0$，$\sqrt{x} \geq 0$ 等等，在原函数中，若能解出该结构并用 y 表示，就可考虑这种解法。

例 5：求下列函数的值域。

（1）$y = \dfrac{2^x + 4}{2^x + 1}$；（2）$y = \dfrac{\cos x}{2 - \cos x}$.

解：（1）由 $y = \dfrac{2^x + 4}{2^x + 1}$，得 $2^x = \dfrac{4 - y}{y - 1}$.

$\because 2^x > 0$，$\therefore \dfrac{4 - y}{y - 1} > 0$，$\therefore 1 < y < 4$,

$\therefore$ 函数的值域为 $\{y | 1 < y < 4\}$.

（2）由 $y = \dfrac{\cos x}{2 - \cos x}$，得 $\cos x = \dfrac{2y}{y + 1}$.

$\because -1 \leq \cos x \leq 1$,

$\therefore -1 \leq \dfrac{2y}{y + 1} \leq 1$，解得 $-\dfrac{1}{3} \leq y \leq 1$.

$\therefore$ 函数的值域为 $\left\{y \middle| -\dfrac{1}{3} \leq y \leq 1\right\}$.

四、判别式法

分子、分母中含有二次项的函数类型，此函数经过变形后可以化为

A（y）$x^2 + B$（y）$x + C$（y）$= 0$ 的形式，再利用判别式加以判断。

例6：求函数 $y = \dfrac{2x^2 + 4x - 7}{x^2 + 2x + 3}$ 的值域。

解：由于本题的分子、分母均为关于 x 的二次形式，因此可以考虑使用判别式法，将原函数变形为：$x^2 y + 2xy + 3y = 2x^2 + 4x - 7$，整理得：$(y-2) x^2 + 2 (y-2) x + 3y + 7 = 0$，当 $y \neq 2$ 时，上式可以看成关于 x 的二次方程，该方程的 x 范围应该满足 $f(x) = x^2 + 2x + 3 \neq 0$，即 $x \in \mathbf{R}$，此时方程有实根，即 $\Delta \geqslant 0$，

$$\Delta \in = [2 (y-2)]^2 - 4 (y-2) (3y+7) \geqslant 0 \Rightarrow y \in \left[-\dfrac{9}{2}, 2 \right].$$

注意：运用判别式法解出值域后一定要将端点值（本题是 $y = 2$，$y = -\dfrac{9}{2}$）代回方程检验。将 $y = 2$，$y = -\dfrac{9}{2}$ 分别代入检验得 $y = 2$ 不符合方程，所以，

$$y \in \left[-\dfrac{9}{2}, 2 \right).$$

五、换元法

通过简单的换元把一个函数变为简单函数，其题型特征是无理函数、三角函数（用三角代换）等。

例7：求函数 $y = 2x - 3 + \sqrt{13 - 4x}$ 的值域。

解：由于题中含有 $\sqrt{13 - 4x}$ 不便于计算，但如果令 $t = \sqrt{13 - 4x}$（注意 $t \geqslant 0$），从而得，$x = \dfrac{13 - t^2}{4}$，$\therefore y = \dfrac{13 - t^2}{2} - 3 + t$（$t \geqslant 0$），变形得，$2y = -(t-1)^2 + 8$（$t \geqslant 0$），即 $y \in (-\infty, 4]$.

注意：在使用换元法换元时一定要注意新变量的范围，否则将会产生错误。

六、数形结合法

对于一些能够准确画出函数图像的函数来说，可以先画出其函数图像，然后利用函数图像求其值域。

例8：求函数 $y = |x-1| + |x-3|$ 的值域。

分析：此题首先是考虑如何去掉绝对值，将其写成一个分段函数。

$$y = \begin{cases} -2x+4, & x \in (-\infty, 1] \\ 2, & x \in (1, 3) \\ 2x-4, & x \in [3, +\infty) \end{cases},$$

在对应的区间内，画出此函数的图像，如图 2-4-1 所示，易得出函数的值域为 $[2, +\infty)$.

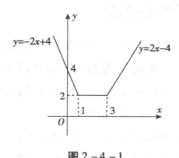

图 2-4-1

七、不等式法

利用几个重要不等式及推论来求得最值（如 $a^2 + b^2 \geq 2ab$，$a + b \geq 2\sqrt{ab}$），利用此法求函数的值域，要合理地添项和拆项。添项和拆项的原则是要使最终的乘积结果中不含自变量，同时，利用此法时还应注意取" = "成立的条件。

例 9：求函数 $y = \dfrac{x+2}{\sqrt{x+1}}$ 的值域。

解：$y = \dfrac{x+2}{\sqrt{x+1}} = \sqrt{x+1} + \dfrac{1}{\sqrt{x+1}} \geq 2$，当且仅当 $x = 0$ 时" = "成立。故函数的值域为 $y \in [2, +\infty)$.

方法总结：此法可以灵活运用，对于分母为一次多项式的二次分式，当然可以运用判别式法求得其值域，但是若能变通地运用此法，可以省去判别式法求解二次不等式的过程。

八、单调性法

利用函数在给定的区间上的单调递增或单调递减的性质求值域。

例 10：求函数 $y = \sqrt{3x+6} - \sqrt{8-x}$ 的值域。

解：此题可以看作 $y = u + v$ 和 $u = \sqrt{3x+6}$，$v = -\sqrt{8-x}$ 的复合函数，显然函数 $u = \sqrt{3x+6}$ 为单调递增函数，易验证 $v = -\sqrt{8-x}$ 亦是单调递增函

数，故函数 $y = \sqrt{3x+6} - \sqrt{8-x}$ 也是单调递增函数，而此函数的定义域为 $[-2, 8]$.

当 $x = -2$ 时，y 取得最小值 $-\sqrt{10}$. 当 $x = 8$ 时，y 取得最大值 $\sqrt{30}$.

故原函数的值域为 $[-\sqrt{10}, \sqrt{30}]$.

九、利用导数求函数的值域

若函数 $f(x)$ 在 (a, b) 内可导，可以利用导数求得 $f(x)$ 在 (a, b) 内的极值，然后再计算 $f(x)$ 在 a，b 点的极限值从而求得 $f(x)$ 的值域。

例 11：求函数 $f(x) = x^3 - 3x$ 在 $(-5, 1)$ 内的值域。

分析：显然 $f(x)$ 在 $(-5, 3)$ 可导，且 $f'(x) = 3x^2 - 3$. 由 $f'(x) = 0$ 得，$f(x)$ 的极值点为 $x = 1$，$x = -1$. $f(-1) = 2$，$f(1-0) = -2$，$f(-5+0) = -110$. 所以，函数 $f(x)$ 的值域为 $(-110, 2)$.

（本专题由汕头市金山中学陈钢端供稿）

·❖ 不等式证明的基本方法 ❖·

在高中数学中，不等式证明的基本方法有：比较法、分析综合法、换元法、反证法、构造函数法、积分法（理科）、数学归纳法（理科）、放缩法等。

下面通过几个题目我们就其他的几个方法作简单的阐述。

一、利用中间量进行比较

例 1：【2017 山东·理 7】若 $a > b > 0$，且 $ab = 1$，则下列不等式成立的是（ ）。

A. $a + \dfrac{1}{b} < \dfrac{b}{2^a} < \log_2 (a+b)$ B. $\dfrac{b}{2^a} < \log_2 (a+b) < a + \dfrac{1}{b}$

C. $a + \dfrac{1}{b} < \log_2 (a+b) < \dfrac{b}{2^a}$ D. $\log_2 (a+b) < a + \dfrac{1}{b} < \dfrac{b}{2^a}$

解：因为 $a > b > 0$，且 $ab = 1$，所以 $a > 1$，$0 < b < 1$，$\therefore \dfrac{b}{2^a} < 1$，$\log_2 (a+b) > \log_2 2\sqrt{ab} = 1$，$2^{a+\frac{1}{b}} > a + \dfrac{1}{b} > a + b \Rightarrow a + \dfrac{1}{b} > \log_2 (a+b)$，所以选 B.

点评：比较幂或对数值的大小，若幂的底数相同或对数的底数相同，通常利用指数函数或对数函数单调性进行比较。若底数不同，可考虑利用中间量进行比较。本题虽小，但考查的知识点较多，需灵活利用指数函数、对数函数的性质及基本不等式作出判断。

二、分析综合法

例 2：求证：$\dfrac{nb^n\,(b-2)}{b^n-2^n}\le\dfrac{b^{n+1}}{2^{n+1}}+1$（$b>0$ 且 $b\neq2$）.

证明：要证 $\dfrac{nb^n\,(b-2)}{b^n-2^n}\le\dfrac{b^{n+1}}{2^{n+1}}+1$（$b>0$ 且 $b\neq2$），

即证 $\dfrac{nb^n\,(b-2)}{b^n-2^n}\le\dfrac{b^{n+1}+2^{n+1}}{2^{n+1}}$（$b>0$ 且 $b\neq2$），

即证 $(b^{n+1}+2^{n+1})\,\dfrac{b^n-2^n}{b-2}\ge n\cdot2^{n+1}b^n$（$b>0$ 且 $b\neq2$）.

又 $\dfrac{b^n-2^n}{b-2}=\dfrac{b^{n-1}\times\left[1-(\frac{2}{b})^n\right]}{1-\dfrac{2}{b}}=b^{n-1}+2b^{n-2}+2^2b^{n-3}+\cdots+2^{n-1}$（等比数列前 n 项和公式），即原结论需证 $(b^{n+1}+2^{n+1})\,(b^{n-1}+2b^{n-2}+2^2b^{n-3}+\cdots+2^{n-1})\ge n\cdot2^{n+1}b^n$（$b>0$ 且 $b\neq2$）.

这里 $(b^{n+1}+2^{n+1})\,(b^{n-1}+2b^{n-2}+2^2b^{n-3}+\cdots+2^{n-1})$
$=b^{2n}+2b^{2n-1}+2^2b^{2n-2}+\cdots+2^{n-1}b^{n+1}+2^{n+1}b^{n-1}+2^{n+2}b^{n-2}+\cdots+2^{2n-1}b+2^{2n}$
$=(b^{2n}+2^{2n})+(2b^{2n-1}+2^{2n-1}b)+\cdots+(2^{n-1}b^{n+1}+2^{n+1}b^{n-1})$.

由 $b>0$ 且 $b\neq2$，可由基本不等式有：

$2^{n-k}b^{n+k}+2^{n+k}b^{n-k}>2\,\sqrt{2^{n-k}b^{n+k}\cdot2^{n+k}b^{n-k}}=2\cdot\sqrt{2^{2n}b^{2n}}=2^{n+1}b^n$（$k=1$，$2$，$3$，$\cdots$，$n$），

故有 $(b^{2n}+2^{2n})+(2b^{2n-1}+2^{2n-1}b)+\cdots+(2^{n-1}b^{n+1}+2^{n+1}b^{n-1})\ge n\cdot2^{n+1}b^n$（$b>0$ 且 $b\neq2$），

原结论成立。

点评：这道题是截取了 2011 年广东卷第 20 题的其中一个小问题，题目考查了学生的分析能力、逻辑推理能力与运算能力，难度比较大。

三、换元法

例 3：若 $|a|\le1$，$|b|\le1$，求证：$ab+\sqrt{(1-a^2)\,(1-b^2)}\le1$.

证明：方法一（分析法）：

∵ $|a| \le 1$，$|b| \le 1$，∴ $1 - ab \ge 0$.

要证 $ab + \sqrt{(1-a^2)(1-b^2)} \le 1$，

即证 $\sqrt{(1-a^2)(1-b^2)} \le 1 - ab$，

即证 $(1-a^2)(1-b^2) \le (1-ab)^2$，

即证 $1 - a^2 - b^2 + a^2b^2 \le 1 - 2ab + a^2b^2$. 整理，得 $(a-b)^2 \ge 0$.

上式显然成立，故原不等式成立。

方法二（三角换元法）：设 $a = \cos\alpha$，$b = \cos\beta$（$\alpha, \beta \in [0, \pi]$），则 $ab + \sqrt{(1-a^2)(1-b^2)} = \cos\alpha\cos\beta + \sin\alpha\sin\beta = \cos(\alpha - \beta) \le 1$.

故原不等式成立。

点评：从题目的两个解答方法可以看出，对这个问题，三角换元法比分析法要更精妙，更漂亮，题的着眼点其实是结合了题目所给的所有信息。

四、反证法

例 4：若 $a^3 + b^3 = 2$，求证 $a + b \le 2$.

分析：本题结论的反面比原结论更具体，更简单，宜用反证法。

证法一：假设 $a + b > 2$，则 $a^3 + b^3 = (a+b)(a^2 - ab + b^2) > 2(a^2 - ab + b^2)$，

而 $a^3 + b^3 = 2$，故 $a^2 - ab + b^2 < 1$.

∴ $1 + ab > a^2 + b^2 \ge 2ab$，从而 $ab < 1$，

∴ $a^2 + b^2 < 1 + ab < 2$，

∴ $(a+b)^2 = a^2 + b^2 + 2ab < 2 + 2ab < 4$，

∴ $a + b < 2$，

这与假设矛盾，故 $a + b \le 2$.

证法二：假设 $a + b > 2$，则 $a > 2 - b$，

故 $2 = a^3 + b^3 > (2-b)^3 + b^3$，即 $2 > 8 - 12b + 6b^2$，即 $(b-1)^2 < 0$，

这个结论不成立，从而 $a + b \le 2$.

证法三：假设 $a + b > 2$，则 $(a+b)^3 = a^3 + b^3 + 3ab(a+b) > 8$.

由 $a^3 + b^3 = 2$，得 $3ab(a+b) > 6$，故 $ab(a+b) > 2$.

又 $a^3 + b^3 = (a+b)(a^2 - ab + b^2) = 2$，

∴ $ab(a+b) > (a+b)(a^2 - ab + b^2)$，

$\therefore a^2 - ab + b^2 < ab$，即 $(a-b)^2 < 0.$

这个结论不成立，故 $a + b \leqslant 2.$

点评：本题三种方法均采用反证法，有的推至与已知矛盾，有的推至与已知事实矛盾。

一般说来，结论中出现"至少""至多""唯一"等字句，或结论以否定语句出现，或结论肯定"过头"时，都可以考虑用反证法。

五、构造函数法

例 5：已知函数 $f(x) = e^x$，$x \in \mathbf{R}.$

（1）若直线 $y = kx + 1$ 与 $f(x)$ 的反函数的图像相切，求实数 k 的值。

（2）设 $x > 0$，讨论曲线 $y = f(x)$ 与曲线 $y = mx^2$（$m > 0$）公共点的个数。

（3）设 $a < b$，比较 $\dfrac{f(a) + f(b)}{2}$ 与 $\dfrac{f(b) - f(a)}{b - a}$ 的大小，并说明理由。

解：（1）$f(x)$ 的反函数 $g(x) = \ln x$，设直线 $y = kx + 1$ 与 $g(x) = \ln x$

相切于点 $P(x_0, y_0)$，则 $\begin{cases} kx_0 + 1 = \ln x_0 \\ k = g'(x_0) = \dfrac{1}{x_0} \end{cases} \Rightarrow x_0 = e^2$，$k = e^{-2}$，所以 $k = e^{-2}.$

（2）当 $x > 0$，$m > 0$ 时，曲线 $y = f(x)$ 与曲线 $y = mx^2$（$m > 0$）的公共点个数即为方程 $f(x) = mx^2$ 根的个数。

由 $f(x) = mx^2 \Rightarrow m = \dfrac{e^x}{x^2}$，令 $h(x) = \dfrac{e^x}{x^2} \Rightarrow h'(x) = \dfrac{xe^x(x-2)}{x^4}$，

则 $h(x)$ 在 $(0, 2)$ 上单调递减，这时 $h(x) \in (h(2), +\infty)$；

$h(x)$ 在 $(2, +\infty)$ 上单调递增，这时 $h(x) \in (h(2), +\infty).$

$h(2) = \dfrac{e^2}{4}$，$h(2)$ 是 $y = h(x)$ 的极小值，即最小值。

所以对曲线 $y = f(x)$ 与曲线 $y = mx^2$（$m > 0$）公共点的个数，讨论如下：

当 $m \in \left(0, \dfrac{e^2}{4}\right)$ 时，有 0 个公共点；当 $m = \dfrac{e^2}{4}$ 的，有 1 个公共点；

当 $m \in \left(\dfrac{e^2}{4}, +\infty\right)$ 时，有 2 个公共点。

（3）假设 $\dfrac{f(a) + f(b)}{2} > \dfrac{f(b) - f(a)}{b - a}$，即 $\dfrac{e^a + e^b}{2} > \dfrac{e^b - e^a}{b - a}$

$\Leftrightarrow \dfrac{b - a}{2} - \dfrac{e^b - e^a}{e^b + e^a} > 0 \Leftrightarrow \dfrac{b - a}{2} - \dfrac{e^{b-a} - 1}{e^{b-a} + 1} > 0.$

令 $x = b - a$，故 $\dfrac{x}{2} - \dfrac{e^x - 1}{e^x + 1} > 0$（ * ）.

取 $g(x) = \dfrac{x}{2} - \dfrac{e^x - 1}{e^x + 1}$ $(x \geqslant 0)$，

$g'(x) = \dfrac{1}{2} - \dfrac{2e^x}{(e^x + 1)^2} = \dfrac{(e^x - 1)^2}{2(e^x + 1)^2} \geqslant 0$（当且仅当 $x = 0$ 时，等号成立），

故 $y = g(x)$ 在 $[0, +\infty)$ 上单调递增，即 $g(x) > g(0) = 0$ $(x > 0)$

从而（ * ）式成立，假设成立。

点评：题目的解答中，先是对题目结论进行等价转换，从而得到要证的不等式，再将题目的参数转化成一个变量构造出函数解决问题。

六、数学归纳法与积分法

例6：设函数 $f(x) = \ln(1 + x)$，$g(x) = xf'(x)$，$x \geqslant 0$，其中 $f'(x)$ 是 $f(x)$ 的导函数。

（1）令 $g_1(x) = g(x)$，$g_{n+1}(x) = g(g_n(x))$，$n \in \mathbf{N}^*$，求 $g_n(x)$ 的表达式。

（2）若 $f(x) \geqslant ag(x)$ 恒成立，求实数 a 的取值范围。

（3）设 $n \in \mathbf{N}^*$，比较 $g(1) + g(2) + \cdots + g(n)$ 与 $n - f(n)$ 的大小，并加以证明。

解：由题设得，$g(x) = \dfrac{x}{1+x}$ $(x \geqslant 0)$.

（1）由已知，$g_1(x) = \dfrac{x}{1+x}$，

$g_2(x) = g(g_1(x)) = \dfrac{\dfrac{x}{1+x}}{1 + \dfrac{x}{1+x}} = \dfrac{x}{1+2x}$，

$g_3(x) = \dfrac{x}{1+3x}$，$\cdots$，可得 $g_n(x) = \dfrac{x}{1+nx}$.

下面用数学归纳法证明。①当 $n = 1$ 时，$g_1(x) = \dfrac{x}{1+x}$，结论成立；②假设 $n = k$ 时结论成立，即 $g_k(x) = \dfrac{x}{1+kx}$.

那么，当 $n = k + 1$ 时，$g_{k+1}(x) = g(g_k(x)) = \dfrac{g_k(x)}{1 + g_k(x)} = \dfrac{\dfrac{x}{1+kx}}{1 + \dfrac{x}{1+kx}} =$

$\dfrac{x}{1+(k+1)x}$，即结论成立。

由①②可知，结论对 $n \in \mathbf{N}^*$ 成立。

（2）已知 $f(x) \geqslant ag(x)$ 恒成立，即 $\ln(1+x) \geqslant \dfrac{ax}{1+x}$ 恒成立。

设 $\varphi(x) = \ln(1+x) - \dfrac{ax}{1+x}$ $(x \geqslant 0)$，

则 $\varphi'(x) = \dfrac{1}{1+x} - \dfrac{a}{(1+x)^2} = \dfrac{x+1-a}{(1+x)^2}$.

当 $a \leqslant 1$ 时，$\varphi'(x) \geqslant 0$（仅当 $x=0$，$a=1$ 时等号成立），

$\therefore \varphi(x)$ 在 $[0, +\infty)$ 上单调递增，又 $\varphi(0) = 0$，

$\therefore \varphi(x) \geqslant 0$ 在 $[0, +\infty)$ 上恒成立，

$\therefore a \leqslant 1$ 时，$\ln(1+x) \geqslant \dfrac{ax}{1+x}$ 恒成立（仅当 $x=0$ 时等号成立）。

当 $a > 1$ 时，对 $x \in (0, a-1]$ 有 $\varphi'(x) < 0$，

$\therefore \varphi(x)$ 在 $(0, a-1]$ 上单调递减，

$\therefore \varphi(a-1) < \varphi(0) = 0.$

即 $a > 1$ 时，存在 $x > 0$，使 $\varphi(x) < 0$，

故知 $\ln(1+x) \geqslant \dfrac{ax}{1+x}$ 不恒成立。

综上可知，a 的取值范围是 $(-\infty, 1]$.

（3）由题设知 $g(1) + g(2) + \cdots + g(n) = \dfrac{1}{2} + \dfrac{2}{3} + \cdots + \dfrac{n}{n+1}$，

比较结果为 $g(1) + g(2) + \cdots + g(n) > n - \ln(n+1)$.

证明如下：

方法一（分拆法）：上述不等式等价于 $\dfrac{1}{2} + \dfrac{1}{3} + \cdots + \dfrac{1}{n+1} < \ln(n+1)$，

在（2）中取 $a=1$，可得 $\ln(1+x) > \dfrac{x}{1+x}$，$x > 0$.

令 $x = \dfrac{1}{n}$，$n \in \mathbf{N}^*$，则 $\ln\dfrac{n+1}{n} > \dfrac{1}{n+1}$.

故有 $\ln2 - \ln1 > \dfrac{1}{2}$，$\ln3 - \ln2 > \dfrac{1}{3}$，$\cdots$

$\ln(n+1) - \ln n > \dfrac{1}{n+1}$，

上述各式相加可得 $\ln (n+1) > \dfrac{1}{2} + \dfrac{1}{3} + \cdots + \dfrac{1}{n+1}$,

结论得证。

方法二（数学归纳法）：上述不等式等价于 $\dfrac{1}{2} + \dfrac{1}{3} + \cdots + \dfrac{1}{n+1} < \ln (n+1)$,

在（2）中取 $a=1$，可得 $\ln (1+x) > \dfrac{x}{1+x}$，$x>0$.

令 $x = \dfrac{1}{n}$，$n \in \mathbf{N}^*$，则 $\dfrac{1}{n+1} < \ln \dfrac{n+1}{n}$.

下面用数学归纳法证明。①当 $n=1$ 时，$\dfrac{1}{2} < \ln 2$，结论成立；②假设当 $n = k$ 时结论成立，即 $\dfrac{1}{2} + \dfrac{1}{3} + \cdots + \dfrac{1}{k+1} < \ln (k+1)$.

那么，当 $n = k+1$ 时，$\dfrac{1}{2} + \dfrac{1}{3} + \cdots + \dfrac{1}{k+1} + \dfrac{1}{k+2} < \ln (k+1) + \dfrac{1}{k+2} <$ $\ln (k+1) + \ln \dfrac{k+2}{k+1} = \ln (k+2)$，即结论成立。

由①②可知，结论对 $n \in \mathbf{N}^*$ 均成立。

方法三（积分法）：如图 $2-4-2$，$\int_n^0 \dfrac{x}{x+1} \mathrm{d}x$ 是由曲线 $y = \dfrac{x}{x+1}$，$x=n$ 及 x 轴所围成的曲边梯形的面积，而 $\dfrac{1}{2} + \dfrac{2}{3} + \cdots + \dfrac{n}{n+1}$ 是图中 $2-4-2$ 所示各矩形的面积和，

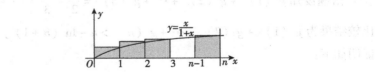

图 $2-4-2$

$\therefore \dfrac{1}{2} + \dfrac{2}{3} + \cdots + \dfrac{n}{n+1} > \int_n^0 \dfrac{x}{x+1} \mathrm{d}x = \int_n^0 \left(1 - \dfrac{1}{x+1}\right) \mathrm{d}x = n - \ln (n+1)$，结论得证。

点评：数学归纳法与积分法一样，适用于解决一些有关正整数的不等式问题。

（本专题由汕头市金山中学张海兵供稿）

❖ 圆锥曲线轨迹方程的求法 ❖

根据动点的运动规律求出动点的轨迹方程，主要包含两种类型：（1）确定曲线类型，即能够根据圆锥曲线定义与性质确定动点轨迹类型（椭圆、双曲线或抛物线）；（2）不定曲线或无规则曲线，根据题意无法确定动点轨迹类型。

求轨迹方程的基本方法：直接法、定义法、相关点法、参数法、交轨法等。

一、直接法

如果动点运动的条件就是一些几何量间的等量关系，这些条件简单明确，不需要特殊的技巧，易于表述成含 x，y 的等式，就得到相应的轨迹方程，这种方法称之为直接法。

例 1：已知直角坐标系中，点 Q（2，0），圆 C 方程为 $x^2 + y^2 = 1$，动点 M 到圆 C 的切线长与 $|MQ|$ 的比等于常数 λ（$\lambda > 0$），求动点 M 的轨迹。

解：如图 2-4-3 所示，设 MN 切圆 C 于点 N，则 $|MN|^2 = |MO|^2 - |ON|^2$. 设 M（x，y），则 $\sqrt{x^2 + y^2 - 1} = \lambda \sqrt{(x-2)^2 + y^2}$，化简得（$\lambda^2 - 1$）（$x^2 + y^2$）$-4\lambda^2 x + (1 + 4\lambda^2) = 0$，

当 $\lambda = 1$ 时，方程为 $x = \dfrac{5}{4}$，表示一条直线。

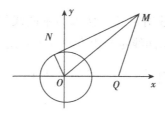

图 2-4-3

当 $\lambda \neq 1$ 时，方程化为 $\left(x - \dfrac{2\lambda^2}{\lambda^2 - 1} \right)^2 + y^2 = \dfrac{1 + 3\lambda^2}{(\lambda^2 - 1)^2}$ 表示一个圆。

例 2：如图 2-4-4 所示，圆 O_1 与圆 O_2 的半径都是 1，$O_1 O_2 = 4$. 过动点 P 分别作圆 O_2，圆 O_2 的切线分别为 PM，PN（M，N 分别为切点），使得 $PM = \sqrt{2} PN$. 试建立恰当的坐标系，并求动点 P 的轨迹方程。

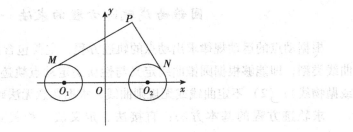

图 2 - 4 - 4

解：以 O_1O_2 的中点 O 为原点，O_1O_2 所在直线为 x 轴，建立如图 2 - 4 - 4 所示的平面直角坐标系，则 O_1（-2，0），O_2（2，0）.

由已知 $PM = \sqrt{2}PN$，得 $PM^2 = 2PN^2$.

因为两圆半径均为 1，所以 $PO_1^2 - 1 = 2$（$PO_2^2 - 1$）.

设 P（x，y），则 $(x+2)^2 + y^2 - 1 = 2[(x-2)^2 + y^2 - 1]$，

即 $(x-6)^2 + y^2 = 33$.（或 $x^2 + y^2 - 12x + 3 = 0$）

评析：（1）用直接法求动点轨迹一般有建系、设点、列式、化简、证明五个步骤，最后的证明可以省略，但要注意"挖"与"补"。

（2）求轨迹方程一般只要求出方程即可，求轨迹却不仅要求出方程而且要说明轨迹是什么。

二、定义法

运用解析几何中一些常用定义（例如圆锥曲线的定义），可从曲线定义出发直接写出轨迹方程，或从曲线定义出发建立关系式，从而求出轨迹方程。

例3：已知动圆过定点 $\left(\dfrac{p}{2}, 0\right)$，且与直线 $x = -\dfrac{p}{2}$ 相切，其中 $p > 0$. 求动圆圆心 C 的轨迹的方程。

解：如图 2 - 4 - 5 所示，设 M 为动圆圆心，$\left(\dfrac{p}{2}, 0\right)$ 记为 F，过点 M 作直线 $x = -\dfrac{p}{2}$ 的垂线，垂足为 N，由题意知：$|MF| = |MN|$.

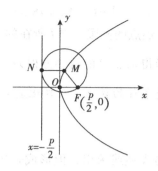

图 2 - 4 - 5

即动点 M 到定点 F 与到定直线 $x = -\dfrac{p}{2}$ 的距离相等，由抛物线的定义知，

点 M 的轨迹为抛物线，其中 $F\left(\dfrac{p}{2}, 0\right)$ 为焦点，$x = -\dfrac{p}{2}$ 为准线，轨迹方程

为 $y^2 = 2px$（$p > 0$）.

例 4：已知圆 O 的方程为 $x^2 + y^2 = 100$，点 A 的坐标为（-6，0），M 为圆 O 上任一点，AM 的垂直平分线交 OM 于点 P，求点 P 的方程。

解：由中垂线性质知 $|PA| = |PM|$，故 $|PA| + |PO| = |PM| + |PO| = |OM| = 10$，即 P 点的轨迹为以 A，O 为焦点的椭圆，且中心为（-3，0），

故 P 点的方程为 $\dfrac{(x+3)^2}{25} + \dfrac{y^2}{16} = 1$.

例 5：如图 2 - 4 - 6 所示，已知 A，B，C 是直线 l 上的三点，且 $|AB| = |BC| = 6$，$\odot O'$ 切直线 l 于点 A，又过 B，C 作 $\odot O'$ 异于 l 的两切线，设这两切线交于点 P，求点 P 的轨迹方程。

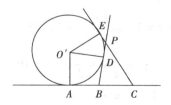

图 2 - 4 - 6

解：设过 B，C 异于 l 的两切线分别切 $\odot O'$ 于 D，E 两点，两切线交于点 P. 由切线的性质知：$|BA| = |BD|$，$|PD| = |PE|$，$|CA| = |CE|$，故 $|PB| + |PC| = |BD| + |PD| + |PC| = |BA| + |PE| + |PC|$

$=|BA|+|CE|=|AB|+|CA|=6+12=18>6=|BC|$，故由椭圆定义知，点 P 的轨迹是以 B，C 为两焦点的椭圆，以 l 所在的直线为 x 轴，以 BC 的中点为原点，建立坐标系，可求得动点 P 的轨迹方程为：$\dfrac{x^2}{81}+\dfrac{y^2}{72}=1$.

评析： 定义法的关键是条件的转化——转化成某一基本轨迹的定义条件。

三、相关点法

动点所满足的条件不易表述或求出，但形成轨迹的动点 $P(x,y)$ 却随另一动点 $Q(x',y')$ 的运动而有规律的运动，且动点 Q 的轨迹给定或容易求得，则可先将 x'，y' 表示为 x，y 的式子，再代入 Q 的轨迹方程，然而整理得 P 的轨迹方程，代入法也称相关点法。

几何法：利用平面几何或解析几何的知识分析图形性质，发现动点运动规律和动点满足的条件，然后得出动点的轨迹方程。

例 6： 如图 $2-4-7$ 所示，从双曲线 $x^2-y^2=1$ 上一点 Q 引直线 $x+y=2$ 的垂线，垂足为 N. 求线段 QN 的中点 P 的轨迹方程。

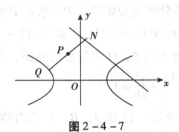

图 $2-4-7$

解： 设动点 P 的坐标为 (x,y)，点 Q 的坐标为 (x_1,y_1)，

则 $N(2x-x_1,\ 2y-y_1)$，将其代入 $x+y=2$，得 $2x-x_1+2y-y_1=2$①.

又 PQ 垂直于直线 $x+y=2$，故 $\dfrac{y-y_1}{x-x_1}=1$，即 $x-y+y_1-x_1=0$②，由①②解方程组得 $x_1=\dfrac{3}{2}x+\dfrac{1}{2}y-1$，$y_1=\dfrac{1}{2}x+\dfrac{3}{2}y-1$，代入双曲线方程即可得 P 点的轨迹方程是 $2x^2-2y^2-2x+2y-1=0$.

例 7： 如图 $2-4-8$ 所示，已知椭圆 $\dfrac{x^2}{a^2}+\dfrac{y^2}{b^2}=1$ $(a>b>0)$ 的左、右焦点分别是 $F_1(-c,0)$，$F_2(c,0)$，Q 是椭圆外的动点，满足 $|\overrightarrow{F_1Q}|=2a$. 点 P 是线段 F_1Q 与该椭圆的交点，点 T 在线段 F_2Q 上，并且满足 $\overrightarrow{PT}\cdot\overrightarrow{TF_2}=0$，$|\overrightarrow{TF_2}|\neq0$.

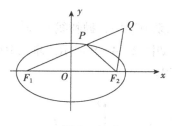

图 2 - 4 - 8

求点 T 的轨迹 C 的方程。

解：解法一：（相关点法）

设点 T 的坐标为 (x, y)，当 $|\overrightarrow{PT}| = 0$ 时，点 $(a, 0)$ 和点 $(-a, 0)$ 在轨迹上。

当 $|\overrightarrow{PT}| \neq 0$ 且 $|\overrightarrow{TF_2}| \neq 0$ 时，由 $\overrightarrow{PT} \cdot \overrightarrow{TF_2} = 0$，得 $\overrightarrow{PT} \perp \overrightarrow{TF_2}$.

又 $|\overrightarrow{PQ}| = |\overrightarrow{PF_2}|$，所以 T 为线段 F_2Q 的中点。

设点 Q 的坐标为 (x', y')，则 $\begin{cases} x = \dfrac{x' + c}{2}, \\ y = \dfrac{y'}{2}. \end{cases}$

因此 $\begin{cases} x' = 2x - c, \\ y' = 2y \end{cases}$ ①. 由 $|F_1Q| = 2a$ 得 $(x' + c)^2 + y'^2 = 4a^2$. ②

将①代入②，可得 $x^2 + y^2 = a^2$.

综上所述，点 T 的轨迹 C 的方程是 $x^2 + y^2 = a^2$.

解法二：（几何法）设点 T 的坐标为 (x, y). 当 $|\overrightarrow{PT}| = 0$ 时，点 $(a, 0)$ 和点 $(-a, 0)$ 在轨迹上。当 $|\overrightarrow{PT}| \neq 0$ 且 $|\overrightarrow{TF_2}| \neq 0$ 时，由 $|\overrightarrow{PT}| \cdot |\overrightarrow{TF_2}| = 0$，得 $\overrightarrow{PT} \perp \overrightarrow{TF_2}$. 又 $|\overrightarrow{PQ}| = |\overrightarrow{PF_2}|$，所以 T 为线段 F_2Q 的中点。在 $\triangle QF_1F_2$ 中，$|\overrightarrow{OT}| = \dfrac{1}{2}|\overrightarrow{F_1Q}| = a$，所以有 $x^2 + y^2 = a^2$.

综上所述，点 T 的轨迹 C 的方程是 $x^2 + y^2 = a^2$.

评析：一般地，定比分点问题、对称问题能转化为这两类的轨迹问题，都可用相关点法。

四、参数法

求轨迹方程有时很难直接找到动点的横坐标和纵坐标之间的关系，则可借助中间变量（参数），使 x，y 之间建立起联系，然后再从所求式子中消去参数，得出动点的轨迹方程。

例8： 在平面直角坐标系 xOy 中，抛物线 $y = x^2$ 上异于坐标原点 O 的两不同动点 A，B 满足 $AO \perp BO$，如图 2-4-9 所示。求 $\triangle AOB$ 的重心 G（即三角形三条中线的交点）的轨迹方程。

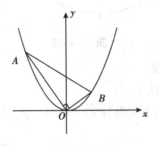

图 2-4-9

解：解法一： 以 OA 的斜率 k 为参数，由 $\begin{cases} y = kx \\ y = x^2 \end{cases}$，解得 $A\left(k, k^2\right)$.

$\because OA \perp OB$，$\therefore OB$ 为 $y = -\dfrac{1}{k}x$，由 $\begin{cases} y = -\dfrac{1}{k}x \\ y = x^2 \end{cases}$，解得 $B\left(-\dfrac{1}{k}, \dfrac{1}{k^2}\right)$.

设 $\triangle AOB$ 的重心 $G\ (x,\ y)$，则 $\begin{cases} x = \dfrac{1}{3}\left(k - \dfrac{1}{k}\right) \\ y = \dfrac{1}{3}\left(k^2 + \dfrac{1}{k^2}\right) \end{cases}$，

消去参数 k 得，重心 G 的轨迹方程为 $y = 3x^2 + \dfrac{2}{3}$.

解法二： 设 $\triangle AOB$ 的重心为 $G\ (x,\ y)$，$A\ (x_1,\ y_1)$，$B\ (x_2,\ y_2)$，则

$\begin{cases} x = \dfrac{x_1 + x_2}{3} \\ y = \dfrac{y_1 + y_2}{3} \end{cases}$ …… (1)

$\because OA \perp OB$，$\therefore k_{OA} \cdot k_{OB} = -1$，

即，$x_1 x_2 + y_1 y_2 = -1$ …… (2)

又点 A，B 在抛物线上，有 $y_1 = x_1^2$，$y_2 = x_2^2$，代入 (2) 化简得 $x_1 x_2 = -1$，

$\therefore y = \dfrac{y_1 + y_2}{3} = \dfrac{1}{3}\left(x_1^2 + x_2^2\right) = \dfrac{1}{3}\left[\left(x_1 + x_2\right)^2 - 2x_1 x_2\right] = \dfrac{1}{3} \times \left(3x\right)^2 + \dfrac{2}{3}$

$$= 3x^2 + \frac{2}{3}.$$

所以 $\triangle AOB$ 重心 G 的轨迹方程为 $y = 3x^2 + \frac{2}{3}.$

例 9：如图 $2-4-10$ 所示，设抛物线 C：$y = x^2$ 的焦点为 F，动点 P 在直线 l：$x - y - 2 = 0$ 上运动，过 P 作抛物线 C 的两条切线 PA，PB，且与抛物线 C 分别相切于 A，B 两点。求 $\triangle APB$ 的重心 G 的轨迹方程。

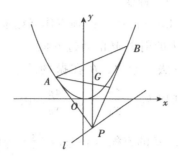

图 $2-4-10$

解：设切点 A，B 坐标分别为 $\left(x_0, x_0^2 \right)$ 和 $\left(x_1, x_1^2 \right)$ $\left(x_1 \neq x_0 \right)$，

∴ 切线 AP 的方程为：$2x_0 x - y - x_0^2 = 0$；

切线 BP 的方程为：$2x_1 x - y - x_1^2 = 0$，

解得 P 点的坐标为：$x_p = \dfrac{x_0 + x_1}{2}$，$y_p = x_0 x_1$，所以 $\triangle APB$ 的重心 G 的坐标为

$$x_G = \frac{x_0 + x_1 + x_p}{3} = x_p,$$

$$y_G = \frac{y_0 + y_1 + y_p}{3} = \frac{x_0^2 + x_1^2 + x_0 x_1}{3} = \frac{\left(x_0 + x_1 \right)^2 - x_0 x_1}{3} = \frac{4x_p^2 - y_p}{3},$$

所以 $y_p = -3y_G + 4x_G^2$，由点 P 在直线 l 上运动，从而得到重心 G 的轨迹方程为 $x - \left(-3y + 4x^2 \right) - 2 = 0$，即 $y = \dfrac{1}{3} \left(4x^2 - x + 2 \right).$

评析：（1）用参数法求轨迹是高考中常考的重要题型，由于选参灵活，技巧性强，也是学生较难掌握的一类问题；

（2）选用什么变量为参数，要看动点随什么量的变化而变化，常见的参数有斜率、截距、定比、角、点的坐标等；

（3）要特别注意消参前后保持范围的等价性；

（4）多参问题中，根据方程的观点，引入 n 个参数，需建立 $n+1$ 个方程，才能消参（特殊情况下，能整体处理时，方程个数可减少）。

五、交轨法

求两动曲线交点轨迹时，可由方程直接消去参数，例如求两动直线的交点时常用此法，也可以引入参数来建立这些动曲线的联系，然后消去参数得到轨迹方程，可以说是参数法的一种变形。

例 10： 过抛物线 $y^2 = 4px$ $(p > 0)$ 的顶点作互相垂直的两弦 OA，OB，求抛物线的顶点 O 在直线 AB 上的射影 M 的轨迹方程。

解：解法 1： （交轨法）点 A，B 在抛物线 $y^2 = 4px$ $(p > 0)$ 上，设 $A\left(\dfrac{y_A^2}{4p}, y_A\right)$，$B\left(\dfrac{y_B^2}{4p}, y_B\right)$，所以 $k_{OA} = \dfrac{4p}{y_A}$，$k_{OB} = \dfrac{4p}{y_B}$，由 OA 垂直 OB 得，$k_{OA} \cdot k_{OB} = -1$，得 $y_A y_B = -16p^2$，又 AB 的方程为 $y - y_A = \dfrac{y_A - y_B}{\dfrac{y_A^2}{4p} - \dfrac{y_B^2}{4p}}\left(x - \dfrac{y_A^2}{4p}\right)$，即 $(y_A + y_B)\,y$

$-4px - y_A y_B = 0$，把 $y_A y_B = -16p^2$ 代入 AB 方程得 $(y_A + y_B)\,y - 4px + 16p^2$

$= 0$①．又 OM 的方程为 $y = \dfrac{y_A + y_B}{-4p}x$②，

由①②消去 $y_A + y_B$ 得 $x^2 + y^2 - 4px = 0$，即得 $(x - 2p)^2 + y^2 = 4p^2$．

所以点 M 的轨迹方程为 $(x - 2p)^2 + y^2 = 4p^2$，其轨迹是以 $(2p, 0)$ 为圆心，半径为 $2p$ 的圆，除去点 $(0, 0)$。

评析： 用交轨法求交点的轨迹方程时，不一定非要求出交点坐标，只要能消去参数，得到交点的两个坐标间的关系即可。交轨法实际上是参数法中的一个特殊情况。

解 2： （几何法）由解法一中 AB 方程 $(y_A + y_B)\,y - 4px + 16p^2 = 0$ 可得 AB 过定点 $(4p, 0)$，而 OM 垂直 AB，所以由圆的几何性质可知：M 点的轨迹是以 $(2p, 0)$ 为圆心，半径为 $2p$ 的圆。所以点 M 的轨迹方程为 $(x - 2p)^2 + y^2 = 4p^2$，除去点 $(0, 0)$。

（本专题由汕头市金山中学蔡振奕供稿）

第五节　数学思想教学建议

数学思想方法考试要求：

中学数学的四大重要数学思想方法：数形结合思想、函数与方程思想、分类讨论思想、化归与转化的思想，在高考命题中是必须设计考题进行考查的。

《考试说明》第 4 点考查要求第（1）（2）点说到：

（1）对数学基础知识的考查，既要全面又要突出重点，对于掌握学科知识体系的重点内容，占有较大的比例，构成数学试卷的主体。注意学科的内在联系和知识的综合性，不刻意追求知识的覆盖面。从学科的整体高度和思维价值的高度考虑问题，在知识网络的交汇点设计试题，使对数学基础知识的考查达到必要的深度。

（2）对数学思想方法的考查是对数学知识在更高层次上抽象和概括的考查，考查时必须要与数学知识相结合，通过对数学知识的考查，反映考生对数学思想的掌握程度。

数学学科的命题，在考查基础知识的基础上，注重对数学思想方法的考查，注重对数学能力的考查，展现数学的科学价值和人文价值，同时兼顾试题的基础性、综合性和现实性，重视试题间的层次性，合理调控综合难易程度，坚持多角度、多层次的考查，努力实现全面综合考查数学素养的要求。

◆·数学思想方法应用·◆

一、数形结合思想

数形结合思想是将代数的问题转化为图像或图形，利用图像或图形的直观性解决有关问题的思想。

应用数形结合思想首先要掌握初等函数的图像和常用方程的图形以及图像变换，整体把握图像或图形的走向并注意一些特殊点和特殊直线。应用数形结合思想解决问题时，由于图像或图形的局部准确性有时候很难准确把握，所以它的准确性会受到所画图形的不准确性而影响结论。图像或图形的准确性难把握时，不宜应用数形结合思想。

例1：【2017 山东·理10】已知当 $x \in [0, 1]$ 时，函数 $y = (mx - 1)^2$ 的图像与 $y = \sqrt{x} + m$ 的图像有且只有一个交点，则正实数 m 的取值范围是（　　）。

A. $(0, 1] \cup [2\sqrt{3}, +\infty)$　　　　B. $(0, 1] \cup [3, +\infty)$

C. $(0, \sqrt{2}] \cup [2\sqrt{3}, +\infty)$　　　D. $(0, \sqrt{2}] \cup [3, +\infty)$

解：当 $0 < m \leqslant 1$ 时，$\frac{1}{m} \geqslant 1$，$y = (mx - 1)^2$ 在 $[0, 1]$ 上单调递减，且 $y = (mx - 1)^2 \in [(m-1)^2, 1]$，$y = \sqrt{x} + m$ 在 $[0, 1]$ 上单调递增，且 $y = \sqrt{x} + m \in [m, 1 + m]$，此时有且仅有一个交点；当 $m > 1$ 时，$0 < \frac{1}{m} < 1$，$y = (mx - 1)^2$ 在 $\left[\frac{1}{m}, 1\right]$ 上单调递增，所以有且仅有一个交点，需要 $(m-1)^2 \geqslant 1 + m \Rightarrow m \geqslant 3$，选 B。

考点：函数的图像、函数与方程及函数性质的综合应用。

小结：已知函数有零点求参数取值范围常用的方法和思路：

（1）直接法：直接根据题设条件构建关于参数的不等式，再通过解不等式确定参数范围；

（2）分离参数法：先将参数分离，转化成求函数值域问题加以解决；

（3）数形结合法：先对解析式变形，在同一平面直角坐标系中，画出函数的图像，然后数形结合进行求解。

例2：如图 2 - 5 - 1 所示，已知函数 $f(x) = |x - 2| + 1$，$g(x) = kx$，若方程 $f(x) = g(x)$ 有两个不相等的实根，则实数 k 的取值范围是（　　）。

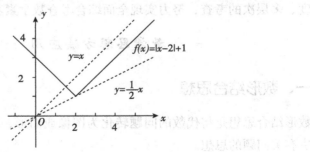

图 2 - 5 - 1

A. $\left(0, \frac{1}{2}\right)$　　　B. $\left(\frac{1}{2}, 1\right)$　　　C. $(1, 2)$　　　D. $(2, +\infty)$

解：画出函数 $f(x)$ 的图像，如图 2 - 5 - 1 所示（数形结合思想）。若方程 $f(x) = g(x)$ 有两个不相等的实数根，则函数 $f(x)$ 与 $g(x)$ 有两个交点，则 $k > \dfrac{1}{2}$，且 $k < 1$. 故选 B.

例3：如图 $2-5-2$ 所示，函数 $f(x)$ 的图像为折线 ACB，则不等式 $f(x) \geqslant \log_2(x+1)$ 的解集是（ ）。

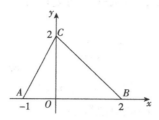

图 $2-5-2$

A. $\{x \mid -1 < x \leqslant 0\}$ B. $\{x \mid -1 \leqslant x \leqslant 1\}$

C. $\{x \mid -1 < x \leqslant 1\}$ D. $\{x \mid -1 < x \leqslant 2\}$

解：如图 $2-5-3$ 所示，把函数 $y = \log_2 x$ 的图像向左平移一个单位得到 $y = \log_2(x+1)$ 的图像，当 $x = 1$ 时两图像相交，不等式的解为 $-1 < x \leqslant 1$，用集合表示解集，故选 C。

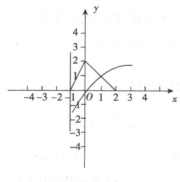

图 $2-5-3$

考点：本题考查作基本函数图像和函数图像变换及利用函数图像解不等式等有关知识，体现了数形结合思想。

例4：如图 $2-5-4$ 所示，已知向量 $\boldsymbol{a}$，$\boldsymbol{b}$ 的夹角为 $60°$，$|\boldsymbol{a}| = 2$，$|\boldsymbol{b}| = 1$，则 $|\boldsymbol{a} + 2\boldsymbol{b}| = $ _____。

分析：利用图 $2-5-4$，可以判断出 $\boldsymbol{a} + 2\boldsymbol{b}$ 的模长是以 2 为边长的菱形对角线的长度，则

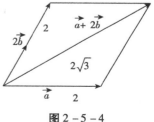

图 $2-5-4$

$|a+2b|$ 为 $2\sqrt{3}$.

小结：向量中涉及有关模长的问题，用到的通法是将模长进行平方，利用向量数量积的知识进行解答，很快就能得出答案；另外，向量是一个工具型的知识，具备代数和几何特征，在做这类问题时可以使用数形结合的思想，会加快解题速度。

例5：已知函数 $f(x) = \begin{cases} \dfrac{2}{x}, & x \geq 2 \\ (x-1)^3, & x < 2 \end{cases}$，若关于 x 的方程 $f(x) = k$ 有两个不同的实根，则实数 k 的取值范围是_____。

解：$f(x) = \dfrac{2}{x}$（$x \geq 2$）单调递减且值域为 $(0, 1]$，$f(x) = (x-1)^3$（$x < 2$）单调递增且值域为 $(-\infty, 1)$，结合图像，$f(x) = k$ 有两个不同的实根，则实数 k 的取值范围是 $(0, 1)$。

答案：$(0, 1)$

点评：本题主要考查数形结合思想。

例6：如图 $2-5-5$ 所示，已知函数 $f(x) = |x^2 + 3x|$，$x \in \mathbf{R}$. 若方程 $f(x) - a|x-1| = 0$ 恰有 4 个互异的实数根，则实数 a 的取值范围为_____。

分析：在同一坐标系内分别作出 $y = f(x)$ 与 $y = a|x-1|$ 的图像，由图像可以观察交点个数情况。

解：在同一坐标系内分别作出 $y = f(x)$ 与 $y = a|x-1|$ 的图像如图所示。当 $y = a|x-1|$ 与 $y = f(x)$ 的图像相切时，由 $\begin{cases} -ax + a = -x^2 - 3x, \\ a > 0, \end{cases}$ 整理得 $x^2 + (3-a)x + a = 0$，则 $\Delta = (3-a)^2 - 4a = a^2 - 10a + 9 = 0$，解得 $a = 1$ 或 $a = 9$. 故当 $y = a|x-1|$ 与 $y = f(x)$ 的图像有四个交点时，$0 < a < 1$ 或 $a > 9$.

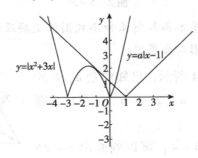

图 $2-5-5$

答案：$(0, 1) \cup (9, +\infty)$

点评：本解法把方程问题转化为函数图像问题，并结合函数图像求解，体现了函数方程思想和数形结合思想。

二、函数与方程思想

函数与方程思想是最重要的一种数学思想，函数思想是将所研究的问题借助建立函数关系式或构造中间函数解决问题的思想。方程思想是将问题中的数量关系运用数学语言转化为方程模型加以解决的思想。

运用函数与方程的思想时，要注意函数、方程与不等式之间的相互联系和转化，熟练掌握基本初等函数的性质，密切注意三个"二次"的相关问题，三个"二次"即一元二次函数、一元二次方程、一元二次不等式，它们是中学数学的重要内容，具有丰富的内涵和密切的联系。掌握二次函数基本性质、二次方程实根分布条件、二次不等式的转化策略，这是应用函数思想解题的基础。

例7：若函数 $f(x)$，$g(x)$ 分别是 **R** 上的奇函数、偶函数，且满足 $f(x) - g(x) = e^x$，则有（　　）。

A. $f(2) < f(3) < g(0)$ B. $g(0) < f(3) < f(2)$

C. $f(2) < g(0) < f(3)$ D. $g(0) < f(2) < f(3)$

解：（方程（组）思想）因为 $f(x) - g(x) = e^x$，用 $-x$ 替换得，$f(-x) - g(-x) = e^{-x}$，因为函数 $f(x)$，$g(x)$ 分别是 **R** 上的奇函数、偶函数，所以 $f(x) + g(x) = -e^{-x}$，又 $f(x) - g(x) = e^x$，

解得，$f(x) = \dfrac{e^x - e^{-x}}{2}$，$g(x) = -\dfrac{e^{-x} + e^x}{2}$，

而 $f(x)$ 单调递增且 $f(0) = 0$，

$\therefore f(3) > f(2) > 0$，而 $g(0) = -1$.

答案：D

例8：已知函数 $f(x) = x^2 + e^x - \dfrac{1}{2}$ $(x < 0)$ 与 $g(x) = x^2 + \ln(x + a)$ 的图像上存在关于 y 轴对称的点，则 a 的取值范围是（　　）。

A. $\left(-\infty, \dfrac{1}{\sqrt{e}}\right)$ B. $\left(-\infty, \sqrt{e}\right)$

C. $\left(-\dfrac{1}{\sqrt{e}}, \sqrt{e}\right)$ D. $\left(-\sqrt{e}, \dfrac{1}{\sqrt{e}}\right)$

解：依题意，设存在 $P(-m, n)$ 在 $f(x)$ 的图像上，则 $Q(m, n)$ 在

g （x)的图像上，则有 $m^2 + e^{-m} - \dfrac{1}{2} = m^2 + \ln$ （$m + a$）（方程思想），解得 $m + a$

$= e^{e^{-m} - \frac{1}{2}}$，即 $a = e^{e^{-m} - \frac{1}{2}} - m$ （$m > 0$）（函数思想），可得 $a \in$ （$-\infty$，$\sqrt{e}$）.

答案：B

例9：函数 f （x） $= 2\sin x \sin \left(x + \dfrac{\pi}{2} \right) - x^2$ 的零点个数为_____。

解：函数 f （x） $= 2\sin x \sin \left(x + \dfrac{\pi}{2} \right) - x^2$ 的零点个数等价于方程 $2\sin x \sin$

$\left(x + \dfrac{\pi}{2} \right) - x^2 = 0$ 的根的个数，即函数 g （x） $= 2\sin x \sin \left(x + \dfrac{\pi}{2} \right) = 2\sin x \cos x =$

$\sin 2x$ 与 h （x） $= x^2$ 的图像交点个数。于是，分别画出其函数图像，如图 2 –
5 – 6 所示，由图可知，函数 g （x）与 h （x）的图像有 2 个交点。

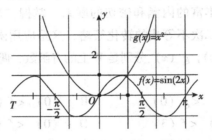

图 2 – 5 – 6

考点：本题考查函数与方程，涉及常见函数图像绘制问题，属中档题。

例10：已知函数 f （x） $= 2^x$，g （x） $= x^2 + ax$ （其中 $a \in \mathbf{R}$）. 对于不相等

的实数 x_1，x_2，设 $m = \dfrac{f\ （x_1）\ - f\ （x_2）}{x_1 - x_2}$，$n = \dfrac{g\ （x_1）\ - g\ （x_2）}{x_1 - x_2}$，现有如下命题：

①对于任意不相等的实数 x_1，x_2，都有 $m > 0$；②对于任意的 a 及任意不相等的
实数 x_1，x_2，都有 $n > 0$；③对于任意的 a，存在不相等的实数 x_1，x_2，使得 $m =$
n；④对于任意的 a，存在不相等的实数 x_1，x_2，使得 $m = -n$.

其中真命题有_____（写出所有真命题的序号）。

解：对于①，因为 f' （x） $= 2^x \ln 2 > 0$ 恒成立，故①正确。

对于②，取 $a = -8$，即 g' （x） $= 2x - 8$，当 x_1，$x_2 < 4$ 时 $n < 0$，②错误。

对于③，令 f' （x） $= g'$ （x），即 $2^x \ln 2 = 2x + a$，

记 h （x） $= 2^x \ln 2 - 2x$，则 h' （x） $= 2^x$ （$\ln 2$）$^2 - 2$，

存在 $x_0 \in$ （0，1），使得 h （x_0） $= 0$，可知函数 h （x）先减后增，有
最小值。

因此，对任意的 a，$m = n$ 不一定成立，③错误。

对于④，由 $f'(x) = -g'(x)$，即 $2^x \ln 2 = -2x - a$，

令 $h(x) = 2^x \ln 2 + 2x$，则 $h'(x) = 2^x (\ln 2)^2 + 2 > 0$ 恒成立，

即 $h(x)$ 是单调递增函数，

当 $x \to +\infty$ 时，$h(x) \to +\infty$；

当 $x \to -\infty$ 时，$h(x) \to -\infty$.

因此对任意的 a，存在 $y = a$ 与函数 $h(x)$ 有交点，④正确。

答案：①④。

考点：本题主要考查函数的性质、函数的单调性、导数的运算等基础知识，考查函数与方程的思想和数形结合的思想，考查分析问题和解决问题的能力。

例 11：在圆 $x^2 + y^2 = 4$ 上任取一点 P，设点 P 在 x 轴上的正投影为点 D. 当点 P 在圆上运动时，动点 M 满足 $\overrightarrow{PD} = 2\overrightarrow{MD}$，动点 M 形成的轨迹为曲线 C.

（1）求曲线 C 的方程。

（2）已知点 $E(1, 0)$，若 A，B 是曲线 C 上的两个动点，且满足 $EA \perp EB$，求 $\overrightarrow{EA} \cdot \overrightarrow{BA}$ 的取值范围。

解：（1）由 $\overrightarrow{PD} = 2\overrightarrow{MD}$ 知，点 M 为线段 PD 的中点。

设点 M 的坐标是 (x, y)，则点 P 的坐标是 $(x, 2y)$. 因为点 P 在圆 $x^2 + y^2 = 4$ 上，所以 $x^2 + (2y)^2 = 4$，所以曲线 C 的方程为 $\dfrac{x^2}{4} + y^2 = 1$.

（2）因为 $EA \perp EB$，所以 $\overrightarrow{EA} \cdot \overrightarrow{EB} = 0$，

所以，$\overrightarrow{EA} \cdot \overrightarrow{BA} = \overrightarrow{EA} \cdot (\overrightarrow{EA} - \overrightarrow{EB}) = \overrightarrow{EA}^2$.

设点 $A(x_1, y_1)$，则 $\dfrac{x_1^2}{4} + y_1^2 = 1$，即 $y_1^2 = 1 - \dfrac{x_1^2}{4}$.

所以，$\overrightarrow{EA} \cdot \overrightarrow{BA} = \overrightarrow{EA}^2 = (x_1 - 1)^2 + y_1^2 = x_1^2 - 2x_1 + 1 + 1 - \dfrac{x_1^2}{4}$

$= \dfrac{3}{4}x_1^2 - 2x_1 + 2 = \dfrac{3}{4}\left(x_1 - \dfrac{4}{3}\right)^2 + \dfrac{2}{3}$.

因为点 $A(x_1, y_1)$ 在曲线 C 上，所以 $-2 \leq x_1 \leq 2$，所以 $\dfrac{2}{3} \leq \dfrac{3}{4}\left(x_1 - \dfrac{4}{3}\right)^2 + \dfrac{2}{3}$

≤ 9，

所以，$\overrightarrow{EA} \cdot \overrightarrow{BA}$ 的取值范围为 $\left[\dfrac{2}{3}, 9\right]$.

点评：本题考查了函数与方程思想。

三、分类讨论思想

分类讨论思想就是根据所研究对象的性质差异，分各种不同的情况予以分析解决问题的思想。

应用分类讨论思想方法解决数学问题的关键是如何正确分类，即正确选择一个分类标准，确保分类的科学，既不重复，又不遗漏。如何正确实施分类，解题时需要我们首先明确讨论对象和需要分类的全体，然后确定分类标准与分类方法，再逐项进行讨论，最后进行归纳小结。分类讨论时应注重理解和掌握分类的原则、方法与技巧，做到"确定对象的全体、明确分类的标准、分层别类不重复、不遗漏的分析讨论"。

常见的分类情形有：按数分类；按字母的取值范围分类；按事件的可能情况分类；按图形的位置特征分类等。分类讨论思想方法可以渗透到高中数学的各个章节，它依据一定的标准对问题分类求解，要特别注意分类必须满足互斥、无漏、最简的原则。

例12：设直线 l 与抛物线 $y^2 = 4x$ 相交于 A，B 两点，与圆 C：$(x-5)^2 + y^2 = r^2$ $(r > 0)$ 相切于点 M，且 M 为线段 AB 中点，若这样的直线 l 恰有 4 条，则 r 的取值范围是（　　　　）。

A. $(1, 3)$　　　　B. $(1, 4)$　　　　C. $(2, 3)$　　　　D. $(2, 4)$

解析：不妨设直线 l：$x = ty + m$，代入抛物线方程有：$y^2 - 4ty - 4m = 0$，则 $\Delta = 16t^2 + 16m > 0$，有中点 M $(2t^2 + m, 2t)$，则 $k_{MC}k_l = -1$，即 $m = 3 - 2t^2$.

当 $t = 0$ 时，若 $r \geq 5$，满足条件的直线只有 1 条，不合题意；若 $0 < r < 5$，则斜率不存在的直线有 2 条，此时只需对应非零的 t 的直线恰有 2 条即可。

当 $t \neq 0$ 时，将 $m = 3 - 2t^2$ 代入 $\Delta = 16t^2 + 16m$，可得 $3 - t^2 > 0$，即 $0 < t^2 < 3$，又由圆心到直线的距离等于半径，

可得 $d = r = \dfrac{|5 - m|}{\sqrt{1 + t^2}} = \dfrac{2 + 2t^2}{\sqrt{1 + t^2}} = 2\sqrt{1 + t^2}$，由 $0 < t^2 < 3$，可得 $r \in (2, 4)$.

选 D.

答案：D

考点：本题考查直线、圆及抛物线等基本概念，考查直线与圆、直线与抛

物线的位置关系、参数取值范围等综合问题，考查分类讨论、数形结合的思想，考查学生分析问题和处理问题的能力。

例13：【2017 课标 3·理 15】设函数 $f(x) = \begin{cases} x+1, & x \leq 0, \\ 2^x, & x > 0, \end{cases}$ 则满足 $f(x) + f\left(x - \dfrac{1}{2}\right) > 1$ 的 x 取值范围是_____。

解：写成分段函数的形式：

$$g(x) = f(x) + f\left(x - \dfrac{1}{2}\right) = \begin{cases} 2x + \dfrac{3}{2}, & x \leq 0 \\ 2^x + x + \dfrac{1}{2}, & 0 < x \leq \dfrac{1}{2}, \\ (\sqrt{2} + 1)\, 2^{x-1}, & x > \dfrac{1}{2} \end{cases}$$

函数 $g(x)$ 在区间 $(-\infty, 0]$，$\left(0, \dfrac{1}{2}\right]$，$\left(\dfrac{1}{2}, +\infty\right)$ 三段区间内均单调递增，且 $g\left(-\dfrac{1}{4}\right) = 1$，$2^0 + 0 + \dfrac{1}{2} > 1$，$(\sqrt{2} + 1) \times 2^{0-1} > 1$，据此可得 x 的取值范围是 $\left(-\dfrac{1}{4}, +\infty\right)$。

答案：$\left(-\dfrac{1}{4}, +\infty\right)$

考点：分段函数；分类讨论的思想。

小结：（1）求分段函数的函数值，先确定要求值的自变量属于哪一段区间，然后代入该段的解析式求值，当出现 $f(f(a))$ 的形式时，应从内到外依次求值；

（2）当给出函数值求自变量的值时，先假设所求的值在分段函数定义区间的各段上，然后求出相应自变量的值，切记要代入检验，看所求的自变量的值是否满足相应段自变量的取值范围。

例14：已知 $f(x) = \begin{cases} x^3, & x \leq a \\ x^2, & x > a \end{cases}$，若存在实数 b，使函数 $g(x) = f(x) - b$ 有两个零点，则 a 的取值范围是_____。

解：分析题意可知，问题等价于方程 $x^3 = b\ (x \leq a)$ 与方程 $x^2 = b\ (x > a)$

的根的个数和为 2. 若两个方程各有一个根，则可知关于 b 的不等式组

$$\begin{cases} b^{\frac{1}{3}} \le a \\ \sqrt{b} > a \\ -\sqrt{b} \le a \end{cases}$$

有解，$\therefore a^2 < b < a^3$，从而 $a > 1$；若方程 $x^3 = b$（$x \le a$）无解，方程

$x^2 = b$（$x > a$）有两个根，则可知关于 b 的不等式组 $\begin{cases} b^{\frac{1}{3}} > a \\ -\sqrt{b} > a \end{cases}$ 有解，从而 $a < 0$.

综上，实数 a 的取值范围是 $(-\infty, 0) \cup (1, +\infty)$.

答案： $(-\infty, 0) \cup (1, +\infty)$

考点：（1）函数与方程；

（2）分类讨论的数学思想。本题主要考查了函数的零点，函数与方程等知识点，属于较难题，表面上是函数的零点问题，实际上是将问题等价转化为不等式组有解的问题，结合函数与方程思想和转化思想求解函数综合问题，将函数的零点问题巧妙地转化为不等式组有解的参数问题，从而得到关于参数的不等式，此题是创新题，区别于其他函数与方程问题数形结合转化为函数图像交点的解法，从另一个层面将问题进行转化，综合考查学生的逻辑推理能力。

例 15： 设函数 $f(x) = \begin{cases} 2^x - a, & x < 1, \\ 4(x-a)(x-2a), & x \ge 1. \end{cases}$

（1）若 $a = 1$，则 $f(x)$ 的最小值为_____。

（2）若 $f(x)$ 恰有两个零点，则实数 a 的取值范围是_____。

解：（1）$a = 1$ 时，$f(x) = \begin{cases} 2^x - 1, & x < 1, \\ 4(x-1)(x-2), & x \ge 1. \end{cases}$ 函数 $f(x)$ 在

$(-\infty, 1)$ 上为增函数，函数值大于 1，在 $\left[1, \frac{3}{2}\right]$ 为减函数，在 $\left[\frac{3}{2}, +\infty\right]$ 为

增函数；当 $x = \frac{3}{2}$ 时，$f(x)$ 取得最小值为 -1.

（2）①若函数 $g(x) = 2^x - a$ 在 $x < 1$ 时与 x 轴有一个交点，则 $a > 0$，并且当 $x = 1$ 时，$g(1) = 2 - a > 0$，则 $0 < a < 2$. 函数 $h(x) = 4(x-a)(x-2a)$ 与 x 轴有一个交点，所以 $2a \ge 1$ 且 $a < 1 \Rightarrow \frac{1}{2} \le a < 1$. ②若函数 $g(x) = 2^x - a$ 与 x 轴无交点，则函数 $h(x) = 4(x-a)(x-2a)$ 与 x 轴有两个交点。当 $a \le 0$ 时，$g(x)$ 与 x 轴无交点，$h(x) = 4(x-a)(x-2a)$ 在 $x \ge 1$ 时与 x 轴无交点，不合题意；当 $g(1) = 2 - a \le 0$ 时，$a \ge 2$，$h(x)$ 与 x 轴有两个交

点，$x = a$ 和 $x = 2a$，由于 $a \geq 2$，两交点横坐标均满足 $x \geq 1$. 综上所述，a 的取值范围为 $\dfrac{1}{2} \leq a < 1$ 或 $a \geq 2$.

答案：（1）-1；（2）$\dfrac{1}{2} \leq a < 1$ 或 $a \geq 2$.

考点：本题考点为函数的有关性质，涉及函数图像、函数的最值，函数的零点、分类讨论思想。利用函数图像研究函数的单调性，求出函数的最值，涉及参数问题，需针对参数进行分类讨论。

例 16：设函数 $f(x) = \ln x - ax$，若 $a < \dfrac{2}{e^2}$，试判断函数 $f(x)$ 在 $x \in (1, e^2)$ 上的零点个数，并说明你的理由。

解：$f'(x) = \dfrac{1}{x} - a\ (x > 0)$.

方法 1：（1）当 $a \leq 0$ 时，$f'(x) \geq 0$，$f(x)$ 在 $(1, e^2)$ 上单调递增。

此时 $f(1) = -a \geq 0$，$\therefore f(x)$ 在 $x \in (1, e^2)$ 上没有零点。

（2）当 $a > 0$ 时，令 $f'(x) = 0$ 得 $x = \dfrac{1}{a}$，

①当 $0 < a \leq \dfrac{1}{e^2}$ 即 $\dfrac{1}{a} \geq e^2$ 时，则 $x \in (1, e^2)$，$f'(x) \geq 0$，$f(x)$ 在 $(1, e^2)$ 单调递增，此时 $f(1) = -a < 0$，$f(e^2) = \ln e^2 - ae^2 = 2 - ae^2 > 0$，

$\therefore f(x)$ 在 $x \in (1, e^2)$ 上有一个零点。

②当 $\dfrac{1}{e^2} < a < \dfrac{2}{e^2}$ 即 $\dfrac{e^2}{2} < \dfrac{1}{a} < e^2$ 时，则 $x \in \left(1, \dfrac{1}{a}\right)$，$f'(x) > 0$，$f(x)$ 在 $\left(1, \dfrac{1}{a}\right)$ 上单调递增；当 $x \in \left(\dfrac{1}{a}, e^2\right)$ 时，$f'(x) < 0$，$f(x)$ 在 $\left(\dfrac{1}{a}, e^2\right)$ 上单调递减，

而 $f\left(\dfrac{1}{a}\right) = \ln \dfrac{1}{a} - 1 > 0$，$f(1) = -a < 0$，$f(e^2) = 2 - ae^2 > 0$，

$\therefore f(x)$ 在 $x \in (1, e^2)$ 上有一个零点。

综上，当 $a \leq 0$ 时，$f(x)$ 在 $x \in (1, e^2)$ 上没有零点；当 $0 < a < \dfrac{1}{e^2}$ 时，函数 $f(x)$ 有一个零点。

方法 2：由 $f(x) = 0$，得 $a = \dfrac{\ln x}{x}$，

函数 $f(x)$ 在 $x \in (1, e^2)$ 上的零点个数等价于函数 $y = a$ 与函数 $y = \dfrac{\ln x}{x}$ 的交点个数。

令 $g(x) = \dfrac{\ln x}{x}$，则 $g'(x) = \dfrac{1 - \ln x}{x^2}$，由 $g'(x) = 0$，即 $\dfrac{1 - \ln x}{x^2} = 0$，得 $x = e$. 在区间 $(1, e)$ 上，$g'(x) > 0$，函数 $g(x)$ 是增函数；$g(1) < g(x) < g(e)$，即 $0 < g(x) < \dfrac{1}{e}$. 在区间 (e, e^2) 上，$g'(x) < 0$，函数 $g(x)$ 是减函数；$g(e^2) < g(x) < g(e)$，即 $\dfrac{2}{e^2} < g(x) < \dfrac{1}{e}$. $\therefore a < \dfrac{2}{e^2}$，

$\therefore$ 当 $a \leq 0$ 时，$f(x)$ 在 $x \in (1, e^2)$ 上没有零点，

当 $0 < a < \dfrac{1}{e^2}$ 时，函数 $f(x)$ 有一个零点。

点评： 含有参数的函数零点个数讨论问题，一般要针对参数进行分类讨论。

例17： 设函数 $f(x) = 1 + (1+a)x - x^2 - x^3$，其中 $a > 0$.

（1）讨论 $f(x)$ 在其定义域上的单调性。

（2）当 $x \in [0, 1]$ 时，求 $f(x)$ 取得最大值和最小值时的 x 的值。

解：（1）$f(x)$ 的定义域为 $(-\infty, +\infty)$，

$f'(x) = 1 + a - 2x - 3x^2$.

令 $f'(x) = 0$，得 $x_1 = \dfrac{-1 - \sqrt{4+3a}}{3}$，

$x_2 = \dfrac{-1 + \sqrt{4+3a}}{3}$，$x_1 < x_2$，所以 $f'(x) = -3(x - x_1)(x - x_2)$.

当 $x < x_1$ 或 $x > x_2$ 时，$f'(x) < 0$；当 $x_1 < x < x_2$ 时，$f'(x) > 0$.

故 $f(x)$ 在 $\left(-\infty, \dfrac{-1 - \sqrt{4+3a}}{3}\right)$ 和 $\left(\dfrac{-1 + \sqrt{4+3a}}{3}, +\infty\right)$ 内单调递减，

在 $\left(\dfrac{-1 - \sqrt{4+3a}}{3}, \dfrac{-1 + \sqrt{4+3a}}{3}\right)$ 内单调递增.

（2）因为 $a > 0$，所以 $x_1 < 0$，$x_2 > 0$，

① 当 $a \geq 4$ 时（分类讨论思想），$x_2 \geq 1$.

由（1）知，$f(x)$ 在 $[0, 1]$ 上单调递增，所以 $f(x)$ 在 $x = 0$ 和 $x = 1$ 处分别取得最小值和最大值。

② 当 $0 < a < 4$ 时，$x_2 < 1$.

由（1）知，$f(x)$ 在 $[0, x_2]$ 上单调递增，在 $[x_2, 1]$ 上单调递减，所以 $f(x)$ 在 $x = x_2 = \dfrac{-1 + \sqrt{4 + 3a}}{3}$ 处取得最大值。

又 $f(0) = 1$，$f(1) = a$，所以当 $0 < a < 1$ 时，$f(x)$ 在 $x = 1$ 处取得最小值。当 $a = 1$ 时，$f(x)$ 在 $x = 0$ 和 $x = 1$ 处同时取得最小值。

当 $1 < a < 4$ 时，$f(x)$ 在 $x = 0$ 处取得最小值。

点评：本解法体现了分类讨论思想。

例18：设 $f(x) = ae^x + \dfrac{1}{ae^x} + b$ $(a > 0)$．

（1）求 $f(x)$ 在 $[0, +\infty)$ 上的最小值。

（2）设曲线 $y = f(x)$ 在点 $(2, f(2))$ 的切线方程为 $y = \dfrac{3}{2}x$，求 a，b 的值。

解：（1）设 $t = e^x$ $(t \geq 1)$，则 $y = at + \dfrac{1}{at} + b \Rightarrow y' = a - \dfrac{1}{at^2} = \dfrac{a^2t^2 - 1}{at^2}$，

（分类讨论思想）①当 $a \geq 1$ 时，$y' \geq 0 \Rightarrow y = at + \dfrac{1}{at} + b$ 在 $t \geq 1$ 上是增函数，

得：当 $t = 1$ $(x = 0)$ 时，$f(x)$ 的最小值为 $a + \dfrac{1}{a} + b$．

②当 $0 < a < 1$ 时，$y = at + \dfrac{1}{at} + b \geq 2 + b$，

当且仅当 $at = 1$ $(t = e^x = \dfrac{1}{a}$，$x = -\ln a)$ 时，$f(x)$ 的最小值为 $b + 2$．

（2）$f(x) = ae^x + \dfrac{1}{ae^x} + b \Rightarrow f'(x) = ae^x - \dfrac{1}{ae^x}$，

由题意得：$\begin{cases} f(2) = 3 \\ f'(2) = \dfrac{3}{2} \end{cases} \Longleftrightarrow \begin{cases} ae^2 + \dfrac{1}{ae^2} + b = 3 \\ ae^2 - \dfrac{1}{ae^2} = \dfrac{3}{2} \end{cases} \Longleftrightarrow \begin{cases} a = \dfrac{2}{e^2} \\ b = \dfrac{1}{2} \end{cases}$．

点评：本题考查函数、导数的基础知识，运用导数研究函数性质等基本方法，考查分类讨论思想，代数恒等变形能力和综合运用数学知识分析问题解决问题的能力。

例19：已知 $a \in \mathbf{R}$，函数 $f(x) = 2x^3 - 3(a + 1)x^2 + 6ax$．

（1）若 $a = 1$，求曲线 $y = f(x)$ 在点 $(2, f(2))$ 处的切线方程。

（2）若 $|a| > 1$，求 $f(x)$ 在闭区间 $[0, |2a|]$ 上的最小值。

解：(1) 当 $a=1$ 时，$f(x)=2x^3-6x^2+6x$，所以 $f(2)=16-24+12=4$，所以 $f'(x)=6x^2-12x+6$，$\therefore f'(2)=24-24+6=6$，所以 $y=f(x)$ 在 $(2,f(2))$ 处的切线方程是 $y-4=6(x-2)\Rightarrow 6x-y-8=0$.

(2) 因为 $f'(x)=6x^2-6(a+1)x+6a=6[x^2-(a+1)x+a]$

$=6(x-1)(x-a)$.

①当 $a>1$，$x\in(-\infty,1]\cup[a,+\infty)$ 时，$y=f(x)$ 递增，$x\in(1,a)$ 时，$y=f(x)$ 递减，所以当 $x\in[0,2|a|]$ 时，且 $2|a|>2$，$x\in[0,1]\cup[a,2|a|]$ 时，$y=f(x)$ 递增，$x\in(1,a)$ 时，$y=f(x)$ 递减，所以最小值是 $f(a)=2a^3-3(a+1)a^2+6a^2=3a^2-a^3$. ②当 $a<-1$ 时，且 $2|a|>2$，在 $x\in[0,2|a|]$ 时，$x\in(0,1)$ 时，$y=f(x)$ 递减，$x\in[1,2|a|]$ 时，$y=f(x)$ 递增，所以最小值是 $f(1)=3a-1$.

综上所述：当 $a>1$ 时，函数 $y=f(x)$ 的最小值是 $3a^2-a^3$；当 $a<-1$ 时，函数 $y=f(x)$ 的最小值是 $3a-1$.

本题考查分类讨论思想。

四、化归与转化的思想

化归与转化的思想就是在研究和解决数学问题时采用某些方式，借助某些函数性质、图像、公式或已知条件将问题通过变换加以转化，进而解决问题的思想。

转化是将数学命题由一种形式向另一种形式的变换过程，化归是把待解决的问题通过某种转化过程归结为一类已经解决或比较容易解决的问题。转化有等价转化与不等价转化，等价转化后的新问题与原问题实质是一样的，不等价转化则部分地改变了原对象的实质，需对所得结论进行必要的修正。

应用转化与化归思想解题的原则应是化难为易、化生为熟、化繁为简，尽量是等价转化。常见的转化有：正与反的转化、数与形的转化、相等与不等的转化、整体与局部的转化、空间与平面的相互转化、复数与实数的相互转化、常量与变量的转化、数学语言的转化。

例20：在平面直角坐标系中，A，B 分别是 x 轴和 y 轴上的动点，若以 AB 为直径的圆 C 与直线 $2x+y-4=0$ 相切，则圆 C 面积的最小值为（ ）。

A. $\dfrac{4}{5}\pi$ B. $\dfrac{3}{4}\pi$ C. $(6-2\sqrt{5})\pi$ D. $\dfrac{5}{4}\pi$

解：由题意知，圆 C 必过点 $O(0,0)$，故要使圆 C 的面积最小，则点 O

到直线 l 的距离为圆 C 的直径（化归与转化的思想），即 $2r = \dfrac{4}{\sqrt{5}}$，所以 $r = \dfrac{2}{\sqrt{5}}$，

所以 $S = \dfrac{4}{5}\pi$.

答案：A

例21：已知函数 $f(x) = \lg(x+1)$，$g(x) = 2\lg(2x+t)$（t 为任意实数），当 $x \in [0, 1]$ 时，关于 x 的不等式 $f(x) \leqslant g(x)$ 恒成立，求实数 t 的取值范围。

解：当 $x \in [0, 1]$ 时，关于 x 的不等式 $\lg(x+1) \leqslant 2\lg(2x+t)$ 恒成立，

∴ 关于 x 的不等式 $\sqrt{x+1} \leqslant 2x+t$ 恒成立。（等价转化）

∴ 关于 x 的不等式 $\sqrt{x+1} - 2x \leqslant t$ 恒成立。

设 $u = \sqrt{x+1}$，则 $x = u^2 - 1$ 且 $u \in [1, \sqrt{2}]$.（通过换元进行化归与转化）

∴ $y = \sqrt{x+1} - 2x = u - 2(u^2 - 1) = -2\left(u - \dfrac{1}{4}\right)^2 + \dfrac{17}{8}$.

当 $u = 1$，即 $x = 0$ 时，$y_{\max} = 1$，

∴ $t \geqslant 1$，即实数 t 的取值范围是 $[1, +\infty)$.

点评：对于形如 $f(x) > g(a)$ 的不等式恒成立问题，若函数 $f(x)$ 的最小值存在，可以转化为 $f(x)_{\min} > g(a)$，从而求出实数 a 的取值范围或者求出函数 $f(x)$ 的值域再转化。对于方程 $f(x) = g(a)$ 的有解问题，常常求出函数 $f(x)$ 的值域，即函数 $g(a)$ 的值域，从而求出实数 a 的取值范围。

例22：已知数列 $\{a_n\}$ 的前 n 项和 $S_n = \dfrac{(n+1)a_n}{2}$，且 $a_1 = 1$.

（1）求数列 $\{a_n\}$ 的通项公式。

（2）令 $b_n = \ln a_n$，是否存在 k（$k \geqslant 2$，$k \in \mathbf{N}^*$），使得 b_k，b_{k+1}，b_{k+2} 成等比数列。若存在，求出所有符合条件的 k 值；若不存在，请说明理由。

解：（1）（方程思想）解法1：

当 $n \geqslant 2$ 时，$a_n = S_n - S_{n-1} = \dfrac{(n+1)a_n}{2} - \dfrac{na_{n-1}}{2}$，

即 $\dfrac{a_n}{n} = \dfrac{a_{n-1}}{n-1}$（$n \geqslant 2$）.

所以数列 $\left\{\dfrac{a_n}{n}\right\}$ 是首项为 $\dfrac{a_1}{1} = 1$ 的常数列。

所以 $\dfrac{a_n}{n}=1$，即 $a_n=n$（$n\in\mathbf{N}^*$）.

所以数列 $\{a_n\}$ 的通项公式为 $a_n=n$（$n\in\mathbf{N}^*$）.

解法 2：当 $n\geqslant2$ 时，$a_n=S_n-S_{n-1}=\dfrac{(n+1)\,a_n}{2}-\dfrac{na_{n-1}}{2}$，

即 $\dfrac{a_n}{a_{n-1}}=\dfrac{n}{n-1}$（$n\geqslant2$）.

所以 $a_n=\dfrac{a_n}{a_{n-1}}\times\dfrac{a_{n-1}}{a_{n-2}}\times\cdots\times\dfrac{a_3}{a_2}\times\dfrac{a_2}{a_1}\times a_1=\dfrac{n}{n-1}\times\dfrac{n-1}{n-2}\times\cdots\times\dfrac{3}{2}\times\dfrac{2}{1}\times1=n.$

因为 $a_1=1$，符合 a_n 的表达式。

所以数列 $\{a_n\}$ 的通项公式为 $a_n=n$（$n\in\mathbf{N}^*$）.

（2）假设存在 k（$k\geqslant2$，$k\in\mathbf{N}^*$），使得 b_k，b_{k+1}，b_{k+2} 成等比数列，

则 $b_kb_{k+2}=b_{k+1}^2$. 因为 $b_n=\ln a_n=\ln n$（$n\geqslant2$），所以，

$b_kb_{k+2}=\ln k\cdot\ln\,(k+2)\;<\left[\dfrac{\ln k+\ln\,(k+2)}{2}\right]^2=\left[\dfrac{\ln\,(k^2+2k)}{2}\right]^2$（化归与

转化）$<\left[\dfrac{\ln\,(k+1)^2}{2}\right]^2=\left[\ln\,(k+1)\right]^2=b_{k+1}^2$，这与 $b_kb_{k+2}=b_{k+1}^2$ 矛盾。

故不存在 k（$k\geqslant2$，$k\in\mathbf{N}^*$），使得 b_k，b_{k+1}，b_{k+2} 成等比数列。

点评：本小题主要考查等差数列、等比数列和不等式等基础知识，考查运算求解能力、推理论证能力，以及函数与方程、化归与转化等数学思想。

例 23：已知函数 $f(x)=ax+x\ln x$ 的图像在点 $x=e$（e 为自然对数的底数）处的切线斜率为 3。

（1）求实数 a 的值。

（2）若 $k\in\mathbf{Z}$，且 $k<\dfrac{f(x)}{x-1}$ 对任意 $x>1$ 恒成立，求 k 的最大值。

（3）当 $n>m\geqslant4$ 时，证明 $(mn^n)^m>(nm^n)^n$.

分析：（1）图像在点 $x=e$ 处的切线斜率为 3，即 $f(x)$ 在该处的导数为 3.

（2）$k<\dfrac{f(x)}{x-1}$ 对任意 $x>1$ 恒成立，可以转化为 $k<\dfrac{f(x)}{x-1}$ 的最小值。

（3）方法 1：由（2）知，$g(x)=\dfrac{x+x\ln x}{x-1}$ 是 $[4,+\infty)$ 上的增函数，

所以当 $n>m\geqslant4$ 时，$\dfrac{m+n\ln n}{n-1}>\dfrac{m+m\ln m}{m-1}$.

方法 2：$(mn^n)^m>(nm^n)^n$，即 $\ln\,(n^m m^m)>\ln\,(m^{mn} n^n)$，构造函数

$f(x) = mx\ln x + m\ln m - mx\ln m - x\ln x.$

解：（1）因为 $f(x) = ax + x\ln x$，所以 $f'(x) = a + \ln x + 1$.

因为函数 $f(x) = ax + x\ln x$ 的图像在点 $x = e$ 处的切线斜率为 3，

所以 $f'(e) = 3$，即 $a + \ln e + 1 = 3$，所以 $a = 1$.

（2）由（1）知，$f(x) = x + x\ln x$，所以 $k < \dfrac{f(x)}{x-1}$ 对任意 $x > 1$ 恒成立，即

$k < \dfrac{x + x\ln x}{x-1}$ 对任意 $x > 1$ 恒成立。

（转化思想、函数思想）令 $g(x) = \dfrac{x + x\ln x}{x-1}$，则 $g'(x) = \dfrac{x - \ln x - 2}{(x-1)^2}$. 令

$h(x) = x - \ln x - 2 \ (x > 1)$，则 $h'(x) = 1 - \dfrac{1}{x} = \dfrac{x-1}{x} > 0$，所以函数 $h(x)$

在 $(1, +\infty)$ 上单调递增。

因为 $h(3) = 1 - \ln 3 < 0$，$h(4) = 2 - 2\ln 2 > 0$，所以方程 $h(x) = 0$ 在

$(1, +\infty)$ 上存在唯一实根 x_0，且满足 $x_0 \in (3, 4)$.

当 $1 < x < x_0$，$h(x) < 0$，即 $g'(x) < 0$，当 $x > x_0$ 时，$h(x) > 0$，即

$g'(x) > 0$，所以函数 $g(x) = \dfrac{x + x\ln x}{x-1}$ 在 $(1, x_0)$ 上单调递减，在 $(x_0,$

$+\infty)$ 上单调递增。

所以 $[g(x)]_{\min} = g(x_0) = \dfrac{x_0(1 + \ln x_0)}{x_0 - 1} = \dfrac{x_0(1 + x_0 - 2)}{x_0 - 1} = x_0 \in (3,$

$4)$.

所以 $k < [g(x)]_{\min} = x_0 \in (3, 4)$，故整数 k 的最大值是 3.

（3）证明 1：由（2）知，$g(x) = \dfrac{x + x\ln x}{x-1}$ 是 $[4, +\infty)$ 上的增函数，

所以当 $n > m \geqslant 4$ 时，$\dfrac{n + n\ln n}{n-1} > \dfrac{m + m\ln m}{m-1}$.

即 $n(m-1)(1 + \ln n) > m(n-1)(1 + \ln m)$.

整理，得 $mn\ln n + m\ln m > mn\ln m + n\ln n + (n - m)$.

因为 $n > m$，所以 $mn\ln n + m\ln m > mn\ln m + n\ln n$，

即 $\ln n^{mn} + \ln m^m > \ln m^{mn} + \ln n^n$，即 $\ln(n^{mn}m^m) > \ln(m^{mn}n^n)$，

所以 $(mn^n)^m > (nm^m)^n$.

证明 2：构造函数（函数思想）

$f(x) = mx\ln x + m\ln m - mx\ln m - x\ln x,$

则 $f'(x) = (m-1)\ln x + m - 1 - m\ln m.$

因为 $x > m \geq 4$, 所以 $f'(x) > (m-1)\ln m + m - 1 - m\ln m = m - 1 - \ln m > 0,$

所以函数 $f(x)$ 在 $[m, +\infty)$ 上单调递增。因为 $n > m$, 所以 $f(n) > f(m)$, 所以 $mn\ln n + m\ln m - mn\ln m - n\ln n > m^2\ln m + m\ln m - m^2\ln m - m\ln m = 0,$

即 $mn\ln n + m\ln m > mn\ln m + n\ln n,$

即 $\ln n^{mn} + \ln m^m > \ln m^{mn} + \ln n^n,$ 即 $\ln(n^{mn}m^m) > \ln(m^{mn}n^n),$

所以 $(mn^n)^m > (nm^m)^n.$

点评: 对于不等式恒成立问题, 通常转化为函数的最值问题; 对于不等式的证明问题, 有时可以构造一个函数, 利用函数的单调性进行证明。这些都是化归与转化思想、函数思想的体现。

五、多种数学思想方法综合应用

例 24: 已知函数 $f(x) = x\cos x - \sin x$, $x \in \left[0, \dfrac{\pi}{2}\right]$.

(1) 求证: $f(x) \leq 0.$

(2) 若 $a < \dfrac{\sin x}{x} < b$ 对 $x \in \left(0, \dfrac{\pi}{2}\right)$ 恒成立, 求 a 的最大值与 b 的最小值。

解: (1) 证明: 由 $f(x) = x\cos x - \sin x$ 得, $f'(x) = \cos x - x\sin x - \cos x = -x\sin x.$

因为在区间 $\left[0, \dfrac{\pi}{2}\right]$ 上, $f'(x) = -x\sin x \leq 0$, 所以 $f(x)$ 在区间 $\left[0, \dfrac{\pi}{2}\right]$ 上单调递减,

从而 $f(x)$ 在 $\left[0, \dfrac{\pi}{2}\right]$ 上的最大值为 $f(0) = 0$, 所以 $f(x) \leq f(0) = 0.$

(2) 当 $x > 0$ 时, "$\dfrac{\sin x}{x} > a$" 等价于 "$\sin x - ax > 0$", "$\dfrac{\sin x}{x} < b$" 等价于 "$\sin x - bx < 0$". (等价转化)

令 $g(x) = \sin x - cx$ (函数思想), 则 $g'(x) = \cos x - c.$

当 $c \leq 0$ 时, $g(x) > 0$ 对任意 $x \in \left(0, \dfrac{\pi}{2}\right)$ 恒成立。(分类讨论)

当 $c \geq 1$ 时, 因为对任意 $x \in \left(0, \dfrac{\pi}{2}\right)$, $g'(x) = \cos x - c < 0$, 所以 $g(x)$ 在区间 $\left[0, \dfrac{\pi}{2}\right]$ 上单调递减,

从而 $g(x) < g(0) = 0$ 对任意 $x \in \left(0, \dfrac{\pi}{2}\right)$ 恒成立。

当 $0 < c < 1$ 时，存在唯一的 $x_0 \in \left(0, \dfrac{\pi}{2}\right)$，使得 $g'(x_0) = \cos x_0 - c = 0$.

$g(x)$ 与 $g'(x)$ 在区间 $\left(0, \dfrac{\pi}{2}\right)$ 上的情况见下表：

x	$(0, x_0)$	x_0	$\left(x_0, \dfrac{\pi}{2}\right)$
$g'(x)$	$+$	0	$-$
$g(x)$	↗	有极值	↘

因为 $g(x)$ 在区间 $(0, x_0)$ 上是增函数，所以 $g(x_0) > g(0) = 0$. 进一步，" $g(x) > 0$ 对任意 $x \in \left(0, \dfrac{\pi}{2}\right)$ 恒成立" 当且仅当 $g\left(\dfrac{\pi}{2}\right) = 1 - \dfrac{\pi}{2}c \geq 0$，即 $0 < c \leq \dfrac{2}{\pi}$.

综上所述，当且仅当 $c \leq \dfrac{2}{\pi}$ 时，$g(x) > 0$ 对任意 $x \in \left(0, \dfrac{\pi}{2}\right)$ 恒成立；当且仅当 $c \geq 1$ 时，$g(x) < 0$ 对任意 $x \in \left(0, \dfrac{\pi}{2}\right)$ 恒成立。

所以，若 $a < \dfrac{\sin x}{x} < b$ 对任意 $x \in \left(0, \dfrac{\pi}{2}\right)$ 恒成立，则 a 的最大值为 $\dfrac{2}{\pi}$，b 的最小值为 1。

例 25： 已知 $a > 0$，函数 $f(x) = e^{ax}\sin x$ $(x \in [0, +\infty))$，记 x_n 为 $f(x)$ 的从小到大的第 n $(n \in \mathbf{N}^*)$ 个极值点，证明：

（1）数列 $\{f(x_n)\}$ 是等比数列。

（2）若 $a \geq \dfrac{1}{\sqrt{e^2 - 1}}$，则对一切 $n \in \mathbf{N}^*$，$x_n < |f(x_n)|$ 恒成立。

分析：（1）求导，可知 $f'(x) = e^{ax}(a\sin x + \cos x) = \sqrt{a^2+1}\, e^{ax}\sin(x + \varphi)$，利用三角函数的知识可求得 $f(x)$ 的极值点为 $x_n = n\pi - \varphi$ $(n \in \mathbf{N}^*)$，即可得证；（2）分析题意可知，问题等价于 $\dfrac{\sqrt{a^2+1}}{a} < \dfrac{e^{a(n\pi - \varphi)}}{a(n\pi - \varphi)}$ 恒成立，构造函数 $g(t) = \dfrac{e^t}{t}$，利用导数判断其单调性即可得证。

解：（1）$f'(x) = ae^{ax}\sin x + e^{ax}\cos x = e^{ax}(a\sin x + \cos x) = \sqrt{a^2+1}\, e^{ax}$

$\sin\ (x+\varphi)$，其中 $\tan\varphi=\dfrac{1}{a}$，$0<\varphi<\dfrac{\pi}{2}$。令 $f'\ (x)\ =0$，由 $x\geqslant0$ 得 $x+\varphi=n\pi$，即 $x=n\pi-\varphi$，$n\in\mathbf{N}^*$。对 $k\in\mathbf{N}$，若 $2k\pi<x+\varphi<\ (2k+1)\ \pi$，即 $2k\pi-\varphi<x<\ (2k+1)\ \pi-\varphi$，则 $f'\ (x)\ >0$。

若 $(2k+1)\ \pi<x+\varphi<\ (2k+2)\ \pi$，即 $(2k+1)\ \pi-\varphi<x<\ (2k+2)\ \pi-\varphi$，则 $f'\ (x)\ <0$，因此，在区间 $((n-1)\ \pi,\ n\pi-\varphi)$ 与 $(n\pi-\varphi,\ n\pi)$ 上，$f'\ (x)$ 的符号总相反，于是当 $x=n\pi-\varphi\ (n\in\mathbf{N}^*)$ 时，$f\ (x)$ 取得极值，$\therefore\ x_n=n\pi-\varphi\ (n\in\mathbf{N}^*)$，

此时 $f\ (x_n)\ =e^{a(n\pi-\varphi)}\sin\ (n\pi-\varphi)\ =\ (-1)^{n+1}e^{a(n\pi-\varphi)}\sin\varphi$，易知 $f\ (x_n)\ \neq0$，而 $\dfrac{f\ (x_{n+1})}{f\ (x_n)}=\dfrac{(-1)^{n+2}e^{a[(n+1)\pi-\varphi]}\sin\varphi}{(-1)^{n+1}e^{a(n\pi-\varphi)}\sin\varphi}=\ -e^{a\pi}$ 是非零常数，故数列 $\{f\ (x_n)\}$ 是首项为 $f\ (x_1)\ =e^{a(n\pi-\varphi)}\sin\varphi$，公比为 $-e^{a\pi}$ 的等比数列。

（2）由（1）知，$\sin\varphi=\dfrac{1}{\sqrt{a^2+1}}$，于是对一切 $n\in\mathbf{N}^*$，$x_n<|f\ (x_n)|$ 恒成立，即 $n\pi-\varphi<\dfrac{1}{\sqrt{a^2+1}}e^{a(n\pi-\varphi)}$ 恒成立，等价于 $\dfrac{\sqrt{a^2+1}}{a}<\dfrac{e^{a(n\pi-\varphi)}}{a\ (n\pi-\varphi)}$ （＊）恒成立（因为 $a>0$）。设 $g\ (t)\ =\dfrac{e^t}{t}\ (t>0)$，则 $g'\ (t)\ =\dfrac{e^t\ (t-1)}{t^2}$，令 $g'\ (t)\ =0$，得 $t=1$，

当 $0<t<1$ 时，$g'\ (t)\ <0$，所以 $g\ (t)$ 在区间 $(0,\ 1)$ 上单调递减；

当 $t>1$ 时，$g'\ (t)\ >0$，所以 $g\ (t)$ 在区间 $(0,\ 1)$ 上单调递增，

从而当 $t=1$ 时，函数 $g\ (t)$ 取得最小值 $g\ (1)\ =e$，因此，要使（＊）式恒成立，只需 $\dfrac{\sqrt{a^2+1}}{a}<g\ (1)\ =e$，即只需 $a>\dfrac{1}{\sqrt{e^2-1}}$。而当 $a=\dfrac{1}{\sqrt{e^2-1}}$ 时，

$\tan\varphi=\dfrac{1}{a}=\sqrt{e^2-1}>\sqrt{3}$，且 $0<\varphi<\dfrac{\pi}{2}$，于是 $\pi-\varphi<\dfrac{2\pi}{3}<\sqrt{e^2-1}$，且当 $n\geqslant2$ 时，$n\pi-\varphi\geqslant2\pi-\varphi\geqslant\dfrac{3\pi}{2}>\sqrt{e^2-1}$，因此对一切 $n\in\mathbf{N}^*$，$ax_n=\dfrac{n\pi-\varphi}{\sqrt{e^2-1}}\neq1$，

所以 $g\ (ax_n)\ >g\ (1)\ =e=\dfrac{\sqrt{a^2+1}}{a}$，故（＊）式亦恒成立。

综上所述，若 $a\geqslant\dfrac{1}{\sqrt{e^2-1}}$，则对一切 $n\in\mathbf{N}^*$，$x_n<|f\ (x_n)|$ 恒成立。

考点：（1）三角函数的性质；（2）导数的运用；（3）恒成立问题。本题是

以导数的运用为背景的函数综合题，主要考查了函数思想、化归思想、抽象概括能力、综合分析问题和解决问题的能力，属于较难题，近年来高考在逐年加大对导数问题的考查力度，不仅题型在变化，而且问题的难度、深度与广度也在不断加大，本部分的要求一般有三个层次：第一层次主要考查求导公式，求导法则与导数的几何意义；第二层次是导数的简单应用，包括求函数的单调区间、极值、最值等；第三层次是综合考查，包括解决应用问题，将导数内容和传统内容中有关不等式甚至数列及函数单调性有机结合，设计综合题。

❖•数学思想方法教学探究案例•❖

案例（1）一题多解渗透数学思想的教学

问题：若 x，y 为实数，且 $xy = x + 9y$，求 $s = x + y$ 的值域。

分析、讲解本题之前，先让学生独立思考并考虑从不同角度入手，然后与周围同学讨论解法，老师适当提示，学生从中得到启发，想出更多的解法，然后由学生代表讲解法，教师作点评，然后根据各种解法，再启发学生思考问题时用到了什么数学思想，最后做解题方法、数学思想的归纳总结如下：

分析一：消去一个未知数（方法：消元法），$y = \dfrac{x}{x - 9}$，

转化为 x 的函数（思想：函数思想），$s = x + \dfrac{x}{x - 9}$（$x \neq 9$），

（法一）（方法：求导法）$s' = 1 + \dfrac{x - 9 - x}{(x - 9)^2} = \dfrac{(x - 9)^2 - 9}{(x - 9)^2}$.

令 $s' = 0$，得 $x = 12$ 或 6，见下表：

x	$(-\infty, 6)$	6	$(6, 9)$	$(9, 12)$	12	$(12, +\infty)$
s'	$+$	0	$-$	$-$	0	$+$
s	↗	极大值4	↘	↘	极小值16	↗

∴ 当 $x < 9$ 时 $s \leqslant 4$，当 $x > 9$ 时 $s \geqslant 16$，∴ s 的值域为 $(-\infty, 4] \cup [16, +\infty)$.

点评：本解法用的是消元法、求导法和函数思想。

（法二）设 $t = x - 9$（方法：换元法），则 $x = t + 9$，$s = t + 9 + \dfrac{t + 9}{t} = t + \dfrac{9}{t} + 10$（$t \neq 0$），

当 $t > 0$ 时（思想：分类讨论思想），$t + \dfrac{9}{t} \geqslant 2\sqrt{t \cdot \dfrac{9}{t}} = 6$，

∴ $s \geqslant 16$（当且仅当 $t = 3$ 时等号成立）。

当 $t < 0$ 时，$-t + \dfrac{9}{-t} \geqslant 2\sqrt{(-t)\left(-\dfrac{9}{t}\right)} = 6$（方法：基本不等式），

∴ $t + \dfrac{9}{t} \leqslant -6$（当且仅当 $t = -3$ 时等号成立），

∴ $s \leqslant -6 + 10 = 4$，∴ s 的值域为 $(-\infty, 4] \cup [16, +\infty)$.

点评：本解法用的是换元法、基本不等式法和分类讨论思想。

分析二：消去一个未知数（方法：消元法），$y = s - x$，

代入已知等式转化为 x 的方程（思想：方程思想），

$x(s - x) = x + 9(s - x)$，

∴ $x^2 - (s + 8)x + 9s = 0$.

（法三）∵ x 是实数，

∴ $\Delta = (s + 8)^2 - 36s \geqslant 0$（方法：判别式法），

∴ $s^2 - 20s + 64 \geqslant 0$，

∴ $s \geqslant 16$ 或 $s \leqslant 4$（验证等号成立），

∴ s 的值域为 $(-\infty, 4] \cup [16, +\infty)$.

点评：本解法用的是消元法、判别式法和方程思想。

（法四）配方 $\left(x - \dfrac{s + 8}{2}\right)^2 = \dfrac{s^2 - 20s + 64}{4}$（方法：配方法），

∴ $s^2 - 20s + 64 \geqslant 0$，∴ $s \geqslant 16$ 或 $s \leqslant 4$，

∴ s 的值域为 $(-\infty, 4] \cup [16, +\infty)$.

点评：本解法用的是配方法。

分析三：把 $xy = x + 9y$ 变形为 $\dfrac{1}{y} + \dfrac{9}{x} = 1$（$xy \neq 0$），（$x = 0$ 时，$y = 0$，∴ $s = 0$）（思想：等价转化）。

（法五）$s = x + y = (x + y)\left(\dfrac{1}{y} + \dfrac{9}{x}\right) = \dfrac{x}{y} + \dfrac{9y}{x} + 10$（方法：常数代换法）。

当 $\dfrac{x}{y} > 0$ 时（思想：分类讨论思想），$s \geqslant 2\sqrt{\dfrac{x}{y} \cdot \dfrac{9y}{x}} + 10 = 16$，

（当且仅当 $\dfrac{x}{y} = 3$，即 $x = 12$，$y = 4$ 时等号成立）（方法：基本不等式法）。

当 $\dfrac{x}{y} < 0$ 时，$s \leqslant -2\sqrt{\left(-\dfrac{x}{y}\right) \cdot \left(-\dfrac{9y}{x}\right)} + 10 = 4$，

（当且仅当 $\dfrac{x}{y} = -3$，即 $x = 6$，$y = -2$ 时等号成立）。

$\therefore s$ 的值域为 $(-\infty, 4] \cup [16, +\infty)$.

点评：本解法用的是等价转化思想、分类讨论思想、常数代换法和基本不等式法。

分析四：把 $xy = x + 9y$ 变形为 $(x - 9)(y - 1) = 9$（思想：等价转化），

（法六）$s = x + y = (x - 9) + (y - 1) + 10$，

当 $x - 9 > 0$ 时，$y - 1 > 0$（思想：分类讨论思想），$s \geq 2\sqrt{(x - 9)(y - 1)} + 10 = 16$，（当且仅当 $x = 12$，$y = 4$ 时等号成立）（方法：基本不等式法）。

当 $x - 9 < 0$ 时，$y - 1 < 0$，

$-s = -x - y = -(x - 9) - (y - 1) - 10 \geq 2\sqrt{(x - 9)(y - 1)} - 10 = -4$，

$\therefore s \leq 4$，当且仅当 $x = 6$，$y = -2$ 时等号成立。

$\therefore s$ 的值域为 $(-\infty, 4] \cup [16, +\infty)$.

点评：本解法用的是等价转化思想、分类讨论思想和基本不等式法。

分析五：把 $xy = x + 9y$ 变形为 $(x - 9)(y - 1) = 9$（思想：等价转化），

（法七）考察 $(x - 9)(y - 1) = 9$ 及 $x + y = s$ 的图像：数形结合思想，$(x - 9)(y - 1) = 9$ 的图像可由 $xy = 9$ 的图像（等轴双曲线），向右平移 9 个单位再向上平移 1 个单位而得到（如图 2-5-7），而 $x + y = s$ 表示斜率为 -1 的直线 l，它在 y 轴上的截距为 s，由图像知当直线 l 与等轴双曲线相切于顶点 A_1（12，4），A_2（6，-2）时，s 有极值，s 极大值为 4，s 极小值为 16，结合图像知 $s \leq 4$ 或 $s \geq 16$. $\therefore s$ 的值域为 $(-\infty, 4] \cup [16, +\infty)$.

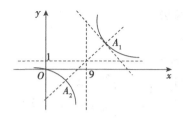

图 2-5-7

点评：本解法用的是等价转化思想、数形结合思想。

本题小结：通过一道例题的多角度分析，再现了数学问题中的重要解题方法和数学思想，使学生进一步认识消元法、换元法、求导法、基本不等式法、

三角代换法、常数代换法、判别式法、配方法、赋值法、特殊化法等解题方法以及方程思想、函数思想、分类讨论思想、数形结合思想等重要解题思想。这就要求同学们在数学学习过程中，多研究数学题的解题方法和解题思想，多用数学思想和方法来指导解题。

案例（2）一题多变渗透数学思想的教学

问题1：已知关于 x 的方程 $x^2 + x + m = 0$，

① 若方程有两个不同的实根，则实数 m 的取值范围是_____；

② 若方程有唯一实根，则实数 m 的取值是_____。

问题2：已知关于 x 的方程 $x^2 + mx + 1 = 0$，

① 若方程有实根，则实数 m 的取值范围是_____；

② 若方程有两个正根，则实数 m 的取值范围是_____。

变式问题（1）已知关于 x 的方程 $x^2 + x + m = 0$，在区间（-1，1）内有两个不同的实根，求实数 m 的取值范围。

分析：首先 $\Delta > 0$，其次两根必须在（-1，1）内。方法1：求根公式法。

$\because \Delta = 1 - 4m > 0$，$\therefore m < \dfrac{1}{4}$. 又 $x_1 = \dfrac{-1 - \sqrt{1 - 4m}}{2}$，$x_2 = \dfrac{-1 + \sqrt{1 - 4m}}{2}$

$\therefore \begin{cases} \dfrac{-1 - \sqrt{1 - 4m}}{2} > -1 \\ \dfrac{-1 + \sqrt{1 - 4m}}{2} < 1 \end{cases} \Rightarrow \begin{cases} 1 + \sqrt{1 - 4m} < 2 \\ -1 + \sqrt{1 - 4m} < 2 \end{cases} \Rightarrow \begin{cases} \sqrt{1 - 4m} < 1 \\ \sqrt{1 - 4m} < 3 \end{cases}$，

$\therefore 0 < 1 - 4m < 1$，$\therefore 0 < m < \dfrac{1}{4}$.

点评：本解法想法直接，容易理解，适用于根比较简单的情况。

方法2：二次函数图像法

设 $f(x) = x^2 + x + m$，

列不等式组 $\begin{cases} \Delta = 1 - 4m > 0 \\ -1 < -\dfrac{1}{2} < 1 \\ f(-1) > 0 \\ f(1) > 0 \end{cases}$，$\therefore \begin{cases} m < \dfrac{1}{4} \\ m > 0 \\ m > -2 \end{cases}$，$\therefore 0 < m < \dfrac{1}{4}$.

点评：本解法需要把方程问题转化为函数问题，并结合函数图像求解，可以避免解无理不等式。本解法体现了函数思想。

方法3：分离参数法把方程化为 $m = -x^2 - x$，$x \in$（-1，1）有两个不同的实根。

作 $y = -x^2 - x$，$x \in (-1, 1)$ 的图像和 $y = m$ 的图像，如图 2 - 5 - 8，

由此可知两个图像有两个不同交点时，$0 < m < \dfrac{1}{4}$.

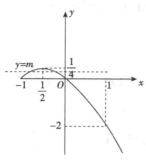

图 2 - 5 - 8

点评：本解法把参数分离到方程的一边去，并构造两个函数图像的交点个数问题，直观形象，适用于参数容易分离的方程，且两个函数图像容易作图的情况。本解法体现了等价转化的思想、数形结合的思想。

变式问题（2）：已知关于 x 的方程 $x^2 + x + m = 0$ 在区间 $(-1, 1)$ 内有唯一的实根，求实数 m 的取值范围。

分析：方法 1：分离参数法把方程化为 $m = -x^2 - x$，$x \in (-1, 1)$ 有唯一一个实根。

由变式问题（1）的方法 3 知两个图像有唯一交点时，$m = \dfrac{1}{4}$ 或 $-2 < m \leqslant 0$.

点评：本解法与变式问题（1）的方法 3 相同。

方法 2：设 $f(x) = x^2 + x + m$，利用二次函数图像进行分类讨论（通法），对称轴 $x = -\dfrac{1}{2}$.

① $\underset{-1 \quad\quad 1}{\smile}$ $\Delta = 0$，且 $-1 < -\dfrac{1}{2} < 1$，$\therefore m = \dfrac{1}{4}$；

② $\underset{-1 \quad\quad 1}{\smile}$ $f(-1) \leqslant 0$，且 $f(1) > 0$，$\therefore -2 < m \leqslant 0$.

所以 $m = \dfrac{1}{4}$ 或 $-2 < m \leqslant 0$.

点评：本解法需要把方程问题转化为函数问题，并结合函数图像分类求解，

注意区间端点值的准确取舍。本解法体现了转化思想、数形结合思想和分类讨论思想。本题特殊解法：抓住对称轴是确定的，只需要 $f(-1) \leq 0$ 且 $f(1) > 0$，或 $\Delta = 0$ 即可。

变式问题（3）：已知关于 x 的方程 $x^2 + mx + 1 = 0$ 在区间 $\left[\dfrac{1}{2}, 3\right]$ 上有唯一实根，求 m 的取值范围。

解：

方法一：（分类讨论）设 $f(x) = x^2 + mx + 1$，

① $\begin{cases} \Delta = m^2 - 4 = 0 \\ \dfrac{1}{2} \leq -\dfrac{m}{2} \leq 3 \end{cases}$，$\therefore m = -2$；

② $f\left(\dfrac{1}{2}\right) f(3) < 0$，$\therefore -\dfrac{1}{2} < m < -\dfrac{5}{2}$；

③ $f\left(\dfrac{1}{2}\right) = 0$ 时，$m = -\dfrac{5}{2}$，此时 $x^2 - \dfrac{5}{2}x + 1 = 0$，$x = \dfrac{1}{2}$ 或 2

（不适合），作 $y = x + \dfrac{1}{x}$，$x \in \left[\dfrac{1}{2}, 3\right]$ 的图像及 $y = -m$ 的图像，可知 $m = -2$

或 $-\dfrac{10}{3} \leq m < -\dfrac{5}{2}$；

④ $f(3) = 0$ 时，$m = -\dfrac{10}{3}$，此时 $x^2 - \dfrac{10}{3}x + 1 = 0$，$x = \dfrac{1}{3}$ 或 3

（适合）。

综合上述知，m 的取值范围是 $m = -2$ 或 $-\dfrac{10}{3} \leq m < -\dfrac{5}{2}$.

方法二：

问题转化为 $-m = -x - \dfrac{1}{x}$ 在 $x \in \left[\dfrac{1}{2}, 3\right]$ 上有唯一解，

作 $y = x + \dfrac{1}{x}$，$x \in \left[\dfrac{1}{2}, 3\right]$ 的图像及 $y = -m$ 的图像，如图 2 - 5 - 9，

可知 $-m = 2$ 或 $2 + \dfrac{1}{2} < -m \leq \dfrac{1}{3} + 3$，

即 $m = -2$ 或 $-\dfrac{10}{3} \leq m < -\dfrac{5}{2}$.

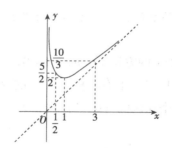

图 2-5-9

变式问题（4）：已知关于 x 的方程 $x^2 + x + m = 0$ 在区间（-1，1）内有实根，求 m 的取值范围。

分析：分离参数法，问题相当于方程 $m = -x^2 - x$ 在 $x \in$（-1，1）时有解。

$\because y = -x^2 - x = -\left(x + \dfrac{1}{2}\right)^2 + \dfrac{1}{4}$，$x \in$（-1，1）的值域为 $\left(-2, \dfrac{1}{4}\right]$，

$\therefore m$ 的取值范围是 $m \in \left(-2, \dfrac{1}{4}\right]$。

点评：本解法把参数分离到方程的一边去，并转化为函数的值域问题，避免了复杂的分类讨论，简单明了，是一个好解法。本解法适用于方程解的个数没有明确要求只是有解的要求的情况。本解法体现了等价转化的思想、函数的思想。

变式问题：（5）已知关于 x 的方程 $x^2 + x + m = 0$，在区间（-1，1）和（-2，-1）内各一根，求 m 的取值范围。

分析：二次函数图像法，设 $f(x) = x^2 + x + m$，

根据 $f(x)$ 的图像，依题意得：

$\begin{cases} f(-2) > 0 \\ f(-1) < 0, \\ f(1) > 0 \end{cases} \therefore \begin{cases} 2 + m > 0 \\ m < 0 \quad , \therefore -2 < m < 0. \\ 2 + m > 0 \end{cases}$

点评：本解法需要把方程问题转化为函数问题，并结合函数图像求解，简单明了，是一个好解法。本解法体现了函数的思想、数形结合的思想。

解法总结：对于一元二次方程在区间内有解问题，常用解法有求根公式法、二次函数图像法、分离参数法。方程问题转化为函数问题，利用函数求解是函数思想的重要体现。求解过程常常需要数形结合、分类讨论、等价转化。对于区间内有解问题，一般要针对解的个数，选择适当的解法，如果题目要求唯一解或两个不同的解，三种解法都可使用。如果题目只是要求在区间内有解，那

么用分离参数法转化为求函数的值域，可以避开复杂的分类讨论，是一个比较好的方法。

变式训练 1：已知关于 x 的方程 $x^2 + mx + 1 = 0$，

（1）若方程在区间 $[1, 2]$ 上有实根，求 m 的取值范围。

（2）若方程的两根一个在区间 $(0, 1)$ 内，另一个在区间 $(2, 3)$ 内，求 m 的取值范围。

解：（1）由原方程得 $-m = x + \dfrac{1}{x}$ 在 $x \in [1, 2]$ 上有解，

设 $g(x) = x + \dfrac{1}{x}$，由对勾函数的图像，

$\therefore g(x)$ 在 $[1, 2]$ 上为增函数，$\therefore g(x)$ 的值域为 $\left[2, \dfrac{5}{2}\right]$，

$\therefore -m \in \left[2, \dfrac{5}{2}\right]$，即 $m \in \left[-\dfrac{5}{2}, -2\right]$.

（2）依题意得：

$$\begin{cases} f(0) > 0 \\ f(1) < 0 \\ f(2) < 0 \\ f(3) > 0 \end{cases}, \therefore -\dfrac{10}{3} < m < -\dfrac{5}{2}.$$

变式训练 2：已知关于 x 的方程 $x^2 + 2mx + 2m + 3 = 0$ 在区间 $[0, 2]$ 上有实根，求实数 m 的取值范围。

答案：$-\dfrac{3}{2} \leqslant m \leqslant -1$

案例（3）在汉诺塔游戏教学中感悟数学思想

一、在游戏教学中感悟数学思想

数学的基本思想，主要有数学抽象的思想、数学推理的思想、数学模型的思想、数学审美的思想。当然，由上述数学的"基本思想"演变、派生、发展出来的数学思想还有很多。

人类通过数学抽象，从客观世界中得到数学的概念和法则，建立了数学学科及其众多的分支；通过数学推理，进一步得到大量结论，数学科学得以丰富和发展；通过数学模型，把数学应用到客观世界中，产生了巨大的社会效益，又反过来促进了数学学科的发展；通过数学审美，看到数学"透过现象看本质""和谐统一众多事物"中美的成分，感受到数学"以简驭繁""天衣无缝"

给我们带来的愉悦，并且从"美"的角度发现和创造新的数学。[1]

在玩数学游戏的过程中，学生往往需要综合运用数学抽象、推理、模型的思想，在这些数学思想的指导下通过具体的数学方法程序，才可能破解游戏的奥秘赢得数学游戏的胜利。而在数学游戏愉快的氛围中，更有助于学生体验到数学之"美"，在潜移默化中感悟数学审美的思想。

二、在汉诺塔游戏教学中感悟数学思想

下面笔者以汉诺塔游戏与递推数列的教学为例，初步说明如何将趣味数学游戏与高中数学课堂有机结合。

【教学对象】高二学生（理科）。

【学情分析】学生已经掌握等差和等比数列相关知识、数学归纳法与 $a_{n+1} = a_n + f(n)$ 和 $a_{n+1} = f(n) a_n$ 型简单递推数列求通项公式的基本方法。

【教学目标】

1. 知识与技能

了解汉诺塔相关背景知识，掌握汉诺塔游戏的规律，掌握求 $a_{n+1} = pa_n + q$（$q \neq 0$，$p \neq 1$，0）型递推数列通项公式的基本方法。

2. 过程与方法

（1）以学生喜闻乐见的神话传说引入，运用从特殊到一般的探究方法，使学生经历知识的形成过程；

（2）通过让学生操作多媒体课件中的汉诺塔游戏，进一步验证和巩固发现的规律；

（3）鼓励学生尝试"一题多解"，老师对解法进行补充，最后归纳总结实现"多解归一"。

情感态度价值观：提高学生数学学习的兴趣，培养学生理性看待问题的精神，感受数学思想"以不变驾驭无穷"的强大威力。[2]

【教学重点】

（1）掌握汉诺塔的游戏规律；

（2）感悟"递归思想"与"化归思想"；

（3）掌握求 $a_{n+1} = pa_n + q$（$q \neq 0$，$p \neq 1$，0）型递推数列通项公式的基本方法。

【教学难点】

（1）汉诺塔游戏规律逐层深入的探究过程；

（2）$a_{n+1} = pa_n + q$（$q \neq 0$，$p \neq 1$，0）型递推数列求通项公式的基本方法地

得到与归纳总结。

【教学方法】教师启发引导与学生活动相结合的教学手段，计算机、Flash 课件。

【教学手段】计算机、Flash 课件。

【教学流程】

1. 汉诺塔谜题

汉诺塔问题是印度一个古老的传说。相传主神梵天在一个圣庙里留下了三根宝石针，第一根针上面套着 64 个圆的金片，最大的一个在底下，其余一个比一个小，依次叠上去，庙里的僧人不停地把它们一个个地从这根针搬到另一根针上，规定可利用中间的一根针作为帮助，但每次只能搬一个，而且大的不能放在小的上面。

这就是所谓的汉诺塔。当所有的圆盘都从梵天穿好的那根针上移到另一根针上时，世界就将在一声霹雳中毁灭，梵塔、庙宇和众生都将同归于尽。

设计意图说明：借助多媒体课件的动画演示功能生动讲述汉诺塔的传说，使学生产生"认知心理缺口"，充分调动学生的兴趣参与到探究汉诺塔移动步数的探究中。

2. 谜题初探

游戏规则：（1）有三根杆子或位置 A、B、C，A 杆上有若干圆盘；

（2）每次移动一块圆盘，小的只能叠在大的上面；

（3）把所有圆盘从 A 杆全部移到另一根杆上。

一层塔：移动步数记为 a_n，则 $a_1 = 1$. 二层塔：$a_2 = 3$. 三层塔：分为三大步：①把上面两层移动到另外一个位置。②移动最底下一层。③再把最上面的两层移动到最底下一层上面，$a_3 = 2a_2 + 1 = 7$. 四层塔：四层塔也可以分为三大步（让一两个学生上讲台亲自操作游戏）：①先把上面三层移动到另外一个位置；②移动最底下一层；③再把最上面的三层移动到最底下一层上面，$a_4 = 2a_3 + 1 = 15$. 五层塔：汉诺塔 Flash 游戏教学课件，同样让一两个学生上讲台亲自操作游戏，得到最少步数：$a_5 = 2a_4 + 1 = 31$.

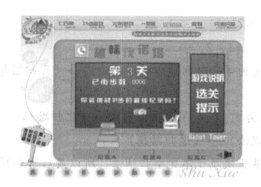

图 2 – 5 – 10

对于 n（$\geqslant 2$）层塔问题，我们同样可以分为三大步完成：①先把上面 $n-1$ 层移动到另外一个位置；②移动最底下一层；③再把最上面的 $n-1$ 层移动到最底下一层上面。于是我们归纳得到关于汉诺塔移动步数的递推公式：

$$\begin{cases} a_1 = 1, \\ a_n = 2a_{n-1} + 1 \ (n \in \mathbf{N}^*, \ n > 1). \end{cases}$$

这个过程涉及了一种很重要的数学思想——递归思想，利用它我们可以将一些复杂的问题逐层转化为比较简单的问题进行求解。从本质上讲，它属于"化归思想"。

设计意图说明：在初步得出规律之后，借助 Flash 汉诺塔游戏，让学生现学现用，不仅充分调动了学生的学习兴趣与热情，而且也验证和巩固了我们之前分析所得出的关于汉诺塔移动步数的结论。总结得到汉诺塔移动步数的递推公式，揭示出其中蕴含的深刻而奇妙数学思想。

3. 谜题深究

为了解答汉诺塔谜题，我们需要先把递推数列的通项公式给求出来。但是这个递推数列并不是我之前熟悉的等差等比数列或者前面已经学过的简单递推数 $a_{n+1} = a_n + f(n)$，$a_{n+1} = f(n) a_n$. 这时候我们应该如何来解决这个问题呢？（引导学生利用前面提到的"化归思想"和"递归思想"入手）

解法一：（转化为等比数列：待定系数法）→（化归思想）

令 $a_{n+1} + x = 2(a_n + x)$，

即 $a_{n+1} = 2a_n + x$，与已知 $a_{n+1} = 2a_n + 1$ 比较，得 $x = 1$，

令 $b_n = a_n + 1$，则 $\begin{cases} b_{n+1} = 2b_n \\ b_1 = 2 \end{cases}$，

$\therefore b_n = 2 \cdot 2^{n-1} = 2^n$,

$\therefore a_n = 2^n - 1$, $n = 1$, 2, $\cdots$.

解法二：（转化为等比数列：方程消元法）→（化归思想）（解题过程请读者自主完成）

解法三：转化为 $b_{n+1} = b_n + f(n)$ 形式→（化归思想）

解法四：（迭代法）→（递归思想）

（强调：由于迭代法属于不完全归纳法，所以最后需要利用数学归纳法对结果进行证明）

解法五：（观察归纳证明）实验→观察→归纳→猜想→证明（数学归纳法）

设计意图说明：现学现用，让学生在解题过程中再次感受到"化归思想"与"递归思想"的奇妙与强大。一题多解，多解归一（统一的思想方法，解法五除外）。让学生感受数学思想"以不变驾驭无穷"的无限魅力。

4. 谜题揭秘

如果移动一个圆盘需要 1 秒的话 $a_{64} = 2^{64} - 1$（秒），利用计算机算得答案为 18446744073709551615，一年时间 $= 60 \times 60 \times 24 \times 365$，大约需要 5800 亿年。而现在宇宙的估计年龄只有 150 亿年左右！

方法总结：（简单）递推数列 $a_{n+1} = pa_n + q$（$q \neq 0$，$p \neq 1$，0）.

一般解法：转化为等比数列；转化为累加形式（$a_{n+1} = a_n + f(n)$）；迭代（最后要用数学归纳法证明）；实验观察法（最后要用数学归纳法证明）。

设计意图说明：揭秘汉诺塔谜题，让学生感受数学的趣味性与推理的严谨性。总结求形如 $a_{n+1} = pa_n + q$ 递推数列通项公式的基本方法，同时注重数学思想的再次揭示与升华。

5. 课堂小结

（简单）递推数列求通项公式的类型和方法小结：

1. $a_{n+1} = a_n + f(n)$

2. $a_{n+1} = f(n) a_n$

3. $a_{n+1} = pa_n + q$（$q \neq 0$，$p \neq 1$，0）对应一般解法：

（1）$a_n = a_1 + (a_2 - a_1) + (a_3 - a_2) + \cdots + (a_n - a_{n-1})$

（2）$a_n = a_1 \cdot \dfrac{a_2}{a_1} \cdot \dfrac{a_3}{a_2} \cdot \cdots \cdot \dfrac{a_n}{a_{n-1}}$

（3）①转化为等比数列（待定系数法，方程消元法）；②转化为 $a_{n+1} =$

$a_n + f(n)$ 的形式；③迭代法（最后要用数学归纳法证明）；④实验观察法（最后要用数学归纳法证明）。

设计意图说明：总结已学过的三种简单递推数列求通项的类型与基本方法，帮助学生构建知识网络。

6. 作业布置

巩固练习：已知 $a_1 = 2$，$a_{n+1} = 3a_n + 8$，求 a_n.

思考题：形如 $a_{n+1} = pa_n + q$（n）的递推数列，其通项公式应该怎样求？（提示：类比 $a_{n+1} = pa_n + q$（$q \neq 0$，$p \neq 1$，0）求通项公式的解法）例题：$a_1 = 2$，$a_{n+1} = 3a_n + 8n + 6$，求 a_n.

设计意图说明：巩固课堂所学数学思想方法，同时为下次课解决 $a_{n+1} = pa_n + q$（n）型的递推数列求通项公式埋下伏笔。

案例分析总结：

本教学过程设计利用多媒体课件落实"数学通俗化"教学的同时，有效促进了学生的"数学化"学习，集中表现在以下方面：

（1）利用多媒体课件的音频、视频、图片、文本讲述生动有趣的汉诺塔传说，点燃学生的求知欲。

（2）借助计算机强大的计算功能，模拟汉诺塔数学游戏，充分调动学生学习新知识的兴趣与热情，在经过前四层塔的逐步探究得出初步的规律之后，让学生到讲台操作汉诺塔游戏，尝试寻找解决四层塔和五层塔问题的最佳步数，验证和巩固了之前分析所得出的关于汉诺塔移动步数的结论。

（3）在得出汉诺塔移动步数递推公式的同时，教师充分揭示了分析探究过程所运用到的"化归思想"和"递归思想"，紧扣这两个思想引导学生得出求解 $a_{n+1} = pa_n + q$ 型通项公式的基本方法，有效地促进了学生"数学化"学习。

（4）作业布置部分，教师让学生类比求通项公式的基本解法，初步类比归纳出形如 $a_{n+1} = pa_n + q$（n）的递推数列求通项公式的解法，进一步促进"数学化"学习。

三、从数学游戏中挖掘教学素材

从趣味数学游戏的角度，我们可以挖掘出许多渗透数学思想方法的极佳素材，见下表：

数学游戏	游戏蕴含的数学思想	相应数学知识
幻方	对称的思想，和谐的思想	逻辑推理
24点	分类讨论的思想，统计的思想	排列组合，运算律运用
一笔画	数学建模的思想：简化的思想	数学建模
汉诺塔	递归思想与化归思想	递推数列，归纳推理与演绎推理
九连环	递归思想与化归思想	递推数列，归纳推理与演绎推理
分油问题	数学建模的思想、方程思想与数形结合思想	不定方程，坐标法（构造法）
取石子	特殊化的思想、分类讨论、化归的思想	归纳推理与演绎推理，数学归纳法
竞猜价格	逐步逼近的思想	二分法
猜帽子颜色	特殊化的思想、化归的思想	推理与证明

这些趣味数学游戏无不蕴含着丰富的数学思想方法。汉诺塔蕴含"化归思想"和"递归思想"；分油问题涉及"数学建模思想""不定方程思想"和"数形结合思想"[3]；取石子蕴含"特殊化的思想""分类讨论思想"和"化归思想"等等。这些丰富的数学"通俗化"教学资源，值得我们数学教育工作者进一步挖掘与开发。

参考文献

[1] 顾沛. 数学基础教育中的"双基"如何发展为"四基" [J]. 数学教育学报，2012（21）：1.

[2] 何小亚，姚静. 中学数学教学设计 [M]. 北京：科学出版社，2008.

[3] 许伟亮. 趣味数学游戏教育价值的初步挖掘，以分油问题为例 [J]. 福建中学数学，2013（01）.

（案例（3）由汕头市金山中学许伟亮供稿）

第六节 数学错例剖析教学建议

◆ 学生数学思维障碍的成因分析与对策 ◆

高中数学课堂中，学生由于多方面的原因，或多或少存在着思维的障碍，对一些问题或是一知半解，或是完全无从下手。[1]笔者从自己的平时教学过程中使用的几个案例出发，阐述了问题出现的原因，并提出了自己的解决策略。

1. 引言

在笔者的课堂中，常常会有学生发问："老师，这是为什么？"或是下课后急急忙忙地跑过来说："老师，刚刚这个地方我听不懂，你再帮我讲一遍，好吗？"。这些都引发了笔者的思考，究竟是什么样的原因，使得学生对这些问题存在理解上的困难？在课堂与老师的双边互动过程中出现了思维的障碍？这些思维障碍的成因有哪些？有些什么样的对应策略呢？

新课程标准提出："数学课堂是关注学生全面发展的课堂，不同的学生应得到不同的发展。"在课堂上，学生应享受着学习与提高的快乐，感悟学习的乐趣，体验学习的愉悦。在课堂中，教师能否在教学过程中突破学生思维的障碍，对于学生个体的思考能力与思维品质的培养至关重要。但是，现实的数学课堂中却存在着教师教学引导不到位，教学方法错位等一系列问题，对学生基本数学技能的培养形成了负面的影响。[2]

2. 几个课堂案例

例 1：函数的定义与解析式。

在高三数学的一次数学课上，笔者讲到了这样的一个题目：已知定义在 **R** 上的函数 $f(x)$ 满足：$f[f(x) - x^2 + x] = f(x) - x^2 + x.$

（1）若 $f(2) = 3$，求 $f(1)$ 的值；又若 $f(0) = a$，求 $f(a)$ 的值。

（2）设有且仅有一个实数 x_0，满足 $f(x_0) = x_0$，求函数 $f(x)$ 的解析式。

在笔者抄完题目后，部分同学的解答过程惊人的一致，甚至开始质疑题目是否有问题，他们的解答如下：

（1）设 $t = f(x) - x^2 + x$，故有 $f(t) = t$，即 $f(x) = x$，

所以 $f(1) = 1$，而 $f(0) = 0 = a$，因此 $f(a) = f(0) = 0.$

当写到这里的时候，他们发现问题来了，$f(x)=x$ 这个结论是用换元法得到的，既然 $f(x)=x$，那 $f(2)=2\neq3$，而且方程 $f(x)=x$ 也不会有且仅有一个根 x_0？那不就出现矛盾了？于是这些学生就产生了困惑，思维出现了障碍，从而不知道如何解答这个题目了。

例 2：一道解析几何的选择题。

在复习圆锥曲线的定义的习题课上，笔者讲到了这样的一道题目：已知点 P (x,y) 满足 $\sqrt{(x+2)^2+y^2}+\sqrt{(x-2)^2+y^2}=4$，则点 P 的轨迹是（ ）。

A. 椭圆   B. 双曲线   C. 抛物线   D. 线段

在事前将习题练习卷收上来的时候，笔者发现许多学生都错误地选择了 A 选项，于是在课堂上教师提问了一位做错的学生，他如是回答："题目中的代数式表示点 P 到两定点（-2，0）和（2，0）的距离之和为 4，这符合椭圆的定义，故选 A"。

例 3：一个课后"阅读与思考"。普通高中新课程教科书人教 A 版必修五 3.3 这一节中有一个阅读与思考《错在哪里》，书中陈述了这样的一道题：

已知 $\begin{cases} 1\leqslant x+y\leqslant 3 ① \\ -1\leqslant x-y\leqslant 1 ② \end{cases}$，

求 $4x+2y$ 的取值范围。

书中陈述了两种解法：

解法一：①＋②得：$0\leqslant 2x\leqslant 4$，即 $0\leqslant 4x\leqslant 8$③

①＋②×（-1）得：$0\leqslant 2y\leqslant 4$④

③＋④得：$0\leqslant 4x+2y\leqslant 12$.

解法二：由 $4x+2y=3(x+y)+(x-y)$，

又由已知条件知：$3\leqslant 3(x+y)\leqslant 9$⑤

$-1\leqslant x-y\leqslant 1$⑥

⑤＋⑥得：$2\leqslant 4x+2y\leqslant 10$.

课本相继提出两个解法的结果为何会不一样，哪一种解法出现了错误。

这里，显然第一种解法出错了，笔者在解析其出错的原因时解释道："第一种解法中将 x、y 的范围单独求了出来，这个过程必然造成变量范围的扩大，从而得到了错误的答案"。笔者还借助平面直角坐标系，通过数形结合的方式分析了这个问题。同时，笔者也肯定道："第二种解法利用待定系数法将目标变量作为一个整体来考虑，没有扩大解析式的范围，因此得到了一个正确的结果。"

就在笔者本以为圆满地解答完这个问题时，一名学生举手站起来提出了他的疑惑："我先求出了变量 x 的范围，得到的答案也是一样的啊"。当时，由于笔者还有部分教学任务没有完成，故武断地指出："你的算法是错误的，因为将 x、y 的范围单独求了出来，这个过程必然造成变量范围的扩大，即便你得到与题目结果一致的答案，也仅仅只是巧合。"

课后学生找到了笔者，他给出了他的解法：

解法三：由①＋②得：$0 \leq 2x \leq 4$，⑦

①×2＋⑦得：$2 \leq 4x + 2y \leq 10$.

笔者在惊讶于学生的解法的同时，也意识到自己还没有完全讲清楚这个题目。

例 4：函数周期性的一道习题。

在必修四的一节试卷讲评课上，笔者讲到了下面这一道题目：已知定义在 **R** 上的奇函数 $f(x)$ 满足：$f(x+2) = -f(x)$，当 $x \in [0, 1]$ 时，$f(x) = x^2$.

（1）求证：函数 $f(x)$ 是一个周期函数。

（2）求 $f(2015)$ 的值。

由于时间的关系，来不及铺垫有关概念，直接就给出了题目的解答过程：

（1）对任意的 $x \in \mathbf{R}$，$f(x+4) = -f(x+2) = f(x)$，

故函数 $f(x)$ 是一个以 4 为周期的周期函数。

（2）由函数 $f(x)$ 是一个以 4 为周期的周期函数，

故 $f(2015) = f(3) = f(1+2) = -f(1) = -1^2 = -1$.

刚下课，就有四五个学生围过来，说："老师，这里的第一步我听不懂。"当笔者把这个式子耐心地帮学生讲完后，笔者才发现，其实这个题目中函数周期性的证明部分的解法，很多学生还没有理解。

3. 案例分析——课堂思维障碍的成因分析

（1）惯性思维的消极作用

在例 1 中，学生习惯性的使用换元法"设 $t = f(x) - x^2 + x$，故有 $f(t) = t$，即 $f(x) = x$"．这里的"$f(t) = t$"与"$f(x) = x$"无法等价，因为这里的 t 既可以是某个范围内的变量，同时也可以是某个固定的常数，学生习惯性地错把它当作实数域内的变量，从而得到一个错误的函数解析式，陷入了一个与题目条件矛盾的"死胡同"中而走不出来。

经过多年的数学学习，高中生已经有了较丰富的解题经验，初步形成了自己的思维方法和思路，所以在问题的解决中往往从以往的解题经验中出发，套

用原有的思路，对自己的思维方法深信不疑，不能根据新的对象的特点作出正确的判断，阻碍了新的更合理有效的认知结构的建立，从而形成了课堂师生互动中的思维障碍。

（2）数学概念理解的不完备

在例 2 中，学生错误地认为：到两定点的距离之和为定值的点的集合就是椭圆，也就是若动点 P 到两定点 F_1、F_2 的距离之和 $|PF_1| + |PF_2|$ 为定值，则动点 P 的轨迹称为椭圆。但忘却了还有个限制条件：该定值 $|PF_1| + |PF_2|$ 必须大于两定点的距离 $|F_1F_2|$。而案例中的这个题目，这个定值刚好就等于两定点间的距离，因而轨迹不再是椭圆。

高中数学的许多概念具有很高的抽象性，学生在学习过程中，对于知识发生的过程不会主动地进行深入的理解和思考，对知识的理解仅仅停留在理解的表象层面上，不太可能形成抽象的概念理解，所以对知识的理解不可避免地存在片面性，不容易去把握事物的本质。数学思维讲究的是思维的严谨性和推理的严密性。但高中学生的认知结构正处于形成阶段，不可避免地存在思维的不严密性。对问题的解决易受原有认知结构的影响，从而在问题的解答过程中出现思维障碍，无法顺利地解决问题。

（3）以教师的解法代替学生的思考

在例 3 教学过程中，教师以课本的解法作为唯一的解法，迫使学生接受自己的方法，把本该由学生去完成的思考过程由老师代替了。

数学教学的根本任务是造就学生良好的数学认知结构，以满足学生后续的学习需要，最终提高学生的问题解决能力。因而，在教学过程中，教师的角色是帮助学生思考，让学生主动地提出问题并解决问题。而不是用自己的解法代替学生思考，强迫或是半强迫地让学生接受自己的思维方式和解决问题的方法，如果这种"强迫或半强迫"的教学方式不断进行下去，学生的思考就失去了原动力，从而失去了学习的主体意义，慢慢会养成依赖心理，被动地去学习，去接受。长此以往，将对学生的数学思维产生严重的障碍，无法让学生体会到数学学习的乐趣。

（4）教师用数学表征代替数学内化

在例 4 教学过程中，教师由于教学任务的原因，缺少对问题的引导剖析，而是将问题以"答案"的形式直接呈现给了学生，用一个解答问题的"表征"代替解答问题的"过程"。

解决数学问题的"过程"应是解答的问题与学生原有数学认知结构产生碰

撞和冲突的过程，从而激起学生的思考，寻求解答新问题的方法和技巧，从而解决问题；同时，在学生的认知结构里，将新的方法和技巧进行理解、内化，这样才能建构起新的数学认知结构。单纯的呈现问题的"答案"或是对"答案 A"经常简略的解析，这种表征化的教学不能代替学生数学认知结构的重建过程，无法让学生建立起良好的数学认知结构，也会给学生带来新问题的思维障碍。

4. 帮助学生突破数学课堂的思维障碍，促进数学课堂教学的有效性

（1）熟悉学生原有的认知结构，尊重学生学习的主体地位

学生原有的认知结构是指学生原有的基础知识掌握情况，基本技能的训练情况。要帮助学生突破其思维障碍，教师必须熟悉学生原有的数学认知结构。尤其在讲解新知识时，要严格遵循学生认知发展的阶段性特点，照顾到学生认知水平的个性差异，强调学生的主体意识，发扬学生的主动精神，培养学生良好的意志品质；同时还要培养学生学习数学的兴趣。

（2）创设良好的问题情境，引导学生突破其原有的思维框架，消除惯性思维的消极作用

在高中数学教学过程中，教师不仅仅是传授数学知识，培养学生的思维能力也应是我们教学活动中相当重要的一部分。而创设良好的问题情境，引导学生突破其原有的思维框架，包括结论、例证、推论等问题的创设对于突破学生的数学思维障碍会起到极其重要的作用。

例如，笔者在高一必修四，一个三角函数习题课上讲到这样的一个题目：

函数 $y = \sin x$ 与函数 $y = x$ 的图像有几个不同的交点（　　　）。

A. 0 个　　　　　　B. 1 个　　　　　　C. 2 个　　　　　　D. 3 个

许多学生都利用了数形结合法选择了 D 答案，他们所画的图像大致如图 2 - 6 - 1 所示：

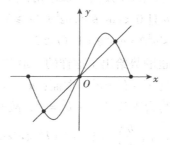

图 2 - 6 - 1

在这些学生的解答中，他们不注重图像本身的比例，过分地相信自己平时画

的正弦曲线的草图，从而被自己所画的草图所欺骗，得到了一个错误的答案。

于是笔者从他们的解答入手，提出了这样的问题，依据你们所画的图像，可否认为在零点的右边，存在一个区间上的变量 x，都满足 $\sin x > x$，这样的变量 x 是否存在，能否有一些特殊的值可以满足它？

于是，学生纷纷将 $\dfrac{\pi}{6}$，$\dfrac{\pi}{4}$，$\dfrac{\pi}{3}$，$\dfrac{\pi}{2}$ 这些值代入 $\sin x > x$，结果都发现无法成立。

那如果无法找到这样的特殊值，是否意味着这样的区间不存在，即在零点的右边，存在一个区间（不包含零点）上的变量 x，都满足 $\sin x < x$，可否利用正弦曲线来证明？

在我一连串问题的引导下，学生逐步找到了问题的解法，得到了正确的答案，他们也惊讶地发现，被自己所画的图像欺骗了。

创设良好的问题情境，能够帮助学生建立问题的认知冲突，打破学生的心理平衡，帮助学生认识到自己的思维框架所存在的问题，这就能使学生更好地认识到自己原有的惯性思维所存在的认知错误，顺利地突破自身的思维框架，帮助他们更好地解决问题。

（3）重视数学思想方法的课堂教学，培养学生的数学素养

数学思想，是指现实世界的空间形式和数量关系反映到人们的意识之中，经过思维活动而产生的结果。数学思想是对数学事实与理论经过概括后而产生的本质认识。通过数学思想的培养，学生的数学能力才会有一个大幅度的提高，才能有助于培养学生的数学素养。

例如，笔者在某次高三习题课中，提到了这样的一个问题：

已知 θ 是第一象限角，$\sin^n \theta + \cos^n \theta < 1$（$n \geqslant 3$，$n \in \mathbf{N}^*$）.

问题的解答并不困难，这里 θ 的是第一象限角，故有 $0 < \sin \theta < 1$，$0 < \cos \theta < 1.$

因此：$0 < \sin^n \theta < \sin^2 \theta$ 且 $0 < \cos^n \theta < \cos^2 \theta$（$n \geqslant 3$，$n \in \mathbf{N}^*$）.

所以：$\sin^n \theta + \cos^n \theta < \sin^2 \theta + \cos^2 \theta = 1$（$n \geqslant 3$，$n \in \mathbf{N}^*$）.

在讲完这道题后，我也顺势给出了这样的一道题：

已知正数 a，b，c 满足 $a^2 + b^2 = c^2$，求证：$a^n + b^n < c^n$（$n \geqslant 3$，$n \in \mathbf{N}^*$）.

分析：由于 a，b，c 均为正数且 $a^2 + b^2 = c^2$，故有 $0 < a < c$，$0 < b < c$，

而 $a^2 + b^2 = c^2 \Longleftrightarrow \left(\dfrac{a}{c}\right)^2 + \left(\dfrac{b}{c}\right)^2 = 1$，$a^n + b^n < c^n \Longleftrightarrow \left(\dfrac{a}{c}\right)^n + \left(\dfrac{b}{c}\right)^n < 1$，

类比两道题的条件和结论，我们可以得到下表：

问题	原问题	衍生问题
条件	$\sin^2\theta + \cos^2\theta = 1$	$\left(\dfrac{a}{c}\right)^2 + \left(\dfrac{b}{c}\right)^2 = 1$
结论	$\sin^n\theta + \cos^n\theta < 1$	$\left(\dfrac{a}{c}\right)^n + \left(\dfrac{b}{c}\right)^n < 1$

至此，解答这个问题的思路和想法就有了，学生的思维障碍也就打通了。

由于 a，b，c 均为正数且 $a^2 + b^2 = c^2$，故有 $0 < \dfrac{a}{c} < 1$，$0 < \dfrac{b}{c} < 1$.

而 $a^2 + b^2 = c^2$，故有 $\left(\dfrac{a}{c}\right)^2 + \left(\dfrac{b}{c}\right)^2 = 1.$

因此：$\left(\dfrac{a}{c}\right)^n + \left(\dfrac{b}{c}\right)^n < \left(\dfrac{a}{c}\right)^2 + \left(\dfrac{b}{c}\right)^2 = 1$（$n \geq 3$，$n \in \mathbf{N}^*$）.

所以：$a^n + b^n < c^n$（$n \geq 3$，$n \in \mathbf{N}^*$）.

在这个问题的教学中，笔者采用了类比思想的方法处理问题，期待通过对题目条件和结论的比较思考，引导学生突破思维的障碍，形成解决问题的思路，从而顺利地得到问题的解答方法。类比是最常用、最有效的思想方法之一。通过类比，可以很快地发现新旧知识、新旧事物之间的联系，找到他们的共同点，这将为下一步的思考提供方向，有利于问题的解决。

除了类比思想外，我们数学中还有诸如函数方程思想、数形结合思想、分类讨论思想等等。如能在平时的授课中，注重这些数学思想方法的教学，将有利于学生形成较好的思维习惯，建构学生科学的数学思想方法体系，从而更好地帮助学生减少思维障碍，也有利提高学生的数学学习兴趣。

（4）提高学生的数学意识

数学意识是学生在解决数学问题时对自身行为的选择，它既不是对基础知识的具体应用，也不是对应用能力的评价，数学意识是指学生在面对数学问题时该做什么、怎么做，至于做得好坏，当属技能问题，有时一些技能问题不是学生不懂，而是不知怎么做才合理。在数学教学过程中，在强调基础知识的准确性、规范性、熟练程度的同时，我们应该加强数学意识的教学，指导学生以意识带动双基，将数学意识渗透到具体问题之中。[3]

📝 **参考文献**

［1］孙宝娟．高中数学教学如何突破学生的思维障碍［J］．中国教育技术装备，2010，（12）．

［2］江伟.高中学生数学思维障碍的突破［J］.今日教育，2005（2）.

［3］肖倩闰.浅议如何突破高中学生数学学习的思维障碍［J］.试题与研究：新课程论坛，2012（14）.

（汕头市金山中学张海兵供稿）

·•数学错例剖析教学案例•·

高中数学作为高中课程中较难的科目之一，出现学习错误是不可避免的。如果老师能抓住学生出现的错误，让学生能够认识错误、纠正错误、改正错误、避免错误，教学效果一定会提高一个档次。学生的学习错误有些是可以预见的，有些是不可以预见的，这需要老师对学生的充分了解，例如通过课堂提问，课外辅导，通过作业、考试中发现学生数学学习的问题，才能知道学生数学学习的常见错误。如果老师知道学生数学学习的常见错误，那么老师就可以适当采用错例教学，利用ppt呈现错误解答，由学生发现错误的地方，师生共同剖析错误的原因，探讨正确的解法，从而预防错误，提高学习效果。

第一讲 集合常见错误剖析

1. 忽视空集的情况

例1：已知集合 $A=\{x\,|\,x^2-2x-3=0\}$，$B=\{x\,|\,mx-1=0\}$，若 $B\subsetneqq A$，求实数 m 的取值的集合。

错解：化简，得 $A=\{-1，3\}$.

对于 B，由 $mx-1=0$，得 $x=\dfrac{1}{m}$.

因为 $B\subsetneqq A$，所以 $\dfrac{1}{m}=-1$ 或 $\dfrac{1}{m}=3$. 解得 $m=-1$ 或 $m=\dfrac{1}{3}$.

所以实数 m 的取值的集合是 $\left\{-1，\dfrac{1}{3}\right\}$.

错因分析：错误原因是对于集合 B 忽略了空集的情况，集合 B 可以是空集，所以要补充当 $m=0$ 时，$B=\varnothing$，有 $B\subsetneqq A$.

当 $m\neq0$ 时，…

所以实数 m 的取值的集合是 $\left\{0，-1，\dfrac{1}{3}\right\}$.

注意：空集是任何集合的子集。

2. 忽视元素的互异性

例2：已知集合 $M = \{2, 3, a^2 + 4a + 2\}$，$N = \{0, 7, a^2 + 4a - 2, 2 - a\}$，且 $M \cap N = \{3, 7\}$，求实数 a 的值。

错解：$\because M \cap N = \{3, 7\}$，$\therefore a^2 + 4a + 2 = 7$，解得 $a = 1$，或 $a = -5$.

错因分析：当 $a = -5$ 时，N 中的元素为 0，7，3，7，这与集合中元素的互异性矛盾，应舍去 $a = -5$. 当 $a = 1$ 时，$N = \{0, 7, 3, 1\}$，故正确结果是 $a = 1$.

注意：集合中任何两个元素都是不同的，相同元素归入同一集合时只能算作一个元素，因此集合中元素是没有重复的，忽视互异性会引出错解。

3. 忽略字母参数的取值情况

例3：设集合 $P = \{m \mid -1 < m < 0\}$，$Q = \{m \in \mathbf{R} \mid$ 关于 x 的不等式 $mx^2 + 4mx - 4 < 0$ 对任意实数 x 恒成立$\}$，则集合 P 与 Q 的关系是_____。

错解：对于集合 Q，$\begin{cases} m < 0, \\ 16m^2 + 16m < 0 \end{cases}$，解得 $-1 < m < 0$. 所以 $Q = \{m \mid -1 < m < 0\}$，所以答案为 $P = Q$.

错因分析：错误原因是把 Q 的不等式当成二次不等式，忽略了 $m = 0$ 的情况，有字母参数的问题经常需要分类讨论。

正确解答要补充，当 $m = 0$ 时，$-4 < 0$ 恒成立。

当 $m \neq 0$ 时，…

所以 $Q = \{m \mid -1 < m \leq 0\}$，故 $P \subsetneqq Q$。

注意：$mx^2 + 4mx - 4 < 0$ 不一定是二次不等式。

第二讲　常用逻辑用语错例剖析

1. 否命题与命题的否定两个概念混淆

例4：命题"对任意 $x \in \mathbf{R}$，都有 $x^3 > x^2$"的否定是（　　）。

A. 存在 $x_0 \in \mathbf{R}$，使得 $x_0^3 > x_0^2$ B. 不存在 $x_0 \in \mathbf{R}$，使得 $x_0^3 > x_0^2$

C. 存在 $x_0 \in \mathbf{R}$，使得 $x_0^3 \leq x_0^2$ D. 对任意 $x \in \mathbf{R}$，都有 $x^3 \leq x^2$

错解：选择 D

错因分析：把命题的否定错误理解为否命题。

正解：因为全称命题的否定是特称命题，所以命题"对任意 $x \in \mathbf{R}$，都有

$x^3 > x^2$" 的否定为 "存在 $x_0 \in \mathbf{R}$，使得 $x_0^3 \leqslant x_0^2$"。故选 C。

例 5：命题 "若 $\alpha = \dfrac{\pi}{4}$，则 $\tan\alpha = 1$" 的否命题是（　　）

A. 若 $\alpha \neq \dfrac{\pi}{4}$，则 $\tan\alpha \neq 1$　　　　B. 若 $\alpha = \dfrac{\pi}{4}$，则 $\tan\alpha \neq 1$

C. 若 $\tan\alpha \neq 1$，则 $\alpha \neq \dfrac{\pi}{4}$　　　　D. 若 $\tan\alpha \neq 1$，则 $\alpha = \dfrac{\pi}{4}$

错解：选择 A。

错因分析：把否命题错误理解为命题的否定。

正解：因为 "若 p，则 q" 的否命题为 "若 p，则 $\neg q$"，所以 "若 $\alpha = \dfrac{\pi}{4}$，则 $\tan\alpha = 1$" 的否命题是 "若 $\alpha = \dfrac{\pi}{4}$，则 $\tan\alpha \neq 1$"。故选 B。

2. 充分性与必要性两个概念混淆

例 6：已知 p："$x = 1$"，q："$x - 1 = \sqrt{x-1}$"，则 p 是 q 的（　　）。

A. 充分不必要条件　　　　B. 必要不充分条件

C. 充要条件　　　　D. 既不充分也不必要条件

错解：选择 B。

错因分析：充分性与必要性两个概念混淆。

正解：当 $x = 1$ 时，$x - 1 = \sqrt{x-1}$ 成立，所以充分性成立，但是当 $x - 1 = \sqrt{x-1}$ 时，$x = 1$ 或 2，所以必要性不成立。故选 A。

例 7："$x < 0$" 是 "$\ln(x+1) < 0$" 的（　　）。

A. 充分不必要条件　　　　B. 必要不充分条件

C. 充分必要条件　　　　D. 既不充分也不必要条件

错解：选择 A.

错因分析：必要性与充分性两个概念混淆。

正解：$\ln(x+1) < 0 \Leftrightarrow 0 < 1 + x < 1 \Leftrightarrow -1 < x < 0$，而 $(-1, 0)$ 是 $(-\infty, 0)$ 的真子集，所以 "$x < 0$" 是 "$\ln(x+1) < 0$" 的必要不充分条件。故选 B

点评：在充分性、必要性和充要性的判定时，首先要弄清哪个是条件，哪个是结论，若从条件 A 推出结论 B，则说明 A 是 B 的充分条件；若从结论 B 推出条件 A，则说明 A 是 B 的必要条件。若 A、B 都是集合，则有下列结论：①若 $A \subseteq B$，则 A 是 B 的充分条件；②若 $A \supseteq B$，则 A 是 B 的必要条件；③若 $A = B$，则 A 是 B 的充要条件。

3. 逻辑推理不严密

例 8：设 x，$y \in \mathbf{R}$，则 $|x+y| = |x| + |y|$ 成立的充要条件是_____。

错解：两边平方得 $2xy = 2|xy|$，所以 $xy > 0$.

错因分析：忽略 $xy = 0$.

正解：必要性：若 $|x+y| = |x| + |y|$，则两边平方得 $2xy = 2|xy|$，所以 $xy \geqslant 0$；

充分性：若 $xy \geqslant 0$，如果 $xy = 0$，不妨设 $x = 0$，则 $|x+y| = |x| + |y|$. 如果 $xy > 0$，则 $x > 0$，$y > 0$ 或 $x < 0$，$y < 0$. 所以 $|x+y| = |x| + |y|$.

答案：$xy \geqslant 0$.

第三讲　不等式问题错例剖析（一）

1. 没有重视不等式的等价变形

例 9：求不等式 $x + \dfrac{2}{x+1} \geqslant 2$ 的解集。

错解 1：去分母得：$(x+1) x + 2 \geqslant 2(x+1)$，$x(x-1) \geqslant 0$，$\therefore x \leqslant 0$ 或 $x \geqslant 1$.

错解 2：移项通分得：$\dfrac{(x-2)(x+1) + 2}{x+1} \geqslant 0$，即 $x(x-1)(x+1) \geqslant 0$，$\therefore -1 \leqslant x \leqslant 0$ 或 $x \geqslant 1$.

错因分析：错解 1 的原因是把 $x+1$ 的符号默认为正的，随意去分母，没有注意 $x+1$ 的符号可正可负；错解 2 的原因是忽略了 $x+1$ 在分母中不能为 0.

错解 1 的修正：分 $x+1 > 0$ 和 $x+1 < 0$ 两类进行去分母。

错解 2 的修正：在 $x(x-1)(x+1) \geqslant 0$ 后面加上 "且 $x \neq -1$."

$\therefore -1 < x \leqslant 0$ 或 $x \geqslant 1$.

答案：$\{x | -1 < x \leqslant 0$ 或 $x \geqslant 1\}$.

注意：不等式的变形一定要重视等价变形，不等式两边乘以一个式子，一定要确认这个式子的符号，乘以正数不等号方向不变，乘以负数不等号方向改变。

2. 解不等式时，忽视 "等号" 出错

例 10：不等式 $(x-1) \sqrt{x+2} \geqslant 0$ 的解集是（　　）。

A. $\{x | x > 1\}$ 　　　　　　　　B. $\{x | x \geqslant 1\}$

C. $\{x | x \geqslant -2$ 且 $x \neq 1\}$ 　　　　D. $\{x | x = -2$ 或 $x \geqslant 1\}$

错解：选 B，由 $\sqrt{x+2} \geqslant 0$，故 $x-1 \geqslant 0$，即 $x \geqslant 1$.

错因分析：不等式的等价转化时出现了错误，忽略了"等号"，没考虑 $x = -2$ 的情形。

正解：选 D，$(x-1)\sqrt{x+2} \geq 0$，

当 $\sqrt{x+2} > 0$，即 $x > -2$ 时，有 $x-1 \geq 0$，即 $x \geq 1$；

当 $\sqrt{x+2} = 0$，即 $x = -2$ 时，上式成立。故 $x = -2$ 或 $x \geq 1$.

答案：选 D。

3. 利用基本不等式时，忽略了等号成立的条件

例 11：已知两正数 x，y 满足 $x + y = 1$，则 $z = \left(x + \dfrac{1}{x}\right)\left(y + \dfrac{1}{y}\right)$ 的最小值为_____。

错解一：因为对 $a > 0$，恒有 $a + \dfrac{1}{a} \geq 2$，从而 $z = \left(x + \dfrac{1}{x}\right)\left(y + \dfrac{1}{y}\right) \geq 4$，所以 z 的最小值是 4。

错解二：$z = \dfrac{2 + x^2 y^2 - 2xy}{xy} = \left(\dfrac{2}{xy} + xy\right) - 2 \geq 2\sqrt{\dfrac{2}{xy} \cdot xy} - 2 = 2(\sqrt{2} - 1)$，所以 z 的最小值是 $2(\sqrt{2} - 1)$。

错因分析：错解一等号成立的条件是 $x = \dfrac{1}{x}$ 且 $y = \dfrac{1}{y}$，即 $x = 1$ 且 $y = 1$，与 $x + y = 1$ 相矛盾。

错解二等号成立的条件是 $\dfrac{2}{xy} = xy$，即 $xy = \sqrt{2}$，与 $0 < xy \leq \dfrac{1}{4}$ 相矛盾。

正解：$z = \left(x + \dfrac{1}{x}\right)\left(y + \dfrac{1}{y}\right) = xy + \dfrac{1}{xy} + \dfrac{y}{x} + \dfrac{x}{y} = xy + \dfrac{1}{xy} + \dfrac{(x+y)^2 - 2xy}{xy} = \dfrac{2}{xy} + xy - 2$. 令 $t = xy$，则 $0 < t = xy \leq \left(\dfrac{x+y}{2}\right)^2 = \dfrac{1}{4}$，由 $f(t) = t + \dfrac{2}{t}$ 在 $\left(0, \dfrac{1}{4}\right]$ 上单调递减，故当 $t = \dfrac{1}{4}$，时 $f(t) = t + \dfrac{2}{t}$ 有最小值 $\dfrac{33}{4}$，所以当 $x = y = \dfrac{1}{2}$ 时，z 有最小值 $\dfrac{25}{4}$.

答案：$\dfrac{25}{4}$。

第四讲　不等式问题错解剖析（二）

1. 混淆"不等式恒成立"与"不等式有解"

例12：若不等式 $|x+1| - |x-2| > a$ 在 $x \in \mathbf{R}$ 上有解，则 a 的取值范围是（　　）。

　　A. $(-3, 3)$　　　　B. $(-3, 3]$　　　　C. $(-\infty, 3)$　　　　D. $(-\infty, -3)$

　　错解：$||x+1| - |x-2|| \leqslant |x+1-x+2| = 3$，故 $-3 \leqslant |x+1| - |x-2| \leqslant 3$，即 $(|x+1| - |x-2|)_{\min} = -3$，所以 $a < -3$，选 D。

　　错因分析：不等式 $|x+1| - |x-2| > a$ 在 $x \in \mathbf{R}$ 上有解，只要存在一个 x_0，使得 $|x_0+1| - |x_0-2| > a$ 有解，因此只需 $a < (|x+1| - |x-2|)_{\max}$．上述错解把恒成立问题与"不等式有解"的问题混淆了。

　　正解：$||x+1| - |x-2|| \leqslant |x+1-x+2| = 3$，故 $-3 \leqslant |x+1| - |x-2| \leqslant 3$，即 $(|x+1| - |x-2|)_{\max} = 3$，所以 $a < 3$，选 C。

　　答案：选 C。

2. 采用分析法证明时，没有注意不等式的性质应用范围

例13：欲证 $\sqrt{2} - \sqrt{3} < \sqrt{6} - \sqrt{7}$，只需证（　　）。

A. $(\sqrt{2} - \sqrt{3})^2 < (\sqrt{6} - \sqrt{7})^2$　　　　B. $(\sqrt{2} - \sqrt{6})^2 < (\sqrt{3} - \sqrt{7})^2$

C. $(\sqrt{2} + \sqrt{7})^2 < (\sqrt{3} + \sqrt{6})^2$　　　　D. $(\sqrt{2} - \sqrt{3} - \sqrt{6})^2 < (\sqrt{7})^2$

错解：选 A。

错因分析：不等式的两边都是负数，不能直接平方。

正解：由 $\sqrt{2} - \sqrt{3} < \sqrt{6} - \sqrt{7}$ 等价变形为 $0 < \sqrt{2} + \sqrt{7} < \sqrt{3} + \sqrt{6}$，平方即可。

答案：C。

3. 不等式证明过程想当然，缺乏必要的依据

例14：设 $a, b \in \mathbf{R}$，求证：$\dfrac{|a+b|}{1+|a+b|} \leqslant \dfrac{|a|}{1+|a|} + \dfrac{|b|}{1+|b|}$.

错证：$\because |a+b| \leqslant |a| + |b|$，

$\therefore \dfrac{|a+b|}{1+|a+b|} \leqslant \dfrac{|a|+|b|}{1+|a|+|b|}$　①

$= \dfrac{|a|}{1+|a|+|b|} + \dfrac{|b|}{1+|a|+|b|} \leqslant \dfrac{|a|}{1+|a|} + \dfrac{|b|}{1+|b|}$.

错因分析：①的推理无正确的根据。

正证：当 $|a+b| = 0$ 时，不等式成立。

当 $|a+b| \neq 0$ 时，$\because$ $|a+b| \leqslant |a|+|b|$，

$$\therefore \frac{|a+b|}{1+|a+b|} = \frac{1}{1+\frac{1}{|a+b|}} \leqslant \frac{1}{1+\frac{1}{|a|+|b|}} = \frac{|a|+|b|}{|a|+|b|+1}$$

$$= \frac{|a|}{1+|a|+|b|} + \frac{|b|}{1+|a|+|b|} \leqslant \frac{|a|}{1+|a|} + \frac{|b|}{1+|b|}.$$

4. 不理解题意，无法将问题等价转换

例 15：已知适合不等式 $|x^2-4x+p| + |x-3| \leqslant 5$ 的 x 的最大值为 3，求 p 的值。

错解：对此不等式无法进行等价转化，不理解 "x 的最大值为 3" 的含义，无从下手。

错因分析：理解题意，挖掘蕴含条件进行等价转换是正确求解的关键。

正解：因为 x 的最大值为 3，故 $x-3 < 0$，原不等式等价于 $|x^2-4x+p| - (x-3) \leqslant 5$，

即 $-x-2 \leqslant x^2-4x+p \leqslant x+2$，则 $\begin{cases} x^2-5x+p-2 \leqslant 0 \quad (1) \\ x^2-3x+p+2 \geqslant 0 \quad (2) \end{cases}$，

设（1）（2）的根分别为 x_1，x_2 $(x_2 > x_1)$，x_3，x_4 $(x_4 > x_3)$，则 $x_2 = 3$ 或 $x_4 = 3$，

若 $x_2 = 3$，则 $9-15+p-2 = 0$，$p = 8$；

若 $x_4 = 3$，则 $9-9+p+2 = 0$，$p = -2$.

当 $a = -2$ 时，原方程组无解，则 $p = 8$.

第五讲　函数性质常见错误分析

1. 没有重视解题过程的细节

例 16：函数 $y = \sqrt{(x-1)(x-2)} + \sqrt{x-1}$ 的定义域为 _____。

错解：此题容易由 $(x-1)(x-2) \geqslant 0$ 且 $x-1 \geqslant 0$ 得到 $\{x \mid x \geqslant 2\}$.

错因分析：错误原因是漏掉 $x=1$ 的情况，正确答案是 $\{x \mid x \geqslant 2\} \cup \{1\}$.

注意：求具体函数的定义域时要使式子每个部分都有意义，且解不等式时必须准确，并要重视细节。

2. 忽视函数的定义域

例 17：若函数 $f(x) = \dfrac{k-2^x}{1+k \cdot 2^x}$（$k$ 为常数）在定义域上为奇函数，则 k 的值为（　　）。

A. 1　　　　　　B. -1　　　　　　C. ± 1　　　　　　D. 0

错解：因为 $f(x)$ 在定义域上为奇函数，所以 $f(0)=0$，所以 $k=1$.

错因分析：错误原因是直接利用了 $f(0)=0$，函数在 $x=0$ 处不一定有意义，所以不可直接用 $f(0)=0$. 矫正解法：利用定义：$f(-x)+f(x)=0$，

$$f(x)+f(-x)=\frac{k-2^x}{1+k\cdot 2^{-x}}+\frac{k-2^{-x}}{1+k\cdot 2^{-x}}，仔细化简即可。$$

答案：C。

注意：$f(x)$ 在定义域上为奇函数不一定有 $f(0)=0$，利用 $f(0)=0$ 求解一定要利用定义再验证。

3. 对奇、偶函数的定义理解不清

例18：已知函数 $f(x)$ 的定义域为 **R**，若函数 $f(x)$ 是奇函数，函数 $f(x+1)$ 是偶函数，则函数 $f(x)$ 是（　　　）。

A. $f(x)=0$　　　B. $f(x)=x$　　　C. 周期为 4　　　D. 周期为 2

错解：$\because$ 函数 $f(x+1)$ 是偶函数，$\therefore f(-x-1)=f(x+1)$.

$\because f(x)$ 是奇函数，$\therefore f(-x-1)=-f(x+1)$，$\therefore f(x+1)=0$，$f(x)=0$，选 A。

错因分析：错误原因是把"函数 $f(x+1)$ 是偶函数"理解为"函数 $f(x)$ 是偶函数"，所以，$f(-x)=f(x)$，即有 $f(-x-1)=f(x+1)$ 的错误。

矫正解法：设 $g(x)=f(x+1)$，$\because f(x+1)$ 是偶函数，

$\therefore g(-x)=g(x)$，$\therefore f(-x+1)=f(x+1)$.

$\because f(x)$ 是奇函数，$\therefore f(-x+1)=f(-(x-1))=-f(x-1)$，

$\therefore -f(x-1)=f(x+1)$.

上式 x 用 $x+1$ 代入，得 $-f(x)=f(x+2)$，

$\therefore f(x+4)=f(x+2+2)=-f(x+2)=f(x)$.

$\therefore$ 周期 $T=4$.

答案：C。

注意：关于函数 $f(x+a)$ 的奇偶性问题，一般设 $g(x)=f(x+a)$ 再求解会更准确。

第六讲　函数单调性和值域常见错误分析

1. 没有注意单调减函数

例19：设函数 $f(x)=\left(\dfrac{1}{2}\right)^{2x^2-5x+b}$，$g(x)=\left(\dfrac{1}{2}\right)^{x^2+x+6}$，若 $f(x)<$

$g(x)$对于任意实数x恒成立，则实数b的取值范围是（　　）。

　　A. $b>12$　　　　　B. $b<12$　　　　　C. $b<15$　　　　　D. $b>15$

错解：由$f(x)<g(x)$，即$\left(\dfrac{1}{2}\right)^{2x^2-5x+b}<\left(\dfrac{1}{2}\right)^{x^2+x+b}$，得$2x^2-5x+b<x^2+x+6$，导致错误。

错因分析：错误原因是没有注意到$y=\left(\dfrac{1}{2}\right)^x$是单调减函数。

矫正解法：可得$2x^2-5x+b>x^2+x+6$，

即$x^2-6x+b-6>0$恒成立，由$\Delta=36-4(b-6)<0$，解得$b>15$。

答案：D。

注意：利用函数的单调性化简不等式时，一定要明确是单调减函数，还是单调增函数。

2. 没有注意正数的倒数仍然是正数

　　例20：函数$f(x)=\dfrac{2}{x^2+1}+1$的值域是_____。

错解：设$t=x^2+1$，则$t\geq1$，$\therefore\dfrac{2}{t}\leq2$，$\therefore$函数$y=\dfrac{2}{t}+1$的值域是$(-\infty,3)$。

错因分析：错误原因是没有注意到$t\geq1$时，$\dfrac{2}{t}>0$。

矫正解法：设$t=x^2+1$，则$t\geq1$，$\therefore0<\dfrac{2}{t}\leq2$，$\therefore$函数$y=\dfrac{2}{t}+1$的值域是$(1,3]$。

答案：$(1,3]$。

注意：正数的倒数仍然是正数。

3. 没有借助图像解决问题的能力

　　例21：若函数$f(x)=x^2-4x+1$在定义域A上的值域为$[-3,1]$，则区间A不可能为（　　）。

　　A. $[0,4]$　　　　　B. $[2,4]$　　　　　C. $[1,4]$　　　　　D. $[-3,5]$

错解：此题容易错选为A、B、C。

错因分析：错误原因是没有借助图像很好地掌握定义域和值域的关系。

矫正解法：注意到$f(x)=x^2-4x+1=(x-2)^2-3$，$f(0)=f(4)=1$，结合函数$y=f(x)$的图像不难得知$f(x)$在$[0,4]$，$[2,4]$，$[1,4]$上

的值域都为 $[-3, 1]$，而在 $[-3, 5]$ 上的值域不是 $[-3, 1]$．

答案：D。

注意：二次函数在区间上的值域问题一般要结合函数图像。

第七讲　二次函数、指数函数错解分析

1. 忽视函数的隐含定义域

例 22：函数 $y = \sqrt{-x^2 + 2x + 3}$ 的值域是_____。

错解：$\because -x^2 + 2x + 3 = -(x-1)^2 + 4 \leqslant 4$，$\therefore y \leqslant 2$，即值域是 $(-\infty, 2)$．

错因分析：主要错误是忽视函数 $y = \sqrt{x}$ 的定义域是 $[0, +\infty)$．

矫正解法：$\because -x^2 + 2x + 3 \geqslant 0$，$\therefore 0 \leqslant y \leqslant 2$，即值域是 $[0, 2]$．

答案：$[0, 2]$．

注意：解决函数的值域问题必须先考虑函数的定义域。

2. 忽视函数的隐含值域

例 23：函数 $y = 3^{-x^2 + 2x + 3}$ 的值域是_____。

错解 $\because -x^2 + 2x + 3 = -(x-1)^2 + 4 \leqslant 4$，$\therefore y \leqslant 3^4 = 81$．

错因分析：主要错误是忽视函数的值域是 $(0, +\infty)$．

矫正解法：$\because y > 0$，$\therefore 0 < y \leqslant 81$，即值域是 $(0, 81]$．

答案：$(0, 81]$．

注意：解决函数的值域问题必须考虑外函数的值域。

例 24：已知函数 $y = 1 + 2^x + 4^x a$ 在 $x \in (-\infty, 1]$ 时恒为正值，求实数 a 的取值范围。

错解：当 $x \leqslant 1$ 时，关于 x 的不等式 $1 + 2^x + 4^x a > 0$ 恒成立，即 $a > -\left(\dfrac{1}{2}\right)^{2x}$

$-\left(\dfrac{1}{2}\right)^x$ 恒成立。

$\therefore t = -\left(\dfrac{1}{2}\right)^{2x} - \left(\dfrac{1}{2}\right)^x = -\left[\left(\dfrac{1}{2}\right)^x + \dfrac{1}{2}\right]^2 + \dfrac{1}{4}$，$\therefore t \leqslant \dfrac{1}{4}$，$\therefore a > \dfrac{1}{4}$．

错因分析：主要错误是忽视 $x \in (-\infty, 1]$ 时，$\left(\dfrac{1}{2}\right)^x \geqslant \dfrac{1}{2}$．

矫正解法：因为 $x \in (-\infty, 1]$ 时，$\left(\dfrac{1}{2}\right)^x \geqslant \dfrac{1}{2}$，$\therefore t \leqslant -\left(\dfrac{1}{2} + \dfrac{1}{2}\right)^2 + \dfrac{1}{4} =$

$-\dfrac{3}{4}$，$\therefore a > -\dfrac{3}{4}$．

答案： $a > -\dfrac{3}{4}$.

注意： 求函数的最大值时必须考虑内函数定义域、值域和外函数的定义域。

3. 定向思维的错误

例25： 若对于任意 $a \in [-1, 1]$，函数 $f(x) = x^2 + (a-4)x + 4 - 2a$ 的值恒大于零，则实数 x 的取值范围是_____。

错解： 把函数 $y = x^2 + (a-4)x + 4 - 2a$ 按习惯看成二次函数进行求解而出错。

错因分析： 主要错误是没有注意到对于任意 $a \in [-1, 1]$，函数 $y = x^2 + (a-4)x + 4 - 2a$ 的自变量是 a，而按习惯看成 x 是自变量。

正解： 转换函数符号，设函数 $g(a) = x^2 + (a-4)x + 4 - 2a$，由 $g(-1) > 0$ 及 $g(1) > 0$ 可得。

答案： $(-\infty, 1) \cup (3, +\infty)$.

注意： 解决函数的问题必须理清哪一个字母表示自变量。

第八讲 对数函数性质及图像变换常见错误分析

1. 求单调区间没有注意定义域

例26： 函数 $y = \lg(x^2 - 2x - 3)$ 的单调增区间是_____。

错解： 令 $t = x^2 - 2x - 3$，则因为 $y = \lg t$ 为增函数，而 $t = x^2 - 2x - 3$ 在 $[1, +\infty)$ 上是增函数，故原函数的单调增区间是 $[1, +\infty)$.

错因分析： 错误原因是漏掉定义域 $t = x^2 - 2x - 3 > 0 \Rightarrow x > 3$ 或 $x < -1$.

正确答案： $(3, +\infty)$

注意： 求函数的单调区间一定要先求其定义域，题目有对数时，应当注意到"真数 > 0".

2. 用对数运算性质化简时没有注意等价性

例27： 已知 k 是实数，函数 $f(x) = \lg(kx) - 2\lg(x+1)$ 恰有一个零点，求 k 的取值范围。

错解： $\lg(kx) - 2\lg(x+1) = 0$ 恰有一解，即得 $\lg(kx) = \lg(x+1)^2$，

因此得 $kx = (x+1)^2 \Rightarrow x^2 + (2-k)x + 1 = 0$，由 $\Delta = 0 \Rightarrow k = 4$ 或 $k = 0$，

因此 k 的取值范围是 $\{0, 4\}$.

错因分析： 错误原因是 $\lg(kx) - 2\lg(x+1) = 0$ 与 $kx = (x+1)^2$ 不等

价. 对于 $\lg(kx) - 2\lg(x+1) = 0$, 还应有 $\begin{cases} kx > 0 \\ x+1 > 0 \end{cases}$.

正解：当 $k > 0$ 时，得 $x > 0$，即关于 x 的方程 $x^2 + (2-k)x + 1 = 0$ 在 $(0, +\infty)$ 上有唯一解。

当 $k < 0$ 时，得 $-1 < x < 0$，即关于 x 的方程 $x^2 + (2-k)x + 1 = 0$ 在 $(-1, 0)$ 上有唯一解。

令 $g(x) = x^2 + (2-k)x + 1$，由图像可得 $k = 4$ 或 $k < 0$。

注意：对数运算应注意前后的等价性，应当注意"原真数 >0"（即题目给的，没有经任何变形的真数均大于0）。

3. 函数图像的平移变换时误用"左加右减"

例 28：函数 $y = \dfrac{1}{2x-4}$ 的图像可由函数 $y = \dfrac{1}{2x}$ 经怎样的变换得到（　　）。

A. 向左平移 4 个单位　　　　　　B. 向左平移 2 个单位

C. 向右平移 4 个单位　　　　　　D. 向右平移 2 个单位

错解：由"左加右减"得答案为 C。

错因分析：错误原因是"左加右减"应当是"单个"的"左加右减"，此时 x 的系数是 2，由 $y = \dfrac{1}{2x-4} = \dfrac{1}{2(x-2)}$，得答案为 D。

第九讲　函数零点常见错误分析

1. 形如 $f(x) = ax^2 + bx + c$ 的函数没有注意二次项系数是否为零

例 29：已知函数 $f(x) = ax^2 - ax - 1$，若 $f(x)$ 无零点，则实数 a 的取值范围是（　　）。

A. $(-4, 0)$　　　B. $(-4, 0]$　　　C. $[-4, 0]$　　　D. $(0, 4]$

错解：此题容易由 $\Delta < 0$ 得 $-4 < a < 0$，错选 A。

错因分析：错误原因是漏掉 $a = 0$ 的情况，正确答案是 B。

注意：求解形如 $f(x) = ax^2 + bx + c$ 的函数的零点问题时，应注意二次项系数是否可为零。

2. 误用零点判定定理

例 30：已知 a 是实数，函数 $f(x) = x^2 - 2x - a$，如果函数 $y = f(x)$ 在区间 $[-1, 2]$ 上有零点，则实数 a 的取值范围是_____。

错解：由零点判定定理得 $f(-1) \cdot f(2) \leqslant 0$ 得 $0 \leqslant a \leqslant 3$，即为所求。

错因分析：错误原因是误用"零点判定定理"，只能由 $f(a) \cdot f(b) < 0$ 来判定在区间 (a, b) 上"有零点"，不能由在区间 (a, b) 上"有零点"得 $f(a) \cdot f(b) < 0$，正确答案是 $-1 \leqslant a \leqslant 0$。

注意："零点判定定理"，只能由 $f(a) \cdot f(b) < 0$ 来判定在区间 (a, b) 上"有零点"，不能由在区间 (a, b) 上"有零点"得 $f(a) \cdot f(b) < 0$。

3. 没弄清 $f(x)$ 有极值与 $f'(x) = 0$ 有解的关系

例31：已知函数 $f(x) = \dfrac{1}{3}x^3 - \dfrac{1}{2}(a+1)x^2 + ax - 3$ 在 $[0, 2]$ 上有极值点，则实数 a 的取值范围是_____。

错解：$\because f'(x) = 0$ 有解，$\therefore f'(x) = x^2 - (a+1)x + a = (x-1)(x-a)$. $\because f'(1) = 0, 1 \in [0, 2]$, $\therefore a \in \mathbf{R}$.

错因分析：$f'(x) = 0$ 有解不一定能得到 $f(x)$ 有极值。正确答案：$\{a \mid a \in \mathbf{R}, a \neq 1\}$

4. 用导数法求零点个数时没注意到函数图像的变化趋势

例32：设函数 $f(x) = \dfrac{\ln x}{1+x} - \ln x + \ln(x+1)$，若 $f(x) = a$ 有两个等实根，求实数 a 的取值范围。

错解：$f'(x) = \dfrac{1}{x(1+x)} - \dfrac{\ln x}{(1+x)^2} - \dfrac{1}{x} + \dfrac{1}{x+1} = -\dfrac{\ln x}{(1+x)^2}$.

故当 $x \in (0, 1)$ 时，$f'(x) > 0$，$x \in (1, +\infty)$ 时，$f'(x) < 0$.

所以 $f(x)$ 在 $(0, 1)$ 单调递增，在 $(1, +\infty)$ 单调递减。

由此知 $f(x)$ 在 $(0, +\infty)$ 的极大值为 $f(1) = \ln 2$，没有极小值。

$\therefore$ 实数 a 的取值范围是 $(-\infty, \ln 2)$.

错因分析：没有注意到 $x \to 0$ 时 $f(x) \to 0$，由于 $x \to +\infty$ 时 $f(x) \to 0$，事实上 $f(x) = \dfrac{(1+x)\ln(1+x) - x\ln x}{1+x} = \dfrac{\ln(1+x) + x[\ln(1+x) - \ln x]}{1+x}$

> 0，故可知实数 a 的取值范围是 $(0, \ln 2)$.

第十讲　三角函数易错题分析

在已知三角函数值求角的过程中，角的范围常常被忽略或不能发现隐含的角的大小关系或范围而出现增根不能排除。要避免上述情况的发生，考生应合理选择三角函数形式进行求解，根据计算结果，估算出角的较精确的取值范围，并不断缩小角的范围。在选择三角函数公式时，一般已知正切函数值时，选正切函数。已知正余弦函数值时，若角在（0，π）时，一般选余弦函数，若角在（$-\dfrac{\pi}{2}$，$\dfrac{\pi}{2}$）时，则一般选正弦函数或正切函数。

1. 没有正确理解三角函数定义及象限角

例33：已知角 α 的终边上一点的坐标为（$\sin\dfrac{2\pi}{3}$，$\cos\dfrac{2\pi}{3}$），则角 α 的最小值为（   ）。

A. $\dfrac{5\pi}{6}$ 　　　　 B. $\dfrac{2\pi}{3}$ 　　　　 C. $\dfrac{5\pi}{3}$ 　　　　 D. $\dfrac{11\pi}{6}$

错解：$\tan\alpha = \tan\dfrac{2}{3}\pi$，$\alpha = \dfrac{2}{3}\pi$，选 B。

错因分析：点的位置没考虑。

正解：$\because \tan\alpha = \dfrac{\cos\dfrac{2}{3}\pi}{\sin\dfrac{2}{3}\pi} = -\dfrac{\sqrt{3}}{3}$，$\therefore \alpha = \dfrac{5}{6}\pi$ 或 $\alpha = \dfrac{11}{6}\pi$，而 $\sin\dfrac{2\pi}{3} > 0$，$\cos\dfrac{2\pi}{3} < 0$，

所以 $\alpha = \dfrac{11}{6}\pi$，角 α 的终边在第四象限，所以选 D。

注意：应用 $\tan\alpha = \dfrac{y}{x}$ 求角时，一定要注意 y 和 x 的符号，从而确定角的范围。

2. 三角函数中，隐含条件的挖掘不够

例34：已知方程 $x^2 + 3\sqrt{3}x + 4 = 0$ 的两个实数根是 $\tan\alpha$，$\tan\beta$，且 α，$\beta \in$（$-\dfrac{\pi}{2}$，$\dfrac{\pi}{2}$），求 $\alpha+\beta$ 的值。

错解：$\because \tan\alpha$，$\tan\beta$ 是方程 $x^2 + 3\sqrt{3}x + 4 = 0$ 的两个实数根，

$\therefore \begin{cases} \tan\alpha + \tan\beta = -3\sqrt{3} \\ \tan\alpha \cdot \tan\beta = 4 \end{cases}$。

又因为 α，$\beta \in$（$-\dfrac{\pi}{2}$，$\dfrac{\pi}{2}$），所以 $\alpha+\beta \in$（$-\pi$，π）．

又 $\because \tan(\alpha+\beta) = \dfrac{\tan\alpha + \tan\beta}{1 - \tan\alpha \cdot \tan\beta} = \dfrac{-3\sqrt{3}}{1-4} = \sqrt{3}$，

$\therefore \alpha+\beta = -\dfrac{2\pi}{3}$ 或 $\alpha+\beta = \dfrac{2\pi}{3}$．

错因分析：没有缩小角的范围，出现增根。

正解：$\because \tan\alpha$，$\tan\beta$ 是方程 $x^2 + 3\sqrt{3}x + 4 = 0$ 的两个实数根，

$$\therefore \begin{cases} \tan\alpha + \tan\beta = -3\sqrt{3} < 0 \\ \tan\alpha \cdot \tan\beta = 4 > 0 \end{cases}$$

又 α，$\beta \in \left(-\dfrac{\pi}{2}, \dfrac{\pi}{2} \right)$，从而 $\alpha + \beta \in (-\pi, 0)$．

又 $\because \tan(\alpha + \beta) = \dfrac{\tan\alpha + \tan\beta}{1 - \tan\alpha \cdot \tan\beta} = \dfrac{-3\sqrt{3}}{1 - 4} = \sqrt{3}$，

$\therefore \alpha + \beta = -\dfrac{2\pi}{3}$．

注意：三角函数求角的问题，一定要明确角的取值范围。

3. 没有正确选择三角函数来求角

例 35：若 $\sin\alpha = \dfrac{\sqrt{5}}{5}$，$\sin\beta = \dfrac{\sqrt{10}}{10}$，且 α，β 均为锐角，求 $\alpha + \beta$ 的值。

错解：$\because \alpha$ 为锐角，$\therefore \cos\alpha = \sqrt{1 - \sin^2\alpha} = \dfrac{2\sqrt{5}}{5}$．

又 β 为锐角，$\therefore \cos\beta = \sqrt{1 - \sin^2\beta} = \dfrac{3\sqrt{10}}{10}$．

且 $\sin(\alpha + \beta) = \sin\alpha\cos\beta + \cos\alpha\sin\beta = \dfrac{\sqrt{2}}{2}$．

由于 $0° < \alpha < 90°$，$0° < \beta < 90°$，

$\therefore 0° < \alpha + \beta < 180°$，$\alpha + \beta = 45°$ 或 $135°$。

错因分析：没有正确选择三角函数，若角在 $(0, \pi)$ 时，一般选余弦函数。选正弦函数要对角的范围进行限制，否则会出现增根，造成出错。

正解：$\because \alpha$ 为锐角，$\therefore \cos\alpha = \sqrt{1 - \sin^2\alpha} = \dfrac{2\sqrt{5}}{5}$．

又 β 为锐角，$\therefore \cos\beta = \sqrt{1 - \sin^2\beta} = \dfrac{3\sqrt{10}}{10}$．

且 $\cos(\alpha + \beta) = \cos\alpha\cos\beta - \sin\alpha\sin\beta = \dfrac{\sqrt{2}}{2}$，

由于 $0° < \alpha < 90°$，$0° < \beta < 90°$，$\therefore 0° < \alpha + \beta < 180°$，故 $\alpha + \beta = 45°$。

注意：三角函数求角的问题，一定要正确选择三角函数，使它一个值对应一个角。

4. 函数变形、换元时没有注意定义域

例 36：函数 $f(x) = \dfrac{\sin x\cos x}{1 + \sin x + \cos x}$ 的值域为_____。

错解：令 $t = \sin x + \cos x$，则原函数化为 $g(t) = \dfrac{t-1}{2}$，从而 $f(x)$ 的值域

为 $\left[-\dfrac{\sqrt{2}}{2} - \dfrac{1}{2}, \dfrac{\sqrt{2}}{2} - \dfrac{1}{2} \right]$.

错因分析：令 $t = \sin x + \cos x$ 后忽视 $t \neq -1$，从而 $g(t) = \dfrac{t-1}{2} \neq -1$.

正解：令 $t = \sin x + \cos x$，则原函数化为 $g(t) = \dfrac{t-1}{2}$ 且 $t \neq -1$，所以 $g(t)$

$= \dfrac{t-1}{2} \neq -1$ 且 $g(t) \in \left[-\dfrac{\sqrt{2}}{2} - \dfrac{1}{2}, \dfrac{\sqrt{2}}{2} - \dfrac{1}{2} \right]$.

第十一讲　等比数列中的易错点

1. 等比数列中，项的正、负可被忽略

例37：已知数列 -1，a_1，a_2，-4 成等差数列，-1，b_1，b_2，b_3，-4 成

等比数列，则 $\dfrac{a_2 - a_1}{b_2}$ 的值为（　　）。

A. $\dfrac{1}{2}$ 　　　　　B. $-\dfrac{1}{2}$ 　　　　C. $\dfrac{1}{2}$ 或 $-\dfrac{1}{2}$ 　　　D. $\dfrac{1}{4}$

错解分析：忽略 b_2 的符号，易错选答案为 C。

正解：$\because b_1^2 = (-1) \cdot b_2$，$\therefore b_2 < 0$.

$\therefore b_2 = -2$，$\therefore \dfrac{a_2 - a_1}{b_2} = \dfrac{-1}{-2} = \dfrac{1}{2}$，选 D。

注意：$\because b_2^2 = (-1) \cdot b_2$，$\therefore b_2 < 0$.

例38：$x = \sqrt{ab}$ 是 a，x，b 成等比数列的（　　）。

A. 充分不必要条件　　　　　　　B. 必要不充分条件

C. 充要条件　　　　　　　　　　D. 既不充分也不必要条件

错解分析：对于 $x = \sqrt{ab}$，忽略 x，a，b 为 0 的情况，对于 a，x，b 成等比

数列，忽略 $x = -\sqrt{ab}$ 的情况。

答案：D。

注意：考虑问题的严密性。

例39：等比数列 $\{a_n\}$ 的公比为 q，则 $q > 1$ 是"对于任意 $n \in \mathbf{N}^*$"都有

$a_{n+1} > a_n$ 的_____条件。

A. 必要不充分条件　　　　　　　　B. 充分不必要条件

C. 充要条件 　　　　　　　　　　D. 既不充分也不必要条件

错解分析：对于"$q>1$"忽略 a_1 可能为负，"对于任意 $n\in\mathbf{N}^*$"都有 $a_{n+1}>a_n$，忽略 $a_n<0$，$q<1$ 的情况。

答案：D.

注意：推理过程的严密性。

2. 等比数列求和时，必须注意公比是否为 1，不能确定时应该分类 $q=1$，$q\neq1$

例 40：求 $a+a^2+\cdots+a^n$ $(a\in\mathbf{R})$ 的值。

错解：直接套用等比数列的求和公式，得到 $\dfrac{a-a^{n+1}}{1-a}$.

错解分析：需分为 $a=0$，$a\neq0$ 且 $a\neq1$ 作答。

$$a+a^2+\cdots+a^n=\begin{cases}0, & a=0,\\ n, & a=1,\\ \dfrac{a-a^{n+1}}{1-a}, & a\neq0 \text{ 且 } a\neq1.\end{cases}$$

注意：字母参数的取值范围。

第十二讲　数列 $\{a_n\}$ 的前 n 项和 S_n 问题错解剖析

已知数列 $\{a_n\}$ 的前 n 项和 S_n，求 a_n，$a_n=\begin{cases}S_1, & n=1\\ S_n-S_{n-1}, & n\geq2\end{cases}$. 学生们做题时尤其是在考试时易遗漏 $n=1$，$a_1=S_1$ 的情况而引起错误。

1. 求和时项数错误

例 41：求和化简：（1）$2+5+8+11+\cdots+(3n+2)$；

（2）$3+9+27+\cdots+3^{n-1}$.

错解：（1）$2+5+8+11+\cdots+(3n+2)=\dfrac{n(2+3n+2)}{2}=\dfrac{n(3n+4)}{2}$.

（2）$3+9+27+81+\cdots+3^{n-1}=\dfrac{3(1-3^n)}{1-3}=\dfrac{3(3^n-1)}{2}$.

错因分析：都是项数错误，（1）共有 $n+1$ 项，（2）共有 $n-1$ 项。

正解：（1）$2+5+8+11+\cdots+(3n+2)=\dfrac{(n+1)(2+3n+2)}{2}=\dfrac{(n+1)(3n+4)}{2}$.

（2）$3+9+27+81+\cdots+3^{n-1}=\dfrac{3(1-3^{n-1})}{1-3}=\dfrac{3(3^{n-1}-1)}{2}$.

2. 没有准确确定初始项

例 42：已知数列 $\{a_n\}$，S_n 为它的前 n 项的和，已知 $a_1=2$，$a_{n+1}=S_n$，

（1）求数列 $\{a_n\}$ 的通项公式 a_n；

（2）求证数列 $\{S_n\}$ 是等比数列，并求 S_n 的表达式。

错解：（1）$\because a_{n+1}=S_n\cdots\cdots$①，$a_n=S_{n-1}\cdots\cdots$②，①$-$②得 $a_{n+1}-a_n=S_n-S_{n-1}=a_n$，

$\therefore a_{n+1}=2a_n$，依题意 $a_n\neq0$，$\therefore \dfrac{a_{n+1}}{a_n}=2$，

$\therefore a_1$，a_2，a_3，a_4，$\cdots$，a_n 成等比数列，公比为 2.

$\because a_1=2$ ，$\therefore a_n=2^{n-1}$.

错解分析：对于 $a_{n+1}=2a_n$ 的成立条件是 $n\geq2$，不是 $n=1$ 开始。

正解：（1）$\because a_1=2$，$a_{n+1}=S_n\cdots\cdots$①，$\therefore n=1$ 时，$a_2=S_1=a_1=2$，

$\therefore n\geq2$ 时，$a_n=S_{n-1}\cdots\cdots$②，①$-$②得 $a_{n+1}-a_n=S_n-S_{n-1}=a_n$，

$\therefore a_{n+1}=2a_n$，依题意 $a_n\neq0$，$\therefore \dfrac{a_{n+1}}{a_n}=2$（$n\geq2$）.

又 $\because \dfrac{a_2}{a_1}=1\neq2$，$\therefore a_2$，$a_3$，$a_4$，$\cdots$，$a_n$ 成等比数列，公比为 2，

$\therefore n\geq2$ 时，$a_n=a_2q^{n-2}=2\times2^{n-2}=2^{n-1}$，$\therefore a_n=\begin{cases}2 & (n=1)\\ 2^{n-1} & (n\geq2)\end{cases}$.

（2）$\because a_{n+1}=S_n$，$\therefore a_{n+1}+S_n=2S_n$. $\therefore S_{n+1}=2S_n$. $\because S_1=a_1=2$，$\therefore S_n\neq0$，

$\dfrac{S_{n+1}}{S_n}=2$，$\therefore$ 数列 $\{S_n\}$ 是首项 $S_1=2$，公比为 2 的等比数列，$\therefore S_n=2\times2^{n-1}$

$=2^n$.

注意：求通项公式时一定要关注第一项。

例 43：已知在等比数列 $\{a_n\}$ 中，$2a_2=a_1+a_3-1$，$a_1=1$.

（1）若数列 $\{b_n\}$ 满足 $b_1+\dfrac{b_2}{2}+\dfrac{b_3}{3}+\cdots+\dfrac{b_n}{n}=a_n$（$n\in\mathbf{N}^*$），求数列 $\{b_n\}$ 的通项公式。

（2）求数列 $\{b_n\}$ 的前 n 项和 S_n。

错解：（1）设数列 $\{a_n\}$ 的公比为 q，则由 $2a_2=a_1+a_3-1$ 有 $2a_1q=a_1q^2-1$，$\therefore 2q=q^2$. 又 $q\neq0$，$\therefore q=2$，$\therefore a_n=2^{n-1}$（$n\in\mathbf{N}^*$）.

$b_1+\dfrac{b_2}{2}+\dfrac{b_3}{3}+\cdots+\dfrac{b_n}{n}=a_n\cdots\cdots$①

$b_1+\dfrac{b_2}{2}+\dfrac{b_3}{3}+\cdots+\dfrac{b_{n-1}}{n-1}=a_{n-1}\cdots\cdots$②

①－②得 $\dfrac{b_n}{n} = a_n - a_{n-1} = 2^{n-2}$，所以，$b_n = n \cdot 2^{n-2}$。

错解分析：对于 $b_1 + \dfrac{b_2}{2} + \dfrac{b_3}{3} + \cdots + \dfrac{b_n}{n} = a_n$ ……①

$b_1 + \dfrac{b_2}{2} + \dfrac{b_3}{3} + \cdots + \dfrac{b_{n-1}}{n-1} = a_{n-1}$ ……②

成立的条件是 $n \geq 2$，所以 $b_n = n \cdot 2^{n-2}$（$n \geq 2$）。当 $n = 1$ 时，$b_1 = a_1 = 1$ 不适合上式。

正解：（1）设数列 $\{a_n\}$ 的公比为 q，则由 $2a_2 = a_1 + a_3 - 1$，有 $2a_1 q = a_1 + a_1 q^2 - 1$，$\therefore 2q = q^2$。

又 $q \neq 0$，$\therefore q = 2$，$\therefore a_n = 2^{n-1}$（$n \in \mathbf{N}^*$）。

当 $n \geq 2$ 时，$b_1 + \dfrac{b_2}{2} + \dfrac{b_3}{3} + \cdots + \dfrac{b_n}{n} = a_n$ ……①

$b_1 + \dfrac{b_2}{2} + \dfrac{b_3}{3} + \cdots + \dfrac{b_{n-1}}{n-1} = a_{n-1}$ ……②

①－②得 $\dfrac{b_n}{n} = a_n - a_{n-1} = 2^{n-2}$，所以，$b_n = n \cdot 2^{n-2}$（$n \geq 2$）。

当 $n = 1$ 时，$b_1 = a_1 = 1$ 不适合上式，

所以 $b_n = \begin{cases} 1, & (n=1) \\ n \cdot 2^{n-2}, & (n \geq 2) \end{cases}$。

（2）由（1）得

$S_n = 1 + 2 \times 2^0 + 3 \times 2^1 + 4 \times 2^2 + \cdots + n \cdot 2^{n-2}$ ……①

$2S_n = 2 + 2 \times 2^1 + 3 \times 2^2 + 4 \times 2^3 + \cdots + (n-1) \cdot 2^{n-2} + n \cdot 2^{n-1}$ ……②

①－②得 $-S_n = 1 + 2 + 2^2 + \cdots + 2^{n-2} - n \cdot 2^{n-1}$，

所以 $S_n = (n-1) \cdot 2^{n-1} + 1$。

注意：求通项公式时一定要注意第一项。

第十三讲　导数中的易错题分析

1. 混淆"过某点的切线"与"在某点上的切线"

例44：已知曲线 $f(x) = 2x^3 - 3x$，过点 $M(0, 32)$ 作曲线 $f(x)$ 的切线，求切线方程。

错解：由导数的几何意义知 $k = f'(0) = -3$，又过点 $M(0, 32)$，所以

曲线的切线方程为 $y = -3x + 32$.

错因分析：点 M（0，32）根本不在曲线上，导数的几何意义是过曲线上该点的切线的斜率，应注意此点是否在曲线上。

正解：设切点坐标为 N $\left(x_0, 2x_0^3 - 3x_0\right)$，则切线的斜率 $k = f'\left(x_0\right) = 6x_0^2 - 3$，故切线方程为 $y = \left(6x_0^2 - 3\right) x + 32$. 又因为点 N 在切线上，所以 $2x_0^3 - 3x_0 = \left(6x_0^2 - 3\right) x_0 + 32$，解得 $x_0 = -2$，所以切线方程为 $y = 21x + 32$.

2. 混淆"最值"与"极值"

例 45：求函数 f (x) $= x^3 - 2x^2 + x$ 在 $[-3, 3]$ 上的最值。

错解：f' (x) $= 3x^2 - 4x + 1 = (3x - 1)$ $(x - 1)$，

所以极值点为 $x = 1$ 或 $x = -\dfrac{1}{3}$.

又 $\because f$ (1) $= 0, f\left(-\dfrac{1}{3}\right) = -\dfrac{16}{27}$，所以函数最大值为 0，最小值为 $-\dfrac{16}{27}$.

错因分析：在闭区间上的最值应是将区间内的极值点的值与闭区间端点的值进行比较而得，而不能简单地把极值等同于最值。

正解：f' (x) $= 3x^2 - 4x + 1 = (3x - 1)$ $(x - 1)$，所以极值点为 $x = 1$ 或 $x = -\dfrac{1}{3}$.

又 $\because f$ (1) $= 0, f\left(-\dfrac{1}{3}\right) = -\dfrac{16}{27}, f$ (-3) $= -48, f$ (3) $= 12$. 所以函数最大值为 12，最小值为 -48.

3. 忽视"导数为零的点"与"极值点"的区别

例 46：函数 f (x) $= \left(x^2 - 1\right)^3 + 2$ 的极值点是（　　　）。

A. $x = 1$ 　　　　　　　　　　B. $x = -1$ 或 $x = 1$ 或 $x = 0$

C. $x = 0$ 　　　　　　　　　　D. $x = -1$ 或 $x = 1$

错解：$\because f'$ (x) $= 3$ $\left(x^2 - 1\right)^2 \cdot 2x$，即 f' (x) $= 6x$ $\left(x^2 - 1\right)^2$，由 f' (x) $= 0$ 得 $6x$ $\left(x^2 - 1\right)^2 = 0$，$\therefore x = 0$ 或 $x = \pm 1$，故选 B。

错因分析：在基本初等函数中，"极值点"是"导数为零的点"，"导数为零的点"不一定是"极值点"。

正解：由 f' (x) $= 0$，有 $x = 0$ 或 $x = \pm 1$.

$f'(x), f(x)$ 随 x 的变化情况见下表：

x	$(-\infty, 0)$	-1	$(-1, 0)$	0	$(0, 1)$	1	$(1, +\infty)$
$f'(x)$	$-$	0	$-$	0	$+$	0	$+$
$f(x)$	↘	无极值	↘	极值	↗	无极值	↗

答案：选 C。

4. 忽视极值的存在条件

例 47：已知函数 $f(x) = x^3 + ax^2 + bx + a^2$ 在 $x = 1$ 处有极值 10，求 a，b.

错解：$f'(x) = 3x^2 + 2ax + b$，根据题意可得 $\begin{cases} f'(1) = 0 \\ f(1) = 10 \end{cases}$，

解得 $\begin{cases} a_1 = 4, \\ b_1 = -11, \end{cases}$ 或 $\begin{cases} a_2 = -3 \\ b_2 = 3 \end{cases}$.

错因分析：极值存在的条件是在极值点处附近两侧的导数值应异号。本题抓住条件"在 $x = 1$ 处有极值 10"所包含的两个信息，列出两个方程，解得 a，b. a，b 有两组值，是否符合题意必须进行检验。

正解：（接上面错解）而当 $\begin{cases} a_2 = -3 \\ b_2 = 3 \end{cases}$ 时，

$f'(x) = 3x^2 - 6x + 3 = 3(x-1)^2$，

易得此时，$f'(x)$ 在 $x = 1$ 两侧附近符号相同，不合题意。

当 $\begin{cases} a_1 = 4 \\ b_1 = -11 \end{cases}$ 时，$f'(x) = (3x + 11)(x - 1)$，此时，

$f'(x)$ 在 $x = 1$ 两侧附近符号相异，符合题意，所以 $\begin{cases} a = 4 \\ b = -11 \end{cases}$.

5. 导数与单调性的关系理解不准导致错误

例 48：已知 $f(x) = \dfrac{2x^2 + ax - 2a}{2x}$ 在区间 $[1, +\infty)$ 上是增函数，求实数 a 的取值范围。

错解：$\because f(x) = x + \dfrac{a}{2} - \dfrac{a}{x}$，

$\therefore f'(x) = 1 + \dfrac{a}{x^2}$.

$\because f(x)$ 在 $[1, +\infty)$ 上是增函数，

$\therefore f'(x) = 1 + \dfrac{a}{x^2} > 0$ 在 $[1, +\infty)$ 上恒成立，

即 $a > -x^2$.

又 $(-x^2)_{max} = -1$, $\therefore a > -1$.

错因分析：由 $f(x)$ 在 $[1, +\infty)$ 上是增函数，得 $f'(x) \geq 0$ 在 $[1, +\infty)$ 上恒成立。$f'(x) > 0$ 在 $[1, +\infty)$ 上恒成立，只是 $f(x)$ 在 $[1, +\infty)$ 上为增函数的充分条件。

$f'(x) > 0 (<0)$ $(x \in (a, b))$ 是 $f(x)$ 在 (a, b) 上单调递增（递减）的充分不必要条件。实际上，对可导函数 $f(x)$ 而言，$f(x)$ 在 (a, b) 上为单调递增（递减）函数的充要条件为：对于任意 $x \in (a, b)$，有 $f'(x) \geq 0 (\leq 0)$ 且 $f'(x)$ 在 (a, b) 的任何子区间上都不恒为零。要杜绝类似错误，在解题时：①求单调区间，一般用充分条件即可；②由单调性求参数，一般用充要条件，即 $f'(x) \geq 0$（或 $f'(x) \leq 0$），否则容易漏解。

正解：$\because f(x) = x - \dfrac{a}{x} + \dfrac{a}{2}$,

$\therefore f'(x) = 1 + \dfrac{a}{x^2}$.

又 $\because f(x)$ 在 $[1, +\infty)$ 上单调递增，

$\therefore f'(x) = 1 + \dfrac{a}{x^2} \geq 0$ 在 $[1, +\infty)$ 上恒成立。

即 $a \geq -x^2$ 在 $[1, +\infty)$ 上恒成立。

又 $y = -x^2$ 在 $[1, +\infty)$ 上的最大值为 -1.

$\therefore a \geq -1$.

第十四讲　平面向量易错题分析

1. 对公式 $|a| - |b| \leq |a \pm b| \leq |a| + |b|$ 的理解不深刻

例49：关于非零向量 a 和 b，有下列四个命题：

(1) "$|a| + |b| = |a + b|$" 的充要条件是 "a 和 b 的方向相同"。

(2) "$|a| + |b| = |a - b|$" 的充要条件是 "a 和 b 的方向相反"。

(3) "$|a| + |b| = |a - b|$" 的充要条件是 "a 和 b 有相等的模"。

(4) "$|a| - |b| = |a - b|$" 的充要条件是 "a 和 b 的方向相同"。

其中真命题的个数是（　　）。

A. 1　　　　　　　B. 2　　　　　　　C. 3　　　　　　　D. 4

错解：错选答案 A、C、D。

错因分析：对不等式 $|a| - |b| \leqslant |a \pm b| \leqslant |a| + |b|$ 的认识不清，取等号的充要条件是什么没有理清。

正解：利用三角形法及向量模的几何意义可知（1）（2）正确。

答案：B。

2. a，b 的夹角为钝角错误理解为 $a \cdot b < 0$

例50：若向量 $a = (x, 2x)$，$b = (-3x, 2)$，且 a，b 的夹角为钝角，则 x 的取值范围是 _____。

错解：因为 a，b 的夹角为钝角，所以 $a \cdot b < 0$，$\therefore a \cdot b = x \cdot (-3x) + 2x \cdot 2 = -3x^2 + 4x < 0$，解得 $x < 0$ 或 $x > \dfrac{4}{3}$。

错因分析：只由 a，b 的夹角为钝角得到 $a \cdot b < 0$，而忽视了 $a \cdot b < 0$ 不是 a，b 夹角为钝角的充要条件，因为 a，b 的夹角为 $180°$ 时，也有 $a \cdot b < 0$，从而扩大了 x 的范围，导致错误。

正解：a，b 的夹角为钝角，$\therefore a \cdot b = x \cdot (-3x) + 2x \cdot 2 = -3x^2 + 4x < 0$，

解得 $x < 0$ 或 $x > \dfrac{4}{3}$ （1）

又由 a，b 共线且反向，可得 $x = -\dfrac{1}{3}$ （2）

由（1）（2）得，x 的范围是 $\left(-\infty, -\dfrac{1}{3} \right) \cup \left(-\dfrac{1}{3}, 0 \right) \cup \left(\dfrac{4}{3}, +\infty \right)$。

答案：$\left(-\infty, -\dfrac{1}{3} \right) \cup \left(-\dfrac{1}{3}, 0 \right) \cup \left(\dfrac{4}{3}, +\infty \right)$。

注意：a，b 的夹角为钝角与 $a \cdot b < 0$ 不等价。

3. 三角形中两边所在向量的夹角错误理解为三角形的内角

例51：在 $\triangle ABC$ 中，$a = 5$，$b = 8$，$C = 60°$，则 $\overrightarrow{BC} \cdot \overrightarrow{CA}$ 的值为（ ）。

A. 20   B. -20 C. $20\sqrt{3}$ D. $-20\sqrt{3}$

错解：$\overrightarrow{BC} \cdot \overrightarrow{CA} = |BC| \cdot |CA| \cdot \cos 60° = 5 \times 8 \times \dfrac{1}{2} = 20$，选择 A。

错因分析：错误地认为 $\langle \overrightarrow{BC}, \overrightarrow{CA} \rangle = C = 60°$，从而出错。

正解：由题意可知，$\langle \overrightarrow{BC}, \overrightarrow{CA} \rangle = 120°$，

故 $\overrightarrow{BC} \cdot \overrightarrow{CA} = |\overrightarrow{BC}| \cdot |\overrightarrow{CA}| \cdot \cos \langle \overrightarrow{BC}, \overrightarrow{CA} \rangle = 5 \times 8 \times \left(-\dfrac{1}{2} \right) = -20$。

答案：B。

注意：$\langle \overrightarrow{BC}, \overrightarrow{CA} \rangle$ 一定要理清向量的方向。

4. 对向量数量积的性质理解不够

例 52：如果 $a \cdot b = a \cdot c$，且 $a \neq 0$，那么（　　　）。

A. $b = c$ 　　　　　　　　　　B. $b = \lambda c$

C. $b \perp c$ 　　　　　　　　　D. b，c 在 a 方向上的投影相等

错解：两边约分，选 A。

错原分析：对向量数量积的性质理解不够，停留在实数的运算性质上。

正解：由 $a \cdot b = a \cdot c$，且 $a \neq 0$，得 b，c 在 a 方向上的投影相等。

答案：D。

注意：向量数量积式子的变形要根据向量数量积的运算性质进行。

5. 忽略式子的等价变形

例 53：设向量 $a = (x_1, y_1)$，$b = (x_2, y_2)$，则 $\dfrac{x_1}{x_2} = \dfrac{y_1}{y_2}$ 是 $a // b$ 的（　　　）条件。

A. 充要 　　　　　　　　　　B. 必要不充分

C. 充分不必要 　　　　　　　D. 既不充分也不必要

错解：$a // b \Rightarrow x_1 y_2 - x_2 y_1 = 0 \Rightarrow \dfrac{x_1}{x_2} = \dfrac{y_1}{y_2}$，反之也成立，选 A。

错因分析：$a // b \Rightarrow x_1 y_2 - x_2 y_1 = 0 \Rightarrow \dfrac{x_1}{x_2} = \dfrac{y_1}{y_2}$，此式是否成立，未考虑。

正解：若 $\dfrac{x_1}{x_2} = \dfrac{y_1}{y_2}$，则 $x_1 y_2 - x_2 y_1 = 0$，$\therefore a // b$. 若 $a // b$，有可能 x_2 或 y_2 为 0，故选 C。

答案：C。

注意：式子 $\dfrac{x}{y} = z$ 与 $x = yz$ 不等价。

第十五讲　解三角形易错题分析

1. 考虑不周密，遗漏解答

例 54：在 $\triangle ABC$ 中，$\sin A = \dfrac{4}{5}$，$\cos B = \dfrac{12}{13}$，求 $\sin C$ 的值。

错解：$\because 0 < A < \pi$，$0 < B < \pi$，

$$\therefore \cos A = \sqrt{1 - \sin^2 A} = \sqrt{1 - \left(\frac{4}{5}\right)^2} = \frac{3}{5},$$

$$\sin B = \sqrt{1 - \cos^2 B} = \sqrt{1 - \left(\frac{12}{13}\right)^2} = \frac{5}{13},$$

$$\therefore \sin C = \sin\left[\pi - (A+B)\right] = \sin(A+B) = \sin A\cos B + \cos A\sin B,$$

$$\therefore \sin C = \frac{4}{5} \times \frac{12}{13} + \frac{3}{5} \times \frac{5}{13} = \frac{63}{65}.$$

错因分析：本解答遗漏一解，因为 $\cos A = \pm\sqrt{1 - \sin^2 A} = \pm\sqrt{1 - \left(\frac{4}{5}\right)^2}$

$= \pm\frac{3}{5}$，此题两解均成立，所以还有一解 $\sin C = \frac{4}{5} \times \frac{12}{13} - \frac{3}{5} \times \frac{5}{13} = \frac{33}{65}$.

答案：$\frac{63}{65}$ 或 $\frac{33}{65}$.

注意：对于解的个数一定要综合考虑，准确判定，防止增解或遗漏。

2. 忽略三角形内角的范围，产生增解

例55：在 $\triangle ABC$ 中，$\cos A = \frac{3}{5}$，$\sin B \dfrac{3}{13}$，求 $\sin C$ 的值。

错解：$\because 0 < A < \pi$，$0 < B < \pi$，

$$\therefore \sin A = \sqrt{1 - \cos^2 A} = \sqrt{1 - \left(\frac{3}{5}\right)^2} = \frac{4}{5},$$

$$\cos B = \pm\sqrt{1 - \sin^2 B} = \pm\sqrt{1 - \left(\frac{5}{13}\right)^2} = \pm\frac{12}{13},$$

$$\therefore \sin C = \sin\left[\pi - (A+B)\right] = \sin(A+B) = \sin A\cos B + \cos A\sin B,$$

$$\therefore \sin C = \frac{4}{5} \times \frac{12}{13} + \frac{3}{5} \times \frac{5}{13} = \frac{63}{65}, \text{ 或 } \sin C = -\frac{4}{5} \times \frac{12}{13} + \frac{3}{5} \times \frac{5}{13} = -\frac{33}{65}.$$

错因分析：忽略三角形内角的范围。

正解：在上面基础上，又 $\because C$ 为三角形的内角，$\therefore \sin C > 0$，$\therefore \sin C = -\frac{33}{65}$

应该舍去，$\therefore \sin C = \frac{63}{65}$.

注意：在三角形中求解问题，一定要注意三角形内角的范围。

3. 没有挖掘隐含条件，产生增解

例56：在 $\triangle ABC$ 中，$3\sin A + 4\cos B = 6$，$3\cos A + 4\sin B = 1$，则 C 的大小

为（ ）。

A. $\dfrac{\pi}{6}$　　　　　B. $\dfrac{5}{6}\pi$　　　　　C. $\dfrac{\pi}{6}$ 或 $\dfrac{5}{6}\pi$　　　　D. $\dfrac{\pi}{3}$ 或 $\dfrac{2}{3}\pi$

错解：由 $\begin{cases} 3\sin A + 4\cos B = 6 \\ 3\cos A + 4\sin B = 1 \end{cases}$，平方相加得 $\sin(A+B)=\dfrac{1}{2}$，$\therefore \sin C = \dfrac{1}{2}$，

$\therefore C = \dfrac{\pi}{6}$ 或 $\dfrac{5}{6}\pi$，故选 C。

错因分析：若 $C = \dfrac{5}{6}\pi$，则 $A+B = \dfrac{\pi}{6}$.

$\because 1 - 3\cos A = 4\sin B > 0$，$\therefore \cos A < \dfrac{1}{3}$. 又 $\dfrac{1}{3} < \dfrac{1}{2}$，

$\therefore A > \dfrac{\pi}{3}$，$\therefore C \neq \dfrac{5}{6}\pi$，$\therefore C = \dfrac{\pi}{6}$.

$\therefore$ 选项 A 正确。

注意：条件 $\cos A < \dfrac{1}{3}$ 比较隐蔽，不易发现。这里提示我们要注意对题目条件的挖掘。

第十六讲　复数错解范例分析

1. 概念不清，表达不规范

例 57：复数 $z = i - 1$ 的虚部是（　　　）。

A. 1　　　　　B. -1　　　　　C. i　　　　　D. $-i$

错解：错选答案 C。

错因分析：错误原因是对复数的虚部的概念不清。

正解：选 A。

2. 复数的运算化简不到位

例 58：已知 $m \in \mathbf{R}$ 且 $\dfrac{4+mi}{1+2i} \in \mathbf{R}$，则 $|m+6i| = $（　　　）。

A. 10　　　　　B. 8　　　　　C. 6　　　　　D. $8\sqrt{3}$

错解：错选答案 C。

错因分析：错误原因是对复数的代数形式化简不到位。

正解：$\because \dfrac{4+mi}{1+2i} = \dfrac{(4+mi)(1-2i)}{5} = \dfrac{4+2m}{5} + \dfrac{m-8}{5}i \in \mathbf{R}$，

$\therefore \dfrac{m-8}{5} = 0$，$m = 8.$

故 $|m+6\mathrm{i}| = |8+6\mathrm{i}| = \sqrt{8^2+6^2} = 10.$

答案： 选 A。

3. 方法掌握不到位

例 59： 若 $|z-1|=2$，则 $|z-3\mathrm{i}-1|$ 的最小值为_____。

错解： 不填或填其他数，由 $|z-1|=2$ 得 $z=-1$ 或 3，所以 $|z-3\mathrm{i}-1|=\sqrt{13}.$

错因分析： 此题错误原因主要在于对复数的几何意义掌握不到位，或把 z 当成实数。

正解： 设 $z=a+b\mathrm{i}$，由 $|z-1|=2$ 得 $(a-1)^2+b^2=4$，即 z 对应的复平面上的点位于一个圆上，因此 $|z-3\mathrm{i}-1| = |(a-1)+(b-3)\mathrm{i}| = \sqrt{(a-1)^2+(b-3)^2}$，可知所求的距离最小值即求平面直角坐标系 aOb 上的圆 $(a-1)^2+b^2=4$ 上的点到点 $(1，3)$ 的距离的最小值。因圆心到该点的距离为 3，半径为 2，故距离的最小值为 $3-2=1$。

第十七讲　点线面与平行问题的常见错误分析

1. 空间想象能力不够

例 60： 与空间四边形 $ABCD$ 四个顶点距离相等的平面共有_____个。

错解： 4 个。

错因分析： 空间想象能力不够，漏考虑平面将 4 个顶点分成 2，2 的情况。

错解： 其他答案。

错因分析： 不会分类讨论或是分类标准混乱。

正解： 7 个，平面的一边 1 个点，另一边 3 个点，或平面的一边 2 个点，另一边 2 个点。

2. 定理的前提遗漏

例 61： α 和 β 是两个不重合的平面，在下列条件中，可判定平面 α 和 β 平行的是（　　）。

A. α 和 β 都垂直于平面

B. α 内不共线的三点到 β 的距离相等

C. $l，m$ 是 α 平面内的直线，且 $l//\beta，m//\beta$

D. $l，m$ 是两条异面直线，且 $l//\alpha，m//\alpha，m//\beta，l//\beta$

错解： 错选答案 C。

错因分析： 没考虑到 $l，m$ 不一定相交，定理要求两直线一定要相交。

错解：错选答案 B。

错因分析：空间想象能力不够，往往只考虑距离相等，不考虑两侧。

正解：选 D。

3. 推理出错

例 62：如图 $2-6-2$ 所示，已知在空间四边形 $ABCD$ 中，E，F 分别是 AB，AD 的中点，G，H 分别是 BC，CD 上的点，且 $\dfrac{BG}{GC} = \dfrac{DH}{HC} = 2$，求证：直线 EG，FH，AC 相交于一点。

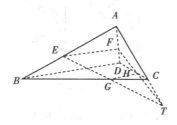

图 $2-6-2$

错解：$\because E$，F 分别是 AB，AD 的中点，

$\therefore EF // BD$，$EF = \dfrac{1}{2}BD$. 又 $\dfrac{BG}{GC} = \dfrac{DH}{HC} = 2$，$\therefore GH // BD$，$GH = \dfrac{1}{3}BD$，

$\therefore$ 四边形 $EFGH$ 是梯形，设两腰 EG，FH 相交于一点 T.

$\because \dfrac{DH}{HC} = 2$，$E$，$F$ 分别是 AB，AD 的中点，$\therefore AC$ 与 FH 交于一点。

$\therefore$ 直线 EG，FH，AC 相交于一点。

错因分析：错解中，没有说明点 T 与 AC，FH 的变点是同一点，只是想当然地认为三线交于一点。应该按照公理 3 继续证完。

正解：$\because E$，F 分别是 AB，AD 的中点，

$\therefore EF // BD$，$EF = \dfrac{1}{2}BD$.

又 $\dfrac{BG}{GC} = \dfrac{DH}{HC} = 2$，$\therefore GH // BD$，$GH = \dfrac{1}{3}BD$，

$\therefore$ 四边形 $EFGH$ 是梯形，设两腰 EG，FH 相交于一点 T.

$\because EG \subset$ 平面 ABC，$FH \subset$ 平面 ACD，

$\therefore T \in$ 面 ABC，且 $T \in$ 面 ACD.

又平面 $ABC \cap$ 平面 $ACD = AC$，

$\therefore T \in AC$,

$\therefore$ 直线 EG，FH，AC 相交于一点 T.

4. 定理内容模糊，将定理与结论混淆

例63： 如图 $2-6-3$ 所示，在正方体 $ABCD-A_1B_1C_1D_1$ 中，M、N、P 分别是 C_1C、B_1C_1、C_1D_1 的中点。求证：平面 $MNP//$ 平面 A_1BD.

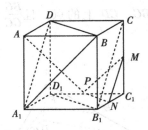

图 $2-6-3$

错解：连结 B_1D_1，B_1C，$\because P$，N 分别是 D_1C_1、B_1C_1 的中点，

$\therefore PN//B_1D_1$，$B_1D_1//BD$，$\therefore PN//BD$.

同理，$MN//A_1D$.

$\because PN \cap MN = N$,

$\therefore$ 平面 $MNP//$ 平面 A_1BD.

错因分析：本题按定理应该证得 $PN//$ 平面 A_1BD，$MN//$ 平面 A_1BD 后，才能得出结论。学生容易证得 $MN//A_1D$，$NP//BD$，而直接由此得出平面 $MNP//$ 平面 A_1BD. 课本练习有此结论，但是不能作为定理应用。

正解：连结 B_1D_1，B_1C，$\because P$，N 分别是 D_1C_1、B_1C_1 的中点，

$\therefore PN//B_1D_1$，$B_1D_1//BD$，$\therefore PN//BD$.

同理，$MN//A_1D$，

$\therefore PN//$ 平面 A_1BD，$MN//$ 平面 A_1BD.

又 $\because PN \cap MN = N$,

$\therefore$ 平面 $MNP//$ 平面 A_1BD.

5. 类比出错

例64： 设 P 是边长为 a 的正三角形 ABC 内的一点，P 点到三边的距离分别为 h_1，h_2，h_3，则 $h_1+h_2+h_3 = \dfrac{\sqrt{3}}{2}a$. 类比到空间，设 P 是棱长为 a 的正四面体 $ABCD$ 内的一点，则 P 点到四个面的距离之和 $h_1+h_2+h_3+h_4 = \underline{\qquad}$。

错解：$\dfrac{\sqrt{4}}{3}$.

错因分析：既无法类比结论，也无法类比求解过程来推断结论。

正解：如图 $2-6-4$ 所示，连接 AP，BP，CP，DP，则正四面体 $ABCD$ 可分成四个小三棱锥，根据体积相等可得，正四面体的体积为 $\dfrac{1}{3} \times \dfrac{\sqrt{3}}{4}a^2 \times \dfrac{\sqrt{6}}{3}a = \dfrac{1}{3}$ $\times \dfrac{\sqrt{3}}{4}a^2$ $(h_1 + h_2 + h_3 + h_4)$，所以 $h_1 + h_2 + h_3 + h_4 = \dfrac{\sqrt{6}}{3}a$.

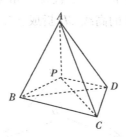

图 $2-6-4$

第十八讲　直线平面常见错误分析

1. 定理模糊

例 65：判断题：若两个平面互相垂直，过其中一个平面内一点作它们的交线的垂线，则此直线垂直于另一个平面。

错解：正确。

错因分析：未能认真审题或空间想象力不够，忽略掉该点向平面外作垂线的情况。

正解：错误。过其中一个平面内一点作它们的交线的垂线，此垂线不一定在该平面内，所以此直线不一定垂直于另一个平面。

2. 忽视分类讨论

例 66：直二面角 $\alpha - l - \beta$ 的棱 l 上有一点 A，在平面 α，β 内各有一条射线 AB，AC 与 l 成 $45°$，$AB \subset \alpha$，$AC \subset \beta$，则 $\angle BAC = $ _____。

错解：$60°$。

错因分析：画图时只考虑了一种情况。

正解：$60°$ 或 $120°$。

3. 忽视角的范围

例 67：直线 l 与平面 α 成角为 $30°$，$l \cap \alpha = A$，直线 $m \subset \alpha$，$A \notin m$，则 m 与 l 所成角的取值范围是_____。

错解：$[\,30°,\ 120°\,]$.

错因分析：忽视两条直线所成的角范围是 $[\,0°,\ 90°\,]$.

正解：$[\,30°,\ 90°\,]$.

4. 折叠中忽视边角的变化

例 68：如图 $2-6-5$ 所示，一个直角三角形 $\triangle ABC$ 的两条直角边长 AC，BC 分别为 2 和 4，沿斜边 AB 的高线 CD 折成直二面角，则两直角边所夹角的余弦值为_____。

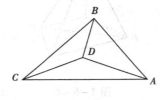

图 $2-6-5$

错解：无法得到答案。

错因分析：折叠后仍然满足 $BD \perp CD$，$AD \perp CD$ 判断不出来，找不到 $Rt\triangle ADB$，AB 的长求不出。

正解：设 $BD = x$，$AB = \sqrt{2^2 + 4^2} = 2\sqrt{5}$，

则 $x = \dfrac{2^2}{2\sqrt{5}} = \dfrac{2}{\sqrt{5}} = \dfrac{2}{5}\sqrt{5}$，$AD = 2\sqrt{5} - \dfrac{2}{5}\sqrt{5} = \dfrac{8}{5}\sqrt{5}$.

$\because CD \perp AB$，$\therefore BD \perp CD$，$AD \perp CD$.

$\because \angle ADB$ 为二面角的平面角，$\therefore \angle ADB = \dfrac{\pi}{2}$，

$\therefore AB = \sqrt{\left(\dfrac{2}{5}\sqrt{5}\right)^2 + \left(\dfrac{8}{5}\sqrt{5}\right)^2} = \sqrt{\dfrac{20 + 320}{25}} = \dfrac{2}{5}\sqrt{85}$，

$\therefore \cos \angle ACB = \dfrac{2^2 + 4^2 - \left(\dfrac{2}{5}\sqrt{85}\right)^2}{2 \times 2 \times 4} = \dfrac{2}{5}$.

第十九讲　求直线方程易错点

在解答有关直线的问题时，应特别注意以下几个方面：

1. 因概念不清而致错

在利用直线的截距式解题时，要注意防止由于"零截距"造成丢解的情况。如题目条件中出现直线在两坐标轴上的"截距相等""截距互为相反数""在一坐标轴上的截距是另一坐标轴上的截距的 m 倍（$m>0$）"等条件时，采用截距式就会出现"零截距"，从而丢解。此时最好采用点斜式或斜截式求解。

例69：求过定点 P（2，1）且与坐标轴围成的三角形的面积为 4 的直线方程。

错解：设所求的直线方程为 $\dfrac{x}{a}+\dfrac{y}{b}=1$.

∵ 直线过点 P（2，1），

∴ $\dfrac{2}{a}+\dfrac{1}{b}=1$，即 $a+2b=ab$. ①

又由已知可得 $\dfrac{1}{2}ab=4$，即 $ab=8$. ②

由①，②可得 $\begin{cases} a+2b=ab \\ ab=8 \end{cases}$，解得 $a=4$，$b=2$.

故所求直线方程为 $x+2y-4=0$.

错因分析：本题由于对截距的概念不清，混淆了"距离"与"截距"的概念，误将直线在 x 轴和 y 轴上的截距作为距离使用而导致错误。

更正：事实上，直线与两坐标轴围成的三角形的面积为 $\dfrac{1}{2}|a||b|$，而不是 $\dfrac{1}{2}ab$，故应有 $\dfrac{1}{2}|a||b|=4$③，由①，③易得所求直线方程为 $x+2y=4$，或 $(\sqrt{2}+1)x-2(\sqrt{2}-1)y-4=0$，或 $(\sqrt{2}-1)x-2(\sqrt{2}+1)y+4=0$.

例70：求过定点 P（2，3），且在两坐标轴上的截距相等的直线方程。

错解：设直线在两坐标轴上的截距为 a，故所求的直线方程为 $\dfrac{x}{a}+\dfrac{y}{a}=1$，即 $x+y=a$. 将点 P（2，3）代入，得 $a=5$. 故所求直线方程为 $x+y=5$.

错因分析：本题由于忽视了"零截距"而导致错误。

更正：事实上，当两截距均为零时也满足条件，所以应增加截距均为零的情况。当直线在两坐标轴上的截距为零时，所求的直线方程为 $y=\dfrac{3}{2}x$，即 $3x-2y=0$. 所以，所求直线方程为 $3x-2y=0$ 或 $x+y=5$.

点评：事实上，当题中出现"截距相等""截距的绝对值相等""截距互为相反数""在一坐标轴上的截距是另一坐标轴上的截距的 m 倍 $(m>0)$"等条件时，若采用截距式求直线方程，都要考虑"零截距"的情况。当然本题可设直线方程为 $y-3=k(x-2)$ $(k\neq0)$，分别令 $x=0$，$y=0$ 解得直线在两坐标轴上的截距，由其相等解得 k，从而得到直线方程。

2. 因忽视直线的斜率不存在而致错

在利用直线的点斜式、斜截式解题时，要注意防止由于"无斜率"，从而造成丢解。如在求过圆外一点的圆的切线方程时或讨论直线与圆锥曲线的位置关系时，或讨论两直线平行、垂直的位置关系时，一般要分直线有无斜率两种情况进行讨论。

例 71： 求过点 P $(-4, 2)$ 且与 x 轴的交点到 $(1, 0)$ 的距离为 5 的直线方程。

错解：设直线的斜率为 k，则其方程为 $y-2=k(x+4)$，

则其与 x 轴的交点为 $\left(-4-\dfrac{2}{k}, 0\right)$，所以 $\left|-4-\dfrac{2}{k}-1\right|=5$，解得 $k=-\dfrac{1}{5}$.

故所求直线方程为 $x+5y-6=0$.

错因分析：本题由于只注意了直线的斜率存在的情况而忽视了直线的斜率不存在的情况，即忽略了过点 P 且垂直于 x 轴的直线而导致错误。

更正：其实直线 $x=-4$ 也适合题意，故所求直线方程为 $x+5y-6=0$ 或 $x=-4$.

3. 因忽视分类讨论而致错

例 72： 直线 l 经过点 P $(1, 2)$，且点 A $(2, 3)$，B $(4, -5)$ 到 l 的距离相等，求直线 l 的方程。

错解：因为 A，B 两点到直线 l 的距离相等，所以 $AB//l$.

$\therefore k_{AB}=\dfrac{-5-3}{4-2}=-4$，

$\therefore$ 由点斜式可得所求直线方程为 $y-2=-4(x-1)$，即 $4x+y-6=0$.

错因分析：由于 A，B 两点到直线 l 的距离相等，故应有点 A，B 在直线的同侧或异侧两种情况，而本题只考虑了 A，B 两点在直线的同侧，忽视了两点在直线的异侧的情况，从而导致错误。

更正：当 A，B 两点在直线的异侧时，直线 l 经过 AB 的中点 M $(3, -1)$. 所以由两点式得，所求直线方程为 $\dfrac{y-2}{-1-2}=\dfrac{x-1}{3-1}$，即 $3x+2y-7=0$.

故所求直线方程为 $4x+y-6=0$ 或 $3x+2y-7=0$.

4. 因忽视题目的隐含条件而致错

例 73：如果直线 $(m+2)x + (m^2+3m+2)y = m+2$ 与 y 轴平行，求 m 的值。

错解：∵ 直线与 y 轴平行，∴ $m^2+3m+2=0$.

解得 $m=-1$ 或 $m=-2$.

所以当 $m=-1$ 或 $m=-2$ 时，直线与 y 轴平行。

错因分析：由于方程 $Ax+By+C=0$ 表示直线，本身隐含着 $A^2+B^2\neq0$ 这一条件。

更正：当 $m=-2$ 时，直线方程 $(m+2)x + (m^2+3m+2)y = m+2$ 为 $0\cdot x+0\cdot y=0$，它不表示直线，应舍去。故当 $m=-1$ 时，直线与 y 轴平行。

第二十讲　直线和圆的易错题分析

1. 概念不清，张冠李戴

例 74：从原点向圆 $x^2+y^2-12y+27=0$ 作两条切线，则该圆夹在两条切线间的劣弧长为（　　）。

A. π B. 2π C. 4π D. 6π

错解：由圆的半径为 3，圆心与原点距离为 6，可知两切线间的夹角为 $60°$，故所对应的圆心角为 120 度，故所求劣弧为圆弧长的 $\frac{2}{3}$，即为 $2\pi\times3\times\frac{2}{3}=4\pi$. 故选 C。

错因分析：没有理解清楚优弧、劣弧的概念，劣弧应为相对较短的一段弧。

更正：所求劣弧是整个圆弧的 $\frac{1}{3}$，故所求弧长为 $2\pi\times3\times\frac{1}{3}=2\pi$. 故选 B。

2. 考虑不周，出现遗漏

例 75：已知直线 l_1：$2x+y-7=0$，直线 l 过点 $A(7,3)$，若直线 l，l_1 以及两坐标轴的正半轴围成的四边形是圆的内接四边形，求直线 l 的方程。

错解：如图 $2-6-6$ 所示，围成的四边形是圆的内接四边形，则 $k_l=-\frac{1}{k_{l_1}}$

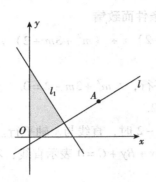

图 2－6－6

∴ 求得直线 l 的方程为 $x-2y-1=0$.

错因分析：围成的四边形是圆的内接四边形有两种情况。

更正：另一种情况如图 2－6－7 所示，

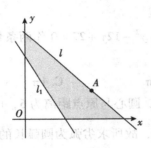

图 2－6－7

由平面几何知识得：$k_l=\dfrac{1}{k_{l_1}}$.

∴ 求得直线 l 的方程为 $x+2y-13=0$.

综上得，直线 l 的方程为 $x-2y-1=0$ 或 $x+2y-13=0$.

3. 圆的一般方程中忽略充要条件

例76：已知圆的方程为 $x^2+y^2+ax+2y+a^2=0$，一定点为 $A(1,2)$，要使过 A 点所作圆的切线有两条，求 a 的取值范围。

错解：将圆的方程配得：$\left(x+\dfrac{a}{2}\right)^2+(y+1)^2=\dfrac{4-3a^2}{4}$.

∴ 其圆心坐标为 $C\left(-\dfrac{a}{2},-1\right)$，半径 $r=\sqrt{\dfrac{4-3a^2}{4}}$.

当点 A 在圆外时，过点 A 可作圆的两条切线，则 $|AC|>r$，

即 $\sqrt{\left(1+\dfrac{a}{2}\right)^2 + (2+1)^2} > \sqrt{\dfrac{4-3a^2}{4}}$，即 $a^2 + a + 9 > 0$，解得 $a \in \mathbf{R}$.

错因分析：本题的"陷阱"是方程 $x^2 + y^2 + ax + 2y + a^2 = 0$ 表示圆的充要条件，上述解法仅由条件得出 $|AC| > r$，即 $a^2 + a + 9 > 0$，却忽视了 a 的另一制约条件 $4 - 3a^2 > 0$.

更正：事实上，由 $a^2 + a + 9 > 0$ 及 $4 - 3a^2 > 0$，可得 a 的取值范围是 $\left(-\dfrac{2}{3}\sqrt{3}, \dfrac{2}{3}\sqrt{3}\right)$.

4. 条件的转化不等价，出现增解或漏解

例77：已知直线 l：$y = x + b$ 与曲线 C：$y = \sqrt{1-x^2}$ 有两个公共点，求实数 b 的取值范围。

错解：由 $\begin{cases} y = x + b \\ y = \sqrt{1-x^2} \end{cases}$，消去 x 得：$2y^2 - 2by + b^2 - 1 = 0$.（ * ）

∵ l 与曲线 C 有两个公共点，∴ $\Delta = 4b^2 - 8(b^2-1) > 0$，解得 $-\sqrt{2} < b < \sqrt{2}$.

错因分析：上述解法忽视了方程 $y = \sqrt{1-x^2}$ 中 $y \geqslant 0$，$-1 \leqslant x \leqslant 1$ 这一限制条件，得出了错误的结论。

更正：事实上，曲线 C 和直线 l 有两个公共点等价于错解中方程（ * ）有两个不等的非负实根。

综上得 $\begin{cases} \Delta = 4b^2 - 8(b^2-1) > 0 \\ y_1 + y_2 = -\dfrac{-2b}{2} > 0 \\ y_1 y_2 = \dfrac{b^2-1}{2} \geqslant 0 \end{cases}$，解得 $1 \leqslant b < \sqrt{2}$.

例78：等腰三角形顶点是 A（4，2），底边的一个端点是 B（3，5），求另一个端点 C 的轨迹方程。

错解：设另一个端点的坐标为（x，y），依题意有：

$|AC| = |AB|$，即，$\sqrt{(x-4)^2 + (y-2)^2} = \sqrt{(4-3)^2 + (2-5)^2} = \sqrt{10}$，

∴（$x-4$）^{2} +（$y-2$）^{2} = 10，即为 C 点的轨迹方程。

这是以 A（4，2）为圆心，以 $\sqrt{10}$ 为半径的圆。

错因分析：因为 A，B，C 三点为三角形三个顶点，所以 A，B，C 三点不共

线，即 B，C 不能重合，且不能为圆 A 一直径的两个端点，这正是解题后没有对轨迹进行检验，导致出现增解，造成的解题错误。

更正：事实上，C 点的坐标需满足 $\begin{cases} x \neq 3 \\ y \neq 5 \end{cases}$，且 $\begin{cases} \dfrac{x+3}{2} \neq 4 \\ \dfrac{y+5}{2} \neq 2 \end{cases}$，

故端点 C 的轨迹方程应为 $(x-4)^2 + (y-2)^2 = 10$（$x \neq 3$，$y \neq 5$；$x \neq 5$，$y \neq -1$）.

它表示以 $(4，2)$ 为圆心，以 $\sqrt{10}$ 为半径的圆，除去 $(3，5)$ $(5，-1)$ 两点。

例 79：直线 l：$y = k(x-5)$ 与圆 O：$x^2 + y^2 = 16$ 相交于 A，B 两点，当 k 变动时，求弦 AB 的中点 M 的轨迹方程。

错解：易知直线恒过定点 $P(5，0)$，再由 $OM \perp AP$，

得 $|OP|^2 = |OM|^2 + |MP|^2$，

$\therefore x^2 + y^2 + (x-5)^2 + y^2 = 25$，整理得 $\left(x - \dfrac{5}{2}\right)^2 + y^2 = \dfrac{25}{4}$.

错因分析：求动点轨迹时应注意它的完备性与纯粹性。

更正：本题中注意到点 M 应在圆内，故易求得轨迹为圆内的部分，此时 $0 \leq x < \dfrac{16}{5}$.

第二十一讲　椭圆问题错解分析

1. 没有注意椭圆定义的条件

例 80：已知动点 M 到定点 $F_1(-4，0)$，$F_2(4，0)$ 的距离之和是 8，则动点 M 的轨迹是_____。

错解：动点 M 到定点 $F_1(-4，0)$，$F_2(4，0)$ 的距离之和等于 8，由椭圆的定义知 M 的轨迹是椭圆。

错因分析：定点 $F_1(-4，0)$，$F_2(4，0)$ 的距离刚好为 8，不符合椭圆的定义，故动点 M 的轨迹是线段。

答案：线段。

注意：应用椭圆定义时，一定要准确。

2. 忽视对称性

例 81：已知 F_1，F_2 是椭圆 $\dfrac{x^2}{9} + \dfrac{y^2}{5} = 1$ 的左、右焦点，P 为椭圆上一个点，

且 $|PF_1| : |PF_2| = 1 : 2$，则 PF_2 的斜率为_____。

错解：只求得一解 $\dfrac{\sqrt{15}}{7}$.

错因分析：忽视对称性，只求出一解。

答案：$\pm\dfrac{\sqrt{15}}{7}$.

注意：要注意椭圆的对称性。

3. 获取题目信息不足导致错误

例 82： 在平面直角坐标系中，椭圆 $\dfrac{x^2}{a^2} + \dfrac{y^2}{b^2} = 1$（$a > b > 0$）的焦距为 $2c$，以 O 为圆心，a 为半径作圆 M，若过点 $P\left(\dfrac{a^2}{c}, 0\right)$ 所作圆 M 的两切线互相垂直，则该椭圆的离心率为_____。

错因分析：此题容易错在对图中椭圆及圆的性质提取不全，从而导致难以计算。

正解：过点 $\left(\dfrac{a^2}{c}, 0\right)$ 作圆的两切线互相垂直，如图 $2-6-8$ 所示，这说明四边形 $OAPB$ 是一个正方形，即圆心 O 到点 $P\left(\dfrac{a^2}{c}, 0\right)$ 的距离等于圆的半径的 $\sqrt{2}$ 倍，即 $\dfrac{a^2}{c} = \sqrt{2}a$，故 $e = \dfrac{c}{a} = \dfrac{\sqrt{2}}{2}$.

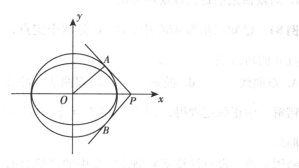

图 $2-6-8$

注意：理解题意时要充分挖掘蕴含条件。

4. 方程变形过程不等价

例 83： 已知曲线 $C : y = \dfrac{\sqrt{20-x^2}}{2}$ 与直线 $l : y = -x + m$ 仅有一个公共点，

求 m 的范围。

错解：曲线 C：$y = \dfrac{\sqrt{20-x^2}}{2}$ 可化为 $x^2 + 4y^2 = 20$ （1），联立得 $\begin{cases} y = -x + m \\ x^2 + 4y^2 = 20 \end{cases}$，

得 $5x^2 - 8mx + 4m^2 - 20 = 0$，由 $\Delta = 0$，得 $m = \pm 5$。

错因分析：错解中方程（1）与原方程并不等价，应加上 $y \in [0, +\infty)$.

更正：原方程的对应曲线应为椭圆的上半部分。如图 $2-6-9$ 所示，结合图形易求得 m 的范围为 $m = 5$ 或 $-2\sqrt{5} < m < 2\sqrt{5}$.

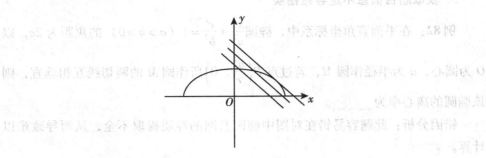

图 $2-6-9$

注意：在将方程变形时应注意取值范围的变化，保持等价变形，这样才不会出错。

第二十二讲　双曲线问题错解分析

1. 对双曲线的定义理解不深刻

例84：已知三角形 ABC 中，B，C 是两个定点，并且 $\sin B - \sin C = \dfrac{1}{2}\sin A$，则顶点 A 的轨迹是（　　）。

A. 双曲线　　　　B. 椭圆　　　　C. 双曲线一部分　　　　D. 椭圆一部分

错解：由正弦定理得，$|AC| - |AB| = \dfrac{1}{2}|BC| < |BC|$，所以顶点 A 的轨迹是双曲线。

错因分析：没有注意到双曲线定义中的"绝对值"一词。

更正：顶点 A 的轨迹为双曲线一部分。

答案：C。

注意：要准确理解双曲线的定义。

例85：双曲线 $\dfrac{x^2}{n} - y^2 = 1$（$n > 1$）的焦点为 F_1，F_2，点 P 在双曲线上，且

满足 $|PF_1| + |PF_2| = 2\sqrt{n+2}$，则 $\triangle PF_1F_2$ 是（　　）。

A. $Rt\triangle$ 且 $\angle PF_1F_2$ 为直角　　　　B. $Rt\triangle$ 且 $\angle PF_2F_1$ 为直角

C. $Rt\triangle$　　　　　　　　　　　　D. 以上都不对

错解：因为 $|PF_1| - |PF_2| = 2\sqrt{n}$，$|PF_1| + |PF_2| = 2\sqrt{n+2}$，

$\therefore |PF_1| = \sqrt{n+2} + \sqrt{n}$，$|PF_2| = \sqrt{n+2} - \sqrt{n}$.$\therefore |F_1F_2| = 2c = 2\sqrt{n+1}$，

$\therefore |PF_1|^2 - |PF_2|^2 = |F_1F_2|^2$，$\therefore \triangle PF_1F_2$ 是 $Rt\triangle$ 且 $\angle PF_2F_1$ 为直角，所以选 B.

错因分析：不注意定义的准确性，片面使用 $|PF_1| - |PF_2| = 2\sqrt{n}$，其实还有 $|PF_2| - |PF_1| = 2\sqrt{n}$ 的可能，$\angle PF_1F_2$ 也可能为直角。

答案：C.

注意：定义的准确性。

2. 混淆双曲线标准方程

例86：若双曲线 $\dfrac{x^2}{a^2} - \dfrac{y^2}{b^2} = -1$ 的离心率为 $\dfrac{5}{4}$，则两条渐近线的方程为（　　）。

A. $\dfrac{x}{9} \pm \dfrac{y}{16} = 0$　　B. $\dfrac{x}{16} \pm \dfrac{y}{9} = 0$　　C. $\dfrac{x}{3} \pm \dfrac{y}{4} = 0$　　D. $\dfrac{x}{4} \pm \dfrac{y}{3} = 0$

错解：$\because \dfrac{c}{a} = \dfrac{5}{4}$，$\therefore \dfrac{a^2+b^2}{a^2} = \dfrac{25}{16}$，$\therefore \dfrac{b}{a} = \dfrac{3}{4}$，所以渐近线的方程为 $\dfrac{x}{4} \pm \dfrac{y}{3} = 0$.

错因分析：审题不认真，混淆双曲线标准方程中的 a 和题目中方程的 a 的意义。

答案：C

注意：双曲线标准方程中右边应该化为 1。

例87：双曲线 $\dfrac{x^2}{4} + \dfrac{y^2}{k} = 1$ 的离心率为 e，且 $e \in (1, 2)$，则 k 的取值范围是_____。

错解：$a^2 = 4$，$b^2 = k$，解下去就错误。

错因分析：混淆了双曲线和椭圆的标准方程。

正解：$k < 0$，$a^2 = 4$，$b^2 = -k$，解下去得 $k \in (-12, 0)$.

注意：双曲线标准方程中右边应该化为 1，左边中间用 "$-$" 号。

3. 不注意取舍，出现增解或遗漏

例88：已知 F_1，F_2 是双曲线 $\dfrac{x^2}{16} - \dfrac{y^2}{20} = 1$ 的焦点，点 P 是双曲线上一点，若 P 到焦点 F_1 的距离为 9，则 P 到焦点 F_2 的距离为_____。

错解：$\left| |PF_2| - 9 \right| = 8$，$\therefore |PF_2| = 17$ 或 1.

错因分析：不注意取舍。两边之和要不小于第三边。

答案：17。

注意：要对解进行检验。

例89：过双曲线 $x^2 - \dfrac{y^2}{2} = 1$ 的右焦点作直线交双曲线于 A，B 两点，且 $|AB| = 4$，则这样的直线有_____条。

错解：设 $y = k(x - \sqrt{3})$，代入椭圆的方程算出有两条。

错因分析：忽视当 k 不存在的情况。设 $y = k(x - \sqrt{3})$，代入椭圆的方程算出有两条，当 k 不存在，即直线 $AB \perp x$ 轴时，$|AB| = 4$.

答案：3.

注意：防止遗漏。

4. 忽视题中隐含条件

例90：设双曲线 $\dfrac{x^2}{a^2} - \dfrac{y^2}{b^2} = 1$（$a > b > 0$）的半焦距为 c，直线 l 过 $(a,\ 0)$，$(0,\ b)$ 两点，已知原点到直线 l 的距离为 $\dfrac{\sqrt{3}}{4}c$，则双曲线的离心率为（　　　）。

A. 2　　　　B. 2 或 $\dfrac{2\sqrt{3}}{3}$　　　　C. $\sqrt{2}$　　　　D. $\dfrac{2}{3}\sqrt{3}$

错解：作出图像，根据面积可得 $ab = \dfrac{\sqrt{3}}{4}c \cdot \sqrt{a^2 + b^2}$，即 $4ab = \sqrt{3}c^2$，得 $e = 2$ 或 $\dfrac{2}{3}\sqrt{3}$. 所以选 B。

错因分析：忽略了条件 $a > b > 0$ 对离心率取值范围的限制。

$\because a > b > 0$，$\therefore a^2 > b^2$，$\therefore a^2 > c^2 - a^2$，$\therefore e < 2$.

答案：D。

注意：解题时，一定要注意题目的条件，挖掘题目中隐含的条件。

例91：直线 $y = kx + 1$ 与双曲线 $3x^2 - y^2 = 1$ 相交于不同的两点 A，B，求实数 k 的取值范围。

错解：由 $\begin{cases} y = kx + 1 \\ 3x^2 - y^2 = 1 \end{cases}$，可得 $(3 - k^2)\,x^2 - 2kx - 2 = 0$，由 "$\Delta > 0$"，解得 k

$\in \left(-\sqrt{6},\ \sqrt{6} \right)$．

错因分析：忽视 $3 - k^2 \neq 0$，仅考虑 "$\Delta > 0$"．

答案： k 的取值范围是 $\left(-\sqrt{6},\ -\sqrt{3} \right) \cup \left(-\sqrt{3},\ \sqrt{3} \right) \cup \left(\sqrt{3},\ \sqrt{6} \right)$．

注意： 解题时要挖掘题目中隐含的条件。

第二十三讲　抛物线问题错解分析

1. 没有准确使用抛物线的标准方程

例 92： 抛物线 $y = 4x^2$ 的焦点坐标是 _____。

错解：因为 $2p = 4$，$\dfrac{p}{2} = 1$，所以焦点坐标是 $(1,\ 0)$。

错因分析：$y = 4x^2$ 不是抛物线的标准方程，必须化为标准方程 $x^2 = \dfrac{1}{4}y$ 后才能使用。

答案： $\left(0,\ \dfrac{1}{16} \right)$．

注意： 求抛物线的焦点坐标或准线方程时，要把抛物线方程化为标准方程。

2. 考虑问题不周密，出现遗漏

例 93： 直角坐标系平面上的动点 P 到定点 $F\,(1,\ 0)$ 的距离比 P 到 y 轴的距离大 1，则动点 P 的轨迹方程为（　　　）。

　A. $y^2 = 2x$ 　　　　　　　　B. $y^2 = 2x$ 和 $\begin{cases} y = 0 \\ x \leqslant 0 \end{cases}$

　C. $y^2 = 4x$ 　　　　　　　　D. $y^2 = 4x$ 和 $\begin{cases} y = 0 \\ x \leqslant 0 \end{cases}$

错解 1：设 $P\,(x,\ y)$，则 $\sqrt{(x-1)^2 + y^2} - |x| = 1$，化简得 $y^2 = 4x$，所以选 C。

错因分析：化简过程只注意了 $y^2 = 4x$，而疏忽了 $x \leqslant 0$ 的情况。

错解 2：因为点 P 到定点 $F\,(1,\ 0)$ 的距离比 P 到 y 轴的距离大 1，所以点 P 到定点 $F\,(1,\ 0)$ 的距离等于 P 到直线 $x = -1$ 的距离。根据抛物线的定义得，点 P 的轨迹方程为抛物线 $y^2 = 4x$．

错因分析：转化过程只注意了抛物线的定义，疏忽了射线 $y = 0$（$x \leqslant 0$）．

答案：D。

注意：考虑问题要周密，防止出现遗漏。

例94：过点（0，1）作直线，使它与抛物线 $y^2 = 4x$ 仅有一个公共点，这样的直线有（　　）。

    A. 1 条 　　　　　　 B. 2 条 　　　　　　 C. 3 条 　　　　　　 D. 0 条

错解：设直线方程为 $y = kx + 1$，代入方程 $y^2 = 4x$ 得，$k^2x^2 + (2k - 4)x + 1 = 0$，由 $\Delta = 0$ 得 $k = 1$，所以选 A。

错因分析：有两个方面的错误：其一，k 可能不存在，k 不存在时 y 轴刚好满足要求；其二，k 可能为 0，$k = 0$ 时 $y = 1$ 也满足要求。

答案：C。

注意：引进斜率 k 时一定要考虑斜率 k 不存在的情况，应用判别式时一定要考虑是否为二次方程。

3. 解题方法选择不对，导致运算量大易错

例95：坐标原点为 O，抛物线 $y^2 = 2x$ 与过焦点的直线交于 A，B 两点，则 $\overrightarrow{OA} \cdot \overrightarrow{OB} = $（　　　）。

    A. $\dfrac{3}{4}$ 　　　　　 B. $-\dfrac{3}{4}$ 　　　　　 C. 3 　　　　　 D. -3

错解：本题可能会以解答题的解题格式进行求解，进行向量数量积计算，从而因为运算量大而导致错误。

错因分析：解题方法选择不佳，没有利用选择题的解题方法。如果利用特殊位置法，当 AB 垂直 x 轴时，$A\left(\dfrac{1}{2}, 1\right)$，$B\left(\dfrac{1}{2}, -1\right)$，则 $\overrightarrow{OA} \cdot \overrightarrow{OB} = -\dfrac{3}{4}$.

答案：B。

注意：解题方法的选择很重要。

第二十四讲　曲线与方程易错题分析

1. 概念、性质认识不清

例96：已知圆的方程为 $x^2 + y^2 + 8x + 12 = 0$，在此圆的所有切线中横纵截距相等的条数有＿＿＿＿＿＿条。

错解：由横纵截距相等，可以设切线方程为 $x + y = a$，再由相切条件可得 a 有 2 个解，所以有 2 条。

错因分析：对"横纵截距相等"认识不清，忽视过原点的直线横纵截距也相等，所以还有 2 条。

答案：4。

注意：理解题意要全面准确。

2. **曲线方程的变形不等价**

例 97：曲线 $y = \sqrt{x^2 - 4}$ 与直线 $y = k(x - 2) + 3$ 有两个不同的公共点，则实数 k 的取值范围是（　　）。

A. $0 \leq k \leq 1$　　　B. $0 \leq k \leq \dfrac{3}{4}$　　　C. $-1 < k \leq \dfrac{3}{4}$　　D. $-1 < k \leq 0$

错解：将曲线 $y = \sqrt{x^2 - 4}$ 转化为 $x^2 - y^2 = 4$，再与直线 $y = k(x - 2) + 3$ 联立消去 y，根据判别式求出 k。

错因分析：将曲线 $y = \sqrt{x^2 - 4}$ 转化为 $x^2 - y^2 = 4$ 时不考虑纵坐标的范围；另外，没有看清过点（2，3）且与渐近线 $y = -x$ 平行的直线与双曲线的位置关系。正确求解时要结合图形。

答案：C。

注意：条件的转化要等价。

例 98：在直角坐标系中，方程 $(x + y - 1)(\sqrt{3 + 2x - x^2} - y) = 0$ 所表示的曲线为（　　）。

A. 一条直线和一个圆　　　　　B. 一条线段和一个圆

C. 一条直线和半个圆　　　　　D. 一条线段和半个圆

错解：由 $(x + y - 1)(\sqrt{3 + 2x - x^2} - y) = 0$，

得 $x + y - 1 = 0$ 或 $\sqrt{3 + 2x - x^2} - y = 0$，$\therefore x + y - 1 = 0$，$x^2 + y^2 - 2x - 3 = 0$，选 A。

错因分析：忽视定义取值。

答案：D。

注意：条件的转化要等价。

3. **忽视知识运用的条件**

例 99：曲线 $\dfrac{x^2}{9} - \dfrac{y^2}{4} = 1$ 中，被点 P（2，1）平分的弦所在直线方程是（　　）。

A. $8x - 9y = 7$　　B. $8x + 9y = 25$　　C. $4x - 9y = 16$　　D. 不存在

错解：用"点差法"求出直线的 $k = \dfrac{8}{9}$，所以直线方程为 $8x - 9y = 7$，所以

选 A。

错因分析：用"点差法"求出直线方程后没有用"Δ"验证直线的存在性。

答案：D。

注意：用"点差法"求解的前提条件是曲线与直线相交。

第二十五讲　统计案例易错题分析

1. 要记住频率分布直方图的纵坐标是$\dfrac{频率}{组距}$

例100：从某校高三年级随机抽取一个班，对该班50名学生的高校招生体检表中的视力情况进行统计，其频率分布直方图如图2－6－10所示：

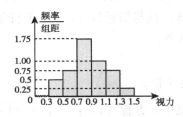

图2－6－10

若某高校 A 专业对视力的要求在0.9以上，则该班学生中能报 A 专业的人数为_____。

错解：$(1.00 + 0.75 + 0.25) \times 50 = 100$.

错因分析：解题中出现审题不仔细，又对所给图形没有真正理解清楚，将矩形的高误认为频率或者对"0.9以上"的含义理解有误。

矫正：该班学生视力在0.9以上的频率为 $(1.00 + 0.75 + 0.25) \times 0.2 = 0.4$，故能报 A 专业的人数为 $0.4 \times 50 = 20$.

注意：频率分布条形图的纵轴（矩形的高）表示频率；频率分布直方图的纵轴（矩形的高）表示频率与组距的比值，其各小组的频率等于该小组所在的矩形的面积。

2. 样本中心点在回归直线上，但样本点未必会在回归直线上

例101：经济经过长时间的高速发展，污染与财富会一起累加，环保形势日益严峻，各地 PM2.5 频频"爆表（AQI≥500）"，PM2.5又一次成为民众关注的焦点.2.5微米以下的细颗粒物（PM2.5）主要来自化石燃料的燃烧（如机动车尾气、燃煤）、挥发性有机物等。节能减排，才能有效降低 PM2.5 污染水平，所以我们倡导绿色出行，但现实却不容乐观。目前佛山市汽车保有量约为 120 万辆。四月份的某周空气质量指数与汽车上路率数据如图 2－6－11 所示：

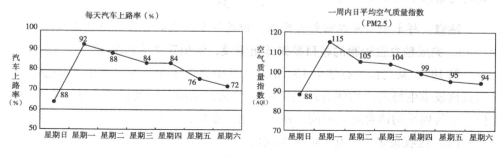

图 2－6－11

（1）某同学根据图中的数据，由最小二乘法求得根据汽车上路率（$x\%$）预报 AQI 值的回归方程为 $\hat{y}=\dfrac{41}{48}x+\dfrac{95}{3}$ 后，不小心将星期三的 AQI 值污损，求星期三的 AQI 值，并预报当汽车上路率为 96% 时的 AQI 值。（精确到 0.1）

（2）若佛山市预计未来连续 7 天的汽车出行数依次为 70 万、100 万、102 万、95 万、98 万、88 万、91 万，根据（1）中的回归模型，从未来 7 天中随机选取 3 天，求恰有 2 天的污染水平为中等（$50<\text{AQI}\le100$）的概率。

错解：（1）星期三的汽车上路率是 84%，故令 $x=84$，

代入 $\hat{y}=\dfrac{41}{48}x+\dfrac{95}{3}$，得 $y=103.4$.

错因分析：样本点不一定在回归直线上。

矫正解法：（1）为了更加清楚，可列出下表：

汽车上路率 x（%）	64	92	88	84	84	76	72
AQI 值 y	88	115	105	a	99	95	94

$\bar{x}=\dfrac{64+92+88+84+84+76+72}{7}=80$，由 $\hat{y}=\dfrac{41}{48}x+\dfrac{95}{3}$ 过点 $(\bar{x},\ \bar{y})$ 可算出 $\bar{y}=100$，故有 $\dfrac{88+115+105+a+99+95+94}{7}=100$，解得 $a=104$.

当汽车上路率为 96% 时，$\hat{y}=\dfrac{41}{48}\times96+\dfrac{95}{3}\approx113.7$.

（2）由（1）知，当 AQI $=100$ 时，上路率为 80%，此时汽车出行数为 120

×80% ＝96 （万辆）。污染水平为中等时，出行数应小于 96 万辆，所以 7 天中有四天的污染水平为中等，用 A 表示事件：从未来 7 天中随机选取 3 天，恰有 2 天的污染水平为中等，有 $P(A) = \dfrac{C_3^1 C_4^2}{C_7^3} = \dfrac{18}{35}.$

注意：样本中心点在回归直线上，但是样本点未必会在回归直线上。

3. 完成独立性检验的题目要先提出假设，给出正确的结果

例 102：某高校共有学生 15000 人，其中男生 10500 人，女生 4500 人。为调查该校学生每周平均体育运动时间的情况，采用分层抽样的方法，收集 300 位学生每周平均体育运动时间的样本数据（单位：小时）。

（1）应收集多少位女生的样本数据？

（2）根据这 300 个样本数据，得到学生每周平均体育运动时间的频率分布直方图（如图 2－6－12 所示），其中样本数据的分组区间为：$[0，2]$，$(2，4]$，$(4，6]$，$(6，8]$，$(8，10]$，$(10，12]$. 请估计该校学生每周平均体育运动时间超过 4 小时的概率。

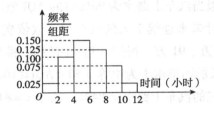

图 2－6－12

（3）在样本数据中，有 60 位女生的每周平均体育运动时间超过 4 小时，请完成每周平均体育运动时间与性别列联表，并判断是否有 95% 的把握认为"该校学生的每周平均体育运动时间与性别有关"，见下表：

$P(K^2 \geq k_0)$	0.10	0.05	0.010	0.005
k_0	2.706	3.841	6.635	7.879

附：$K^2 = \dfrac{n(ad-bc)^2}{(a+b)(c+d)(a+c)(b+d)}.$

错解：（3）由（2）知，300 位学生中有 $300 \times 0.75 = 225$ （位）每周平均体育运动时间超过 4 小时，则 75 人的每周平均体育运动时间不超过 4 小时。又因为样本数据中有 210 份是关于男生的，90 份是关于女生的，所以每周平均体育运动时间与性别列联表见下表：

	男生	女生	总计
每周平均体育运动时间不超过 4 小时	45	30	75
每周平均体育运动时间超过 4 小时	165	60	225
总计	210	90	300

结合列联表可算得 $K^2 = \dfrac{300 \times (165 \times 30 - 45 \times 60)^2}{75 \times 225 \times 210 \times 90} = \dfrac{100}{21} \approx 4.762 < 6.635.$

所以有 99% 的把握认为 "该校学生的每周平均体育运动时间与性别有关"。

错因分析：未作出假设直接解题；求出 K^2 的值后应跟表中左边数据比较，查出相应概率。

矫正解法：（1） $300 \times \dfrac{4500}{15000} = 90$，所以应收集 90 位女生的样本数据。

（2）由频率分布直方图可知每周平均体育运动超过 4 小时的频率为 $1 - 2 \times (0.100 + 0.025) = 0.75$，所以该校学生每周平均体育运动时间超过 4 小时的概率的估计值为 0.75。

（3）由（2）知，300 位学生中有 $300 \times 0.75 = 225$（位）每周平均体育运动时间超过 4 小时，则 75 人的每周平均体育运动时间不超过 4 小时．又因为样本数据中有 210 份是关于男生的，90 份是关于女生的，所以每周平均体育运动时间与性别列联表见下表：

	男生	女生	总计
每周平均体育运动时间不超过 4 小时	45	30	75
每周平均体育运动时间超过 4 小时	165	60	225
总计	210	90	300

假设：该校学生的每周平均体育运动时间与性别无关。

结合列联表可算得 $K^2 = \dfrac{300 \times (165 \times 30 - 45 \times 60)^2}{75 \times 225 \times 210 \times 90} = \dfrac{100}{21} \approx 4.762 > 3.841.$

所以有 95% 的把握认为 "该校学生的每周平均体育运动时间与性别有关"。

注意：做独立性检验的题目要先提出假设，再给出正确的结果。

4. 抽样过程中每个个体被抽到的可能性相等

例 103：从 2006 名学生中选取 50 名组成参观团，若采用以下方法选取：先用简单随机抽样从 2006 名学生中剔除 6 名，再从 2000 名学生中随机抽取 50

名,则其中学生甲被剔除和被选取的概率分别是（　　　）。

A. $\dfrac{3}{1003}$, $\dfrac{1}{40}$　　　B. $\dfrac{3}{1000}$, $\dfrac{1}{40}$　　　C. $\dfrac{3}{1003}$, $\dfrac{25}{1003}$　　　D. $\dfrac{3}{1000}$, $\dfrac{25}{1003}$

错解：选择 B。

错因分析：对抽样的基本原则理解不透彻。

矫正解法：学生甲被剔除的概率 $P_1 = \dfrac{6}{2006} = \dfrac{3}{1003}$，学生甲被选取的概率

$P_2 = \dfrac{50}{2006} = \dfrac{25}{1003}$.

答案：C。

注意：每位同学被剔除和被抽到的概率是相等的。

第二十六讲　古典概型错解分析

1. 重视列举法，仔细列举

例 104：掷两颗骰子得两数，则事件"两数之和大于 4"的概率为（　　　）。

A. $\dfrac{1}{6}$　　　　　B. $\dfrac{1}{2}$　　　　　C. $\dfrac{2}{3}$　　　　　D. $\dfrac{5}{6}$

错解：选择 C。

错因分析：此题主要考查用枚举法计算古典概型，容易错在不细心而漏解。

矫正解法：求古典概型的概率常采用枚举法，细心列举即可。两数之和小于等于 4 的情形有：（1，3），（2，2），（3，1），（1，2），（2，1），（1，1）.

故 $P = 1 - \dfrac{6}{36} = \dfrac{30}{36} = \dfrac{5}{6}$.

答案：D。

注意：要重视列举法，细心列举，不能马虎。

2. 看清题意，准确答题

例 105：某组有 16 名学生，其中男、女生各占一半，把全组学生分成人数相等的两小组，求每小组里男、女生人数相同的概率。

错解：$P = \dfrac{(C_8^4 C_8^4)^2}{\dfrac{1}{2} C_{16}^8}$.

错因分析：由题意可知为无编号平均分组，故两组无区别。

矫正解法：$P = \dfrac{\dfrac{1}{2} \left(C_8^4 C_8^4 \right)^2}{\dfrac{1}{2} C_{16}^8} = \dfrac{490}{1287}.$

注意：要注意平均分组有编号和平均分组无编号的区别。

例 106：某工厂在试验阶段大量生产一种零件。这种零件有 A、B 两项技术指标需要检测，设各项技术指标达标与否互不影响。若有且仅有一项技术指标达标的概率为 $\dfrac{5}{12}$，至少一项技术指标达标的概率为 $\dfrac{11}{12}$. 按质量检验规定：两项技术指标都达标的零件为合格品。

（1）求一个零件经过检测为合格品的概率是多少？

（2）任意依次抽出 5 个零件进行检测，求其中至多 3 个零件是合格品的概率是多少？

错解：（2）$P = C_5^2 \left(\dfrac{1}{2} \right)^5 = \dfrac{5}{16}.$

错因分析：（2）有的同学认为"任意抽出 5 个零件进行检测，求其中至多 3 个零件是合格品的概率"即"任意抽出 5 个零件进行检测，求其中有 2 个零件是不合格品的概率是 $P = C_5^2 \left(\dfrac{1}{2} \right)^5 = \dfrac{5}{16}$，这样做是错误的。"任意抽出 5 个零件进行检测，其中至多 3 个零件是合格品"应包含四种情况：①任意抽出 5 个零件进行检测，其中恰好有 3 个零件是合格品；②任意抽出 5 个零件进行检查，其中恰好有 2 个零件是合格品；③任意抽出 5 个零件进行检测，其中恰好有 1 个零件是合格品；④任意抽出 5 个零件进行检查，其中恰好有 0 个零件是合格品。"任意抽出 5 个零件进行检测，其中至多 3 个零件是合格品"的对立事件是"任意抽出 5 个零件进行检查，其中至少 2 个零件是合格品"，也是要分类的。

矫正解法：（1）设 A，B 两项技术指标达标的概率分别为 P_1，P_2，

由题意得：$\begin{cases} P_1 \cdot (1 - P_2) + (1 - P_1) \cdot P_2 = \dfrac{5}{12}, \\ 1 - (1 - P_1)(1 - P_2) = \dfrac{11}{12} \end{cases}$

解得：$P_1 = \dfrac{3}{4}$，$P_2 = \dfrac{2}{3}$ 或 $P_1 = \dfrac{2}{3}$，$P_2 = \dfrac{3}{4}$，

$\therefore P = P_1 P_2 = \dfrac{1}{2}.$

即一个零件经过检测为合格品的概率为 $\dfrac{1}{2}$。

（2）任意抽出 5 个零件进行检查，其中至多 3 个零件是合格品的概率为

$$1 - C_5^4 \left(\dfrac{1}{2}\right)^5 - C_5^5 \left(\dfrac{1}{2}\right)^5 = \dfrac{13}{16}.$$

注意：遇到"至多""至少"问题我们一般都需要分类，直接加法计算，或求其对立事件的概率用减法计算。

第二十七讲　超几何分布与二项分布错题分析

1. 正确区分超几何分布与二项分布

例107：某单位为绿化环境，移栽了甲、乙两种大树各 2 株。设甲、乙两种大树移栽的成活率分别为 $\dfrac{2}{3}$ 和 $\dfrac{1}{2}$，且各株大树是否成活互不影响。求移栽的 4 株大树中：

（1）甲种树成活的株数 η 的方差。

（2）两种大树各成活 1 株的概率。

（3）成活的株数 ξ 的分布列与期望。

错解分析：（2）未分别将甲、乙两种大树移栽成活的株数作为随机变量，逐一列举造成遗漏。

矫正解法：

（1）甲种树每株成活的概率 $P = \dfrac{2}{3}$，$D\eta = nP\,(1 - P) = 2 \times \dfrac{2}{3} \times \dfrac{1}{3} = \dfrac{4}{9}.$

（2）设 A_k 表示甲种大树成活 k 株，$k = 0$，1，2，B_i 表示乙种大树成活 i 株，$i = 0$，1，2，

则 A_k，B_i 独立，由独立重复试验中事件发生的概率公式有：

$$P\,(A_k) = C_2^k \left(\dfrac{2}{3}\right)^k \left(\dfrac{1}{3}\right)^{2-k},\quad P\,(B_i) = C_2^i \left(\dfrac{1}{2}\right)^i \left(\dfrac{1}{2}\right)^{2-i}$$

据此算得 $P\,(A_0) = \dfrac{1}{9}$，$P\,(A_1) = \dfrac{4}{9}$，$P\,(A_2) = \dfrac{4}{9}.$

$P\,(B_0) = \dfrac{1}{4}$，$P\,(B_1) = \dfrac{1}{2}$，$P\,(B_2) = \dfrac{1}{4}.$

所求概率为 $P\,(A_2 \cdot B_1) = P\,(A_2)\cdot P\,(B_1) = \dfrac{4}{9} \times \dfrac{1}{2} = \dfrac{2}{9}.$

（3）解法一：

ξ 的所有可能值为 0，1，2，3，4，且

$P(\xi=0)=P(A_0 \cdot B_0)=P(A_0) \cdot P(B_0)=\dfrac{1}{9} \times \dfrac{1}{4}=\dfrac{1}{36}$；

$P(\xi=1)=P(A_0 \cdot B_1)+P(A_1 \cdot B_0)=\dfrac{1}{9} \times \dfrac{1}{2}+\dfrac{4}{9} \times \dfrac{1}{4}=\dfrac{1}{6}$；

$P(\xi=2)=P(A_0 \cdot B_2)+P(A_1 \cdot B_1)+P(A_2 \cdot B_0)$

$\qquad\qquad =\dfrac{1}{9} \times \dfrac{1}{4}+\dfrac{4}{9} \times \dfrac{1}{2}+\dfrac{4}{9} \times \dfrac{1}{4}=\dfrac{13}{36}$；

$P(\xi=3)=P(A_1 \cdot B_2)+P(A_2 \cdot B_1)=\dfrac{4}{9} \times \dfrac{1}{4}+\dfrac{4}{9} \times \dfrac{1}{2}=\dfrac{1}{3}$；

$P(\xi=4)=P(A_2 \cdot B_2)=\dfrac{4}{9} \times \dfrac{1}{4}=\dfrac{1}{9}$．

综上可知，ξ 分布列见下表：

ξ	0	1	2	3	4
P	$\dfrac{1}{36}$	$\dfrac{1}{6}$	$\dfrac{13}{36}$	$\dfrac{1}{3}$	$\dfrac{1}{9}$

从而，ξ 的期望为 $E\xi=0 \times \dfrac{1}{36}+1 \times \dfrac{1}{6}+2 \times \dfrac{13}{36}+3 \times \dfrac{1}{3}+4 \times \dfrac{1}{9}=\dfrac{7}{3}$（株）．

解法二：

分布列的求法同上。令 ξ_1，ξ_2 分别表示甲、乙两种树成活的株数，

则 $\xi_1：B\left(2, \dfrac{2}{3}\right)$，$\xi_2：B\left(2, \dfrac{1}{2}\right)$，故有 $E\xi_1=2 \times \dfrac{2}{3}=\dfrac{4}{3}$，$E\xi_2=2 \times \dfrac{1}{2}=1$，

从而知 $E\xi=E\xi_1+E\xi_2=\dfrac{7}{3}$．

注意：比较复杂的研究对象可以分解为简单的对象研究，逐个认清，再整体把握。

2. **注意正难则反，选择适当的计算方法**

例108：甲、乙、丙三人参加某次招聘会，假设甲能被聘用的概率是 $\dfrac{2}{5}$，甲、丙两人同时不能被聘用的概率是 $\dfrac{6}{25}$，乙、丙两人同时能被聘用的概率是 $\dfrac{3}{10}$，且三人各自能否被聘用相互独立。

（1）求乙、丙两人各自能被聘用的概率。

（2）设 ξ 表示甲、乙、丙三人中能被聘用的人数与不能被聘用的人数之差的绝对值，求 ξ 的分布列与均值（数学期望）。

错解：（2）直接计算 $\xi = 1$ 的情况，过于复杂，无法完成。

矫正解法：（1）记甲、乙、丙各自能被聘用的事件分别为 A_1，A_2，A_3，由已知 A_1，A_2，A_3 相互独立，且满足：

$$\begin{cases} P\,(A_1)\,=\dfrac{2}{5}, \\[2mm] [1-P\,(A_1)\,]\,[1-P\,(A_3)\,]\,=\dfrac{6}{25}, \\[2mm] P\,(A_2)\,P\,(A_3)\,=\dfrac{3}{10}, \end{cases}$$

解得 $P\,(A_2)\,=\dfrac{1}{2}$，$P\,(A_3)\,=\dfrac{3}{5}$.

所以乙、丙各自能被聘用的概率分别为 $\dfrac{1}{2}$，$\dfrac{3}{5}$.

（2） ξ 的可能取值为 1，3.

因为 $P\,(\xi=3)\,=P\,(A_1 A_2 A_3)\,+P\,(\overline{A_1}\,\overline{A_2}\,\overline{A_3})$

$=P\,(A_1)\,P\,(A_2)\,P\,(A_3)\,+[1-P\,(A_1)\,]\,[1-P\,(A_2)\,]\,[1-P\,(A_3)\,]$

$=\dfrac{2}{5}\times\dfrac{1}{2}\times\dfrac{3}{5}+\dfrac{3}{5}\times\dfrac{1}{2}\times\dfrac{2}{5}=\dfrac{6}{25}.$

所以 $P\,(\xi=1)\,=1-P\,(\xi=3)\,=1-\dfrac{6}{25}=\dfrac{19}{25}.$

所以 ξ 的分布列见下表：

ξ	1	3
P	$\dfrac{19}{25}$	$\dfrac{6}{25}$

所以 $E\xi = 1\times\dfrac{19}{25}+3\times\dfrac{6}{25}=\dfrac{37}{25}.$

注意：在计算分布列时，要注意使用对立事件求较复杂事件的概率。

3. 每个基本事件的概率没有正确理解

例 109：某次数学测验共有 8 道选择题，每道题共有四个选项，且其中只有一个选项是正确的，评分标准规定：每选对 1 道题得 5 分，不选或选错得 0 分。某考生每道题都选了并能确定其中有 6 道题能选对，其余 2 道题无法确定正确选项，但这 2 道题中有 1 道题能排除两个错误选项，另 1 道只能排除一个错误选项，于是该生做这 2 道题时每道题都从不能排除的选项中随机选一个选项作答，且各题作答互不影响。

（1）求该考生本次测验选择题得 40 分的概率。

（2）求该考生本次测验选择题所得分数的分布列和数学期望。

错解：对"其余 2 道题无法确定正确选项"的题目选对概率理解错误，认为作对一道题目的概率为 $\frac{1}{2}$。

矫正解法：（1）设选对一道"能排除 2 个选项的题目"为事件 A，选对一道"能排除 1 个选项的题目"为事件 B，则 $P(A)=\frac{1}{2}$，$P(B)=\frac{1}{3}$。

因为事件 A，B 相互独立，事件"考生本次测验选择题得 40 分"即事件 A 发生，事件 B 也发生，故该考生选择题得 40 分的概率为 $P(A) \cdot P(B)$ $=\frac{1}{2} \cdot \frac{1}{3}=\frac{1}{6}$.

（2）该考生所得分数 $X=30$，35，40，$P(X=30)=\left(1-\frac{1}{2}\right) \cdot \left(1-\frac{1}{3}\right)=\frac{1}{3}$，

$P(X=35)=\frac{1}{2} \cdot \left(1-\frac{1}{3}\right)+\left(1-\frac{1}{2}\right) \cdot \frac{1}{3}=\frac{1}{2}$，

$P(X=40)=\frac{1}{2} \cdot \frac{1}{3}=\frac{1}{6}$.

所以，该考生所得分数 X 的分布列见下表：

X	30	35	40
P	$\frac{1}{3}$	$\frac{1}{2}$	$\frac{1}{6}$

所以 $EX=30 \times \frac{1}{3}+35 \times \frac{1}{2}+40 \times \frac{1}{6}=\frac{205}{6}$.

答：（1）该考生选择题得 40 分的概率为 $\frac{1}{6}$。

（2）该考生本次测验选择题所得分数的分布列如上表，数学期望值为 $\frac{205}{6}$ 分。

注意：以相互独立的事件为试验背景的试题，注意要逐个研究。

第七节　数学分层次教学建议

　　数学教学过程要加强分层次教学，满足不同层次的学生的学习需求，全面提高学习质量。

　　由于个体学习情况的差异，教学过程也就很难有统一的标准，对不同程度的学生的学习要求应该不一样，对不同程度的学生的教学要求也是不一样。为了满足不同层次的学生的学习需求，在教学管理方面可以采取办尖子班（重点培养学生的"问题解决"能力），数学加强班和个别辅导，同时加强课下辅导答疑的做法。在课堂教学设计方面，体现对四基知识进行全面要求，要求每位学生都必须掌握好《考试说明》列出的各个知识点和各种数学思想方法；对数学能力进行分层次要求，要求不同层次的学生完成不同层次的题目。也就是说，对于例题教学，可以适当修改设问或对问题进行变式，从而降低难度或提高难度，以适合不同层次的学生的学习。对于练习题或作业题可以分成 A、B、C 三组供差、中、优的学生选做。通过分层次的教学，尽量满足各个层次的学生的学习需求，全面提高教学质量。

　　例1：（2018 高考题）求解关于导数的几何意义的问题时，可以配上如下题目：

　　A 题：

　　曲线 $y = 2\ln(x+1)$ 在点 $(0，0)$ 处的切线方程为 _____。

　　答案：$y = 2x$.

　　B 题：

　　曲线 $y = (ax+1)e^x$ 在点 $(0，1)$ 处的切线的斜率为 -2，则 $a = $ _____。

　　答案：-3。

　　C 题：

　　设函数 $f(x) = x^3 + (a-1)x^2 + ax$，若 $f(x)$ 为奇函数，则曲线 $y = f(x)$ 在点 $(0，0)$ 处的切线方程为（　　）。

　　A. $y = -2x$　　　　B. $y = -x$　　　　C. $y = 2x$　　　　D. $y = x$

　　答案：D。

　　例2：为了巩固学生应用奇偶函数有关知识解决问题的能力时，可以配上如下题目：

A 题：

1. 设 $f(x) = \dfrac{4^x - 1}{2^{x+1}}$，已知 $f(m) = \sqrt{2}$，求 $f(-m)$.

2. 设 $f(x) = \dfrac{4^x - 1}{2^{x+1}} - 2x + 1$，已知 $f(m) = \sqrt{2}$，求 $f(-m)$.

3. 设 a，b 为常数，$a > 0$ 且 $a \neq 1$，$f(x) = \dfrac{a^x - 1}{a^{x+1}} - b\sin x + 1$，已知 $f(m) = \sqrt{2}$，求 $f(-m)$.

B 题：

1. 设 a，b 为常数，函数 $f(x) = ax^4 + b\cos x + |x| - 1$ 的图像关于 _____ 对称。

2. 设 a，b 为常数，关于 x 的方程 $ax^4 + b\cos x + |x| - 1 = 0$ 有唯一的解，则 $b =$ _____。

3. ①设 a，b 为常数，若对于 $s = \{x \mid ax^4 + b\cos x + |x| = 1\}$，有 $s \neq \varnothing$，则 s 中所有元素之和为 _____。②（2017 课标 3）已知函数 $f(x) = x^2 - 2x + a(e^{x-1} + e^{-x+1})$ 有唯一零点，则 $a = ($ $)$。

A. $-\dfrac{1}{2}$ B. $\dfrac{1}{3}$ C. $\dfrac{1}{2}$ D. 1

答案：C.

解：令 $t = x - 1$，则 $g(t) = f(x) = t^2 - 1 + a(e^t + e^{-t})$ 是偶函数，图像关于 y 轴对称，依题意唯一零点 $t = 0$，所以 $x = 1$，$a = \dfrac{1}{2}$.

例 3：学生求解圆锥曲线的离心率的有关问题时，可以配上如下题目（2018 高考题）：

A 题：

1. 已知椭圆 $C: \dfrac{x^2}{a^2} + \dfrac{y^2}{4} = 1$ 的一个焦点为 $(2, 0)$，则 C 的离心率为 $($ $)$。

A. $\dfrac{1}{3}$ B. $\dfrac{1}{2}$ C. $\dfrac{\sqrt{2}}{2}$ D. $\dfrac{2\sqrt{2}}{3}$

答案：C。

2. 双曲线 $\dfrac{x^2}{a^2} - \dfrac{y^2}{b^2} = 1$（$a > 0$，$b > 0$）的离心率为 $\sqrt{3}$，则其渐近线方程为

（　　　）。

A. $y = \pm\sqrt{2}x$ 　　　　B. $y = \pm\sqrt{3}x$ 　　　　C. $y = \pm\dfrac{\sqrt{2}}{2}x$ 　　　　D. $y = \pm\dfrac{\sqrt{3}}{2}x$

答案：A。

3. 已知双曲线 $C: \dfrac{x^2}{a^2} - \dfrac{y^2}{b^2} = 1$（$a > 0$，$b > 0$）的离心率为 $\sqrt{2}$，则点（4，0）到 C 的渐近线的距离为（　　　）。

A. $\sqrt{2}$ 　　　　B. 2 　　　　C. $\dfrac{3\sqrt{2}}{2}$ 　　　　D. $2\sqrt{2}$

答案：D。

B 题：

已知 F_1，F_2 是椭圆 C 的两个焦点，P 是 C 上的一点，若 $PF_1 \perp PF_2$，且 $\angle PF_2F_1 = 60°$，则 C 的离心率为（　　　）。

A. $1 - \dfrac{\sqrt{3}}{2}$ 　　　　B. $2 - \sqrt{3}$ 　　　　C. $\dfrac{\sqrt{3}-1}{2}$ 　　　　D. $\sqrt{3} - 1$

答案：D。

C 题：

已知 F_1，F_2 是椭圆 $C: \dfrac{x^2}{a^2} + \dfrac{y^2}{b^2} = 1$（$a > 0$，$b > 0$）的左、右焦点，$A$ 是 C 的左顶点，点 P 在过 A 且斜率为 $\dfrac{\sqrt{3}}{6}$ 的直线上，$\triangle PF_1F_2$ 为等腰三角形，$\angle F_1F_2P = 120°$，则 C 的离心率为（　　　）。

A. $\dfrac{2}{3}$ 　　　　B. $\dfrac{1}{2}$ 　　　　C. $\dfrac{1}{3}$ 　　　　D. $\dfrac{1}{4}$

答案：D。

例4：长（正）方体中异面直线所成角，直线与平面所成的角的问题可以配上如下题目（2018 高考题）：

A 题：

1. 在正方体 $ABCD - A_1B_1C_1D_1$ 中，E 为棱 CC_1 的中点，则异面直线 AE 与 CD 所成角的正切值为（　　　）。

A. $\dfrac{\sqrt{2}}{2}$ 　　　　B. $\dfrac{\sqrt{3}}{2}$ 　　　　C. $\dfrac{\sqrt{5}}{2}$ 　　　　D. $\dfrac{\sqrt{7}}{2}$

答案：C。

2. 在长方体 $ABCD - A_1B_1C_1D_1$ 中，$AB = BC = 1$，$AA_1 = \sqrt{3}$，则异面直线 AD_1 与 DB_1 所成角的余弦值为（　　　）。

A. $\dfrac{1}{5}$　　　　B. $\dfrac{\sqrt{5}}{6}$　　　　C. $\dfrac{\sqrt{5}}{5}$　　　　D. $\dfrac{\sqrt{2}}{2}$

答案：C。

B 题：

在长方体 $ABCD - A_1B_1C_1D_1$ 中，$AB = BC = 2$，AC_1 与平面 BB_1C_1C 所成的角为 $30°$，则该长方体的体积为（　　　）。

A. 8　　　　B. $6\sqrt{2}$　　　　C. $8\sqrt{2}$　　　　D. $8\sqrt{3}$

答案：C。

C 题：

已知正方体的棱长为 1，每条棱所在直线与平面 α 所成的角相等，则 α 截此正方体所得截面面积的最大值为（　　　）。

A. $\dfrac{3\sqrt{3}}{4}$　　　　B. $\dfrac{2\sqrt{3}}{3}$　　　　C. $\dfrac{3\sqrt{2}}{4}$　　　　D. $\dfrac{\sqrt{3}}{2}$

答案：A。

例 5：在讲解等差数列、等比数列的求通项公式与求前 n 项和时可以配上如下练习：（2018 年高考题）

A 题：

1. 设 S_n 为等差数列 $\{a_n\}$ 的前 n 项和，若 $3S_3 = S_2 + S_4$，$a_1 = 2$，则 $a_5 =$（　　　）。

A. -12　　　　B. -10　　　　C. 10　　　　D. 12

答案：B。

2. 设 $\{a_n\}$ 是等差数列，且 $a_1 = 3$，$a_2 + a_5 = 36$，则 $\{a_n\}$ 的通项公式为_____。

答案：$a_n = 6n - 3$.

3. 等比数列 $\{a_n\}$ 中，$a_1 = 1$，$a_5 = 4a_3$.

（1）求 $\{a_n\}$ 的通项公式。

（2）记 S_n 为 $\{a_n\}$ 的前 n 项和。若 $S_m = 63$，求 m.

解：（1）设 $\{a_n\}$ 的公比为 q，由题设得 $a_n = q^{n-1}$.

由已知得 $q^4 = 4q^2$，解得 $q = 0$（舍去），$q = -2$ 或 $q = 2$.

故 $a_n = (-2)^{n-1}$ 或 $a_n = 2^{n-1}$.

(2) 若 $a_n = (-2)^{n-1}$, 则 $S_n = \dfrac{1-(-2)^n}{3}$. 由 $S_m = 63$ 得, $(-2)^m = -188$,

此方程没有正整数解。若 $a_n = 2^{n-1}$, 则 $S_n = 2^n - 1$. 由 $S_m = 63$ 得, $2^m = 64$, 解得

$m = 6$. 综上, $m = 6$.

B 题:

1. 设 $\{a_n\}$ 是等差数列, 且 $a_1 = \ln 2$, $a_2 + a_3 = 5\ln 2$.

(1) 求 $\{a_n\}$ 的通项公式。

(2) 求 $e^{a_1} + e^{a_2} + \cdots + e^{a_n}$.

解: (1) 设等差数列 $\{a_n\}$ 的公差为 d,

$\because a_2 + a_3 = 5\ln 2$,

$\therefore 2a_1 + 3d = 5\ln 2$.

又 $a_1 = \ln 2$,

$\therefore d = \ln 2$,

$\therefore a_n = a_1 + (n-1)d = n\ln 2$.

(2) 由 (1) 知 $a_n = n\ln 2$,

$\because e^{a_n} = e^{n\ln 2} = e^{\ln 2^n} = 2^n$,

$\therefore \{e^{a_n}\}$ 是以 2 为首项, 2 为公比的等比数列,

$\therefore e^{a_1} + e^{a_2} + \cdots + e^{a_n} = e^{\ln 2} + e^{\ln 2^2} + \cdots + e^{\ln 2^n} = 2 + 2^2 + \cdots + 2^n = 2^{n+1} - 2$,

$\therefore e^{a_1} + e^{a_2} + \cdots + e^{a_n} = 2^{n+1} - 2$.

2. 已知数列 $\{a_n\}$ 满足 $a_1 = 1$, $na_{n+1} = 2(n+1)a_n$, 设 $b_n = \dfrac{a_n}{n}$.

(1) 求 b_1, b_2, b_3.

(2) 判断数列 $\{b_n\}$ 是否为等比数列, 并说明理由。

(3) 求 $\{a_n\}$ 的通项公式。

解: (1) 由条件可得, $a_{n+1} = \dfrac{2(n+1)}{n}a_n$.

将 $n = 1$ 代入得, $a_2 = 4a_1$, 而 $a_1 = 1$, 所以, $a_2 = 4$.

将 $n = 2$ 代入得, $a_3 = 3a_2$, 所以, $a_3 = 12$.

从而 $b_1 = 1$, $b_2 = 2$, $b_3 = 4$.

(2) $\{b_n\}$ 是首项为 1, 公比为 2 的等比数列。

由条件可得 $\dfrac{a_{n+1}}{n+1} = \dfrac{2a_n}{n}$, 即 $b_{n+1} = 2b_n$, 又 $b_1 = 1$, 所以 $\{b_n\}$ 是首项为 1,

公比为 2 的等比数列。

（3）由（2）可得 $\dfrac{a_n}{n}=2^{n-1}$，所以 $a_n=n\cdot 2^{n-1}$.

C 题：

1. 已知 a_1，a_2，a_3，a_4 成等比数列，且 $a_1+a_2+a_3+a_4=\ln\,(a_1+a_2+a_3)$.若 $a_1>1$，则（　　）。

A. $a_1<a_3$，$a_2<a_4$　　　　　　B. $a_1>a_3$，$a_2<a_4$

C. $a_1<a_3$，$a_2>a_4$　　　　　　D. $a_1>a_3$，$a_2>a_4$

答案： B.

解题思路： 构造不等式 $\ln x\leqslant x-1$ 将对数符号去掉，利用反证法确定公比的取值范围，进而求解。

2. 设 $\{a_n\}$ 是等差数列，其前 n 项和为 S_n（$n\in \mathbf{N}^*$）；$\{b_n\}$ 是等比数列，公比大于 0，其前 n 项和为 T_n（$n\in \mathbf{N}^*$）. 已知 $b_1=1$，$b_3=b_2+2$，$b_4=a_3+a_5$，$b_5=a_4+2a_6$.

（1）求 S_n 和 T_n.

（2）若 $S_n+（T_1+T_2+\cdots+T_n）=a_n+4b_n$，求正整数 n 的值。

本小题主要考查等差数列、等比数列的通项公式及前 n 项和公式等基础知识。考查数列求和的基本方法和运算求解能力。

解：（1）设等比数列 $\{b_n\}$ 的公比为 q，由 $b_1=1$，$b_3=b_2+2$，可得 $q^2-q-2=0$.

因为 $q>0$，可得 $q=2$，故 $b_n=2^{n-1}$，所以 $T_n=\dfrac{1-2^n}{1-2}=2^n-1$.

设等差数列 $\{a_n\}$ 的公差为 d，由 $b_4=a_3+a_5$，可得 $a_1+3d=4$. 由 $b_5=a_4+2a_6$，可得 $3a_1+13d=16$，从而 $a_1=1$，$d=1$，故 $a_n=n$，所以 $S_n=\dfrac{n\,(n+1)}{2}$.

（2）由（1）知，$T_1+T_2+\cdots+T_n=（2^1+2^3+\cdots+2^n）-n=2^{n+1}-n-2$.

由 $S_n+（T_1+T_2+\cdots+T_n）=a_n+4b_n$，可得 $\dfrac{n(n+1)}{2}+2^{n+1}-n-2=n+2^{n+1}$，

整理得 $n^2-3n-4=0$，解得 $n=-1$（舍），或 $n=4$. 所以 n 的值为 4.

3. 已知等比数列 $\{a_n\}$ 的公比 $q>1$，且 $a_3+a_4+a_5=28$，a_4+2 是 a_3，a_5 的等差中项。数列 $\{b_n\}$ 满足 $b_1=1$，数列 $\{(b_{n+1}-b_n)a_n\}$ 的前 n 项和为 $2n^2+n$.

（1）求 q 的值。

（2）求数列 $\{b_n\}$ 的通项公式。

本题主要考查等差数列、等比数列、数列求和等基础知识，同时考查运算求解能力和综合应用能力。

解：（1）由 a_4+2 是 a_3，a_5 的等差中项，得 $a_3+a_5=2a_4+4$，

所以 $a_3+a_4+a_5=3a_4+4=28$，解得 $a_4=8$.

由 $a_3+a_5=20$，得 $8\left(q+\dfrac{1}{q}\right)=20$，因为 $q>1$，所以 $q=2$.

（2）设 $c_n=(b_{n+1}-b_n)a_n$，数列 $\{c_n\}$ 前 n 项和为 S_n.

由 $c_n=\begin{cases}S_1,&n=1,\\ S_n-S_{n-1},&n\geqslant2,\end{cases}$ 解得 $c_n=4n-1$.

由（1）可知 $a_n=2^{n-1}$，

所以 $b_{n+1}-b_n=(4n-1)\cdot\left(\dfrac{1}{2}\right)^{n-1}$，

故 $b_n-b_{n-1}=(4n-5)\cdot\left(\dfrac{1}{2}\right)^{n-2}$，$n\geqslant2$，

$b_n-b_1=(b_n-b_{n-1})+(b_{n-1}-b_{n-2})+\cdots+(b_3-b_2)+(b_2-b_1)$

$=(4n-5)\cdot\left(\dfrac{1}{2}\right)^{n-2}+(4n-9)\cdot\left(\dfrac{1}{2}\right)^{n-3}+\cdots+7\cdot\dfrac{1}{2}+3.$

设 $T_n=3+7\cdot\dfrac{1}{2}+11\cdot\left(\dfrac{1}{2}\right)^2+\cdots+(4n-5)\cdot\left(\dfrac{1}{2}\right)^{n-2}$，$n\geqslant2$，

所以 $\dfrac{1}{2}T_n=3\cdot\dfrac{1}{2}+7\cdot\left(\dfrac{1}{2}\right)^2+\cdots+(4n-9)\cdot\left(\dfrac{1}{2}\right)^{n-2}$

$+(4n-5)\cdot\left(\dfrac{1}{2}\right)^{n-1}$，

所以 $\dfrac{1}{2}T_n=3+4\cdot\dfrac{1}{2}+4\cdot\left(\dfrac{1}{2}\right)^2+\cdots+4\cdot\left(\dfrac{1}{2}\right)^{n-2}-(4n-5)\cdot\left(\dfrac{1}{2}\right)^{n-1}$，

因此 $T_n=14-(4n+3)\cdot\left(\dfrac{1}{2}\right)^{n-2}$，$n\geqslant2$，

又 $b_1=1$，所以 $b_n=15-(4n+3)\cdot\left(\dfrac{1}{2}\right)^{n-2}$.

第八节　数学试卷讲评的建议

数学测试是数学教学过程中的一个重要的环节，它可以帮助教师及学生科

学地分析数学教与学过程中所存在的问题，以便更好地掌握所学知识。测试后进行讲评是教学中的重要环节，其目的是反馈测试评价结果，让学生了解自己的知识能力水平，从而做到查漏补缺，纠正错误，更好地完善知识系统和思维能力，而合理有效的试卷讲评策略可以起到事半功倍的效果。

高中新课程改革要求学生在学习过程中注重创新思维和自主探究能力的培养，同时对另一个新课程改革实践者——教师，也提出了更高的要求。那么我们作为教师应该要知道如何去培养学生的创新思维和自主探究能力。在新课程背景下的众多数学教育教学存在的问题中，我接下来谈谈新课标下如何进行高效数学试卷讲评。

首先我们应该弄清为什么要进行数学测验，我们知道数学教学是老师教和学生学的双向过程，为了优化这个过程，我们应该在教师和学生之间建立起信息联系和反馈。而数学教学过程中的单元测验、阶段测验等考试形式，正是这种联系和反馈的重要且可靠的手段之一。试卷的作用是多方面的，它不仅起到评价反馈的作用，而且更是学生查漏补缺、巩固提高的重要途径，试卷讲评不能依靠题海取胜，而是通过对数学各层次试题的深入研究，切实提高学生的综合能力。下面就考试结束后数学试卷的讲评策略，谈谈本人的认识和做法。

1. **认真分析试卷，了解学生情况，做到有的放矢**

每次讲评前，要认真分析答题的情况，重视对试卷的全面分析。包括定性分析和定量分析。在定性分析中，要对学生答题时的错误认真诊断，找出真正的病因，是属于知识性错误、方法性错误还是计算性错误。哪些题目错误较多、哪些同学的进步显著、哪位同学的解题方法独特、哪位同学的得分最高、班级平均分等都需要作出定量分析，并填写好下表：

类别 题号	出错率	出错人员	类型错误	好的方法	使用好方法的同学	平均得分

以上表格便于在讲评时让出错的同学说出解题的思路，让优生对其思路解法进行点评、订正，让有独特解法的学生讲出其解题思路，可以增加学生学习的兴趣和解题信心，让他们感受到老师的关注，这样学生就能够更好地参与课堂，从而提高课堂效率。

2. 抓住讲评时机，学生自悟互教，提高实效性

我曾经做过关于考试之后学生对试卷中存在问题的处理方法的调查。当问到学生进行完一次测试后，你对试卷中出现的疑问或不解之处是等老师讲评时才弄清楚，还是通过其他方式自行解决时，学生的回答是大多数问题均可做到自行解决，其中以同学讨论为主，只是对一些难度较大题目要听老师分析后才会弄明白。因此教师应在发回试卷后要留一定的时间让学生自己先思考和领悟，学生确实解决不了的再由教师去讲解。

3. 加强课堂交流，激发学生信心

学生拿到试卷后，心情十分复杂，多数学生对某些做错的试题都会出现后悔、懊恼的表现。教师不能在课堂上一味地责怪学生，不然会挫伤学生的学习积极性，所以在试卷讲评前应先表扬一下整个班级所取得的成绩，然后表扬分数提高进步较快的学生，对某一道题目有独特见解的学生也应给予表扬，以鼓励他们更积极地去学习和探索，对于有些得分低又没有进步的学生，还要仔细研究他们的试卷，了解他们哪些题目做得对，在讲课时有机会让他们来分析和回答这些题目，以增强这些学生学习的信心。

4. 解剖典型例题，追溯误区，弥补思维缺陷

每次阅卷教师都会发现学生在答题过程中的"常见病"和"多发病"，教师应综合归纳出共同存在的问题，选出几道较为典型的错例做案头分析，多问几个"为什么学生会在这道题上犯错误?"从而找出学生在思考能力上的缺陷和思维方法上的偏颇。

例1：若实数 m，n，x，y 满足 $m^2 + n^2 = a$，$x^2 + y^2 = b$ $(a \neq b)$，则 $mx + ny$ 的最大值是 （ B ）。

A. $\dfrac{a+b}{2}$ 　　B. $\sqrt{ab}$ 　　C. $\sqrt{\dfrac{a^2+b^2}{2}}$ 　　D. $\dfrac{ab}{a+b}$

很多学生都选 A，理由：

$\because mx \leqslant \dfrac{1}{2}(m^2 + x^2)$，$ny \leqslant \dfrac{1}{2}(n^2 + y^2)$，$mx + ny \leqslant \dfrac{a+b}{2}$.

把这个典型错例公布出来后，引导大家共同反思，求最值用的是什么方法?这个方法的依据是什么? 使用均值不等式求最值的条件是什么? 如何正确解答此类问题?

反思总是要与行为改进结合在一起，在本例中通过反思，学生会明白使用定理时，一定要养成检验定理的条件是否成立的习惯。把错误作为自己反思的

资源，慎重地观察所用知识和方法的依据，仔细地检验结论是否正确，从而深刻理解数学定理的本质含义，改进自己的思维方式和解题习惯。随即配三道练习题：

（1）已知正数 x，y 满足 $x+2y=1$，则 $\dfrac{1}{x}+\dfrac{1}{y}$ 的最小值为_____。

（2）定义 $\max\{a, b\} = \begin{cases} a, & a \geq b \\ b, & a < b \end{cases}$，已知 x，$y \in \mathbf{R}^*$，则 $M = \max\{x+y, \dfrac{1}{x}+\dfrac{2}{y}\}$ 的最小值是_____。

（3）已知实数 x，y 满足 $2x^2+3y^2=6$，则 $x+2y$ 的取值范围是_____。

以学生为主导，在教师的引导下共同研讨知识，让学生自己发现问题，进行归纳总结，加深对问题的理解和掌握，给学生进一步实践和总结的机会，学生得到的就不仅仅是几个题目的解法。

5. 拓展外延，利用变式教学，优化思维

讲评课的另一个环节是变式拓展。平时的测试卷，无论试题多么好，其考查的知识点都是非常有限的。若在讲评试卷时变换题支或题干，不仅可以融合更多的知识点，还可以让学生从不同的角度明白知识点间的内在联系。此训练层次可浅可深，可根据学生情况和时间适当选择深度和广度。

例2：平面向量与 $\triangle ABC$ 的四心问题可以用下列题目进行变式练习：

设 O 为 $\triangle ABC$ 所在平面上一定点，动点 P 满足，$\overrightarrow{OP} = \overrightarrow{OA} + \lambda \left(\dfrac{\overrightarrow{AB}}{|\overrightarrow{AB}|} + \dfrac{\overrightarrow{AC}}{|\overrightarrow{AC}|} \right)$ $(\lambda \in \mathbf{R})$，则随着 λ 的变化，点 P 必经过 $\triangle ABC$ 的什么心？

答案：内心。

构建变式：将 "$\overrightarrow{OP} = \overrightarrow{OA} + \lambda \left(\dfrac{\overrightarrow{AB}}{|\overrightarrow{AB}|} + \dfrac{\overrightarrow{AC}}{|\overrightarrow{AC}|} \right)$ $(\lambda \in \mathbf{R})$" 变式如下：

变式1：$\overrightarrow{OP} = \overrightarrow{OA} + \lambda (\overrightarrow{AB} + \overrightarrow{AC})$ $(\lambda \in \mathbf{R})$.

答案：重心。

变式2：$\overrightarrow{OP} = \overrightarrow{OA} + \lambda \left(\dfrac{\overrightarrow{AB}}{|\overrightarrow{AB}| \cos B} + \dfrac{\overrightarrow{AC}}{|\overrightarrow{AC}| \cos C} \right)$ $(\lambda \in \mathbf{R})$.

答案：垂心。

变式 3：设 G 是 $\triangle ABC$ 的重心，且 $\overrightarrow{AG} = x\overrightarrow{AB} + y\overrightarrow{AC}$，求 x，y 的值。

答案：$x = \dfrac{1}{3}$，$y = \dfrac{1}{3}$.

变式 4：设 O 是 $\triangle ABC$ 内一点，求证：$\overrightarrow{AO} = \dfrac{S_{\triangle ACO}}{S_{\triangle ABC}}\overrightarrow{AB} + \dfrac{S_{\triangle ABO}}{S_{\triangle ABC}}\overrightarrow{AC}$，其中 $S_{\triangle ABC}$ 表示 $\triangle ABC$ 的面积。

6. 探索规律，提炼思想方法，促进思维发展

喝牛奶要品出芳草的清香，讲评要讲出学生看不到的本质。在试卷讲评时应对高中数学涉及的四种主要思想方法，即"函数与方程""数形结合""分类讨论""等价转化"进行提炼。数学思想方法是数学的精髓，只有运用数学思想方法，才能把数学知识与技能转化为分析问题、解决问题的能力，才能体现出数学学科的特点，从而形成数学素质。任何一套精心编拟的数学试题，均蕴含了极其丰富的数学思想方法，如果注意渗透、适时讲解、反复强调，学生的理解会深入于心，并形成良好的思维品格，考试时才会思如泉涌、驾轻就熟。

7. 互换角色，共同探讨，激活思维

能唤醒全体学生的学习热情是教师的艺术。试卷讲评是针对全体同学的，具有普遍性，而每个学生的情况又各不相同，具有特殊性。如何增强讲评课的教学新意，提高尽可能多的学生课堂参与的积极性，是试卷讲评课要克服的一个难点。在教师的启发和组织下，由学生担当"讲解员"，加强"辩论式"讲评，让学生自己讲题，在讲解过程中阐述思想，并带动全班同学积极思考，主动解决问题是试卷讲评课收效极佳的一种教学方式。它较之其他讲评方式又更进了一步，对于提高学生独立思考能力和创造能力，最大限度地挖掘出它们内在的思维潜力具有十分积极的作用。

8. 作业及时反馈，严抓学生落实

课备得再充分，讲得再精彩，没有落实，一切都会成为空话。试卷讲评课后，可抽检学生的答案订正情况，并要求学生将试卷保存好。因为讲评不可能面面俱到，也许讲评后还有题目个别学生不会，这时教师可以在教室张贴一份详细答案，可供不会做的同学参考，也可供会做的学生参考规范的解题格式。教师可再设计几个针对性的练习题，作为矫正补偿练习，让易错易混淆的问题多次在练习中出现，达到矫正、巩固的目的，一步一个脚印，踏踏实实地复习。

总之，一堂高质量的试卷讲评课，需要教师精心准备，以学生为本，在抓住典型、择其要点、精讲精析的同时，延伸发散、创新思维、归纳技巧，达到

真正提高试卷讲评课教学效率的目的。

📝 **参考文献**

罗湘军. 如何让学生善于解题——浅谈新课改下高三复习中的"去功利化"
[J]. 数学通讯，2011（16）：46－49.

（第八节由汕头市金山中学艾志明供稿）

第九节　高考数学题研究建议

高中数学教师必须认真学习《考试说明》，仔细研究历年高考题，编拟练习题，提高复习效率。

自从有了《考试说明》以来，高考数学命题便逐步走向科学化、规范化，并形成了比较成熟的命题思想、方式和方法。每年的《考试说明》都非常明确地指出，高考数学要考查应试者的能力，而且考查能力为主是高考数学命题的趋向。

全国卷数学试题特点：

（1）试题的设计理念体现"大稳定、小创新、重运算、考思维"；

（2）五能力、两意识、两考查。五能力：空间想象、抽象概括、推理论证、运算求解、数据处理基本能力；两意识：应用和创新意识；两考查：注重对数学思想与方法的考查；

（3）体现数学的基础、应用和工具性的学科特色，多视角、多维度、多层次地考查数学思维品质和思维能力，考查考生对数学本质的理解，考查考生的数学素养和学习潜能；

（4）重视回归课本，每年会借用课本中的一个图形、一个概念的注解、一个例题的思考题或一个练习题等改编包装成高考题。

理科数学每年必考的知识点有：复数、程序框图（新课标删除）、三视图（新课标删除）、球的组合体、三角函数、圆锥曲线、函数与导数、计数原理、概率与统计模块等。每年常考的知识点有：集合、常用逻辑用语、线性规划

（新课标删除）、平面向量、解三角形、数列、直线与圆、定积分（新课标删除）等。

文科数学每年必考的知识点有：集合、复数、程序框图（新课标删除）、三视图（新课标删除）、平面向量、三角函数、圆锥曲线、函数与导数、球的组合体、概率与统计模块等。每年常考的知识点有：常用逻辑用语、线性规划（新课标删除）、数列、直线与圆、解三角形等。

高考的数学能力的考查主要表现为：空间想象、抽象概括、推理论证、运算求解、数据处理等基本能力。近几年还特别强调对应用能力、创新能力的考查，比如加强数学应用性问题、"问题解决"的命题以及数学文化的命题的考查。此外，《考试说明》还明确指出高考数学要考查函数方程思想、数形结合思想、化归思想、分类讨论思想，这也是考查数学能力与数学素质的必然要求。

因此在教学过程中，应该重视这些问题的研究，研究如何培养这些能力，贯彻这些数学思想。其中一种有效的途径是带着这些问题寻找或编拟合适的载体（日常练习题和"问题解决"）让学生训练。

例如：椭圆中的最值与定值问题是常考点，可以编写下面的习题让学生训练。

例 1：（1）已知椭圆 C 以 F_1（-1，0），F_2（1，0）为焦点且与直线 l：$y = 2x + 3$ 有公共点，求椭圆 C 的方程，使其离心率取得最大值。

（2）若点 O 和点 F 分别为椭圆 $\dfrac{x^2}{4} + \dfrac{y^2}{3} = 1$ 的中心和左焦点，点 P 为椭圆上的任意一点，则 $\overrightarrow{OP} \cdot \overrightarrow{FP}$ 的最大值为（　　）。

A. 2　　　　　　　B. 3　　　　　　　C. 6　　　　　　　D. 8

解：（1）设出椭圆方程后与直线联立，由 $\Delta \geqslant 0$ 可得 a 的范围，再求函数 $e = f(a)$ 的最大值即可。

设 C：$\dfrac{x^2}{a^2} + \dfrac{y^2}{b^2} = 1$，其中 $b^2 = a^2 - 1$，

与 l 联立得 $(5a^2 - 1)x^2 + 12a^2x + a^2(10 - a^2) = 0$.

由 $\Delta = 12^2 a^4 - 4a^2(5a^2 - 1)(10 - a^2) \geqslant 0$,

得 $a^4 - 3a^2 + 2 \geqslant 0$,

$\therefore a^2 \leqslant 1$（舍），或 $a^2 \geqslant 2$，而 $c = 1$，$e = \dfrac{c}{a} = \dfrac{1}{a}$

$\therefore$ 当 $a^2 = 2$ 时，离心率最大，此时，C 的方程为 $\dfrac{x^2}{2} + y^2 = 1$.

（2）由椭圆的方程得 F （-1，0）．

设 $P(x_0,y_0)$，则 $\overrightarrow{OP} \cdot \overrightarrow{FP} = (x_0,y_0) \cdot (x_0+1,y_0) = x_0^2 + x_0 + y_0^2$．

∵ 点 P 为椭圆 $\dfrac{x^2}{4} + \dfrac{y^2}{3} = 1$ 上一点，

∴ $\dfrac{x_0^2}{4} + \dfrac{y_0^2}{3} = 1$．

∴ $\overrightarrow{OP} \cdot \overrightarrow{FP} = x_0^2 + x_0 + 3\left(1 - \dfrac{x_0^2}{4}\right) = \dfrac{x_0^2}{4} + x_0 + 3 = \dfrac{1}{4}(x_0+2)^2 + 2$．

∵ $-2 \leqslant x_0 \leqslant 2$，

∴ $\overrightarrow{OP} \cdot \overrightarrow{FP}$ 的最大值在 $x_0 = 2$ 时取得，且最大值等于 6。

答案：C。

点评：求最值时若用代数思路，必须要有函数思想，建立目标函数，求出定义域进而解决问题。解决椭圆中的最值问题用代数方法时一般转化为函数问题。也有一些最值问题可用椭圆本身几何性质解决，如 $a+c$，$a-c$ 是椭圆上的点到其焦点距离的最大值和最小值，通径长 $\dfrac{2b^2}{a}$ 是过椭圆焦点的直线被椭圆所截得的弦长的最小值等。

例 2：【2016 年高考北京理数】已知椭圆 C：$\dfrac{x^2}{a^2} + \dfrac{y^2}{b^2} = 1$ （$a > b > 0$）的离心率为 $\dfrac{\sqrt{3}}{2}$，A （a，0），B （0，b），O （0，0），$\triangle ABC$ 的面积为 1。

（1）求椭圆 C 的方程。

（2）设 P 是椭圆 C 上一点，直线 PA 与 y 轴交于点 M，直线 PB 与 x 轴交于点 N。求证：$|AB| \cdot |BM|$ 为定值。

解：（1）根据离心率为 $\dfrac{\sqrt{3}}{2}$，即 $\dfrac{c}{a} = \dfrac{\sqrt{3}}{2}$，$\triangle OAB$ 的面积为 1，即 $\dfrac{1}{2}ab = 1$，椭圆中 $a^2 = b^2 + c^2$，解得 $a = 2$，$b = 1$，$c = \sqrt{3}$，所以椭圆 C 的方程为 $\dfrac{x^2}{4} + y^2 = 1$．

（2）根据已知条件分别求出 $|AN|$，$|BM|$ 的值，求其乘积 $|AN| \cdot |BM| = 4$ 为定值。

点评：解决定值定点问题的方法一般有两种：（1）从特殊入手，求出定点、定值、定线，再证明定点、定值、定线与变量无关；（2）直接计算、推理，并在计算、推理的过程中消去变量，从而得到定点、定值、定线。应注意到繁难的代数运算是此类问题的特点，设而不求方法、整体和消元思想的运用可有效地简化运算。

例3：已知椭圆 $\dfrac{x^2}{a^2} + \dfrac{y^2}{b^2} = 1$（$a > b > 0$）的左焦点为 F（-2, 0），离心率 $e = \dfrac{\sqrt{2}}{2}$，M，N 是椭圆上的动点。

（1）求椭圆的标准方程。

（2）设动点 P 满足：$\overrightarrow{OP} = \overrightarrow{OM} + 2\overrightarrow{ON}$，直线 OM 与 ON 的斜率之积为 $-\dfrac{1}{2}$，问：是否存在定点 F_1，F_2，使得 $|PF_1| + |PF_2|$ 为定值？若存在，求出 F_1，F_2 的坐标，若不存在，请说明理由。

（3）若 M 在第一象限且点 M，N 关于原点对称，点 M 在 x 轴上的射影为 A，连接 NA 并延长交椭圆于点 B，求证：$MN \perp MB$.

分析：要证定值，此处即求 P 的轨迹。

解：（1）由题设，可知 $\begin{cases} c = \sqrt{2} \\ \dfrac{c}{a} = \dfrac{\sqrt{2}}{2} \end{cases}$，

∴ $a = 2$，$c = \sqrt{2}$.

故 $b^2 = a^2 - c^2 = 2$，故椭圆的标准方程为 $\dfrac{x^2}{4} + \dfrac{y^2}{2} = 1$.

（2）设 P（x_p，y_p），M（x_1，y_1），N（x_2，y_2），

由 $\overrightarrow{OP} = \overrightarrow{OM} + 2\overrightarrow{ON}$，可得 $\begin{cases} x_p = x_1 + 2x_2, \\ y_p = y_1 + 2y_2. \end{cases}$ ①

由直线 OM 与 ON 的斜率之积为 $-\dfrac{1}{2}$，可得 $\dfrac{y_1 y_2}{x_1 x_2} = -\dfrac{1}{2}$，即 $x_1 x_2 + 2 y_1 y_2 = 0$. ②

由①②，可得 $x_p^2 + 2y_p^2 = (x_1 + 2x_2)^2 + 2(y_1 + 2y_2)^2 = (x_1^2 + 2y_1^2) + 4(x_2^2 + 2y_2^2)$.

由 M，N 在椭圆上，故 $x_1^2 + 2y_1^2 = 4$，$x_2^2 + 2y_2^2 = 4$.

故 $x_p^2 + 2y_p^2 = 20$，即 $\dfrac{x_p^2}{20} + \dfrac{y_p^2}{10} = 1$.

由椭圆定义可知，存在两个定点 F_1（$-\sqrt{10}$, 0），F_2（$\sqrt{10}$, 0），使得动点 P 到两定点距离和为定值 $2\sqrt{10}$.

（3）设 $M(x_1, y_1)$，$B(x_2, y_2)$．

由题设可知，$x_1 > 0$，$y_1 > 0$，$x_2 > 0$，$y_2 > 0$，$x_1 \neq x_2$，$A(x_1, 0)$，$N(-x_1, -y_1)$．

由题设可知，l_{AB} 斜率存在且满足 $k_{NA} = k_{NB}$，

$$\therefore \frac{y_1}{2x_1} = \frac{y_2 + y_1}{x_2 + x_1} \cdot ③$$

$$k_{MN} \cdot k_{MB} + 1 = \frac{y_1}{x_1} \cdot \frac{y_2 - y_1}{x_2 - x_1} + 1, ④$$

将③代入④，可得

$$k_{MN} \cdot k_{MB} + 1 = \frac{2(y_2 + y_1)}{x_2 + x_1} \cdot \frac{y_2 - y_1}{x_2 - x_1} + 1$$

$$= \frac{(x_2^2 + y_2^2) - (x_1^2 + 2y_1^2)}{x_2^2 - x_1^2} \cdot ⑤$$

点 M，B 在椭圆 $\frac{x^2}{4} + \frac{y^2}{2} = 1$ 上，则

$$k_{MN} \cdot k_{MB} + 1 = \frac{(x_2^2 + y_2^2) - (x_1^2 + 2y_1^2)}{x_2^2 - x_1^2} = \frac{4 - 4}{x_2^2 - x_1^2} = 0,$$

$$\therefore k_{MN} \cdot k_{MB} + 1 = 0,$$

$$\therefore k_{MN} \cdot k_{MB} = -1,$$

$$\therefore MN \perp MB.$$

点评：本题的（2）（3）问都是定值问题，解决的方法也具有代表性，第（2）问实为求轨迹，第（3）问实为证明 $k_{MN}k_{MB} + 1 = 0$。解题时字母较多，要有明确的方向。

例如，不等式恒成立问题是高考的常考点，在复习过程建议编写如下资料让学生训练。

一、单变量的不等式恒成立问题

在函数的解答题中，我们常遇到这样的一类问题：

在区间 D 上，对 $\forall x \in D$，有 $f(x) \leq g(x)$（或 $f(x) < g(x)$ 或 $f(x) \geq g(x)$ 或 $f(x) > g(x)$）恒成立，其中 $f(x)$ 或 $g(x)$ 中至少有一个含有参数，这样的一类问题我们称为恒成立问题，在这个问题中，仅有一个主元 x，因此我们也称为单变量恒成立问题。

这类问题的解答方法一般有两种，一种是作差分类讨论法，一种是分离参

数法。

1. 作差分类讨论法

这种方法是将问题通过作差法等价转换，变成最值问题，再根据参数谈论最值的情形，最终求出参数的范围。

这里① "对 $\forall x \in D$，有 $f(x) \leq g(x)$ 恒成立" $\Leftrightarrow$ "对 $\forall x \in D$，有 $f(x) - g(x) \leq 0$ 恒成立" $\Leftrightarrow [f(x) - g(x)]_{\max} \leq 0$.

② "对 $\forall x \in D$，有 $f(x) < g(x)$ 恒成立" $\Leftrightarrow$ "对 $\forall x \in D$，有 $f(x) - g(x) < 0$ 恒成立" $\Leftrightarrow [f(x) - g(x)]_{\max} < 0$.

③ "对 $\forall x \in D$，有 $f(x) \geq g(x)$ 恒成立" $\Leftrightarrow$ "对 $\forall \in D$，有 $f(x) - g(x) \geq 0$ 恒成立" $\Leftrightarrow [f(x) - g(x)]_{\min} \geq 0$.

④ "对 $\forall x \in D$，有 $f(x) > g(x)$ 恒成立" $\Leftrightarrow$ "对 $\forall x \in D$，有 $f(x) - g(x) > 0$ 恒成立" $\Leftrightarrow [f(x) - g(x)]_{\min} > 0$.

例 4： 已知两个函数 $f(x) = 8x^2 + 16x - k$，$g(x) = 2x^3 + 5x^2 + 4x$. 若对任意的 $x \in [-3, 3]$，都有 $f(x) \leq g(x)$ 成立，求实数 k 的取值范围。

解： 令 $F(x) = g(x) - f(x) = 2x^3 - 3x^2 - 12x + k$.

问题转化为 $F(x) \geq 0$ 在 $x \in [-3, 3]$ 时恒成立，故只需解 $[F(x)]_{\min} \geq 0$ 即可。

$\because F'(x) = 6x^2 - 6x - 12 = 6(x^2 - x - 2)$，

故由 $F'(x) = 0$，得 $x = 2$ 或 $x = -1$.

$\because F(-3) = k - 45$，$F(3) = k - 9$，$F(-1) = k + 7$，$F(2) = k - 20$，

$\therefore [F(x)]_{\min} = k - 45$.

由 $k - 45 \geq 0$，解得 $k \geq 45$.

故实数 k 的取值范围是 $[45, +\infty)$.

例 5： 已知函数 $f(x) = \dfrac{1}{4}x^4 - ax^2 + 2x \ (a \in \mathbf{R})$.

(1) 若 $a = \dfrac{3}{2}$，求函数 $f(x)$ 的极值；

(2) 设 $F(x) = f'(x) + (2a-1)x^2 + a^2x - 2$，若函数 $F(x)$ 在 $[0, 1]$ 上单调递增，求 a 的取值范围。

解： (1) 当 $a = \dfrac{3}{2}$ 时，

$f'(x) = x^3 - 3x + 2 = (x-1)^2(x+2) = 0$，

解得 $x = 1$ 或 $x = -2$.

∵ 当 $x \in (-\infty, -2)$ 时，$f'(x) < 0$；

当 $x \in (-2, 1)$ 时，$f'(x) > 0$；

当 $x \in (1, +\infty)$ 时，$f'(x) > 0$，

∴ $f(x)$ 的极小值为 $f(-2) = -6$，无极大值。

（2）法一：$F(x) = x^3 + (2a-1)x^2 + (a^2-2a)x$,

由条件易知 $F'(x) = 3x^2 + (4a-2)x + a^2 - 2a \geq 0$ 在 $[0, 1]$ 上恒成立。

又 $F'(x) = 3\left(x + \dfrac{2a-1}{3}\right)^2 - \dfrac{(a+1)^2}{3}$.

① 当对称轴 $x = \dfrac{1-2a}{3} \in (0, 1)$ 时，只要 $-\dfrac{(a+1)^2}{3} \geq 0$，即 $a \in \varnothing$；

② 当对称轴 $x = \dfrac{1-2a}{3} \leq 0$，即 $a \geq \dfrac{1}{2}$ 时，只要 $F'(0) \geq 0$，即 $a^2 - 2a \geq 0$，解得 $a \geq 2$；

③ 当对称轴 $x = \dfrac{1-2a}{3} \geq 1$，即 $a \leq -1$ 时，只要 $F'(1) \geq 0$，即 $3 + 2(2a - 1) + a^2 - 2a \geq 0$，解得 $a \in \mathbf{R}$.

综上，$a \leq -1$ 或 $a \geq 2$.

法二：$F(x) = x^3 + (2a-1)x^2 + (a^2-2a)x$,

$F'(x) = 3x^2 + (4a-2)x + (a^2-2a) = (3x + a - 2)(x + a)$.

由已知得 $F'(x) = (3x + a - 2)(x + a) \geq 0$ 在 $[0, 1]$ 上恒成立。

当 $\dfrac{2-a}{3} = -a$ 时，即 $a = -1$ 时，符合题意；

当 $\dfrac{2-a}{3} > -a$ 时，即 $a > -1$ 时，只需 $-a \geq 1$ 或 $\dfrac{2-a}{3} \leq 0$，

∴ $a \leq -1$ 或 $a \geq 2$,

∴ $a \geq 2$.

当 $\dfrac{2-a}{3} < -a$ 时，即 $a < -1$ 时，只需 $-a \leq 0$ 或 $\dfrac{2-a}{3} \geq 1$，

∴ $a \geq 0$ 或 $a \leq -1$,

∴ $a < -1$.

综上所述，$a \leq -1$ 或 $a \geq 2$.

点评： 在作差分类讨论法中，往往不仅要等价转换，很多时候还要对转换

后的最值进行讨论。

2. 分离参数法

若所给的不等式能通过恒等变形使参数与主元分离于不等式两端，从而问题转化为求主元函数的最值，进而求出参数范围，则有（下面的 a 为参数）：

①$f(x) < g(a)$ 恒成立 $\Leftrightarrow g(a) > [f(x)]_{\max}$.

②$f(x) > g(a)$ 恒成立 $\Leftrightarrow g(a) < [f(x)]_{\min}$.

例6：【2017 天津・理8】已知函数 $f(x) = \begin{cases} x^2 - x + 3, & x \leq 1 \\ x + \dfrac{2}{x}, & x > 1 \end{cases}$ ，设 $a \in \mathbf{R}$，

若关于 x 的不等式 $f(x) \geqslant |\dfrac{x}{2} + a|$ 在 $\mathbf{R}$ 上恒成立，则 a 的取值范围是（　　）。

A. $\left[-\dfrac{47}{16}, 2 \right]$　　B. $\left[-\dfrac{47}{16}, \dfrac{39}{16} \right]$　　C. $\left[-2\sqrt{3}, 2 \right]$　　D. $\left[-2\sqrt{3}, \dfrac{39}{16} \right]$

答案：A.

例7：已知函数 $f(x) = a\ln x + x^2$（a 为实常数）。

（1）若 $a = -2$，求函数 $f(x)$ 的单调区间。

（2）若对 $\forall x \in [1, e]$，使得 $f(x) \leqslant (a+2)x$ 恒成立，求实数 a 的取值范围。

解：（1）函数 $f(x)$ 的定义域为 $(0, +\infty)$，当 $a = -2$ 时，$f(x) = x^2$

$-2\ln x$，所以 $f'(x) = \dfrac{2(x^2 - 1)}{x}$.

令 $f'(x) = \dfrac{2(x^2 - 1)}{x} > 0$，得 $x < -1$ 或 $x > 1$，且定义域为 $(0, +\infty)$，

所以函数 $f(x)$ 的单调增区间是 $(1, +\infty)$.

令 $f'(x) = \dfrac{2(x^2 - 1)}{x} < 0$，得 $-1 < x < 1$，且定义域为 $(0, +\infty)$，所以

函数 $f(x)$ 的单调减区间是 $(0, 1)$.

（2）不等式 $f(x) \leqslant (a+2)x$，可转化为 $a(x - \ln x) \geqslant x^2 - 2x$.

因为 $x \in [1, e]$，所以 $\ln x \leqslant 1 \leqslant x$ 且等号不能同时取，

所以 $\ln x < x$，即 $x - \ln x > 0$，

因而 $a \geqslant \dfrac{x^2 - 2x}{x - \ln x}$（$x \in [1, e]$）.

令 $g(x) = \dfrac{x^2 - 2x}{x - \ln x}$（$x \in [1, e]$），又 $g'(x) = \dfrac{(x-1)(x + 2 - 2\ln x)}{(x - \ln x)^2}$，

当 $x \in [1, \mathrm{e}]$ 时，$x - 1 \geqslant 0$，$\ln x \leqslant 1$，$x + 2 - 2\ln x > 0$，

从而 $g'(x) \geqslant 0$（当且仅当 $x = 1$ 时取等号）。

所以 $g(x)$ 在 $[1, \mathrm{e}]$ 上为增函数。

故 $[g(x)]_{\max} = g(\mathrm{e}) = \dfrac{\mathrm{e}^2 - 2\mathrm{e}}{\mathrm{e} - 1}$.

所以 a 的取值范围是 $\left[\dfrac{\mathrm{e}^2 - 2\mathrm{e}}{\mathrm{e} - 1},\ +\infty \right)$.

3. 恒成立问题中要分辨清楚哪个是"主元"，哪个是"参数"

例 8：已知 a 为实数，函数 $f(x) = \dfrac{a}{3}x^3 - \dfrac{3}{2}x^2 + (a+1)x + 1$，不等式 $f'(x) > x^2 - x - a + 1$ 对任意 $a \in (0, +\infty)$ 恒成立，求实数 x 的取值范围。

解：原式可转化为 $a(x^2 + 2) - x^2 - 2x > 0$ 对任意 $a \in (0, +\infty)$ 都成立。

设 $g(a) = a(x^2 + 2) - x^2 - 2x$（$a \in \mathbf{R}$），则对于任意 $x \in \mathbf{R}$，$g(a)$ 为单调递增函数（$a \in \mathbf{R}$），

所以对任意 $a \in (0, +\infty)$，$g(a) > 0$ 恒成立的充分必要条件是 $g(a)_{\min} = g(0) \geqslant 0$，即 $-x^2 - 2x \geqslant 0$，所以 $-2 \leqslant x \leqslant 0$. 于是 x 的取值范围是 $x \in [-2, 0]$.

在这个问题中，"x"似乎是主元，是变量，可问题却是"对任意 $a \in (0, +\infty)$ 恒成立"，从问题的问法上理解，应该认为"a"是主元，是变量，而视"x"为参数。

二、双变量的不等式恒成立问题

在区间 D 和 I 上，对 $\forall x_1 \in D$ 和 $\forall x_2 \in I$，都有 $f(x_1, x_2) \leqslant 0$（或 $f(x_1, x_2) < 0$ 或 $f(x_1, x_2) \geqslant 0$ 或 $f(x_1, x_2) > 0$）恒成立，其中 $f(x_1, x_2)$ 可视为一个二元函数，且至少一个含有参数，这样的一类恒成立问题含有两个主元 x_1，x_2，因此我们也称为双变量恒成立问题。这里的"$\forall$"可以改为"$\exists$"。

1. 等价转化

在恒成立问题中，有一类可通过移项变成这样的问题：在区间 D 和 I 上，对 $\forall x_1 \in D$ 和 $\forall x_2 \in I$，都有 $f(x_1) \leqslant g(x_2)$（或 $f(x_1) < g(x_2)$ 或 $f(x_1) \geqslant g(x_2)$ 或 $f(x_1) > g(x_2)$），其中 $f(x)$ 或 $g(x)$ 中至少一个含有参数。这里的"$\forall$"可以改为"$\exists$"。

这一类的问题首先必须学会转换，将其转换为函数的最值问题。具体的转换方式如下：

① $\forall x_1 \in D$ 和 $\forall x_2 \in I$，都有 $f(x_1) \leqslant g(x_2)$ 恒成立 $\Leftrightarrow f_{max}(x) \leqslant g_{min}(x)$.

② $\forall x_1 \in D$ 和 $\exists x_2 \in I$，都有 $f(x_1) \leqslant g(x_2)$ 恒成立 $\Leftrightarrow f_{max}(x) \leqslant g_{max}(x)$.

③ $\exists x_1 \in D$ 和 $\forall x_2 \in I$，都有 $f(x_1) \leqslant g(x_2)$ 恒成立 $\Leftrightarrow f_{min}(x) \leqslant g_{min}(x)$.

④ $\exists x_1 \in D$ 和 $\exists x_2 \in I$，都有 $f(x_1) \leqslant g(x_2)$ 恒成立 $\Leftrightarrow f_{min}(x) \leqslant g_{max}(x)$.

例9：已知函数 $f(x) = 2x^3 + 3ax^2 + 3bx + m$ $(x \in \mathbf{R})$ 在 $x=1$ 及 $x=2$ 取到极值，函数 $g(x) = \ln x + x^2 - 3x$.

（1）求 a，b 的值。

（2）若 $\forall x_1 \in [1, e]$，$\exists x_2 \in [0, 3]$，使得 $g(x_1) > f(x_2)$ 恒成立，求实数 m 的取值范围。

分析：在利用题目条件求出解析式后，将问题等价转化为函数的最值问题。

解：（1）$f'(x) = 6x^2 + 6ax + 3b$，由函数 $f(x)$ 在 $x=1$ 及 $x=2$ 取到极值，

故 $f'(x) = 6x^2 + 6ax + 3b = 6(x-1)(x-2) = 6x^2 - 18x + 12$，

即 $a = -3$，$b = 4$，

经检验，$a = -3$，$b = 4$ 满足题意。

（2）$\forall x_1 \in [1, e]$，$\exists x_2 \in [0, 3]$，使得 $g(x_1) < f(x_2)$ 恒成立 $\Leftrightarrow g_{max}(x) < f_{max}(x)$，

$g(x) = \ln x + x^2 - 3x$，

$g'(x) = \dfrac{1}{x} + 2x - 3 = \dfrac{2x^2 - 3x + 1}{x} = \dfrac{(2x-1)(x-1)}{x} \geqslant 0$ $(x \in [1, e])$，

即函数 $y = g(x)$ 在 $[1, 4]$ 上单调递增。

$g_{max}(x) = g(e) = \ln e + e^2 - 3e = e^2 - 3e + 1$.

由（1）知 $f(x) = 2x^3 - 9x^2 + 12x + m$ $(x \in [0, 3])$，$f(x)$ 在 $x=1$ 及 $x=2$ 取到极值。

$f'(x)$，$f(x)$ 随 x 的变化如下表：

x	$[0, 1)$	1	$(1, 2)$	2	$(2, 3]$
$f'(x)$	$+$	0	$-$	0	$+$
$f(x)$	↗	极大值	↘	极小值	↗

而 $f(1) = 5 + m$，$f(3) = 9 + m$，故 $f_{max}(x) = 9 + m$，

因此有 $e^2 - 3e + 1 < 9 + m$，故 $m > e^2 - 3e - 8$，

所以实数 m 的取值范围是 $(e^2 - 3e - 8, +\infty)$.

2. 偏导法

在恒成立问题中，$f(x_1, x_2)$ 是一个二元函数，它有两个变量，我们可以通过求"偏导"的方式，将两个变量变成一个变量，从而简化问题，将问题转化为单变量的恒成立问题。

例10：已知函数 $f(x) = x^2 - ax$，$g(x) = \ln x$.

（1）若 $f(x) \geqslant g(x)$ 对于定义域内的任意 x 恒成立，求实数 a 的取值范围。

（2）设 $h(x) = f(x) + g(x)$ 有两个极值点 x_1，x_2，且 $x_1 \in \left(0, \dfrac{1}{2}\right)$，证明：$h(x_1) - h(x_2) > \dfrac{3}{4} - \ln 2$.

（3）设 $r(x) = f(x) + g\left(1 + \dfrac{ax}{2}\right)$ 对于任意的 $a \in (1, 2)$，总存在 $x_0 \in \left[\dfrac{1}{2}, 1\right]$，使不等式 $r(x) > k(1 - a^2)$ 成立，求实数 k 的取值范围。

分析：（1）$f(x) \geqslant g(x)$ 恒成立，只需使 $x^2 - ax \geqslant \ln x$（$x > 0$），然后分离参数来解决，注意到 $a \leqslant F(x)$，即要 $a \leqslant F(x)_{\min}$；$a \geqslant F(x)$，即要 $a \geqslant F(x)_{\max}$.

（2）借助于极值点的范围，利用函数的导数来处理。

（3）与（1）类似处理，注意分类讨论。

解：（1）由题意，$f(x) \geqslant g(x) \Leftrightarrow x^2 - ax \geqslant \ln x$，（$x > 0$）

分离参数可得，$a \leqslant x - \dfrac{\ln x}{x}$，（$x > 0$）

设 $\varphi(x) = x - \dfrac{\ln x}{x}$，则 $\varphi'(x) = 1 + \dfrac{\ln x - 1}{x^2} = \dfrac{x^2 + \ln x - 1}{x^2}$.

由于函数 $y = x^2$，$y = \ln x$ 在区间 $(0, +\infty)$ 上都是增函数，所以

函数 $y = x^2 + \ln x - 1$ 在区间 $(0, +\infty)$ 上也是增函数，显然 $x = 1$ 时，该函数值为 0，

所以当 $x \in (0, 1)$ 时，$\varphi'(x) < 0$，当 $x \in (1, +\infty)$ 时，$\varphi'(x) > 0$，

所以函数 $\varphi(x)$ 在 $(0, 1)$ 上是减函数，在 $(1, +\infty)$ 上是增函数，

所以 $\varphi(x)_{\min} = \varphi(1) = 1$，所以 $a \leqslant \varphi(x)_{\min} = 1$，即 $a \in (-\infty, 1]$.

（2）由题意知：$h(x) = x^2 - ax + \ln x$，

则 $h'(x) = 2x - a + \dfrac{1}{x} = \dfrac{2x^2 - ax + 1}{x}$（$x > 0$），

所以方程 $2x^2 - ax + 1 = 0$ $(x > 0)$，有两个不相等的实数根 x_1，x_2，且 $x_1 \in \left(0, \dfrac{1}{2}\right)$，又因为 $x_1 x_2 = \dfrac{1}{2}$，所以 $x_2 = \dfrac{1}{2x_1} \in (1, +\infty)$，且 $ax_i = 2x_i^2 + 1$ $(i = 1, 2)$，

而 $h(x_1) - h(x_2) = (x_1^2 - ax_1 + \ln x_1) - (x_2^2 - ax_2 + \ln x_2)$

$= [x_1^2 - (2x_1^2 + 1) + \ln x_1] - [x_2^2 - (2x_2^2 + 1) + \ln x_2]$

$= x_2^2 - x_1^2 + \ln \dfrac{x_1}{x_2}$

$= x_2^2 - \left(\dfrac{1}{2x_2}\right)^2 + \ln \dfrac{\dfrac{1}{2x_2}}{x_2}$

$= x_2^2 - \dfrac{1}{4x_2^2} - \ln 2x_2^2$，$(x_2 > 1)$

设 $\mu(x) = x^2 - \dfrac{1}{4x^2} - \ln 2x^2$ $(x \geq 1)$，

则 $\mu'(x) = \dfrac{(2x^2 - 1)^2}{2x^3} \geq 0$ $(x \geq 1)$，所以 $\mu(x) > \mu(1) = \dfrac{3}{4} - \ln 2$，

即 $h(x_1) - h(x_2) > \dfrac{3}{4} - \ln 2$.

(3) $r(x) = f(x) + g\left(\dfrac{1 + ax}{2}\right) = x^2 - ax + \ln \dfrac{1 + ax}{2}$，

所以 $r'(x) = 2x - a + \dfrac{a}{ax + 1} = \dfrac{2ax^2 - a^2 x + 2x}{ax + 1} = \dfrac{2ax\left(x - \dfrac{a^2 - 2}{2a}\right)}{ax + 1}$.

因为 $a \in (1, 2)$，所以 $\dfrac{a^2 - 2}{2a} = \dfrac{a}{2} - \dfrac{1}{a} \leq \dfrac{2}{2} - \dfrac{1}{2} = \dfrac{1}{2}$，

所以当 $x \in \left(\dfrac{1}{2}, +\infty\right)$ 时，$r(x)$ 是增函数，所以当 $x_0 \in \left[\dfrac{1}{2}, 1\right]$ 时，

$r(x_0)_{\max} = r(1) = 1 - a + \ln \dfrac{a + 1}{2}$，$a \in (1, 2)$，

所以，要满足题意就需要满足下面的条件：$1 - a + \ln \dfrac{a + 1}{2} > k(1 - a^2)$.

若令 $\varphi(a) = 1 - a + \ln \dfrac{a + 1}{2} - k(1 - a^2)$，$a \in (1, 2)$，

即对任意 $a \in (1, 2)$，$\varphi(a) = 1 - a + \ln \dfrac{a + 1}{2} - k(1 - a^2) > 0$ 恒成立，

因为 $\varphi'(a) = -1 + \dfrac{1}{a+1} + 2ka = \dfrac{2ka}{a+1}\left(a - \dfrac{1}{2k} + 1\right).$

分类讨论如下：

① 若 $k=0$，则 $\varphi'(a) = \dfrac{-a}{a+1}$，所以 $\varphi(a)$ 在（1，2）上递减，此时 $\varphi(a) < \varphi(1) = 0$ 不符合题意；

② 若 $k<0$，则 $\varphi'(a) = \dfrac{2ka}{a+1}\left(a - \dfrac{1}{2k} + 1\right)$，所以 $\varphi(a)$ 在区间（1，2）上递减，此时 $\varphi(a) < \varphi(1) = 0$ 不符合题意；

③ 若 $k>0$，则 $\varphi'(a) = \dfrac{2ka}{a+1}\left(a - \dfrac{1}{2k} + 1\right)$，那么当 $\dfrac{1}{2k} - 1 > 1$ 时，假设 t 为 2 与 $\dfrac{1}{2k} - 1$ 中较小的一个数，即 $t = \min\{2, \dfrac{1}{2k} - 1\}$，则 $\varphi(a)$ 在区间（1，$\min\{2, \dfrac{1}{2k} - 1\}$）上递减，此时 $\varphi(a) < \varphi(1) = 0$ 不符合题意。

综上可得 $\begin{cases} k > 0 \\ \dfrac{1}{2k} - 1 \leqslant 1 \end{cases}$，解得 $k \geqslant \dfrac{1}{4}$，即实数 k 的取值范围为 $\left[\dfrac{1}{4}, +\infty\right)$.

点评：本题中，题目的 $r(x)$ 事实上是一个二元函数 $r(x, a)$，问题中先利用 $r(x, a)$ 关于 x 的单调性将其转化为只含 a 的函数 $\varphi(a)$ 的恒成立问题，这个过程中需先对 x 求导，再对 a 求导。

（本节部分例子由汕头市金山中学张海兵提供）

第十节　相关问题的一些理论

一、第一节的理论

在第一节，关于数学例题，讲述数学例题的选择依据和教学功能，备例题一般可分为三类：基础类、思想方法类、"问题解决"能力类。对于学生个体来讲，数学例题有时是一个"日常练习"，有时是一个"问题"。美国数学家哈尔莫斯（P. R. Halmos）认为，问题是数学的心脏。波利亚在《数学的发现》中将问题理解为：有意识地寻求某一适当的行动，以便达到一个被清楚地意识到但又不能立即达到的目的。解决问题指的是寻找这种活动。数学家存在的主要理由就是解决问题，因此，数学的真正组成部分是问题和解。学生的学习过程就是把"问题"转化为"日常练习"，再把"日常练习"给予解答。教师教的一个作用是帮助学生把"问题"转化为"日常练习"，帮助学生理解解题的方法和思想。因此，例题的选择对教学效果影响很大。考虑到学生群体、个体的认知差异，选题必须好好考虑数学例题的学习功能和教学功能，老师要让学生学习到什么知识、什么方法、提升什么能力。解题教学不仅要把"题"作为研究的对象，把"解"作为研究的目标，而且要把"解题活动"作为对象，把学会"数学地思维"促进人的发展作为目标。罗杰斯的学习理论强调以学生为中心的教育理论，让学生积极主动、自发地投入到学习中来。在学生的自主学习过程中，引导他们形成积极向上的自我概念、价值观和态度体系，重视学生能力的发展。陶行知先生曾说："先生的责任不在于教，而在于教学生学"，要贯彻这一理念，一个重要的途径就是把课堂还给学生，让学生在老师的指导下进行自主学习，让学生成为课堂的主人，成为课堂教学的主角，在积极主动中探究，学会自主探究学习。

二、第二节的理论

在第二节，关于数学解题方法，讲解选择题、填空题、解答题的解法。在第三节，关于常用数学解题方法。这是从不同的角度讲解方法。方法是一种行为方式，是用来达到某种目的的手段的总和，所谓：心中有方法，路子才畅通。数学解题方法是指数学工作者解决数学问题的方法。数学上存在发现的方法与证明的方法，此处说的解题方法是指中学阶段用于解答数学题的方法，可以分为三类：一是具有创立学科功能的方法，如公理化方法、模型化方法、结构化方法以及集合论方法、极限方法、坐标方法、向量方法等. 在具体解题中，具有统帅全局的作用。二是体现一般思维规律的方法，如观察、试验、比较、分类、猜想、类比、联想、归纳、演绎、分析、综合等方法. 在具体解题中，有通理通法、适应面广的特征，常用于解题思路的发现与探求. 三是具体进行论证演算的方法. 这又可以依其适应面分为两个层次[1]，第一层次是适应面较广的求解方法，如消元法、换元法、降次法、待定系数法、反证法、同一法、数学归纳法、递推法、坐标法、三角法、图像法、构造法、配方法、判别式法、方程法、特殊值法、常数代换法、基本不等式法、分离参数法、定义法、参数法等；第二层次是适应面较窄的求解技巧，如解答选择题时的特殊化法、逆推验证法、特征分析法，因式分解法以及因式分解中的裂项法，函数作图中的描点法，三角函数作图中的五点法，几何证明中的截长补短法、补形法，数列求和中的分组求和法、并项求和法、裂项相消法、错位相减法、倒序相加法，立体几何中求点到面的距离时的体积法，解析几何中的点差法、相关点法、交轨法等。

三、第五节的理论

在第五节，关于数学思想。思想是客观存在反映在人的意识中经过思维活动而产生的结果，它是从大量的思维活动中获得的产物，经过反复提炼和实践，如果一再被证明为正确，就可以反复被应用到新的思维活动中，并产生新的结果．因此，我们认为，思想就是那些颠扑不破、屡试不爽的思维产物．对于学习者来说，思想就成为他们进行思维活动的细胞和基础，思想和方法都是他们的思维活动的载体.[2]

所谓数学思想，是指现实世界的空间形式和数量关系反映到人的意识之中，经过思维活动而产生的结果，它是对数学事实与数学理论（概念、定理、公式、法则、方法等）的本质认识．首先，数学思想比一般说的数学概念具有更高的抽象和概括水平；其次，数学思想、数学观点、数学方法三者密不可分：对于数学方法来说，思想是相应的方法的精神实质和理论基础．方法则是实施有关思想的技术手段．中学数学中出现的各种数学方法，都体现着一定的数学思想．每门科学都逐渐形成了它自己的思想，而科学学则概括出各门科学共同遵循和运用的一些科学思想，显然数学思想是一类科学思想，但科学思想未必就单单是数学思想．例如，分类思想是各门科学都要运用的思想，它不是单由数学给予的．只有将科学思想应用于空间形式和数量关系时，才能成为数学思想．当然，随着科学的数学化，越来越多的数学思想被众多学科吸收，从而转化成为一般的科学思想．数学思想已较普遍地运用于一些自然科学领域，并日益渗透到社会科学领域中去．这些思想既是数学思想也是（或将是）一般科学思想.[2]因此，作者认为，学好数学思想，可以促进科学思想的形成，从而提高工作能力。

在数学思想中，体现或应该体现于基础数学中的具有奠基性和总结性的成分的思想可以称之为基本数学思想．基本数学思想作为数学思想的奠基性或总括性成分，它应该而且能够统摄中学数学的全部概念和方法，它的网络应能疏而不漏地覆盖整个中学数学. 基于这样的理解，我们认为基本数学思想包括如下主要内容：符号化与变元表示思想、集合思想、对应思想、公理化与结构思想、系统与统计思想、化归与辩证思想. 一些常用的数学思想都可以从中直接衍生或相关衍生或传递衍生出来. 例如，函数或方程思想相关衍生于符号化与变元表示的思想、集合思想和对应思想；"数形结合思想"直接衍生对应思想（数或有存数组与图形中点的对应关系），特殊化思想传递衍生于集合思想，基本数学思想及其衍生的数学思想，形成了一个结构性很强的网络。

人们通过长期的实践，发现了许多运用数学思想的手段、门路、技巧和程序. 同一手段、门路、技巧、程序被重复运用多次，并且都达到预期的目的，并成为数学方法. 数学方法是以数学为工具进行科学研究的方法，即用数学语言表达事物的状态、关系和过程，经过推理、运算和分析，以形成解释，判断和预言的方法. 数学方法具有以下三个基本特征：一是高度的抽象性和概括性；二是精确性，即逻辑的严密性及结论的确定性；三是应用的普遍性和可操作性. 数学方法是处理、探索、解决问题，实现数学思想的技术手段和工具. "方法"是指向实践的，是理论用于实践的中介，数学方法的运用、实施与数学思想的概括、提炼是并行不悖，相互为用的，互为表里的.[2]

数学思想又是数学中处理问题的基本观点，是对中学数学基础知识与基本方法本质的概括，是其精神实质和理论根据，是创造性地发展数学的指导方针. 数学思想来源于数学基础知识与基本方法，又高于知识与方法，居于更高层次的地位，它指导知识与方法的运用，它能使知识向更深、更高层次发展。

四、第六节的理论

在第六节，关于数学错例剖析。数学解题教学的目的就是使学生通过解决具体的数学题掌握解决同类数学问题的一般方法，掌握解决数学问题的有关知识和策略，进一步提高数学能力和解决问题的创始性能力，然后把学到的方法应用到解决实际问题中去。从形式上看，数学解题教学追求的是学生快速得到正确圆满的问题解决过程（理想化结果）。而实际上，学生在解题过程中出现的正确答案往往是建立在多次尝试错误和失败的基础之上（现实是残酷的，错误和失败是常态的，没有失败就没有成功），常言道："失败是成功之母"。错误与正确、失败与成功是可以互相转化的。因此，教学时，应重视正确解题过程的教学和错误例子剖析的教学，正确对待学生解题中出现的错误和失败，认真剖析出现错误和造成失败的原因，让学生在判别真假中获取正确解题过程。在学习过程中，只要学生做出了努力，即使没有得出正确解答，也不等于一无所获，总可以得到有关解题的知识、规律和思维能力等方面的补偿。这正是数学研究中的"问题解决"，哪位数学家没有经过错误和失败呢，有些问题虽然还没有得到最终解决，但我们已得到了许多足以补偿所付出的代价的东西，如哥德巴赫猜想的证明就是一例。学生的学习也是如此，要经得起错误和失败的考验。为了防止经常错误和失败，学生有必要进行错例学习，从中吸取经验教训。

五、第七节的理论

在第七节，关于数学分层次教学。分层教学有两种分层形式：其一是对学习者进行分层，就是教师根据学生现有的知识、能力水平和潜力倾向把学生科学地分成几组各自水平相近的群体并区别对待，这些群体在教师恰当的分层策略和相互作用中得到最好的发展和提高。又称分组教学、能力分组，它是将学生按照智力测验分数和学业成绩分成不同水平的班组，教师根据不同班组的实际水平进行教学；其二是对同一个学习内容的不同要求进行分层教学，正如第七节所讲的。它克服了饱受指责的"快慢班"教学弊病，为学习差的学生开拓了一个积极（有面子）的世界。分层教学最先出现于美国20世纪初，美国面对着大量移民儿童的涌入，为了教育这些背景各异的新生，教育官员认为有必要按能力和以前的学习成绩对他们进行分类（分层）。到20世纪50年代，英国几乎所有的中小学都在将学生根据能力分到不同的层，并且始终待在一个班级里学习所有的课程。但开始受到来自各方面的批评，认为它加强了种族间的不平等，对不同层次学生采取不平等的区别对待的方法，造成对"低能儿童"的歧视，使他们的身心受害，而对"高能儿童"则给予特殊照顾，助长了他们自高自大的骄傲习气。同时，由于分层，使得学生之间的隔阂加深了，易造成社会矛盾，是一种不民主的教学组织形式。由此，分层教学陷入低谷。

在现实教学中，对于同一个班级，学生个体的差异也是明显的，学生同时进行听讲，教师如何落实分层教学呢？详细的方法有下列几点：一是依据层次不同的学生设置层次不同的教学任务，并且依据这个任务促进各层次学生的发展，让其可以利用教学活动得到相应的进步。例如，如果是例题教学内容，可以适当修改题目的设问或对问题进行变式，从而降低难度或提高难度，以便适合不同层次的学生的学习选择，这也体现了学习过程的自主性；二是依据层次不同的学生进行层次不同的提问，提问时要考虑问题的深度、难度以及被问学生的程度，从而保证各层次学生都可以主动地参加教学活动，同时让学生体会到学习的快乐，最终更加积极而投入地参加教学活动；三是依据层次不同的学生设置不同的随堂习题，并依据学生的自身情况进行及时的学习辅导，其目的是提升低层次学生，促进中层次学生，并确保高层次学生具有提升空间。在教学过程里凸显分层教学，只有这样才可以最大化地展现分层教学带来的效果，从而达到预定的教学任务。

参考文献

[1] 罗增儒. 中学数学解题的理论与实践 [M]. 南宁：广西教育出版社，2008.

[2] 沈文选. 中学数学思想方法 [M]. 湖南：湖南师范大学出版社，1999.

第 三 章

数学自主探究学习

在讲数学自主探究学习之前，作为高一新生的数学学习者，先要理清楚高一数学应该如何学习，应该注意哪些问题。理清楚之后，走上正确的学习数学轨道，为了使数学学习学得更多、更快、更有效，然后就可以尝试自主探究学习。

第一节　高一数学学习方法指导

《普通高中数学课程标准（实验）》的课程目标提出：通过高中数学课程的学习，学生能获得进一步学习以及未来发展所必需的数学基础知识、基本技能、基本思想、基本活动经验（简称"四基"）；提高从数学角度发现和提出问题的能力、分析和解决问题的能力（简称"四能"）。在学习数学和应用数学的过程中，学生能发展数学抽象、逻辑推理、数学建模、直观想象、数学运算、数据分析等数学学科核心素养。同学们在数学学习中应该有意识地培养"四基""四能"，提升自己的数学学科核心素养。

1. 怎样听课

（1）先预习后听课

先仔细阅读课本，重点看课文中的基本概念，直到合上课本，能复述概念为止。再完成配套练习的相应部分，如使用《高考调研》（2017 版），就是完成"书读百遍""入木三分"这两个部分。如果在预习中，碰到不知道如何回答的练习，听课时就要重点关注了，它或许就是你在学习中需要突破的难点。数学学习走上正轨后，预习一个课时，平均用时十五分钟到二十分钟。预习的时间可以灵活安排在零碎的时间，在时间充裕时也可以几个课时合在一起预习。

（2）学会做笔记

上课时要学会标记重点及易错点，课堂教学的补充内容，解题的通法通则、规范表达以及难题的算理和思路。

例如：在课本中并没有出现函数 $y=f(x)$ 的图像的对称轴概念，学习中可以把它看成是在偶函数的概念上发展出来的。"若 $y=f(x)$ 对于定义域内一切 x 都有 $f(2a-x)=f(x)$，则称直线 $x=a$ 是 $y=f(x)$ 的图像的对称轴。"等价的也可以是"若 $y=f(x)$ 对于定义域内一切 x 都有 $f(a-x)=f(a+x)$，则称直线 $x=a$ 是 $y=f(x)$ 的图像的对称轴。"这个概念不仅要记在笔记上，还要背下来，在理解的基础上灵活使用。

例如，一个初学者经常会感到困扰的一个问题：

已知 $y=f(x+2)$ 是偶函数，则（   ），有两个选项：A. $f(-x-2)=f(x+2)$ B. $f(-x+2)=f(x+2)$，是选 A 还是选 B 是一个问题。如果能抓住概念本质，偶函数实质是对称函数，因为 $y=f(x+2)$ 是偶函数，所以 $x=0$ 是 $y=f(x+2)$ 的对称轴，所以 $x=2$ 是 $y=f(x)=f(x+2-2)$ 的对称轴，则 $f(2-x)=f(x+2)$，选 B。事实上，数学概念的记忆和理解是相辅相成、互相促进的，记住了、理解了，使用时才能做到水到渠成、顺其自然，用过了之后对概念本质的理解就更透彻了。但初学时，概念是一定要熟记的。

2. 课后学习

（1）先复习后写作业。数学课后作业主要包括课本作业，配套练习如《高考调研》（2017 版），周练等等。如学习"对数与对数运算"后，应在理解的基础上熟记公式后再做作业，可做到事半功倍，切忌边查公式边写作业，合上书什么也就不记得了。做作业前花点儿时间复习当天上课的重难点内容，再开始写作业，能有效提高同学们学习的效率，做到防患于未然，正确快速地完成作业也会让同学们数学学习的信心倍增。

（2）要特别重视课本上的习题，必须学会融会贯通。学会使用配套练习上对通法通则的概括总结。如《高考调研》（2017 版）每一个课时中，每一个"探究"就是对一类题型的通法通则的概括总结。如必修 1 第 39 页 A 组第 6 题：

已知函数 $f(x)$ 是定义在 **R** 上的奇函数，当 $x>0$ 时，$f(x)=x(1+x)$，画出函数的 $f(x)$ 图像，并求出函数 $f(x)$ 的解析式。

在《高考调研》（2017 版）相应课时中有"探究 2，此类问题的一般解法是：'求谁设谁'，即在哪个区间上求解析式，x 就应在那个区间上设；要利用已知区间的解析式进行代入；利用 $f(x)$ 的奇偶性写出 $-f(x)$ 或 $f(-x)$，

从而解出 $f(x)$ ．"

当然应该是在明晰算理，理解的基础上使用通法通则，不能死记硬背。死记硬背会损害数学学习习惯，使整个数学的学习难以为继。初学时可以思考，若没有"求谁设谁"，会怎样？实际上，会多出一个换元的步骤，中间绕了一下，没有必要。理解了再使用就会得心应手。

（3）若作业做错了，要主动订正。老师批改作业和周练，是老师和同学们交流学习情况的一个主要途径之一，要珍惜交流的机会，及时上交作业，老师批改好后会适时反馈。上课评讲作业时会将作业中的亮点与大家分享，也会指出普遍性的典型错误，对教学作出有益的补充。重视自己在作业中所犯的错误，避免考试时再犯。所谓考试，不是比谁会的多，而是看谁错的少。

（4）争取当天完成配套练习。当天完成配套练习如《高考调研》（2017版）的相应内容。很多同学会积极地完成《高考调研》（2017 版）中的《课时作业》，而忽略了阅读部分。事实上，《高考调研》中"探究""自助餐"部分都是值得阅读的。每天除数学课的时间外，大约还需要 80 分钟至 90 分钟学习数学。

（5）关于周练，需要限时完成。难度正常的周练大约需要 60 分钟到 70 分钟。先限时做，再回头看。选择题和填空题一般会有三、四道难题，在限时训练时可以参考决定是否先放弃，等限时训练完成后再来思考难题。解答题是一定要动笔的。听一遍不如看一遍，看一遍不如讲一遍，讲一遍不如写一遍，说的就是这个道理。解答题做到不会做才停笔。周练讲评后，要整理笔记，领会方法，标识相应的记号。一个单元的教学完成后，再把几份周练放在一块儿，有记号的题目重新做一做。周末应花一个单位时间在数学学习上，专题突破，或复习重难点和易错点，或补齐《课时作业》，或完成《单元测试》。

（6）学习中遇到问题，要先自己思考，再请教老师和同学。大胆地说出自己的想法，对突破思维瓶颈非常重要。可以把自己继续不下去的解题过程拿给老师看看，看一看出了什么问题，可以怎样调整，耐心地听老师讲解也非常重要。

3. 如何学好数学

同学们要学好数学，不仅要熟记基础知识：概念、公式、定理，掌握通法通则，准确快速计算，更重要的是理解。

要善于把握概念的核心，如函数的奇偶性，如前面的例子所述，实质是函数图像的对称性。

要注意打通新学知识和已有知识间的联系，注重方法的迁移。注重知识发生、发展的过程，有助于理解、掌握并驾驭新学的内容，有助于知识体系的建构，有助于数学思想方法的领悟。

例如：关于 x 的方程 $4^x + a \cdot 2^{x+1} + 4 = 0$ 有两个大于 0 的实根，求 a 的取值范围。

分析：令 $t = 2^x > 2^0 = 1$，可将问题转化为关于 t 的方程 $t^2 + 2at + 4 = 0$ 有两个大于 1 的实根，求 a 的取值范围。

这样分析后，会发现换元后，与初中学习的讨论一元二次方程的实根的个数的最大不同点是"根有范围"，注意到这个区别，以后一般就不会错了，同时也告诉我们为了避免出错，换元后一定要标识新变元的取值范围。

解决这个问题一般有如下两种常见的思路：

思路 1：$\begin{cases} \Delta = (2a)^2 - 4 \times 4 \geq 0 \\ -a > 1 \\ 1^2 + 2a + 4 > 0 \end{cases} \Rightarrow -\dfrac{5}{2} < a \leq -2$，或是分离参数，数形结合。

思路 2：将原方程变形为 $-2a = \dfrac{t^2 + 4}{t} = t + \dfrac{4}{t}$，即 $\begin{cases} y = t + \dfrac{4}{t} \\ y = -2a \end{cases}$ 有两个横坐标大于 1 的交点，由 $y = t + \dfrac{4}{t}$ 的图像可知，$4 \leq -2a < 5$，$-\dfrac{5}{2} < a \leq 2$.

思路 1 是正面突破，思路 2 是把方程解的分布问题转化为直线与函数图像交点个数的问题，也是解决此类问题的通法之一。

注意总结通法通则，弄清楚关键所在，有哪几个关键的步骤？为什么要这样做？做一题有一题的体会，彻底弄清楚，弄透彻。在解题中还要注意培养自己的数学思想：数形结合思想、分类讨论思想、函数与方程思想、转化与化归思想等。同时要注意方法的迁移。学有余力的同学可以做一些力所能及的高考真题，锻炼自己灵活运用所学知识解决问题的能力，进一步开阔视野。

阅读一些数学课外书籍，如《古今数学思想》《数学家的眼光》《不等式探秘》等，对数学素养的培养也是非常好的，这些数学名著提供了探索思考问题的方向和经验。很多同学看过许多中外文学名著，却不曾读过一本数学课外书籍。现在开始看看这样的数学书，会让你见识另一番不同的天地，大开眼界。

"通过经验使理解力发展到直觉的判断力，再发展到思想观念，学会思考——康德"，数学学习最终使每个同学学会思考，"具有数学基本特征的适应个人终生发展和社会发展需要的人的关键能力和思维品质"。

在高中的数学学习中还要提醒大家的是正确看待考试和考试分数。刚进入高中，数学考试分数有时候起伏会很大，极大地打击了同学们的学习积极性。其实，那只是成长道路上的风风雨雨而已。无论经历怎样的风风雨雨，只要坚持紧跟老师主动学习，最终我们都会成长为会求函数导数，会求二面角的优秀数学学习者，为进一步的学习打下牢固的基础，数学思想会指导我们智慧地参与社会生活，使我们在生活中熠熠生辉。

参考文献

中华人民共和国教育部．普通高中数学课程标准（2017 年版）［M］．北京：人民教育出版社，2017.

（本节由汕头市金山中学张学昭供稿）

第二节　高中数学课堂自主探究式教学设计与反思

——以"椭圆及其标准方程"的教学为例

高中数学新课程标准提出了"提高科学素养，在课堂中开展探究性学习"的理念，即通过提倡探究式教学，培养学生的科学探究能力，加强学生对科学本质的认识。当前，教学研究的重心正从知识传授向能力培养转变，从重视结果向重视过程转变。根据教学实际采用适应差异、注重个性发展的多样化教学形式，以弥补传统教学模式的不足，成为我国今后教学模式改革的重要走向。

探究式教学是以探究为基本特征的一种教学活动形式，课堂的探讨和研究包含着学生间的讨论以及师生间的互动。数学探究活动的开展有助于学生学会尝试数学研究过程，体验创造激情，有助于培养学生发现、提出、解决数学问题的能力，有助于培养学生的创新意识。它的指导思想是在教师的指导下，以学生为主体，让学生自觉地、主动地探索，掌握认识和解决问题的方法和步骤，研究客观事物的属性，发现事物发展的起因和事物内部的联系，从中找出规律，形成自己的概念。可见，在探究式教学的过程中，学生的主体地位、自主能力都得到了加强。学生需要思考怎么做甚至做什么，而不是让学生机械地接受书本上或者教师提供的现成的结论。毋庸置疑，学生通过这样的途径获得的知识会理解得更透彻，掌握得更牢固。

如何有效开展自主探究式教学，让学生在自主探究中积累数学活动经验，成为当前数学教学中亟待研究与解决的问题。数学学习中的很多经验是不可传递的，只能靠亲身经历，所以必须让学生积极参与数学探究。近期，本人从实施自主探究式教学，提高教学实效这一角度开设了一节公开课，课题为"椭圆及其标准方程"，现简要摘录部分环节，并附以自己的一些思考。

1. 学生及教材分析

本节内容属于解析几何，学生在此之前已经学习了直线与方程、圆与方程、曲线与方程等知识，对解析几何的基本思想有了一定的认识，但对于用坐标法解决问题和含字母的运算等还不够熟练，心里甚至有些抵触。通过圆与方程的学习，学生知道了如何根据条件建立坐标系使求出的方程更为简单，这为后面学习椭圆积累了丰富的经验。

2. 环节及设计意图

教学环节 1：动手操作，引入定义

问题 1：前面我们学习了圆，大家回想一下圆是如何定义的？引导学生复习圆的定义：在平面上，到定点的距离等于定长的点的集合。

接下来，请同学们利用我给你们提供的道具（一块泡沫展板，两个钉子，一条绳子，一根彩笔），四人为一个小组在展板上画出一个圆。

学生活动：活动过程中，学生会发现绳子太长，如果一整条绳子的长度作为圆的半径，在展板上无法画出完整的圆，所以可以提示学生把细绳的两端都固定在图板的同一点处，套上铅笔，拉紧绳子，移动笔尖，这时笔尖（动点）画出的轨迹就是一个圆。

问题 2：如果把细绳的两端拉开一段距离，分别固定在图板上的两点处，套上铅笔，拉紧绳子，移动笔尖，画出的轨迹是什么曲线？在这一过程中，你能说出移动笔尖（动点）满足的几何条件吗？

探究 1：（自主探究）：分小组合作，你能说出移动笔尖（动点）满足的几何条件吗？

探究结果：（1）有两个顶点；（2）到这两个顶点的距离之和等于一个常数。

有些学生通过上面的操作交流发现：椭圆上的点到两个定点的距离之和等于常数，并且还发现有时候能做成椭圆，有时候却不能（疑问）。

探究2：（自主探究）小组讨论，什么时候能做成椭圆？什么时候不能做出椭圆？有什么限制条件？

探究结果：由学生代表发言，然后教师用"几何画板"演示学生刚才画图的整个过程，演示过程中帮助学生把椭圆的定义补充完整，并对常数（2a）长度的限制进行分析，给学生以直观感受。

这时，学生可以通过几何画板观察到随着 F_1，F_2 距离的改变轨迹的变化情况，从而发现 $2a > |F_1F_2|$ 时，轨迹是椭圆；$2a = |F_1F_2|$ 时，轨迹是线段 F_1F_2；$2a < |F_1F_2|$ 时，无轨迹。

问题3：椭圆应如何定义？（学生试着总结）

定义：平面内与两定点 F_1，F_2 的距离的和等于常数（大于 $|F_1F_2|$）的点的轨迹叫作椭圆，这两个定点叫作椭圆的焦点，两焦点的距离叫作椭圆的焦距。常数记为 $2a$，$|F_1F_2| = 2c$，即 $2a > 2c > 0$ 时，轨迹为椭圆。

问题4：刚才在画图时，大家的绳长是一样的，但是画出的椭圆一样吗？椭圆的圆扁程度与什么有关？（学生纷纷发言，并演示）F_1，F_2 位置越近，椭圆越圆，F_1，F_2 位置越远，椭圆越扁。

设计意图：探究定义本质特征，发现形成定义，并且由学生熟悉的圆的定义出发去探讨动点的变化规律：椭圆上的点到两定点 F_1，F_2 的距离为定值，由学生观察并概括，教师补充，整理成定义，简洁明了。接下来，根据椭圆的定义，推导出椭圆的标准方程。重心要放在画出图形后讨论它的几何元素及其相互关系上，也就是确定椭圆的几何要素的认识，整个过程深化了对定义的理解，而且通过学生自己通过动手操作，理解得会更加具体深刻。

教学环节2：合理建系，推导方程

对定义剖析理解后，接下来要根据定义推导椭圆的方程，即解决下列问题：求到平面内两个定点 F_1，F_2 距离之和等于定值 $2a$（$2a > |F_1F_2|$）的点 M 的轨迹。

问题5：建立坐标系，从本质上讲是人为任意的，你想怎么建就怎么建，但不同坐标系下方程的繁简程度不一样，对该问题，你会如何建立坐标系？为什么？并画在展板上。

巡视后，发现大致有两种情况，分别请两位学生代表发言。

学生1：以 F_1，F_2 所在直线为 x 轴，线段 F_1F_2 的中点为原点建立直角坐标系。

学生2：以 F_1，F_2 所在直线为 y 轴，线段 F_1F_2 的中点为原点建立直角坐标系。

问题6：根据所建立的坐标系，求出椭圆的方程。

探究3：（自主探究）：从上面两种方案中选择一种建立坐标系，推导出椭圆的方程，安排两位学生上台板演，其他学生独立完成，师生共同点评。

解：（1）建系设点：以 F_1，F_2 所在直线为 x 轴，线段 F_1F_2 的中点为原点建立直角坐标系，并设椭圆上任意一点的坐标为 M（x，y），设两定点坐标为 F_1（$-c$，0），F_2（c，0）．

（2）列式，则 M 满足：$|MF_1|+|MF_2|=2a$，并将其坐标化。

（3）化简：通过移项、平方后得到：$(a^2-c^2)x^2+a^2y^2=a^2(a^2-c^2)$（引导学生思考，比较 a 与 c 的大小）。为使方程简单、对称、和谐，引入字母 b，令 $b^2=a^2-c^2$，可得到椭圆的标准方程为 $\frac{x^2}{a^2}+\frac{y^2}{b^2}=1$（$a>b>0$），此式就是焦点在 x 轴上的椭圆的标准方程。

在两种坐标系下，得到的方程分别为：$\frac{x^2}{a^2}+\frac{y^2}{b^2}=1$（$a>b>0$）和 $\frac{x^2}{b^2}+\frac{y^2}{a^2}=1$（$a>b>0$），形式简洁，称之为椭圆的标准方程。

之后引导学生根据椭圆的对称性将椭圆的 x，y 轴互换，可得到两种形式的互化。

设计意图：如何建立坐标系、化简椭圆的方程是推导椭圆标准方程的一个难点，建立直角坐标系一般应符合简单和谐的原则，如使关键点的坐标、关键几何量（距离、直线的斜率等）的表达式简单化，注意要充分利用图形的特殊性。大部分学生对如何建系推导椭圆标准方程会做出更合理的选择。化简方程的过程由学生独立完成，然后师生共同点评，在操作过程中对"如何化简更简便"进行反思，使一些零散的、模糊的经验逐渐明晰、精确。

3. 反思与感悟

（1）充分理解教材，尊重学生实际是有效教学的前提

数学教育心理研究表明：在学生学习某种新知识之前，如果让他们先了解这部分知识在生活中的原型，那么对新知识的理解会更自然、深刻和全面，学习态度也会表现得更主动和有兴趣。

学生在初中已经学习了圆的定义，从动手画圆的活动出发，引导学生画出椭圆，并通过类比得出椭圆的定义，这样使学生置身于一种熟悉的情境，使学生在充满激情下学习椭圆的知识，新知识的形成就会水到渠成。长期以来，数

学一直被很多人认为是枯燥、乏味的，如果我们在教学过程中用活动创设情境，激发学生的学习动机，并动手操作来加强概念的理解，对培养学生学习的兴趣会收到事半功倍的效果，数学课将会更加生动活泼。

（2）设计丰富有效的数学活动能激发学生的探究热情

数学基本活动包括数学的实验操作活动、算法规则的操作练习活动、数学的思维活动（猜想、验证、推理等），以及关于数学的交流（想象、欣赏）等活动。

如探究1和探究2这两个活动，紧扣椭圆定义，通过动手操作对椭圆定义进行了探究，之后教师利用几何画板对学生给出的椭圆的定义进行验证，探究3对椭圆的标准方程进行推导，这样的活动既有合作交流，又有自主探究，每位学生都能参与其中，学生亲身经历了"动手操作——概括——验证——独立运算"的活动过程。在活动过程中，学生认识了椭圆的定义，对其定义有了更为深刻的理解，并形成了"归纳——猜想——验证"的处理探索性问题的思维方法；同时增强了发现和提出问题的能力，分析和解决问题的能力，获得了成功的体验，并将活动所得不断内化和概括，最终迁移到其他活动或学习中。

（3）设置问题情境可以提高自主探究式课堂实效

自主探究式课堂教学是否能取得实效，归根到底是由学生是否参与、怎样参与、参与多少来决定的。只有最大限度地调动学生学习的潜能，让学生主动参与教学，使学生充分体验和感受学习的过程，才能让课堂充满生机。我们可以通过"问题"情境的创设，营造良好的课堂心理氛围，激发学生的学习欲望，或发挥好"主导性"，努力为学生创造学习的自由等手段来激发学生探究的主动性。在具体操作中，要把学生推到主动位置，放手让学生自己学习，引导学生自己去完成教学过程。

本节课的教学，通过设置六个问题情境，通过问题驱动学生的自主探究。问题1到问题4主要引导学生对椭圆的定义进行探究，问题层层递进，使课堂教学以学生自主探究的形式进行组织和开展，让学生围绕着所要解决问题独立思考，围绕着所要探究的问题进行讨论，经历问题解决和合作探究的过程，亲历知识的动态生成过程。教学过程中应该通过充分预设，围绕所要探究的问题设置一系列子问题层层追问，使问题的设置有梯度，促进学生自主探究的主动性。

问题5到问题6主要引导学生探究椭圆的标准方程，化简椭圆的方程是推导椭圆标准方程的一个难点。当学生在遇到困难时，可以给出恰当的提示或引导。当学生进行多次探索后仍有困难时，再次给出恰当的提示或暗示，同时也要对学生的探究学习过程予以鼓励，营造一个轻松学习的环境，直到问题得到彻底解决。

（4）运用多媒体技术动态演示可引领学生去探索发现

多媒体技术可提供直观形象和生动逼真的动态图像，使静态的知识动态化、抽象的数学问题具体化。特别是在几何知识的教学中，根据教材的内容和教学需要运用课件，能提供化静为动，动静结合的图像，使教与学充满生机，有效地引导学生主动探究，并在逐步了解知识的形成过程中，发现事物之间的联系，加深对所学知识的理解，同时培养学生的观察能力和空间想象能力。

教师用"几何画板"演示学生画图的整个过程，演示过程中帮助学生把椭圆的定义补充完整，并对常数（2a）长度的限制进行分析，给学生以直观感受。运用多媒体课件，真正使这些图形"动"起来，同时能使学生观察到图形的变化过程，从而达到直观演示与精确描述的统一。在学生的思维活动中，形成丰富的感性知识。通过先进的手段激起学生的兴趣，通过直观的演示降低抽象概念的理解难度，使所有学生特别是学习有困难的学生，在充实的背景下，可以用自己的方式思考问题，并学会选择解决问题的方法和策略。

（本节由汕头市金山中学柯春兰供稿）

第三节　基于深度学习的数学自主探究学习

一般认为，深度学习理论是由瑞典歌特堡大学学者 Ference Marton 和 Roger-Saljo 根据获取信息和加工信息方式的区别所提出的，他们将学习者分为深度水平加工者和浅层水平加工者，进而提出了深度学习（Deep Learning 或 Deeper Learning）和浅层学习（Surface Learning）两个相对应的概念。其中深度学习是一个知识的迁移过程，这个过程有助于学习者提高解决问题并做出决策的能力。

关于深度学习的界定有不同的看法：

中国学者：在理解的基础上，学习者能够批判地学习新思想和事实，并将它们融入原有的认知结构中，能够在众多思想间进行联系，并能够将已有的知识迁移到新的情境中，从而更好地做出决策和解决问题。

美国国家研究委员会（National Research Council Panel，NRC）认为：深度

学习是个体将学习的知识从一种情境应用到另一种新的情境的过程，即迁移。可见，知识间的联系和迁移是关键因素。

自主探究学习是自主学习与探究学习的有机结合，认知建构主义学派认为，自主学习实际上是元认知监控的学习，是学习者根据自己的学习能力、学习任务的要求，积极主动地调整自己的学习策略和努力程度的过程。自主学习要求个体对为什么学习、能否学习、学习什么、如何学习等问题有自觉的意识和反应。所谓探究学习，即从学科领域或现实社会生活中选择和确定研究主题，在教学中，创设一种类似于学术（或科学）研究的情境，通过学生自主、独立地发现问题、实验、操作、调查、搜集与处理信息、表达与交流等探索活动，获得知识、技能、情感与态度的发展，特别是探索精神和创新能力的发展的学习方式和学习过程。和接受学习相比，探究学习具有更强的问题性、实践性、参与性和开放性。经历探究过程以获得理智能力发展和深层次的情感体验，建构知识，掌握解决问题的方法是探究学习要达到的三个目标。

南京师范大学教育科学学院吴永军教授在他的报告《深度学习模型及其在中小学教学中的运用》（2018.7.16）讲到：根据相关学习理论以及深度学习界定，我们可以看出深度学习的主要特征或内核有：理解性学习（深度思维）、批判性思考、"大观点"组织（big ideas）（结构化思考）、元认知（如果学生知道如何学习和如何管理自己的学习活动，学生将会更有效地学习）、迁移运用等。

我们如何让学生进行理解性学习（深度思维）呢？设计有思维价值的问题尤其重要，这是进行深度思维的关键。因为，问题是课堂教学的核心和动力，实际上，课堂的不断前进过程就是学生对一个个问题解决的过程，问题起着"串联"（结构）课堂的作用。那么，怎样的问题是有思维价值的问题呢？我们认为，具有思维价值的问题即"高阶思维"问题（也就是深度思维问题）。就问题本身思维程度而言，我们一般可以根据布卢姆目标分类理论中"认知领域"的分类，把问题分成六大类：记忆类问题、理解类问题、运用类问题、分析类问题、评价类问题和创造类问题。

北京师范大学教育学部郭华教授在她的报告《深度学习，"深"在哪里？"深"到什么程度？》中说到：深度学习是对以往一切优秀教学精华的概括和提炼，它的内在包含着学生积极主动的学习，是能够引发学生主动学习愿望与积极活动的教学。只有当心灵（灵魂）伴随着感知以及其他客观的心理活动进入学习当中，学生才真正作为主体主动、积极地展开学习。因此，深度学习之

"深"，首先表现在：它超越生理学、心理学，而达到社会历史实践的深度，它触及学生的心灵深处，与人的理性、情感、价值观密切相连，它要培养的是社会历史进程当中的人。所以，深度学习，首先"深"在人的心灵里，"深"在人的精神境界上。

因此，教师必须与学生心灵相通、心心相印，才能知道如何去唤醒他们学习的意识，激发他们学习的愿望与行为，才能洞察学生学习时的内心表现，做到想学生学习之所想，教给学生学习之所需。另一方面，学生的学习又是非常社会性的。学生关心什么、能够有怎样的心灵，一定与他的老师、同学有关，与他所处的社会环境有关，与现实的社会生活有关，所以教师在教学过程中需要结合教学情境设计一些分析类问题、评价类问题、创造类问题，让学生进行深度学习，学生也必须要有自主探究学习的意识和具体问题的尝试，可以模仿教师的问题设计方法自行设计问题、变更问题，进行自主探究学习和深度学习。

好的教学可自觉促进学生进行高难度内容的学习与学生的自主探究活动相结合，促进学生主动发展，而且在短时间内可获得较大的发展和提升。而学生的现有水平不足以独立学习如此难度高深的内容，因而很难成为主动操作这些内容的主体；而现有水平能够操作的内容又不足以促进学生自觉快速的提升和发展。怎么办呢？教师出场，为学生设计深度学习的问题，发挥教师应有的桥梁作用，让学生在自主探究学习活动中进行深度学习。学生的高水平的探究是一种学习活动，学生的容器式的被动接受也是一种学习活动。但是他们的学习效果有着本质的不同。自主探究学习，应力求在学校和教师的主导作用下，积极地发挥学生的自我意识和主观能动性，让学生主动参与数学探究活动。因此教师需要思考通过什么样的内容来提升和培养学生，如何利用教材、辅助资料进行教学内容的转化，提供恰当的"教学材料"，帮助学生"亲身"经历知识的发现与建构过程，使学生真正成为教学的主体。

第四节　数学自主探究学习指导案例

现在中学生学习数学，应该具有自主性、探究性、创新性的学习精神，应该进行深度学习，唯有以自主的探究创新的方式进行数学学习，将知识的发生、发展过程理清，并根据自己的学习体验来建构自己的知识，才能在数学学习上向下一阶段迈进。单纯被动地吸收知识并予以不断重复的强化的学习不可能真正内化为学生自己头脑中的知识，只有自主进行数学探究活动，创新性地学习，深度学习，知识才能真正内化，学生才可能有所创新。[1]

作为中学生，如何自主地参与数学探究活动，如何进行数学的创新性学习呢？首先应该解决的问题是思想问题，然后才是方法问题。在思想上，学生对数学的学习应该感兴趣，应该高度重视，学习要认真，要主动投入，积极思考，刻苦钻研。学习时要多猜测，多探索，多发现问题，把自己置身于数学的发散式思维中。对于学习方法，要不断研究，不断总结，使自己的知识建构深化，使自己形成良好的认知结构。在行动上，可以进行如下尝试：

·◆ 概念的自主探究学习方法 ◆·

在学习数学概念时，很有必要理清概念的定义过程，对概念的定义提出质疑，是否可以改变定义中的某些条件从而产生新问题，引发创新动机。这对于创新思维的培养起着重要作用。下面通过巧变概念定义的条件，激发创新意识。

案例1：圆的定义：在平面内，与一个定点的距离等于定长的点的轨迹叫作圆。

变①，定义中的"一个定点"改为"一条定直线"情况又怎样？

变②，定义中的"一个定点"改为"两个定点"，"等于定长"改为"相等"，情况又怎样？

变③，定义中的"一个定点"改为"两个定点"，"等于定长"改为"之和等于常数"，情况又怎样？

案例2：在学习椭圆的定义时，可以通过观察椭圆的形成过程，以及对形成椭圆的几何条件的思考。然后发现定义：在平面内与两个定点 F_1，F_2 的距离的和等于常数（大于 $|F_1F_2|$）的点的轨迹叫作椭圆。细读定义并考虑如果把定义中的"大于"换为"等于"又怎样呢？或者把"和"改为"差"或"差的绝对值"，把"大于"改为"小于"又怎样呢？或者把 F_1，F_2 其中一点换成一条直线，情况又怎样呢？如果能这样思考问题，不满足于现状，对问题提出质疑，拓宽想法，那么，思维就有新意了，并且自己还能定义出一些新的曲线，说不定一些新的数学问题就在这样的思维中产生。

思考题：对课本奇、偶函数的定义进行巧变。

·◆ 定理的自主探究学习方法 ◆·

当我们学习了一个定理后，是否考虑变换命题的形式，从结论出发思考条件是否成立？培养创新思维的另一途径是逆向思维，从命题的结论出发，考察条件是否必要。考察的过程，就是不断进行探索、推理，完成从未知到已知的创新思维过程。

案例1：课本关于奇、偶函数有如下结论（定理）：奇函数的图像关于原点对称，偶函数的图像关于 y 轴对称。我们是否考虑这个结论的逆命题是否正确？

经过探究，可以得到如下逆定理：若函数的图像关于原点对称，则这个函数是奇函数，若函数的图像关于 y 轴对称，则这个函数是偶函数。

根据奇、偶函数的定义，把定理表述为：

（1）若函数 $f(x)$ 在其定义域内都有 $f(-x) = f(x)$，则 $f(x)$ 的图像关于 y 轴对称。

（2）若函数 $f(x)$ 在其定义域内都有 $f(-x) = -f(x)$，则 $f(x)$ 的图像关于原点对称。

考察（1）中的 $f(-x) = f(x)$，是否可以推广，比如引进常数 k，改为 $f(2k-x) = f(x)$.

结果会怎样？

从已经学过的二次函数 $f(x) = a(x-k)^2 + b$，发现它满足 $f(2k-x) = f(x)$，而二次函数 $f(x)$ 的图像关于直线 $x = k$ 对称，由此可猜想：

若函数 $f(x)$ 在其定义域内都有 $f(2k-x) = f(x)$（k 为常数），则 $f(x)$ 的图像关于直线 $x = k$ 对称。可以证明猜想正确，且反之也成立。

考察（2）式 $f(-x) = -f(x)$，并推广为 $f(2k-x) = -f(x)$（k 为常数），情况会怎样？

从三角诱导公式 $\cos(\pi-\alpha) = -\cos\alpha$，$\tan(\pi-\alpha) = -\tan\alpha$，

$\cot(\pi-\alpha) = -\cot\alpha$ 知，$\cos x$，$\tan x$，$\cot x$ 都满足 $f(\pi-x) = -f(x)$，

且它们的图像都关于点 $\left(\dfrac{\pi}{2}, 0\right)$ 对称，由此可猜想：

若函数 $f(x)$ 在其定义域内都有 $f(2k-x) = -f(x)$（k 为常数），则 $f(x)$ 的图像关于点 $(k, 0)$ 对称。可以证明猜想正确，且反之也成立。

证明：设 $f(x)$ 的图像上任意一点为 $P(a, f(a))$，

P 关于点 $(k, 0)$ 对称的点为 $P'(2k-a, -f(a))$.

$\because f(2k-x) = -f(x)$，

$\therefore f(2k-a) = -f(a)$，

$\therefore P'$ 在 $f(x)$ 的图像上，

∴$f(x)$ 的图像关于点 $(k, 0)$ 对称。

反之，设 $f(x)$ 的图像关于点 $(k, 0)$ 对称，则 $f(x)$ 的图像上的任意点 $(x, f(x))$ 关于点 $(k, 0)$ 对称的点 $(2k-x, -f(x))$ 必在 $f(x)$ 的图像上。

∴有 $f(2k-x) = -f(x)$.

案例2：课本关于函数的零点存在性判断方法：如果函数 $y = f(x)$ 在区间 $[a, b]$ 上的图像是连续不断的一条曲线，并且有 $f(a)f(b) < 0$. 那么，函数 $y = f(x)$ 在区间 (a, b) 内有零点，即存在 $c \in (a, b)$，使得 $f(c) = 0$，这个 c 也是方程 $f(x) = 0$ 的根。

我们是否考虑这个结论的逆命题是否正确？能否得到：如果函数 $y = f(x)$ 在区间 $[a, b]$ 上的图像是连续不断的一条曲线，并且函数 $y = f(x)$ 在区间 (a, b) 内有零点，那么有 $f(a)f(b) < 0$. 经过探究可知命题为假。只需用一个二次函数的图像就能说明问题。

◆◇ 例题的自主探究学习方法 ◆◇

一道好的例题背后常常隐含着较广泛的学习功能，在自主探究学习过程中，根据题目的特点，可以考虑一题多解（证）、一题多变、一题多衍、考察命题的逆命题等方法进行灵活学习，从而激发学习者的创新意识，这也是在自主探究学习过程中的深度学习。

例1：请用多种方法思考并解答下列问题。

（1）用单调性的定义证明函数 $f(x) = -x^3 + 1$ 在 **R** 上是减函数。

证明：（作差法）设 $x_1 < x_2$，

$f(x_1) - f(x_2) = (-x_1^3 + 1) - (-x_2^3 + 1)$

$= x_2^3 - x_1^3$

$= (x_2 - x_1)(x_2^2 + x_1 x_2 + x_1^2)$.

∵ $x_1 < x_2$，

∴ $x_2 - x_1 > 0$，

∴ 只需证 $x_1^2 + x_1 x_2 + x_2^2 > 0$.

方法1：（配方法）$x_1^2 + x_1 x_2 + x_2^2 = \left(x_1 + \frac{1}{2}x_2\right)^2 + \frac{3}{4}x_2^2 > 0 (x_1, x_2 不同时为零)$

方法2：（分类讨论法）

当 $x_1 x_2 \geq 0$ 时，$x_1^2 + x_2^2 > 0$，

$\therefore x_1^2 + x_1 x_2 + x_2^2 > 0.$

当 $x_1 x_2 < 0$ 时，$x_1^2 + x_1 x_2 + x_2^2 = (x_1 + x_2)^2 - x_1 x_2 > 0.$

方法 3：（构造二次函数及 Δ 法）当 $x_2 = 0$ 时，$x_1 \neq 0,$

$\therefore x_1^2 + x_1 x_2 + x_2^2 > 0.$

当 $x_2 \neq 0$ 时，设 $g(x_1) = x_1^2 + x_2 x_1 + x_2^2.$

$\therefore \Delta = x_2^2 - 4 x_2^2 = -3 x_2^2 < 0,$ 且 $g(x_1)$ 的图像开口向上，

$\therefore g(x_1) > 0.$

(2) 设 $0 < x < 1,\ a > 0$ 且 $a \neq 1$，比较 $f(x) = |\log_a (1-x)|$ 与 $g(x) = |\log_a (1+x)|$ 的大小。

思路 1：作差法。

$f(x) - g(x) = |\log_a (1-x)| - |\log_a (1+x)|.$

方法 1：分类讨论，去掉绝对值符号。

当 $a > 1$ 时，

$\because 0 < x < 1,$

$\therefore \log_a (1-x) < 0,\ \log_a (1+x) > 0,$

$\therefore f(x) - g(x) = -\log_a (1-x) - \log_a (1+x)$

$= -\log_a (1 - x^2) > 0.$

当 $0 < a < 1$ 时，

$\because 0 < x < 1,$

$\therefore \log_a (1-x) > 0,\ \log_a (1+x) < 0,$

$\therefore f(x) - g(x) = \log_a (1-x) + \log_a (1+x)$

$= \log_a (1 - x^2) > 0,$

$\therefore$ 综合可知，$f(x) > g(x).$

方法 2：利用换底公式，避开分类讨论。

$f(x) - g(x) = \dfrac{|\lg(1-x)|}{|\lg a|} - \dfrac{|\lg(1+x)|}{|\lg a|}$

$= \dfrac{1}{|\lg a|} \left[-\lg(1-x) - \lg(1+x) \right]$

$= \dfrac{-1}{|\lg a|} \lg(1 - x^2) > 0.$

方法 3：转化为平方差。

$f^2(x) - g^2(x) = |\log_a (1-x)|^2 - |\log_a (1+x)|^2$

$$= \left[\log_a (1-x) + \log_a (1+x) \right] \left[\log_a (1-x) - \log_a (1+x) \right]$$

$$= \log_a (1-x^2) \log_a \left(\frac{1-x}{1+x} \right).$$

$$\because 0 < 1 - x^2 < 1, \ 0 < \frac{1-x}{1+x} < 1,$$

$\therefore$ 不管 $a > 1$ 还是 $0 < a < 1$，都有 $\log_a (1-x^2) \log_a \left(\frac{1-x}{1+x} \right) > 0$，

$\therefore f^2(x) > g^2(x).$

$\because f(x) > 0,\ g(x) > 0,$

$\therefore f(x) > g(x).$

思路 2：作商法，逆用换底公式。

方法 4：$\dfrac{f(x)}{g(x)} = \dfrac{|\log_a (1-x)|}{|\log_a (1+x)|} = \dfrac{|\log_a (1-x)|}{|\log_a (1+x)|}$

$$= |\log_{(1+x)} (1-x)| = -\log_{(1+x)} (1-x)$$

$$= \log_{(1+x)} \frac{1}{1-x} > \log_{(1+x)} (1+x) = 1.$$

$\because (1-x)(1+x) < 1,\ 1 + x > 1,$

$\therefore \dfrac{1}{1-x} > 1 + x.$

思路 3：数形结合法。

方法 5：不管 $a > 1$ 还是 $0 < a < 1$，$y = |\log_a x|$ 的图像总是如图 3 - 4 - 1 所示，

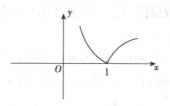

图 3 - 4 - 1

利用平移和对称得 $f(x)$ 与 $g(x)$ 在同一直角坐标系上的图像如图 3 - 4 - 2 示，由图可知，$0 < x < 1$ 时，$f(x) > g(x).$

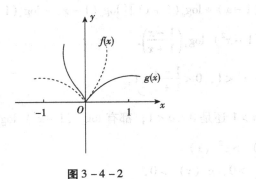

图 3 - 4 - 2

通过一题多解的自主探究和发散联想，不但很好地复习了常见的解题方法和数学思想（分类讨论思想、函数方程思想、等价转化思想、数形结合思想），而且拓展了思维空间，提高了创新能力。

思考题：用三种解法，解不等式 $\sqrt{x+1} \leqslant 1-x$.

下面的例题请学习者思考一题多解并给出解答，然后再进行阅读。

例 2：【2018 全国 Ⅰ · 理 16】已知函数 $f(x) = 2\sin x + \sin 2x$，则 $f(x)$ 的最小值是_____。

本考题构思精巧，简洁明了，引人深思，是锻炼学生思维能力，提高综合运用数学知识解决问题能力的绝佳载体，笔者通过多角度解决和思考而解透这一题，让学生在一题多解的过程中把握住数学的本质，又让学生在掌握其本质的基础上探寻到规律和方法，从而达到了为我们高中数学教学带来生机，为我们高中数学注入活力的目的。

在高中数学中，求函数最值问题，常用的方法有基本不等式法、导数法等。

解法 1：基本不等式法（一）

$f(x) = 2\sin x + \sin 2x = 2\sin x + 2\sin x \cos x = 2\sin x (1 + \cos x)$,

$f^2(x) = 4\sin^2 x (1 + \cos x)^2 = 4 (1 - \cos^2 x)(1 + \cos x)^2$

$= 4 (1 - \cos x)(1 + \cos x)^3 = \dfrac{4}{3}(1 + \cos x)^3 (3 - 3\cos x)$

$\leqslant \dfrac{4}{3} \times \left(\dfrac{3 + 3\cos x + 3 - 3\cos x}{4} \right)^4 = \dfrac{4}{3} \times \left(\dfrac{3}{2} \right)^4 \Rightarrow$

$-\dfrac{3}{2}\sqrt{3} \leqslant f(x) \leqslant \dfrac{3}{2}\sqrt{3} \Rightarrow f(x)_{\min} = -\dfrac{3}{2}\sqrt{3}$.

解法 2：基本不等式法（二）

易知 $f(x)$ 为周期为 2π 的奇函数，根据单调性与符号法则知，当 $x \in \left[0, \dfrac{\pi}{2}\right]$ 时，$f(x)$ 可取得最大值。

$$f(x) = 2\sin x + \sin 2x = 2\sin x(1 + \cos x)$$

$$= 2\sin x \cdot 2\cos^2 \dfrac{x}{2} = 8\sin \dfrac{x}{2} \cdot 2\cos^3 \dfrac{x}{2}$$

$$= \dfrac{8}{\sqrt{3}}\sqrt{3\sin^2 \dfrac{x}{2} \cdot \cos^6 \dfrac{x}{2}} \leqslant \dfrac{8}{\sqrt{3}} \cdot \left(\dfrac{3}{4}\right)^2 = \dfrac{3\sqrt{3}}{2}.$$

当且仅当 $3\sin^2 \dfrac{x}{2} = \cos^2 \dfrac{x}{2} \Rightarrow x = \dfrac{\pi}{3}$ 时，$f(x)_{\max} = \dfrac{3}{2}\sqrt{3}$,

从而可得，$f(x)_{\min} = -\dfrac{3}{2}\sqrt{3}$.

解法 3：基本不等式法（三）

$$f(x) = 2\sin x + \sin 2x = 2\sin x(1 + \cos x)$$

$$= 2\sin x \cdot 2\cos^2 \dfrac{x}{2} = 8\sin \dfrac{x}{2} \cdot 2\cos^3 \dfrac{x}{2},$$

$$f^2(x) = 64\sin^2 \dfrac{x}{2} \cdot \cos^6 \dfrac{x}{2} = \dfrac{64}{3} \cdot 3\sin^2 \dfrac{x}{2} \cdot \cos^2 \dfrac{x}{2} \cdot \cos^2 \dfrac{x}{2} \cdot \cos^2$$

$$\dfrac{x}{2} \leqslant \dfrac{64}{3}\left(\dfrac{3\sin^2 \dfrac{x}{2} + 3\cos^2 \dfrac{x}{2}}{4}\right)^4 = \dfrac{27}{4}.$$

当且仅当 $3\sin^2 \dfrac{x}{2} = \cos^2 \dfrac{x}{2}$ 时，取等号。

故 $-\dfrac{3}{2}\sqrt{3} \leqslant f(x) \leqslant \dfrac{3}{2}\sqrt{3}$，从而 $f(x)_{\min} = -\dfrac{3}{2}\sqrt{3}$.

解法 4：基本不等式法（四）

当 $x \in \left[0, \dfrac{\pi}{2}\right]$ 时，$f(x)$ 可取得最大值，$\sin x > 0$，$\cos x > 0$.

$$f(x) = 2\sin x + \sin 2x = \dfrac{1}{a}2a\sin x + 2b\sin x \cdot \dfrac{1}{b}\cos x \quad (a > 0,\ b > 0)$$

$$\leqslant \dfrac{1}{a}(a^2 + \sin^2 x) + \left(b^2\sin^2 x + \dfrac{1}{b^2}\cos^2 x\right) = a + \left(\dfrac{1}{a} + b^2\right)\sin^2 x + \dfrac{1}{b^2}\cos^2 x.$$

当 $a = \sin x$，$b\sin x = \dfrac{1}{b}\cos x$，$\dfrac{1}{a} + b^2 = \dfrac{1}{b^2}$ 时，即 $a = \dfrac{\sqrt{3}}{2}$，$b^2 = \dfrac{\sqrt{3}}{3}$ 时，

则 $f(x) = 2\sin x + \sin 2x \leqslant \dfrac{\sqrt{3}}{2} + \sqrt{3}\sin^2 x + \sqrt{3}\cos^2 x = \dfrac{3\sqrt{3}}{2}$,

当 $x = \dfrac{\pi}{3}$ 时等号成立,从而可得 $f(x)_{\min} = -\dfrac{3}{2}\sqrt{3}$.

分析1:以上四种解法都是采用基本不等式的思想进行解题,注意到基本不等式的三部曲(一正二定三相等),之所以在基本不等式的框架下衍生出这么多解法,一方面是对已知条件下进行了不同方向的变形,另一方面针对不同解法利用了基本不等式的不同形式,构思巧妙,殊途同归,充分体现了均值不等式的威力。

解法5:用琴生不等式(选择阅读)

当 $x \in \left[0, \dfrac{\pi}{2}\right]$ 时,$f(x)$ 可取得最大值。$y = \sin x$ 在 $x \in \left[0, \dfrac{\pi}{2}\right]$ 上为凸函数,满足琴生不等式的条件,

则 $f(x) = 2\sin x + \sin 2x = \sin x + \sin x + \sin(\pi - 2x)$

$\leqslant 3\sin\left[\dfrac{x + x + (\pi - 2x)}{3}\right] = \dfrac{3\sqrt{3}}{2}$,

当 $x = \dfrac{\pi}{3}$ 时,等号成立,从而可得 $f(x)_{\min} = -\dfrac{3}{2}\sqrt{3}$.

解法6:用导数的方法(一)

我们只需考虑 $x \in (0, 2\pi]$,由 $f'(x) = 2\cos x + 2\cos 2x = 2(2\cos^2 x + \cos x - 1) = 2(2\cos x - 1)(\cos x + 1) = 0$ 得:$x = \dfrac{\pi}{3}$, π, $\dfrac{5\pi}{3}$. 所以,当 $x \in \left(0, \dfrac{\pi}{3}\right)$ 时,$f'(x) > 0$,$f(x)$ 单调递增;当 $x \in \left(\dfrac{\pi}{3}, \pi\right)$ 时,$f'(x) < 0$,$f(x)$ 单调递减;当 $x \in \left(\pi, \dfrac{5\pi}{3}\right)$ 时,$f'(x) < 0$,$f(x)$ 单调递减;当 $x \in \left(\dfrac{5\pi}{3}, 2\pi\right)$ 时,$f'(x) > 0$,$f(x)$ 单调递增。

所以 $f(x)_{\min} = 2\sin\dfrac{5\pi}{3} + \sin\dfrac{10\pi}{3} = -\dfrac{3\sqrt{3}}{2}$。

解法7:用导数的方法(二)

易知 $f(x)$ 为周期是 2π 的奇函数,根据单调性与符号法则知,当 $x \in \left(0, \dfrac{\pi}{2}\right)$ 时,$f(x)$ 可取得最大值。

由 $f'(x) = 2\cos x + 2\cos 2x = 2(2\cos x - 1)(\cos x + 1)$ 知，

$f(x)_{\max} = f\left(\dfrac{\pi}{3}\right) = \dfrac{3}{2}\sqrt{3}$，从而可得 $f(x)_{\min} = -\dfrac{3}{2}\sqrt{3}$.

分析 2：本题在三角函数及最值的交汇处进行命题，涉及函数的单调性、周期性、求导、三角化简、三角不等式等知识点的应用。解题方向自然会转化为思考函数的性质、利用导数知识研究单调性和最值，这是有关函数单调性求最值问题的解题思路。

这道题作为高考压轴题，对于考生的能力要求相当高，要求考生具有较强的分析能力和计算能力，但命题人也给足了考生充分发挥的空间，如果考生能从心理上超越自我，敢于去猜想，知道是奇函数且为周期函数，当 $x \in \left[0, \dfrac{\pi}{2}\right]$ 时，$f(x)$ 可取得最大值，进一步通过猜测、估计是特殊角，代入 $x \in \left[0, \dfrac{\pi}{2}\right]$ 特殊角作比较后，大胆设想当 $x = \dfrac{\pi}{3}$ 时，取得最大值，从而合理推理出 $f(x)_{\min} = -f\left(\dfrac{\pi}{3}\right) = -\dfrac{3}{2}\sqrt{3}$，这样也能笑傲考场。为了能做到这一点，除了必要的数学基础知识、思想方法和解题经验外，还要有战胜困难的信心和耐心。

（例 2 由广东梅县东山中学廖国达（2016 年卢镇豪教师工作室学员）供稿）

例 3：请用多种方法思考并解答下面的问题，然后再进行阅读。

若 $\log_4 (3a + 4b) = \log_2 \sqrt{ab}$，则 $a + b$ 的最小值是（　　）。

A. $6 + 2\sqrt{3}$　　　　B. $7 + 2\sqrt{3}$　　　　C. $6 + 4\sqrt{3}$　　　　D. $7 + 4\sqrt{3}$

本题以对数运算为背景考查含有两个变量的最值问题，答案选 D。下面从三个角度进行分析和思考，并给出 6 种解答。

显然，$\log_4 (3a + 4b) = \log_2 \sqrt{ab} \Leftrightarrow \begin{cases} 3a + 4b = ab \\ a > 0, \ b > 0 \end{cases}$。

思路 1：从不等式的角度入手

将已知条件变形为"和为定值"。因为 $3a + 4b = ab$，所以 $\dfrac{3}{b} + \dfrac{4}{a} = 1$（$a > 0, \ b > 0$）.

解法 1：基本不等式法

$a + b = (a + b) \cdot 1 = (a + b) \cdot \left(\dfrac{4}{a} + \dfrac{3}{b}\right) = 7 + \dfrac{3a}{b} + \dfrac{4b}{a}$，

因为 $a>0$, $b>0$, 所以 $\dfrac{3a}{b}>0$, $\dfrac{4b}{a}>0$,

所以 $a+b=7+\dfrac{3a}{b}+\dfrac{4b}{a}\geqslant 7+2\sqrt{\dfrac{3a}{b}\cdot\dfrac{4b}{a}}=7+4\sqrt{3}.$

当且仅当 $\begin{cases}\dfrac{3a}{b}=\dfrac{4b}{a}\\[2mm]\dfrac{3}{b}+\dfrac{4}{a}=1\\[2mm]a>0,\ b>0\end{cases}$，即 $\begin{cases}a=4+2\sqrt{3}\\b=3+2\sqrt{3}\end{cases}$时，等号成立。

解法2：柯西不等式法

因为 $a>0$, $b>0$, 所以,

$$a+b=\left((\sqrt{a})^2+(\sqrt{b})^2\right)\cdot\left(\left(\sqrt{\dfrac{4}{a}}\right)^2+\left(\sqrt{\dfrac{3}{b}}\right)^2\right)$$

$$\geqslant\left((\sqrt{a})\cdot\left(\sqrt{\dfrac{4}{a}}\right)+(\sqrt{b})\cdot\left(\sqrt{\dfrac{3}{b}}\right)\right)^2=7+4\sqrt{3}.$$

当且仅当 $\begin{cases}\sqrt{\dfrac{3}{b^2}}=\sqrt{\dfrac{4}{a^2}}\\[2mm]\dfrac{3}{b}+\dfrac{4}{a}=1\\[2mm]a>0,\ b>0\end{cases}$，即 $\begin{cases}a=4+2\sqrt{3}\\b=3+2\sqrt{3}\end{cases}$时，等号成立。

解法3：向量法

因为 $a>0$, $b>0$,

令 $\boldsymbol{m}=(\sqrt{a},\ \sqrt{b})$, $\boldsymbol{n}=\left(\sqrt{\dfrac{4}{a}},\ \sqrt{\dfrac{3}{b}}\right)$,

因为 $\boldsymbol{m}\cdot\boldsymbol{n}\leqslant|\boldsymbol{m}|\cdot|\boldsymbol{n}|$（当且仅当 $\boldsymbol{m}$, $\boldsymbol{n}$ 同向共线时，等号成立），且 $\boldsymbol{m}\cdot$

$\boldsymbol{n}=2+\sqrt{3}$, $|\boldsymbol{m}|\cdot|\boldsymbol{n}|=\sqrt{a+b}\cdot\sqrt{\dfrac{4}{a}+\dfrac{3}{b}}$,

所以 $2+\sqrt{3}\leqslant\sqrt{a+b}\cdot\sqrt{\dfrac{4}{a}+\dfrac{3}{b}}.$

又因为 $\dfrac{4}{a}+\dfrac{3}{b}=1$, 所以 $a+b\geqslant(2+\sqrt{3})^2=7+4\sqrt{3}.$

当且仅当 $\begin{cases} \sqrt{a} \cdot \sqrt{\dfrac{3}{b}} - \sqrt{b} \cdot \sqrt{\dfrac{4}{a}} = 0 \\ \dfrac{3}{b} + \dfrac{4}{a} = 1 \\ a > 0, \ b > 0 \end{cases}$ ，即 $\begin{cases} a = 4 + 2\sqrt{3} \\ b = 3 + 2\sqrt{3} \end{cases}$ 时，等号成立。

思路 2：从函数的角度入手

显然，变量个数为 2 个，可以先消元，使目标函数变为一元函数，以方便求解。

解法 4：代入消元法

由 $a > 0$，$b > 0$，$3a + 4b = ab$ 得，$b = \dfrac{3a}{a - 4}$ （$a > 4$）．

所以 $a + b = a + \dfrac{3a}{a - 4}$ （$a > 4$）（也可以消去 a 保留 b，将目标函数转化成关于 b 的函数）。

令 $f(x) = x + \dfrac{3x}{x - 4}$ （$x > 4$）．

处理 1：导数法求最值

$f'(x) = 1 - \dfrac{12}{(x - 4)^2}$ （$x > 4$）．

由 $f'(x) = 0$ 得，$x = 4 + 2\sqrt{3}$ 或 $x = 4 - 2\sqrt{3}$（舍去），见下表：

x	$(4, \ 4 + 2\sqrt{3})$	$4 + 2\sqrt{3}$	$(4 + 2\sqrt{3}, \ +\infty)$
$f'(x)$	$-$	0	$+$
$f(x)$	↘	极小值	↗

所以当 $x = 4 + 2\sqrt{3}$ 时，$f(x)$ 取得极小值为 $f(4 + 2\sqrt{3}) = 7 + 4\sqrt{3}$，且为 $(4, \ +\infty)$ 上的唯一极值，因此，也是最小值。此时，$a = 4 + 2\sqrt{3}$ 且 $b = 3 + 2\sqrt{3}$．

处理 2：分离常数，利用不等式求最值

$f(x) = x + \dfrac{3x}{x - 4} = (x - 4) + \dfrac{12}{x - 4} + 7$，因为 $x > 4$，

所以 $f(x) \geqslant 2\sqrt{(x - 4) \cdot \dfrac{12}{x - 4}} + 7 = 7 + 4\sqrt{3}$．

当且仅当 $\begin{cases} (x - 4) = \dfrac{12}{x - 4} \\ x > 4 \end{cases}$，即 $x = 4 + 2\sqrt{3}$ 时，等号成立。

此时，$a = 4 + 2\sqrt{3}$ 且 $b = 3 + 2\sqrt{3}$.

解法 5：换元法

由 $\dfrac{3}{b} + \dfrac{4}{a} = 1$（$a > 0$，$b > 0$），可设 $\begin{cases} \dfrac{4}{a} = \cos^2\theta \\ \dfrac{3}{b} = \sin^2\theta \end{cases}$ $\left(\theta \in \left(0,\ \dfrac{\pi}{2}\right)\right)$，

即 $\begin{cases} a = \dfrac{4}{\cos^2\theta} \\ b = \dfrac{3}{\sin^2\theta} \end{cases}$，$\left(\theta \in \left(0,\ \dfrac{\pi}{2}\right)\right)$，

则 $a + b = \dfrac{4}{\cos^2\theta} + \dfrac{3}{\sin^2\theta}$，$\left(\theta \in \left(0,\ \dfrac{\pi}{2}\right)\right)$.

处理 1：利用三角函数有界性和二次函数性质

令 $a + b = \dfrac{4}{\cos^2\theta} + \dfrac{3}{\sin^2\theta} = t$，因为 $a > 0$，$b > 0$，所以 $t > 0$.

因此，$4\sin^2\theta + 3\cos^2\theta = t\sin^2\theta \cdot \cos^2\theta$，$4 - \cos^2\theta = \dfrac{t}{4}\sin^2 2\theta$，

$4 - \dfrac{1 + \cos 2\theta}{2} = \dfrac{t}{4}(1 - \cos^2 2\theta)$，$t\cos^2 2\theta - 2\cos 2\theta + 14 - t = 0$，

$t\left(\cos 2\theta - \dfrac{1}{t}\right)^2 + 14 - t - \dfrac{1}{t} = 0.$

因为 $\theta \in \left(0,\ \dfrac{\pi}{2}\right)$，所以 $2\theta \in (0,\ \pi)$，所以 $\cos 2\theta \in (-1,\ 1)$.

又因为 $t > 0$，所以 $\dfrac{1}{t} > 0$.

当 $\cos 2\theta = 1$ 时，$t\cos^2 2\theta - 2\cos 2\theta + 14 - t = t - 2 + 14 - t = 12 > 0$；

当 $\cos 2\theta = -1$ 时，$t\cos^2 2\theta - 2\cos 2\theta + 14 - t = t - 2 + 14 - t = 16 > 0$.

根据一元二次函数与一元二次方程的特点知，只需令 $\begin{cases} t > 0 \\ \dfrac{1}{t} < 1 \\ 14 - t - \dfrac{1}{t} \leqslant 0 \end{cases}$，

解得 $\begin{cases} t > 0 \\ t > 1 \\ t \leqslant 7 - 4\sqrt{3} \text{ 或 } t \geqslant 7 + 4\sqrt{3} \end{cases}$，所以 $t \geqslant 7 + 4\sqrt{3}$.

当 $t = 7 + 4\sqrt{3}$ 时，有 $\begin{cases} \dfrac{4}{\cos^2\theta} + \dfrac{3}{\sin^2\theta} = t = 7 + 4\sqrt{3} \\ \cos^2\theta + \sin^2\theta = 1 \end{cases}$，即 $\begin{cases} \cos^2\theta = 2\ (2 - \sqrt{3}) \\ \sin^2\theta = 2\sqrt{3} - 3 \end{cases}$．

此时，$\begin{cases} a = \dfrac{4}{\cos^2\theta} = 4 + 2\sqrt{3} \\ b = \dfrac{3}{\sin^2\theta} = 3 + 2\sqrt{3} \end{cases}$．

处理 2：利用"同角正余弦平方和为 1"以及不等式知识

$$a + b = \left(\dfrac{4}{\cos^2\theta} + \dfrac{3}{\sin^2\theta} \right) \cdot (\cos^2\theta + \sin^2\theta) \geqslant (2 + \sqrt{3})^2 = 7 + 4\sqrt{3}.$$

当且仅当 $\begin{cases} \dfrac{2\sin\theta}{\cos\theta} = \dfrac{\sqrt{3}\cos\theta}{\sin\theta} \\ \cos^2\theta + \sin^2\theta = 1 \end{cases}$，即 $\begin{cases} \cos^2\theta = 2\ (2 - \sqrt{3}) \\ \sin^2\theta = 2\sqrt{3} - 3 \end{cases}$ 时，等号成立．

此时，$\begin{cases} a = \dfrac{4}{\cos^2\theta} = 4 + 2\sqrt{3} \\ b = \dfrac{3}{\sin^2\theta} = 3 + 2\sqrt{3} \end{cases}$．

思路 3：数形结合

解法 6：线性规划思想

由解法 5 可以看到，目标函数为 $a + b = t$（$t > 0$），事实上 $b = -a + t$ 可以看成斜率为 -1，在 y 轴上的截距为 t 的直线．这样，原问题等价于约束条件为 $\begin{cases} b = \dfrac{3a}{a - 4} \\ a > 4 \end{cases}$，求目标函数为 $b = -a + t$ 在 y 正半轴上的截距 t 的最小值。

如图 3 - 4 - 3 所示，当直线 $b = -a + t$ 与曲线 $b = \dfrac{3a}{a - 4b}$（$a > 4$）相切时，t 取得最小值。

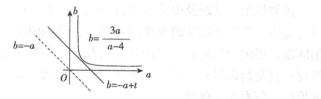

图 3 - 4 - 3

处理1：方程思想求切线

联立 $\begin{cases} b = \dfrac{3a}{a-4} \ (a>4) \\ b = -a+t \end{cases}$，得 $a^2 - (t+1)\,a + 4t = 0$. 由 $\Delta = 0$ 得，$t^2 - 14t + 1$

$= 0$，解得 $t = 7 - 4\sqrt{3}$ 或 $t = 7 + 4\sqrt{3}$. 由 $a>4$，$b>0$，得 $t>0$，所以 $t = 7 - 4\sqrt{3}$ 舍去。当 $t = 7 + 4\sqrt{3}$ 时，$a = 4 + 2\sqrt{3}$ 且 $b = 3 + 2\sqrt{3}$.

处理2：导数几何意义求切线

当直线 $b = -a + t$ 与曲线 $b = \dfrac{3a}{a-4}$ （$a>4$）相切时，t 取得最小值。

令 $f(x) = \dfrac{3x}{x-4}$ （$x>4$），由 $f'(x) = -\dfrac{12}{(x-4)^2} = -1$，解得 $x = 4 + 2\sqrt{3}$

或 $x = 4 - 2\sqrt{3}$. 而 $x>4$，故 $x = 4 - 2\sqrt{3}$ 舍去。把 $a = 4 + 2\sqrt{3}$ 代入 $b = \dfrac{3a}{a-4}$ （$a>$

4），得 $b = 3 + 2\sqrt{3}$，即切点坐标为 $(4 + 2\sqrt{3},\ 3 + 2\sqrt{3})$.

把 $a = 4 + 2\sqrt{3}$，$b = 3 + 2\sqrt{3}$ 代入 $a + b = t$，得 $t = 7 + 4\sqrt{3}$，即 $t = a + b$ 的最小值为 $7 + 4\sqrt{3}$.

通过从三个不同的角度分析，我们看到解决此类问题不仅仅只有我们常见的方法，知识是融会贯通的，对于含有二元变量求最值的问题，也可以尝试同只含一个变量求最值问题一样从函数、不等式、数形结合等角度进行分析，但是哪种方法最优应该根据题目特点具体问题具体分析。美籍匈牙利数学家 Polya 指出解题回顾总结十分重要，题不在多，但求精彩。

又如，2015 年高考数学福建卷文科的一道选择题：

若直线 $\dfrac{x}{a} + \dfrac{y}{b} = 1 (a>0, b>0)$ 过点 $(1,1)$，则 $a + b$ 的最小值等于（ ）。

A. 2　　　　　　B. 3　　　　　　C. 4　　　　　　D. 5

该题以直线方程为背景考查两个变量的最值问题，由于系数较为简单，因此难度较低，答案选 C。

函数最值问题遍及中学数学各个模块内容，同时，在生活实践中也有着广泛的应用，是中学数学的重要内容之一。利用中学数学的思想方法解决函数最值问题，要求学生要有扎实的基本功和良好的数学思维能力，因此，函数最值问题一直是新课标高考的一个重要的热点问题，在新课标高考中占有极其重要的地位，值得深入探究。

（本例 3 由汕头市金山中学郑少珊老师供稿）

例 4：请针对下面的问题考虑一题多证，一题多变，一题多衍，考察命题的逆命题等方法进行灵活学习，加大深度学习的能力。

题目：已知 a，$b \in \mathbf{R}^*$，且 $a \neq b$，求证 $a^5 + b^5 > a^3 b^2 + a^2 b^3$.

在解决这个问题的证明过程中是否考虑过这个问题可以用什么方法来证明？是否考虑过用作差法、综合法、分析法、反证法等方法来证明呢？如果没有，请跟我一起来思考这个问题。

（1）一题多证，从多角度解决问题，拓宽思路，激发创新意识

课本利用作差法证明了该题。证完之后，我们还可以提出一题多证的想法，进行发散联想，然后归纳出下列证法：

方法 1：作差法见高中课本例题的解法

方法 2：综合法

$\because a$，$b \in \mathbf{R}^*$ 且 $a \neq b$，

$\therefore a^2 - b^2$ 与 $a^3 - b^3$ 必同号，

$\therefore (a^2 - b^2)(a^3 - b^3) > 0$，

$\therefore a^5 - a^2 b^3 - a^3 b^2 + b^5 > 0$，

$\therefore a^5 + b^5 > a^3 b^2 + a^2 b^3$.

方法 3：分析法

要证原不等式成立，只需证：

$(a^5 - a^3 b^2) + (b^5 - a^2 b^3) > 0$，即证 $(a^2 - b^2)(a^3 - b^3) > 0$，

即证 $(a + b)(a - b)^2 (a^2 + ab + b^2) > 0$.

$\because a$，$b \in \mathbf{R}^*$ 且 $a \neq b$，

$\therefore$ 上述不等式成立，原不等式成立。

方法 4：反证法

假设 $a^5 + b^5 \leqslant a^3 b^2 + a^2 b^3$，

则 $(a^2 - b^2)(a^3 - b^3) \leqslant 0$，

$\therefore (a + b)(a - b)^2 (a^2 + ab + b^2) \leqslant 0$.

$\because a$，$b \in \mathbf{R}^*$，

$\therefore (a + b)(a^2 + ab + b^2) > 0$，

$\therefore (a - b)^2 \leqslant 0$，

$\therefore a = b$ 与 $a \neq b$ 矛盾，

$\therefore a^5 + b^5 > a^3 b^2 + a^2 b^3$.

通过一题多证，不但很好地复习了不等式证明的常用方法，而且给我们以

广阔的思路，激发了创新意识。

（2）一题多变，改变条件或结论，给人以变化发展的意识，激发创新思维

当用一题多证的方法论证完开头的例题：已知 a，$b \in \mathbf{R}^*$，且 $a \neq b$，求证 $a^5 + b^5 > a^3 b^2 + a^2 b^3$ 后，仔细阅读原题的教材证明过程，并考虑是否可以减弱题目的条件，而验证结论是否仍然成立。经过探索发现条件中的 "a，$b \in \mathbf{R}^*$" 可以减弱为 "a，$b \in \mathbf{R}$ 且 $a + b > 0$"，因此得到如下新题目：

已知 a，$b \in \mathbf{R}$ 且 $a + b > 0$，$a \neq b$，求证 $a^5 + b^5 > a^3 b^2 + a^2 b^3$.

本题的证法更是丰富多彩，别开生面，除了前面提到的证法之外，在用作差法证明这道题时还有多种证法。

证明：作差变形可得：

$$(a^5 + b^5) - (a^3 b^2 + a^2 b^3) = (a + b)(a - b)^2 (a^2 + ab + b^2).$$

$\because a + b > 0$，$a \neq b$，

$\therefore (a + b)(a - b)^2 > 0$，

$\therefore$ 只需证 $a^2 + ab + b^2 > 0$.

方法 1：配方法

$$a^2 + ab + b^2 = \left(a + \frac{1}{2}b\right)^2 + \frac{3}{4}b^2 > 0 \quad (a，b \text{ 不同时为零})。$$

方法 2：分类讨论法

当 $ab \geq 0$（a，b 必有一个不为零）时，$a^2 + ab + b^2 > 0$.

当 $ab < 0$ 时，$a^2 + ab + b^2 = (a + b)^2 - ab > 0$.

方法 3：构造二次函数及判别式法

当 $b = 0$ 时，$a \neq 0$，

$\therefore a^2 + ab + b^2 = a^2 > 0$.

当 $b \neq 0$ 时，设 $f(a) = a^2 + ba + b^2$.

$\because \Delta = b^2 - 4b^2 = -3b^2 < 0$，且 $f(a)$ 的图像开口向上，

$\therefore f(a) > 0$.

通过减弱条件得到新问题及多种证法，既复习了重要的数学思想方法，又开阔了视野，培养了创新思维。创新思维的培养，不仅体现在解现成的题目上，更应鼓励在现有题目基础上自行改变条件或推广结论。

例如，开头引用的教材的例题：已知 a，$b \in \mathbf{R}^*$，且 $a \neq b$，求证 $a^5 + b^5 > a^3 b^2 + a^2 b^3$，可以考虑结论是否可以推广。经过反复尝试和探索，发现有以下新结论。

① $a^3 + b^3 > a^2b + ab^2$；

② $a^4 + b^4 > a^3b + ab^3$；

③ $a^{m+n} + b^{m+n} > a^m b^n + a^n b^m$（$m$，$n \in \mathbf{N}$）.

第③证明，（作差法）

$a^{m+n} + b^{m+n} - a^m b^n - a^n b^m = (a^m - b^m)(a^n - b^n)$．

（分类讨论）当 $a > b > 0$ 时，$a^m > b^m$，$a^n > b^n$；

当 $a < b < 0$ 时，$a^m < b^m$，$a^n < b^n$．

∴ $(a^m - b^m)(a^n - b^n) > 0$，

∴ 原不等式成立。

当学完一个例题后，如果能经常考虑题目的结论是否可以通过类比而得出相似的新结论，或更进一步推广成一般结论。那么，创新思维能力的培养就是卓有成效的。

（3）一题多衍，编拟类型题，给我们以广阔的类比空间，培养创新技能

一道好的例题背后常常隐含着较广泛的教学功能，在教学过程中，应根据题目的特点，积极探索新命题，获取新知识，求得新发现，这对于培养和发展创新技能具有重大意义。例如，对开头的例题，经过类比、想象，还可以编拟出许多与例题相似的正确命题，如：

① 若 a，$b \in \mathbf{R}$，$a \neq b$ 且 $a + b > 0$，则 $a^3 + b^3 > a^2b + ab^2$；

② 若 a，$b \in \mathbf{R}$，$a \neq b$，则 $a^4 + b^4 > a^3b + ab^3$；

③ 若 a，$b \in \mathbf{R}$，$a \neq b$ 且 $a + b < 0$，则 $a^5 + b^5 < a^3b^2 + a^2b^3$；

④ 若 a，$b \in \mathbf{R}$，$a \neq b$，m，n 都为正奇数，则 $a^{m+n} + b^{m+n} > a^m b^n + a^n b^m$．

通过对例题的拓广与改编，进行再创造的学习，很好地培养了创新思维和创新能力。

（4）考察命题的逆命题，进行逆向思维，培养逆向创新能力

培养创新思维的另一途径是逆向思维，从命题的结论出发，考察条件是否必要。考察的过程，就是不断进行探索和推理，完成从未知到已知的创新思维过程。

例如，学完开头的例题后，可以考察逆命题：

已知 a，$b \in \mathbf{R}$ 且 $a^5 + b^5 > a^3b^2 + a^2b^3$，问是否可以得到 $a > 0$，$b > 0$，且 $a \neq b$.

经过启发引导之后，由原不等式得 $(a + b)(a - b)^2(a^2 + ab + b^2) > 0$，所以必有 $a \neq b$，但未必有 $a > 0$，$b > 0$。

由此看来，$a > 0$，$b > 0$ 不是必要条件，那么必要条件是什么呢？再经过推理探索：由上面推理知 $a \neq b$，

$\therefore a^2 + ab + b^2 = \left(a + \dfrac{b}{2}\right)^2 + \dfrac{3b^2}{4} > 0$，由此得 $a + b > 0$，即必要条件是 $a + b > 0$，且 $a \neq b$，因此可得到更高层次的命题：

设 a，$b \in \mathbf{R}$，那么 $a^5 + b^5 > a^3 b^2 + a^2 b^3$ 成立的充要条件是 $a \neq b$ 且 $a + b > 0$.

通过逆命题的思考及新命题的获得，亲身经历新问题的产生过程，很好地培养了创新能力。

由以上四方面的学习尝试可以看到，活用一个例题，不但能复习好数学的基础知识、基本技能、基本思想和基本活动经验，而且能发展创新思维能力。这也是创新教育在课堂教学中的体现。

·◆ 一节课的自主探究学习方法 ◆·

案例1：以数学必修课5解三角形1.1正弦定理和余弦定理自主探究学习为例

1. 通读教材，了解概况

假定现在要学习"正弦定理和余弦定理"这一节。如果你还不知道"正弦定理和余弦定理"是什么，请你自己阅读教材，把不懂之处作记号，并记下主要知识点：（1）直角三角形的边角关系；（2）锐角三角形的边角关系；（3）钝角三角形的边角关系；（4）正弦定理；（5）解三角形；（6）余弦定理；（7）三角形的形状（锐角、直角、锐角三角形）判断方法。现在你应该知道"正弦定理和余弦定理"是什么了吧？写出正弦定理、余弦定理的推导，写出三角形的边和角的关系，两边对应两角的关系（正弦定理），三边和一角的关系（余弦定理），写出正弦定理和余弦定理在解决问题中的应用。现在你也应该知道要学什么（学习你所记的主要知识点的内容，它可以看成学习提纲）。现在所要解决的问题是你标记号的地方，你可以回头再阅读并尝试理解，可以请教老师或同学，也可以通过听讲解决。但千万不能置之不理，否则，你的数学学习将无法获得提升。

2. 抓住重点，突破难点

在通读教材，理解内容之后，你应该抓住重点内容，如正弦定理、余弦定理的推导方法，正弦定理的推导需要分类进行，把三角形分为直角三角形、锐角三角形、钝角三角形三种情况进行推导，余弦定理的推导用平面向量的数量积或建立直角坐标系利用两点间的距离公式即可，然后对难点逐一突破。假如你对正弦定理的推导需要分类不理解，请你针对钝角三角形（A 为钝角）的情况模仿锐角三角形的情况具体推一下，就能发现过程有不同之处。所以的确需要分类推导，当然最后三种情况的结论是一致的，概括为正弦定理。如果在阅读"探究与发现"栏目的第 3 点（1）（2）（3）时不好理解，请画出对应的图形，作锐角 $\angle CAB$，点 C 到直线 AB 的距离为 $b\sin A$，以点 C 为圆心，以 a（a 变化，慢慢增大，$a<b$）为半径画圆，看看圆与直线 AB 的交点情况，便可理解。

3. 深入理解，拓展想法

假如你已读懂教材的内容，并有了初步的理解。那么你必须进一步深入理解各个知识点，推敲各个重要知识点，问一问是否有别的说法和表示。例如，学完正弦定理的推导之后，请你考虑是否有其他推导方法，尝试一下其他证明方法。如果你自己能考虑到利用三角形的外接圆（圆半径设为 r）来辅助证明，并且得到 $a=2r\sin A$，$b=2r\sin B$，$c=2r\sin C$。在理解用平面向量证明余弦定理后，如果你自己能用建立坐标系及平面上两点距离公式推导出余弦定理，那么你的思维将更灵活、更广阔，对问题的理解也将更深刻，解决问题将更有办法，你的自主学习效果也将更好。

4. 类比变换，发现问题

如果你已经推导出公式 $\dfrac{a}{\sin A}=\dfrac{b}{\sin B}$，那么你能否马上写出 $\dfrac{c}{\sin C}=$？如果你已经推导出公式 $c^2=a^2+b^2-2ab\cos C$，那么你能否马上写出 $a^2=$？，$b^2=$？如果你能，说明你已经很好地掌握，公式的推导方法，并且你的思维已具有类比思想。课本上在推导余弦定理时说用平面向量的数量积或建立直角坐标系利用两点间的距离公式来推导，但只用平面向量的数量积进行了推导，你是否主动建立直角坐标系利用两点间的距离公式来推导，如果大胆尝试并推导成功，说明你的自主探究学习能力比较强。

如果你在数学探究活动过程中，能经常得出方法，提出问题或发现问题，然后尝试问题的解决，那么你的学习具有创新性，你的数学能力将一定会得到提高。

5. 转换角度，获取新知

由余弦定理的改写形式 $\cos C=\dfrac{a^2+b^2-c^2}{2ab}$，可以发现给出三角形的三边就能确定三角形的三个内角，从而确定三角形的形状。如果 $a^2+b^2-c^2=0$，那么角 C 为直角，反之也成立。从这里还可以得到勾股定理是余弦定理的特殊情况。如果 $a^2+b^2-c^2>0$，那么角 C 为锐角，反之也成立。如果 $a^2+b^2-c^2<0$，那么角 C 为钝角，反之也成立。可见，三角形的形状判断也可用余弦定理。从另一个角度去看问题，有时能获得解决问题的好方法和好想法。

如果你在数学探究活动过程中，能经常这样思考问题，转换角度，拓展想法，那么你的数学创新能力将会大大提高。如果你没有想过，请你有意识学一学，带着好奇心在学习中多想想，积极地寻找问题，相信你会成为学习的创新者。

6. 研究解法，学其实质

在推导正弦定理时，你是否研究过推导的方法和数学思想。如果经过仔细研究，你能发现推导的过程采用分类讨论的思想，采用由特殊到一般的归纳总结，采用类比的思想，这说明你已学到其实质。如果你还能利用三角形的外接圆来辅助证明，说明你有较强的求异思维能力和创新思维能力。在推导余弦定理时，采用两种思路，一种写出证明，另一种没有写出，这为学习者提供了自主探究学习的空间，你是否充分利用了这个空间呢？如果你利用了，说明在数学探究活动过程中，能对好的想法进行仔细研究和总结，说明你对教材有较好的理解能力和识别能力。

7. 认真总结，建构新知

当你学完 1.1 正弦定理和余弦定理这一部分内容后，你是否作过总结。

（1）知识结构

（2）重要概念

正弦定理；余弦定理；解三角形。

（3）重要公式

$$\frac{a}{\sin A} = \frac{b}{\sin B} = \frac{c}{\sin C} = 2r, \ c^2 = a^2 + b^2 - 2ab\cos C, \ \cos C = \frac{a^2 + b^2 - c^2}{2ab}, \ \cdots$$

（4）重要方法

数学方法：由特殊到一般，归纳总结，坐标方法。

数学思想：分类讨论思想，类比思想。

只有经过认真总结，亲身体会，知识才能牢固掌握。融会贯通，才能内化为自己的知识，优化学习的过程，进而提高学习水平。

8. 研究习题，变式训练

在学习例题或做练习题时，如果你能根据题目的特点寻找或改编题目进行巩固练习，那么你的自主学习效果会更上一层楼。

例如，做完习题 1.1B 组题 2. 在 $\triangle ABC$ 中，如果有性质 $a\cos A = b\cos B$，试问这个三角形的形状具有什么特点？（**答案：**等腰三角形或直角三角形）

之后，可以考虑对题目进行改编：

变式 1：在 $\triangle ABC$ 中，如果有性质 $a\cos B = b\cos A$，试问这个三角形的形状具

有什么特点？

解法 1：$\because acosB = bcosA$，由正弦定理，得 $2r\sin A\cos B = 2r\sin B\cos A$，

$\therefore \sin A\cos B - \cos A\sin B = 0$，

$\therefore \sin（A - B）= 0.$

$\because A$，B 为三角形的内角，

$\therefore -\pi < A - B < \pi$，

$\therefore A - B = 0$，

$\therefore A = B$，

$\therefore \triangle ABC$ 是等腰三角形。

解法 2：$\because acosB = bcosA$，由余弦定理，得 $a \cdot \dfrac{c^2 + a^2 - b^2}{2ca} = b \cdot \dfrac{b^2 + c^2 - a^2}{2bc}$，

$\therefore c^2 + a^2 - b^2 = b^2 + c^2 - a^2$，

$\therefore 2a^2 = 2b^2$，

$\therefore a = b$，

$\therefore \triangle ABC$ 是等腰三角形。

变式 2：在 $\triangle ABC$ 中，如果有性质 $\dfrac{a}{\cos A} = \dfrac{b}{\cos B}$，试问这个三角形的形状具有什么特点？（答案：等腰三角形）

变式 3：在 $\triangle ABC$ 中，如果有性质 $\dfrac{a}{\cos A} = \dfrac{b}{\cos B} = \dfrac{c}{\cos C}$，试问这个三角形的形状具有什么特点？（**答案：等边三角形**）

通过问题的变式学习，让学习者更深刻地感受到这些条件对于结论的影响，从而培养学习者的发散思维和创新意识。

9. 学以致用，解决问题

学习数学最终的目的是要应用数学知识解决实际问题，从而服务于生活。当学完了正弦定理和余弦定理之后，是否考虑用它来解决实际生活中的一些实际问题呢？例如，测量距离、测量高度、测量角度、解决一些与三角形有关的计算问题等实际问题，要有意识地思考正弦定理和余弦定理在生活中的应用。

案例 2：以数学必修课 5 数列这一章的自主探究学习为例[1]

1. 通读教材，了解概况

假定现在要学习"等差数列"这一节。如果你还不知道"等差数列"写什么，请你自己阅读教材（教材是进行高考复习的依据），把不懂之处做记号，

并记下主要知识点：（1）等差数列；（2）公差；（3）通项公式 $a_n = a_1 + (n-1)d$；（4）等差中项；（5）等差数列的前 n 项和公式 $S_n = \dfrac{n(a_1+a_n)}{2}$，$S_n = na_1 + \dfrac{n(n-1)}{2}d$. 现在你该知道"等差数列"是什么了吧，写出等差数列及公差的定义，写出等差数列的通项公式、推导及公式的应用，写出等差中项的定义，写出等差数列前 n 项和的公式、公式推导及公式应用。现在你也应该知道要学什么（学习你所记的主要知识点的内容，它可以看成学习提纲）。现在所要解决的问题是你标记号的地方，你可以回头再阅读并尝试去理解，可以请教老师或同学，也可以通过上课认真听讲解决。但千万不能置之不理，否则，你的数学学习将无法获得提升。

2. 抓住重点，突破难点

在通读教材，理解内容之后，你应该抓住重点内容，如等差数列的定义、通项公式、前 n 项和公式，然后对难点逐一突破。假如你对公式 $a_n = a_1 + (n-1)d$ 的推导不理解，请你再阅读等差数列的定义，特别是定义式 $a_n - a_{n-1} = d$ $(n \geq 2)$，并考虑对 n 赋予不同的值，然后迭加求解。假如你对公式 $S_n = \dfrac{n(a_1+a_n)}{2}$ 的推导方法不理解，请你先计算 $S_{100} = 1 + 2 + 3 + \cdots + 100$ 与 $S_{100} = 100 + 99 + 98 + \cdots + 2 + 1$ 的和 $2S_{100}$。

3. 深入理解，拓展想法

假如你已读懂教材的内容，并有了初步的理解。那么你必须进一步深入理解各个知识点，仔细推敲各个重要知识点，问一问是否有别的说法和表示。例如，学完通项公式之后，请你考察公式 $a_n = a_1 + (n-1)d$，发现用 a_1 表示，是否尝试用另一项 a_2，a_3 或 a_k 表示，如果你自己能得出结论 $a_n = a_k + (n-k)d$，那么你对公式的理解会更深刻，将能更好地解决问题。

4. 类比变换，发现问题

如果你已掌握公式 $S_n = \dfrac{n(a_1+a_n)}{2}$，请阅读等差数列通项公式的推导过程，考虑能否改变常数 d 使它与 n 有关。如果你能编出下列问题：已知数列 $\{a_n\}$ 满足 $a_n - a_{n-1} = 2n$，$a_1 = 2$，求 a_n 的通项公式。这说明你能较好地掌握公式的推导方法，你的思维更加广阔。

如果你在数学探究活动过程中，能经常得出方法，提出问题或发现问题，然后尝试问题的解决，那么你的学习具有创新性，你的数学能力将一定会大幅提高。

5. 逆向思考，提出问题

当你学完等差数列的通项公式 $a_n = a_1 + (n-1)d$ 之后，是否考虑过逆命题：若一个数列的通项公式是 $a_n = An + B$（A，B 为常数），则这个数列是等差数列。当你学完公式 $S_n = na_1 + \frac{1}{2}n(n-1)d$ 之后，是否尝试把公式变形为 $S_n = \frac{d}{2}n^2 + \left(a_1 - \frac{d}{2}\right)n$，并记为 $S_n = an^2 + bn$，并提出下列问题，若一个数列 $\{a_n\}$ 的前 n 项和为 $S_n = an^2 + bn$，则这个数列是等差数列。把 S_n 改为 $S_n = an^2 + bn + c$ 或 $S_n = \frac{1}{2}n(a_1 + a_n)$ 情况又怎样，并把问题逐一解决。

6. 转换角度，获取新知

对于通项公式的变形形式 $a_n = An + B$，$A \neq 0$ 时，这是关于 n 的一次函数。又如，等差数列的前 n 项和 S_n 可以表示为 $S_n = an^2 + bn$，当 $a \neq 0$ 时，是关于 n 的二次函数，那么是否考虑用函数观点来研究 a_n，S_n 的有关性质，如图像、最值、单调性等问题。如果能用函数观点来研究 a_n，S_n，那么不但能加深对 a_n，S_n 的理解，而且能获得解决问题的好方法和好想法，如数形结合法、函数思想。

如果你在数学探究活动过程中，能经常这样思考问题，拓展想法，那么你的数学创新能力将会大大提高。你的数学发散式思维会更活跃，更广阔，更有创新性。如果你没有想过，请你有意识学一学，带着好奇心在学习中多想想，大胆尝试寻找问题，来个无中生有，生得巧妙。相信你会成为学习的创新者。

7. 研究解法，学其实质

在推导等差数列的前 n 项和公式和等比数列的前 n 项和公式中，你是否发现两者的推导方法很巧妙。前者把数列各项的次序反过来写，构造第二条 S_n，然后两式相加便得公式（倒序相加法）。后者，在 S_n 中乘上公比 q（$q \neq 1$）得 qS_n 的和式，然后两式相减消去中间项得出公式（错位相减法）。你对这两个推导方法是否仔细研究过，有没有思考是怎么想到的？是否有别的推导方法，是否对它们的推导方法做过比较并找出它们的异同点（都是构造第二个和式，一个倒序相加，一个错位相减，目的都是把和式化简）。能否用这些方法求其他类型的数列的前 n 项和，比如，求数列 $\{(2n+1) \cdot 3^n\}$ 的前 n 项和（错位相减法）。如果你在数学探究活动过程中，能把好的做法进行仔细研究和总结，并用它来解决其他问题，那么你将不但对教材有更好的理解能力和识别能力，还会有更广阔的数学思维空间，更优良的思维品质，以及更高的求异思维能力和创新思维能力。

8. 认真总结，建构新知

当你学完数列这一部分内容后，你是否作过总结。

（1）知识结构

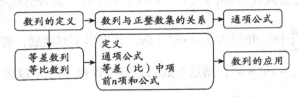

（2）重要概念

数列；等差数列；等比数列；数列的通项；等差（比）中项；前 n 项和。

（3）重要公式

等差数列：$a_n = ?$ $S_n = ?$

等比数列：$a_n = ?$ $S_n = ?$

一般地数列 $\{a_n\}$ 中 a_n 与 S_n 的关系式？$a_n = \begin{cases} S_1 & (n=1) \\ S_n - S_{n-1} & (n \geqslant 2) \end{cases}$.

（4）重要方法

①求 a_n 的常用方法：观察法、公式法、迭加（乘）法、换元法。

求 S_n 的常用方法：公式法、分组累加法、错位相减法、拆项相消法。

②数学思想方法。数学方法：观察法、分析法、归纳法、递推法、待定系数法、换元法；数学思想：函数思想、分类讨论思想、数形结合思想。

只有经过认真总结，亲身体会，知识才能牢固掌握并融会贯通，才能内化为自己的知识，进而优化学习的过程，提高学习的水平。

9. 学以致用，解决问题

学习数学最终的目的是要应用数学知识解决实际问题，从而服务于生活。当学完了数列的知识之后，是否考虑用它来解决实际生活中的一些问题，例如存款利息、购房贷款、"校校通"工程、细胞分裂等实际问题的计算。要学会有意识地思考数列在生活中的应用。

总之，同学们学习数学，一定要主动参与数学探究活动，主动猜测，探索，发现数学问题，并不断地研究和总结，使自己的知识建构更加深入，从而提高自己的数学创新能力和解决实际问题的能力。

参考文献

[1] 卢镇豪. 例谈中学生的数学自主探究学习 [J]. 武汉：数学通讯，2003.

第五节　深度学习和自主探究学习的一些理论

一、关于深度学习

在当今的中学数学学习中，深度学习成为一种大的趋势，其产生和发展拥有十分丰富的理论基础和思想渊源，深度学习不是单一的某个理论，而是许多教育教学理念的综合，提倡的是主动、探究性地学习和吸收，最终内化成自己学习习惯和行为的一种学习方式，是一种个人和社会教育文化行为在垂直层面上的互动。对于学习者而言，有着深刻的自发性，对于施教者而言，更有着启发性。而适当的问题设计可以多方面、深层次地搭建出体现这些思想引导作用。下面介绍数学深度学习及其问题设计所应用到的理论基础：

1. 建构主义理论

建构主义的最早提出者是瑞士的皮亚杰（J. Piaget）。他是认知发展领域最有影响的一位心理学家，强调学习者的认知主体作用。但是教师作为课堂教学行为的组织者的作用并不被削弱，教师在进行教育行为的过程中，应认同的是学生的自省与反思，教授的知识在理解层面上更多地是产生其现实背景的意义，而不是夹带着所谓"知识的惰性"。是一类有别于传统行为主义的学习观，更加重视人本身的能动性。

基于建构主义的深度学习，将个人对于世界的理解、看法和经验等各方面进行内省、整理和优化，将所得整合进已有的思想行为框架中或者重新构建个人的行为方式。深度学习强调的是学习的网络和认知地图，在知识框架下的情逐事迁，在面对新问题的时候不断找到各个层面适合的方法并且拓展认知行为。同时鼓励学习者在学习行为中，以某方面作为切入点进行深入研究。数学学习的意义下，用现实需求驱动，建构一套良好的学习手段，以垂直研究作为深化学习的方向，在不同层面上做到对数学思想的完整归纳和重现。

对应的问题设计，其思想来源于建构主义教学观下的支架式教学，其基本思想流程分为：

（1）搭脚手架：围绕当前学习主题，按"最邻近发展区"的要求建立概念框架。

（2）独立探索：让学生独立探索。探索内容包括：确定与给定概念有关的各种属性，并将各种属性按其重要性大小顺序进行排列。探索开始时，要先由教师进行启发引导，然后让学生自己去分析；探索过程中，教师要进行适时提示，帮助学生沿概念框架得以逐步攀升。

（3）协作学习：进行小组协商、讨论。使原来多种意见相互矛盾、且态度纷呈的复杂局面逐渐变得明朗、一致起来。在共享集体思维成果的基础上达到对当前所学概念比较全面、正确的理解，即最终完成对所学知识的意义建构。

在数学学习中，好的问题设计十分关键，扮演着引导和深化数学概念的作用，直接影响教学的效果，支架式的问题设计，体现了深度学习中的垂直性学习，同时也拥有良好的建构学习的模式方法，可激发学生的内省和互动。

2. 情境认知理论

20 世纪 80 年代，情境认知学家莱夫提到学校的一个难点是它们总是不把宣讲的东西付诸实践。只让学生有限接触这些外部共同体。这样经验被商品化，而学生则与完整的经验割裂开来，导致学术任务和与之相关的身份也被割裂开来。情境认知在学习观上期待将学习者放置在一个多元的情境中，直面复杂的问题，抓住核心，通过内化的方法和处理手段将未知转化成熟悉的问题。

深度学习十分重视知识来源和脉络，在多元情境中知识的冲击和碰撞可以让学生寻求各种现成的方法手段去处理和解决问题，迁移能力是深度学习中最需要锻炼和体现的方法能力。把知识和获得与学习者的发展、身份建构等统合在一起，让学习过程成为个人丰富成长的一个关键性的契机。亦可以深入到个人情感的层次，这是深度学习在情境问题中最重要的体现。

问题基于情境认知方法论的设计应该明确的是学习实践直接影响了学习效果和认知深度，数学问题的研究和学习应该让学生明确知识是情境化的，可以随着学习的开展不断拓展和延申，不应只是把数学的知识当成是工具，只有通过完全的理解和各个侧面的解读才能让客观、严谨的价值观内化成行为模式。数学情境中，多元化问题的设计可以基于同个知识点不同情境，也可以基于同一题目的多维问题设计作为导向，为学习者的思想迁移提供条件。获取题目意义的同时，不断丰富自己的身份认同，以形成自我认知。

3. 分布式认知理论

分布式认知这一理论是由赫钦斯等研究者在 20 世纪 80 年代提出。该理论主要关注认知活动是如何分布于人类的大脑、外在的认知工具、人群以及时间、地点之中的。主要的理论思想是说人类的认知行为是内嵌于自己所处的环境和面对的具体情境。提醒人家认知的基础延伸在时间、空间、社会、自我等各层面。

深度学习实际上就是搭建一个层次鲜明的认知系统，基于内部表征和外部表征的把握，前者是意识中的认知，后者是外化出的媒介与工具。外部表征是自我认知实现十分重要的手段，而且通过合适的设计与规范，可以发过来搭建学习的梯度和对问题的思考。分布式的认知有别于其他的认知理论是在于借助外显化的手段，另一个维度丰富对问题的思考。深度学习指向了高阶学习，可以用概念图等方式降低思考难度，引入人工制品，促进学习者的思考，如数学学习中的模型化思维、数形结合等思想，其中需要跨越的地方在于数学等价这样的符号化处理方法。

基于分布式认知的数学问题设计，基本的设计方式可以参照以下原则：

（1）提出陌生问题，围绕建立分布式认知这一框架创设情境。

（2）将命题或者问题做分析或者进行等价化处理。

（3）搭建平台，让学生参与，利用数学模型、计算器、几何体建模等手段外化问题，并且分析变量的影响。

（4）协作提升，抽象出问题主干并给出一般化结论。

工具的应用是问题设计中需要充分考虑的方向，新课标的要求中，数学建模作为一个很重要数学素养的要求，说明了其重要性，分布式认知作为其中的理论依据，将问题和思考过程可视化，可以拥有更多理解数学问题的视角。

4. 元认知理论

元认知一词最早出现自美国心理学家弗拉威尔在 1976 年出版的《认知发展》一书。所谓元认知就是对认知的认知，具体地说，是关于个人认知过程的知识和调节这些过程的能力：对思维和学习活动的知识和控制。学习的主体是个人，处理问题的过程实际上也是个人认知世界的一个过程，元认知作为一种理论，更加关注的是"认知"的质量。

深度学习的另一个维度就是对自我"认知"水平的评判，高水平的学习者可以将"内省"作为自我学习的源动力和纠错的机制，元认知理论提供了这样的思维模式，在中学的数学学习中体现的问题类似于为何而学、如何实践等。

以启发利用自己的好奇或者社会责任感促进反思和强化结果。元认知是对认知行为本身的监控，需要的是个人对自我的要求和更高层次的思考方法，元认知的个体差异较大，但也是我们作为教育工作者要努力去实现的目标。

问题设计利用元认知理论必然涉及对认知水平的评定，其方法有多种，像传统的适当的作业评定和自我学习报告都是可行的方法。如今，元认知的分支和认知控制论渐渐被接纳的时候，在课堂上问题的处理数学问题设计的巧妙是否直接则影响学习效果和学生的自我认同。目前较为有效的处理手段按以下步骤推行：

（1）制定计划：根据面对的数学知识和情境制订好计划并预估其有效性。

（2）实际控制：修正遇到的问题中应对策略上的不足，如问题的理解偏差和预备数学知识的不足。

（3）检查结果：依据认知的结果，利用出声思考法、书面报告等正确评估自我数学认知过程。

（4）补救措施：能否丰富结论，发现问题并且寻求突破的新路径。

元认知的数学问题设计核心在监控认知过程，这当中是需要教师作为引导，让学生不断地内省和突破固有的思考方式，如学生只会用判别式求解二次问题，利用元认知的问题设计、引导其利用图像和分离法等各种手段解决相应问题。并且重点反思固有刻板印象的原因与根源。

二、关于自主探究学习

罗杰斯的学习理论，强调以学生为中心的教育理论，让学生积极主动、自发地投入到学习中来。在学生的自主学习过程中，引导他们形成积极向上的自我概念、价值观和态度体系，重视学生能力的发展。[1]陶行知先生曾说："先生的责任不在于教，而在于教学生学"，要贯彻这一理念，一个重要的途径就是把课堂还给学生，让学生在老师的指导下进行自主学习，让学生成为课堂的主人，成为课堂教学的主角，在积极主动中探究，学会自主探究学习。[1]

认知心理学的学习和教学理论中的加工过程论、认知结构论非常重视学生的主体地位，进行自主探究学习。加工过程论是指：从机能上，即从行为水平上将人脑与计算机进行类比，把人脑看作类似于计算机的信息加工系统。认为人的认知过程就是对信息的加工过程，力图建立心理活动的计算机模型；涉及人如何注意、选择和接收信息，如何对信息进行编码、内在化和组织，以及如何利用这些信息做出决策和指导自己的行为等。认知心理学家利用计算机科学、语言学和信息论的有关概念，阐明人的认知过程及其适应行为。该理论的应用是为了处理自主探究学习中对情境层级的叠加，学生对难度适应提供一个可操作的方法和手段。

认知结构论是指：认知结构学习理论是典型的以结构主义为背景的学习理论。布鲁纳认为，学校教育中应以学科结构即一门给定的学科中的基本概念、基本原理及其相互关系代替结论性的知识；学习的实质在于主动地形成认知结构，其核心就是一套类别编码系统；发现学习是学生掌握学科基本结构的良好方法。该理论的应用是为了阐述情境与内在知识间的关联和深层次的关系。强调了情境最终是在为认知服务。

马斯洛·罗杰斯的人本主义管理心理学和强调实现人的潜力的最大发展，提出以人为中心，发展为本，注重激发师生的创造性和自主性。强调学生学习的主动性、强调有意义的学习教育应使学生获得价值感，应该挖掘、激发学生的内在价值，使受教育者获得生存的意义；

建构主义学习理论中主张建构性的学习、积累性的学习，强调学习者不是被动的信息吸收者，而是学生在积极主动的建构自己的知识的过程。课堂教学活动应强调学生对知识的主动建构，现行教学改革更注重陈述知识的程序性、策略性教学过程。

美国教育家布鲁纳的认知论中提倡"发现学习"。认为这种形式的学习可以激发学生的智慧潜能，获得发现的经验和方法。而且这种发现的经验和方法对将来从事科学发现和技术发明是十分重要的。不要把人当作被动的接受者，应当把人当作自主参与与探究知识过程的人。实施自主创造教育，最大限度地为学生提供自由、宽松、探究的思维空间，培养创新意识，调动学习的自主性。

斯瓦布认为探究学习的过程，是在儿童对客观事物进行探究的过程中，通过他们积极主动地参与去自主探究，发展他们的探究意识和能力。

社会学也认为极大地发展人的创造性和潜能的同时，培养人对社会的责任感，主体参与到学习活动中去，实现自主探究学习知识是社会责任感的具体体现。

"自主探究学习"课堂教学模式，即通过创设真实生动的情境，激发学生自主学习和探究的热情；通过引导学生参与课堂教学活动，进行积极的自主探索；通过有价值的提问，启发学生思考，自主领悟新知；通过指导多种训练，促使学生对自己的学习进行调控，让课堂"活"起来，使学生生动起来。如果没有自主探究学习的行动，就不可能进行深度学习。

📖 **参考文献**

[1] 周成平. 给教师一生的建议 [M]. 南京：南京大学出版社，2010.

（第五节由汕头市金山中学李丙铮等供稿）

　　亲爱的数学学习爱好者，如果你能坚持进行数学的自主探究学习，相信你一定会是数学学习的佼佼者。谢谢你的阅读与思考。